Antonia Salzano Acutis

Das Geheimnis meines Sohnes

Antonia Salzano Acutis
und Paolo Rodari

Das Geheimnis meines Sohnes

Warum Carlo Acutis als Heiliger verehrt wird

fe

Aus dem Italienischen von
Oana Kreitmair

Originaltitel:
Il segreto di mio figlio
by Antonia Salzano Acutis with Paolo Rodari

Published by Montadori Libri under the imprint of Piemme

3. Auflage 2025
Fe-Medienverlags GmbH
Hauptstraße 22, D-88353 Kißlegg
www.fe-medien.de
ISBN 978-3-86357-368-3

Lektorat: Susanne Held

Titelbild
Detail aus:
Ulrich Moskopp
BEATUS ACUTIS
2022
Harzöllasur auf Holz
40 x 35 cm
Pfarrkirche St. Marien Oschersleben

Umschlaggestaltung und Satz: Manuel Kimmerle

Druck: othdruk, Bialystok (Polen)

Printed in EU

Inhaltsverzeichnis

1 „Ich komm hier nicht lebend raus, mach dich darauf gefasst“ 9

2 „Mich dürstet“ 55

3 Kleine Anzeichen 88

4 Der bittere Kelch 97

5 Nichts wird uns trennen 108

6 „Die Augen sind das Licht der Seele“ 124

7 Die Armen und die Schwächsten – meine Herzensfreunde 145

8 Ist mein Sohn heiligmäßig? 161

9 Die Lehrerin Demut 167

10 Schwester Erde 201

11 Ein Engel wird vor dir hergehen 217

12 „Am Ende wird Mein Unbeflecktes Herz triumphieren“ 223

13 „Die Eucharistie ist meine Autobahn in den Himmel“ 262

Ich widme dieses Buch meinem Sohn Carlo: Möge sein Traum wahr werden, dass die gesamte Kirche weltweit unter der mütterlichen Führung der Allerseligsten Jungfrau Maria diese Worte mit immer mehr Inbrunst und Überzeugung lebt: „Die Eucharistie will darauf hinweisen, dass die Kirche und die Zukunft der Menschheit an Christus gebunden sind, den einzigen wirklich dauerhaften Felsen, und an keine andere Wirklichkeit. Deshalb ist der Sieg Christi das christliche Volk, welches das eucharistische Geheimnis glaubt, feiert und lebt."

(Instrumentum laboris der XI. ordentlichen Vollversammlung der Bischofssynode, 2005)

1

„Ich komm hier nicht lebend raus, mach dich darauf gefasst“

September 2006. Nach einigen Wochen zunächst in Santa Margherita Ligure, dann in Assisi, wo wir mehrere Monate im Jahr verbrachten, waren wir am Ende unserer Ferien angekommen. Mein Sohn Carlo ging wie jedes Jahr vor unserer Abreise zum Grab des heiligen Franziskus, um sich ihm anzuempfehlen, und seinen Schutz für das neue Schuljahr zu erbitten. Er war sehr enttäuscht, weil sie ihn nicht reinließen. Sie hatten die Basilika früher geschlossen, also betete er draußen. Mailand begrüßte uns mit dem üblichen Gewimmel. Die Straßen waren bereits voller Menschen, die hin- und herliefen und mit unzähligen Dingen beschäftigt waren. Der Arbeitsalltag hatte nach der Sommerpause im August wieder begonnen.

Carlo liebte es, neu anzufangen. Er war fünfzehn. Wie immer erlebte er die ersten Septembertage ohne besondere Wehmut nach dem dahinschwindenden Sommer, sondern eher mit großer Vorfreude. Er wollte seine Freunde, Mitschüler und Lehrer wiedersehen. Er wollte durchstarten. Erwartung ist das Wort, das besser als andere die Haltung derer beschreibt, die wissen, dass in jedem Moment etwas Besonderes passieren kann.

Beim Betreten des Hauses fanden wir in der Post ein Buch über jugendliche Heilige, das uns ein befreundeter Verleger zugesandt hatte. Carlo wollte es sofort lesen. Er nahm es in die Hand und sagte zu mir: „Ich würde diesen Personen sehr gerne eine Ausstellung widmen.“

Die Ausstellungen waren seine Leidenschaft. Er hatte mehrere komponiert, und diejenige über eucharistische Wunder wurde in der ganzen Welt hochgeschätzt. Er erstellte sie am Computer. Anschließend wurden sie sogar von Orten abgerufen, die sehr weit weg waren von Mailand, von Menschen aus der ganzen Welt. Ausstellungen zu komponieren war eine seiner Strategien, um sich den großen Wunsch zu erfüllen, allen die „Frohe Botschaft" zu verkünden. Er war von dem unbändigen Wunsch beseelt, immer wieder die Schönheit der Inhalte des christlichen Glaubens ans Licht zu bringen, in allen Lebensumständen konstruktiv für das Gute einzutreten, und immer den einzigartigen und unwiederholbaren Plan, den Gott seit Ewigkeit für jeden von uns erdacht hat, originalgetreu für sich zu bewahren. „Alle werden als Originale geboren, aber viele sterben als Fotokopien" ist nicht zufällig einer seiner bekanntesten Sätze.

Das Buch über die jugendlichen Heiligen beeindruckte ihn besonders. Darin wurden heldenhafte Geschichten über junge Menschen erzählt, deren Leben früh ausgelöscht wurde, und die es dennoch freiwillig hingaben. Es zeigte sich darin vor allem der Glaube dieser jungen Leute, ihre Fähigkeit, auch unter Schwierigkeiten eine positive Grundhaltung zu bewahren und an Gott zu glauben, an einen Gott, der uns trotz der Leiden und der Widersprüche, die er zulässt, unendlich liebt und nie im Stich lässt. Das Leben hatte ihnen oft Anstrengungen abverlangt und Schmerzen bereitet, aber in ihren Herzen war es ihnen gelungen, fröhlich zu bleiben und Wege des Lichts zu finden.

Diese Botschaft faszinierte Carlo. Darin konnte er sich wiederfinden. Ich erinnere mich unter anderem, dass er damals besonders einer erkrankten Schulkameradin nahe sein wollte. Ihre Eltern machten sich große Sorgen, weil sie zunächst nicht wussten, was sie hatte. Es bestand der Verdacht auf Leukämie. Carlo hatte sie im Sommer oft angerufen. Er sagte ihr, sie solle sich dem Herrn anvertrauen und dabei ruhig bleiben. Glücklicherweise stellte sich schließlich heraus, dass die Krankheit eine einfache Mononukleose war. „Der Herr will, dass du noch hierbleibst", sagte er scherzhaft, als er mit ihr telefonierte.

Auch meinem Sohn ging es in den Wochen damals nicht besonders gut. Er hatte leichte Schmerzen in den Knochen und ein paar kleine blaue Flecken an den Beinen. Aber wir vermuteten deswegen nichts Ernstes. Er machte viel Sport, und wir dachten, dass diese Beschwerden dadurch verursacht waren. Außerdem neigte er selbst stark dazu, all das herunterzuspielen. Deshalb haben wir uns nicht allzu viele Sorgen gemacht.

Die Schule begann Mitte September. Das waren Tage, die ich als besonders strahlend in Erinnerung habe. In Mailand herrschte noch der Sommer, der Herbst schien nicht kommen zu wollen. Die Abende waren sonnig, und wir unternahmen gerne lange Spaziergänge im Sempione-Park. Wir starteten in das Schuljahr mit einem Gefühl der Unbeschwertheit. Ich spürte vor allem Freude und Gelassenheit. Alles hätte ich mir vorstellen können, das mir oder uns widerfahren könnte, wirklich alles, außer diesem Sturm, der unerwartet und heftig daherkam, unser Leben überwältigte und uns wie ein plötzliches Sommergewitter traf, buchstäblich wie ein Blitz aus heiterem Himmel.

Carlos letzter Schultag war ein Samstag, der 30. September. Als er aus der Schule kam, hätte ich nicht gedacht, dass er nie wieder dorthin zurückkehren würde. Und doch war es so. Er besuchte das humanistische Gymnasium im Schulzentrum Leo XIII., das von Jesuitenpatres geleitet wird. Er kam besonders müde von der Schule, denn er hatte eine Stunde Sportunterricht gehabt, und der Lehrer hatte sie einige Runden um das große Fußballfeld laufen lassen. Wir dachten, dass er deswegen so müde war. Am Nachmittag fand er aber die Kraft, mit mir aus dem Haus zu gehen, um unsere vier geliebten Hunde Briciola, Stellina, Chiara und Poldo im Park spazieren zu führen.

Am nächsten Morgen beschlossen wir, zusammen mit meinem Mann und meiner Mutter, essen zu gehen. Man hatte uns ein Restaurant in der Nähe von Venegono empfohlen, der Stadt, in der die Diözese Mailand ihre Priesteramtskandidaten ausbilden lässt. Als Carlo in die Küche ging, um zu frühstücken, bemerkte ich, dass er einen kleinen roten Fleck auf der Bindehaut in seinem rechten Auge hatte. Es schien eine einfache Erkältung zu sein. Auch darüber machte ich mir keine großen Sorgen.

Bevor wir nach Venegono aufbrachen, gingen wir zur heiligen Messe. Am Ende des Gottesdienstes wollte Carlo die Anrufung der Madonna von Pompeji mit uns beten. Es war ein Gebet, das er besonders gernhatte. Inzwischen kannten wir unseren Sohn gut. Von klein auf lebte er in einer engen Beziehung zur Jungfrau Maria. Er hat oft darüber gesprochen. Er betete immer zu ihr und lud auch uns dazu ein. Wir kamen seiner Bitte nach. Mein Mann und ich waren seit einigen Jahren dem Glauben wieder nähergekommen. Wir hatten ihn dank Carlo entdeckt. Er war es, der uns dem Herrn nahegebracht hat. Zuvor war ich in meinem Leben nur dreimal zur Messe gegangen: am Tag meiner Taufe, am Tag meiner Erstkommunion und am Tag meiner Hochzeit. So ähnlich war es auch bei meinem Mann, mit dem Unterschied, dass er im Gegensatz zu mir stärker praktizierende Eltern hatte und deshalb ab und zu in die Kirche ging. Wir waren nicht gegen den Glauben, wir hatten uns einfach daran gewöhnt, ohne ihn zu leben. Wir waren wie viele Menschen um uns herum und füllten unsere Tage mit vielen Aktivitäten, aber ihren Sinn oder ihre Bedeutung erkannten wir nicht . Seneca fasst diese Art von Lebenseinstellung gut zusammen: „Ein großer Teil des Lebens entgleitet den Menschen, wenn sie Schlechtes tun, der größte, wenn sie nichts tun, das ganze Leben, wenn sie Nebensächliches tun."

In diesem Sinn war der Eintritt von Carlo in unser Leben wie eine Prophezeiung, wie eine Einladung, anderswo zu suchen, anders zu sein, tiefer zu gehen. Nach der Messe stiegen wir ins Auto. Wir kamen in Venegono an und aßen im Freien. Briciola, Stellina, Chiara und Poldo waren auch bei uns. Nach dem Mittagessen machten wir einen Spaziergang in den umliegenden Wäldern und sammelten Kastanien, eine ganze Tüte voll. Ein wenig Sonnenlicht drang durch die Zweige der Bäume und schuf eine fast märchenhafte Atmosphäre. Wir hatten die Hunde losgebunden, und ich erinnere mich, dass sie unbeschwert im Gebüsch hin- und herliefen. Carlo warf ihnen gelegentlich Stöckchen zu und freute sich, wenn sie sie zurückbrachten. Er lächelte und war glücklich. Ich bewahre diesen Tag in einer sehr schönen Erinnerung. Licht und Gelassenheit sind die Gefühle, die mir am meisten in den Sinn kommen. Als wir gegen Abend nach Hause kamen, bekam Carlo Fieber. Es stieg auf 38 Grad. Ich gab ihm Tachipirin und beschloss, dass er am nächsten Tag nicht zur Schule gehen sollte.

Montag, 2. Oktober. Ich rief die Kinderärztin an und fragte sie, ob sie Carlo besuchen könne. Sie kam sofort und bemerkte lediglich, dass sein Rachen etwas gerötet war. Daraufhin verschrieb sie ihm ein einfaches Antibiotikum und ging wieder. Noch machte ich mir keine Sorgen. Tatsächlich erfuhr ich, dass die Hälfte der Klasse Grippe hatte, und nahm an, diese werde wohl auch Carlo erwischt haben.

Mein Sohn verbrachte den Rest des Tages ruhig. Er betete mit mir zusammen den Rosenkranz, darum bat er mich oft. Es war für ihn selbstverständlich, die täglichen Beschäftigungen zu unterbrechen, um zu beten. Er stand ständig, ununterbrochen in Verbindung mit Gott und tat alles in Gedanken an den Herrn und bezogen auf ihn. Die Gebete halfen ihm dabei, so sagte er, Energie aufzutanken und die täglichen Aufgaben mit mehr Kraft und Gelassenheit wieder aufzunehmen. Er machte seine Hausaufgaben und arbeitete ein wenig am Computer an seinen Ausstellungen. Das Fieber machte ihm zu schaffen, aber es gelang ihm trotzdem, aktiv und wach zu sein.

Wir versammelten uns alle, um ihm Gesellschaft zu leisten, als er aufgrund des Fiebers sein Abendessen in seinem Schlafzimmer zu sich nahm. Plötzlich sagte er folgenden Satz: „Ich opfere meine Leiden für den Papst und für die Kirche auf, um nicht ins Fegefeuer, sondern direkt in den Himmel zu kommen."

In dem Moment dachten wir, dass er sich über uns lustig machte. Carlo war immer fröhlich und verspielt. Wir dachten, er wollte Witze machen, und nahmen seine Worte nicht sonderlich ernst. Wir dachten, er habe sie gesagt, um uns ein bisschen zum Lachen zu bringen. Das Fieber machte zwar keine Anzeichen, dass es sinken würde, verschlimmerte sich jedoch auch nicht. Carlo hatte andere Male, auch schon als Kleinkind Halsentzündungen gehabt, und jedes Mal hatte er mindestens eine Woche gebraucht, wenn nicht länger, um sich vollständig davon zu erholen. Ein Grund mehr also, uns weiterhin keine Sorgen zu machen.

Mittwoch, 4. Oktober. Die Website, die Carlo über den Sommer erstellt hatte, um die ehrenamtliche Arbeit der Jesuiten zugunsten der Geringsten und Bedürftigen zu unterstützen, sollte der ganzen Schule vorgestellt werden. Sie hatten Carlo gebeten, das zu übernehmen, weil er sich mit Computern und komplexen Computerprogrammen gut auskannte. Da er jung war, dachten sie außerdem, dass die anderen Jugendlichen aufgrund seines Engagements bereitwilliger seinem Beispiel folgen und ihn darin nachahmen würden, ihre Freizeit ohne Gegenleistung, zugunsten anderer einzusetzen. Die Jesuiten erzählten mir, dass bei den Sitzungen des Freiwilligenausschusses, der aus einigen Schuleltern bestand, alle von der Lebendigkeit der Ausführungen meines Sohnes, von der Leidenschaft, die ihn beseelte, und von seinem Einfallsreichtum sehr beeindruckt waren. Die Mütter waren buchstäblich fasziniert von Carlos Vorgehensweise und seinen Führungsqualitäten, von seiner so liebenswürdigen, lebendigen und zugleich tüchtigen Art.

Carlo investierte bereits sehr viel Energie in die Unterstützung der Bedürftigen. Er tat dies täglich, sowohl zu festgelegten Zeiten, als auch dann, wenn die Umstände es ihm erlaubten. Für ihn waren das natürliche Aktivitäten, sie waren selbstverständlich. Er liebte das Vorbild der Heiligen, die sich den Geringsten gewidmet hatten. Er hatte einige Sätze von Mutter Teresa von Kalkutta abgeschrieben, die ihm gut gefielen: „Viele sprechen von den Armen, aber wenige sprechen mit den Armen ... Sucht Jesus nicht in fernen Ländern: Er ist nicht dort. Er ist in eurer Nähe. Er ist mit euch!... Wenn ihr Augen habt zum Sehen, werdet ihr Kalkutta auf der ganzen Welt finden. Die Straßen von Kalkutta führen zu jedermanns Tür. Ich weiß, dass ihr möglicherweise eine Reise nach Kalkutta machen möchtet. Es ist einfacher, Menschen in der Ferne zu lieben, jedoch nicht immer einfach, die Menschen zu lieben, mit denen wir zusammenleben."

Sie beschlossen, die Internetseite zum Thema Freiwilligenarbeit auch ohne Carlo zu präsentieren. Am frühen Nachmittag riefen sie ihn an und sagten ihm, dass sie allen gefallen hatte. Die Präsentation war ein voller Erfolg gewesen. Carlo strahlte und fühlte sich geehrt. Dinge für andere zu tun, und sie gut zu tun, war für ihn Grund zur Freude.

Ich verließ das Haus und kaufte einige Stücke Schokoladenkuchen für das Fest des heiligen Franziskus. So machte ich es jedes Jahr. Carlo war verrückt danach. Sogar an diesem Tag aß er bereitwillig mehrere Stücke davon. Er war noch etwas müde, doch wie immer lächelte er und versuchte, uns zu vermitteln, dass alles in Ordnung sei.

Donnerstag, 5. Oktober. Mein Sohn wachte mit leicht geschwollenen Ohrspeicheldrüsen auf. Ich rief die Ärztin erneut an. Sie kam vorbei und sagte, er hätte wahrscheinlich Mumps. Sie riet uns, mit der Therapie fortzufahren, und das taten wir dann auch. Am nächsten Tag folgte jedoch eine weitere Überraschung. Carlo hatte Hämaturie. Die Kinderärztin ließ uns eine Urinprobe bringen, die in einem klinischen Labor in der Nähe unseres Hauses analysiert wurde. Die Anamnese war beruhigend: Es schien wirklich nichts Ernstes vorzuliegen.

Wenn mein Sohn Halsschmerzen hatte und seine Körpertemperatur anstieg, litt er oft unter Pavor nocturnus, einer nicht krankhaften Schlafstörung, die bei Kindern und Jugendlichen recht häufig vorkommt und unerwünschte Verhaltensweisen während des Schlafes und Albträume verursacht. Deshalb zog ich es vor, die Nächte bei ihm zu verbringen, wenn er krank war. Ich schlief auf einer Matratze auf dem Boden neben seinem Bett. Ich erinnere mich, dass ich in der Nacht vom 3. auf den 4. Oktober sehr wachsam, quasi wie ein Pferd im Stehen schlief, und davon geträumt habe, in einer Kirche zu sein. Der heilige Franziskus von Assisi war auch dort. Oben an der Decke sah ich das Gesicht meines Sohnes, ein sehr großes Gesicht. Der heilige Franziskus sah ihn an und sagte mir, dass Carlo für die Kirche sehr wichtig werden würde. Dann bin ich aufgewacht.

Ich habe den ganzen Morgen über diesen Traum nachgedacht. Ich glaubte damals, es sei eine kleine Prophezeiung, dass mein Sohn Priester werden würde. In der Tat hatte er mir diesen Wunsch mehrmals mitgeteilt. Also war ich sicher, dass der Traum wohl damit zusammenhing.

In der darauffolgenden Nacht schlief ich wieder bei ihm. Vor dem Einschlafen betete ich den Rosenkranz. Im Halbschlaf hörte ich eine Stimme, die mir deutlich diese Worte sagte: „Carlo liegt im Sterben."

Ich dachte, es sei keine Stimme von Gott, sondern ein schlechter Gedanke, dem man keine Beachtung schenken sollte. Und so habe ich ihm kein Gewicht beigemessen.

Samstag, 7. Oktober. Carlo wachte früh auf. Er wollte auf die Toilette gehen, merkte aber, dass er sich nicht bewegen konnte. Er konnte nicht vom Bett aufstehen. Er hatte nicht die Kraft dazu und war ergriffen von einer starken Form von Asthenie. Er bat mich um Hilfe. Zusammen mit meinem Mann schafften wir es mit großer Mühe, ihn ins Badezimmer zu bringen.

Wir waren sehr beunruhigt. Wir beschlossen, den früheren Kinderarzt unseres Sohnes anzurufen, einen bekannten Professor aus Mailand, der inzwischen im Ruhestand war und dem wir blind vertrauten. Er sagte uns, dass wir Carlo sofort in die De Marchi-Klinik bringen sollten, wo er selbst über viele Jahre Chefarzt gewesen war. Er war sehr freundlich zu uns. Noch bevor wir in der Klinik ankamen, hatte er die Ärzte alarmiert und außerdem den Chefarzt der Kinderhämatologie benachrichtigt: Er müsse Carlo sofort untersuchen, um zu verstehen, was los war.

Es war anstrengend, Carlo ins Krankenhaus zu transportieren. Unser Hausangestellter Rajesh hatte sich einen Tag frei genommen. Also kamen mein Mann und ich auf die Idee, unseren Sohn auf seinen Schreibtischrollstuhl zu setzen. So schafften wir es irgendwie, ihn zum Fahrstuhl zu bringen, und dann ins Auto einsteigen zu lassen. Ich erinnere mich, dass Mailand wegen des Marathons, der am nächsten Tag stattfinden sollte, abgeriegelt war. Nach vielen Schwierigkeiten haben wir es jedenfalls geschafft, die Klinik zu erreichen. Vor dem Eingang eilten zwei Krankenpfleger herbei und trugen Carlo hinein. Von Anfang an schenkten sie uns Zuneigung und Trost. Sie waren zuvorkommend zu ihm und zu uns.

Auf der Türschwelle der Klinik kamen Erinnerungen hoch. Mir fiel sofort ein, dass ich schon dort gewesen war, als Carlos alter Kinderarzt ihn gegen Hepatitis B geimpft hatte. Das geschah 1996. Die Klinik blieb in meinem Gedächtnis haften, weil sie auf onkologische Erkrankungen bei Kindern spezialisiert war. Der Professor erzählte mir, dass die Mütter der kranken Kinder auch von einer Reihe von externen ehrenamtlichen Helfern unterstützt wurden. Sie stellten sich zur Verfügung, um sie zu trösten. Die ehrenamtlichen Helfer nahmen an Schulungskursen teil, die „Balint-Gruppen" genannt werden, nach ihrem Schöpfer, Michael Balint. Er hatte eine Arbeitsmethode entwickelt, die in erster Linie für Ärzte vorgesehen war, jedoch in dieser Klinik auch die externen ehrenamtlichen Helfer mit einbezog. Im Wesentlichen bestand die Arbeit darin, den Eltern der kranken Kinder psychologisch zu helfen, aber auch den Kindern selbst nahe zu sein, für sie da zu sein und zu versuchen, sie in ihrer Müdigkeit und ihrem Schmerz zu unterstützen. Ich erinnere mich, dass der Professor mir sagte, ich könne der Gruppe beitreten, wenn ich wollte. Als er mir das sagte, empfand ich ein sehr starkes Gefühl der Angst und der Beklemmung. Der Gedanke an diese kranken Kinder und ihre Mütter erschütterte mich zutiefst. Ich fühlte mich nicht bereit für eine solche Aufgabe. Als Hypochonder verursachte mir allein schon die Vorstellung große Angst – natürlich auch deshalb, weil ich mich in diese Mütter hineinversetzt hätte und annahm, ich hätte zu sehr gelitten. Wenn ich es mir recht überlege, denke ich, dass der Herr mich mit diesem Vorschlag in gewisser Weise auf die Krankheit meines Sohnes vorbereiten wollte. Ich glaube in der Tat, dass Gott uns von Zeit zu Zeit Erfahrungen machen lässt, die wie ein „Vorgeschmack" auf das sind, was wir später erleben werden. Wie der heilige Johannes Paul II. betonte, müssen wir immer daran denken, dass „die Zukunft heute beginnt, nicht morgen". Solche Erfahrungen sind Hinweise auf Ereignisse, deren Verlauf und deren Ende nur er kennt. Das Leben ist ein großes Geheimnis. Manchmal bekommen wir Zeichen vom Himmel. Heute denke ich, dass die Worte des Professors wie eine erste Warnung waren: „Das ist der Schmerz, durch den auch Sie gehen müssen."

Das war nicht das Einzige, was mir in den Sinn kam an jenem Morgen. Als die beiden Krankenpfleger Carlo in die Klinik brachten, drehte ich mich instinktiv um und sah auf die andere Straßenseite. Mir fiel die Kirche der Barnabiten auf, in der die Reliquien des heiligen Alexander Sauli aufbewahrt werden. Diese Kirche kannte ich gut, aber an diesem Morgen fühlte ich mich regelrecht dort hingezogen. Wie wenn irgendjemand sagen würde: „Dreh dich um, schau dorthin!" Ich verstand sofort den Grund. Der heilige Alexander Sauli war in jenem Jahr zufällig der Lebensbegleiter von Carlo geworden. Am 31. Dezember ist es in Mailand nämlich üblich, einen Jahresheiligen zu ziehen. Es heißt, dass der Jahresheilige denjenigen, der ihn gezogen hat, ein ganzes Jahr lang auf besondere Weise begleiten wird. Deshalb ist man eingeladen, seine Geschichte kennenzulernen, sich sozusagen mit ihm anzufreunden. Carlo hatte immer entweder die Heilige Familie, Jesus oder die Mutter Gottes gezogen. Wir machten uns deshalb lustig über ihn und sagten, er hätte eine persönliche Empfehlung. In jenem Jahr zog er jedoch den heiligen Alexander Sauli, einen Barnabitenbischof, der um 1500 gelebt hatte und als Patron der Jugend verehrt wird. Sein Festtag ist der 11. Oktober, ein Tag, der für immer in der Geschichte meines Sohnes Carlo eingraviert bleiben wird. Es berührte mich, dass diese Kirche genau gegenüber von der Klinik De Marchi liegt. Instinktiv vertraute ich ihn also dem heiligen Alexander an und betrat die Klinik.

Als ob es heute wäre, erinnere ich mich an die Worte, die der Chefarzt kurz nach den ersten Untersuchungen zu uns sagte: „Carlo ist zweifellos an einer Leukämie vom Typ M3, einer Promyelozytenleukämie, erkrankt."

Der Chefarzt erklärte uns mit ernster Miene und ohne ein Blatt vor den Mund zu nehmen, dass es sich um eine stille Krankheit handelt, die sich erst im letzten Moment, plötzlich und ohne Vorzeichen bemerkbar macht, und dass sie nicht vererbbar ist. Es handelt sich um eine Krankheit, die eine sehr schnelle Vermehrung der Tumorzellen verursacht. Im Grunde genommen lässt sie die Blastome verrückt spielen. Er sagte uns, Carlo müsse sofort in ein Krankenhaus eingeliefert werden, und man müsse versuchen, ihn mit umfangreichen Behandlungen zu retten. Dasselbe haben sie Carlo auch gesagt. Sie haben ihm nichts verheimlicht.

Als der Chefarzt uns allein ließ, gelang es Carlo, ruhig zu bleiben. Ich erinnere mich, dass er uns anlächelte und sagte: „Der Herr hat mich wachgerüttelt!"

Ich war sehr beeindruckt von seiner Haltung und seiner Fähigkeit, die Situation stets positiv und mit Gelassenheit zu betrachten. Ich erinnere mich noch immer an sein Lächeln mit dem er uns anstrahlte. Es war, wie wenn jemand einen dunklen Raum betreten und plötzlich das Licht anmachen würde. Alles wird erleuchtet und nimmt Farbe an. Das tat er: Er erhellte unsere dunkelste Stunde, den Schock dieser erschütternden Nachricht. Er sprach keine beunruhigenden Worte und ließ sich weder von Angst noch von Kummer unterkriegen. Er reagierte darauf, indem er auf den Herrn vertraute, und im Vertrauen beschloss er zu lächeln. Neben seinem Lächeln hat mich auch seine Gelassenheit beeindruckt. Ich glaube, er verstand, dass die Situation verzweifelt war, aber er gab sich vertrauensvoll in die Arme dessen, der den Tod besiegt hat. Manchmal denke ich an diese Momente und frage mich, was mein Sohn damals wirklich fühlte, aber ich kann mir keine andere Antwort geben als die, dass nur „Christus weiß, was im Menschen ist". Er allein „weiß es", wie Papst Johannes Paul II. in seiner Antrittsrede zu seinem Pontifikat sagte.

Die Heiterkeit war übrigens einer der charakteristischen Züge, die Carlos kurzes Leben stets begleiteten. Er verstand es, alle mit seiner Fröhlichkeit und Freude anzustecken und selbst in den dunkelsten Momenten Ruhe und Frieden zu vermitteln und die Herzen zu erwärmen. Er vermittelte Heiterkeit, Ruhe und Gelassenheit. „Die Freude lebt im stillen Innersten und ist dort tief verwurzelt. Sie ist die Schwester der Ernsthaftigkeit; wo die eine ist, ist auch die andere", schrieb Romano Guardini.

Carlo war immer optimistisch. Und selbst als alles zusammenzubrechen schien, gab er die Hoffnung nie auf und resignierte nicht. Der lutherische Theologe Dietrich Bonhoeffer schrieb in einem Brief während seiner Haft im KZ Flossenbürg, kurz vor seinem Tod: „Aber den Optimismus als Willen zur Zukunft soll niemand verächtlich machen, auch wenn er hundertmal irrt. Er ist die Gesundheit des Lebens, die der Kranke nicht anstecken soll." Ein Konzept, das Johannes Paul II. unter anderen Umständen und mit anderen Worten auch gut ausgedrückt hat: „Gebt euch nicht der Verzweiflung hin. Wir sind das Volk von Ostern, und Halleluja ist unser Lied."

Einige Minuten vergingen, und Carlo wurde auf die Intensivstation verlegt. Sie setzten ihm eine Maske über Mund und Nase auf, um ihn mit Sauerstoff zu versorgen und ihm das Atmen zu erleichtern. Das hat ihn sehr gestört. Es behinderte seine Bewegungen. Er war nicht in der Lage, gut auszuhusten. CPAP-Beatmung ist der Fachbegriff für diesen Lebensretter, an den wir uns auf den Intensivstationen während der schrecklichen Covid19-Pandemie, die seit 2020 die Welt heimsucht, gewöhnt haben. Carlo vertraute mir an, dass diese Vorrichtung für ihn eine echte Qual war, dass er sie aber für die Bekehrung der Sünder aufgeopfert hatte. Als ich all die Menschen sah, die wegen der Pandemie mit CPAP ins Krankenhaus eingeliefert wurden, dachte ich oft an 2006, das Jahr von Carlos Tod. Mir wurde klar, dass die tiefen Wunden, die diese schrecklichen und leidvollen Tage verursacht haben, immer noch „bluten".

Ich durfte nur bis ein Uhr nachts bei ihm auf der Intensivstation bleiben. Dann musste Carlo allein bleiben. Bevor ich ging, wollte er, dass wir gemeinsam den Rosenkranz beten. Er konnte kaum sprechen, aber er wollte es dennoch tun. Das waren schreckliche Momente für mich. Die Worte aus dem Buch Ijob wühlten mich auf, und ich konnte nichts dagegen tun: „Der Herr hat gegeben, der Herr hat genommen, gepriesen sei der Name des Herrn! Bei alldem sündigte Ijob nicht und gab Gott keinen Anstoß." (Ijob 1, 21-22) Der Herr hat dies zugelassen. Ein Teil von mir wollte segnen, akzeptieren, der andere war hin- und hergerissen darüber, den eigenen und einzigen Sohn in einem Krankenhausbett leiden zu sehen, ohne etwas dagegen tun zu können.

In diesen Momenten verspürte ich den Wunsch, Jesus ein Opfer zu bringen. Unabhängig vom positiven oder negativen Ausgang der Krankheit von Carlo beschloss ich, mein tiefes Leid aufzuopfern, damit im Volk Gottes die Liebe zum Sakrament der Eucharistie immer größer wird. Die Eucharistie war Carlos große Liebe. Und folglich wurde es auch meine. Mit ihm gemeinsam habe ich auch dafür gebetet, dass diejenigen, die die Liebe Jesu Christi nicht kennenlernen konnten, sie wenigstens einmal in ihrem Leben erfahren würden. In besonderer Weise habe ich um diese Gnade für das teure befreundete jüdische Volk gebetet.

Seit meiner Kindheit hatte ich Gelegenheit, mehrere Personen jüdischen Glaubens kennenzulernen. Viele davon waren meine Spielkameradinnen in Rom gewesen, wo ich geboren bin. Ich wohnte in einem Gebäude im Stadtzentrum, in dessen oberstem Stockwerk auch eine jüdische Familie wohnte. Meine Eltern hatten sich mit ihnen angefreundet, und ich folglich auch. Ich kannte ihre Gemeinde. Viele von ihnen waren Verwandte des Oberrabbiners. Ich besuchte ihre Feste. Wir sind oft zusammen in den Urlaub gefahren. Ironischerweise wusste ich mehr über jüdische Bräuche als über katholische. Ich war immer beeindruckt von der Tatsache, dass die Kinder kein Schweinefleisch essen durften. Sie hielten sich sehr streng an alle Vorschriften, die ihre Religion vorschrieb. Ihr Befolgen der Regeln und Vorschriften war für mich ein großes Glaubenszeugnis.

Als ich in London studierte, wohnte ich mit einem jüdischen Mädchen zusammen. Sie kam aus Brüssel. Ich lernte sie kennen, da ich mit einem belgischen Jungen befreundet war, der eine Zeit lang ihr Verlobter war. Sie hatten zusammen gelebt, sich aber dann getrennt. Das Mädchen fand sich auf der Straße und konnte nirgendwo hin. Sie hatte wenig finanzielle Mittel. Ich erinnere mich, dass sie sehr niedergeschlagen war. Ich hatte in der Situation Mitleid und bat sie, zu mir zu ziehen. So nahm eine enge Freundschaft ihren Anfang. Sie brachte mir Französisch und ich ihr im Gegenzug Italienisch bei. Dank ihr hatte ich die Möglichkeit, mit der jüdischen Gemeinde in der englischen Hauptstadt in Kontakt zu kommen. Wieder einmal lernte ich, diese Menschen zu schätzen und zu lieben, sie gern zu haben. Deshalb hatte ich in jener Nacht auf der Intensivstation, als Carlo litt, das Gefühl, diesen Schmerz auch für sie aufopfern zu müssen. Es war für mich eine natürliche Geste, die, wie ich glaube, Früchte getragen hat. Die Wege Gottes sind oft geheimnisvoll. Wir sehen das Ergebnis unserer Handlungen und Gebete nicht sofort. Aber die Antworten des Himmels kommen früher oder später, wie und wann Gott will.

Diese Nacht war nicht einfach für mich. Zusammen mit meiner Mutter blieb ich in der Klinik, um da zu sein, falls etwas passieren würde. Ich überredete meinen Mann, nach Hause zu gehen und sich auszuruhen. Im Morgengrauen ging ich zur Messe in der Kirche der Barnabiten, um die Fürsprache des Herrn und der Heiligen Jungfrau zu erbitten. Ich habe auch zum heiligen Alexander Sauli gebetet. Dank Carlo habe ich gelernt, dass die Heiligen immer präsent sind, dass sie uns vom Himmel aus helfen, wenn wir zu ihnen beten, und so tat ich genau das.

Kurze Zeit später kehrte ich in die Klinik zurück. Sie ließen mich zu Carlo. Er trug noch seine Beatmungsmaske und hatte noch immer Schmerzen. Er vertraute mir an, dass er kaum schlafen konnte.

Kurz darauf beschloss sein Arzt, seine Verlegung in das Krankenhaus San Gerardo in Monza zu beantragen. Dort gibt es ein spezialisiertes Zentrum für diese Art von Leukämie. Wir durften nicht mit ihm im Krankenwagen mitfahren. Der Arzt war jedoch sehr freundlich und begleitete ihn persönlich. Mein Mann, meine Mutter und ich fuhren im Auto hinterher. In Monza wendeten sie sofort eine spezielle Blutwäsche bei ihm an, um die roten und die weißen Blutkörperchen voneinander zu trennen. Dieses Verfahren ist gut verlaufen.

Sie brachten uns in die Abteilung für pädiatrische Hämatologie im elften Stock. Dort hatte man für uns das Zimmer Nummer elf reserviert. Ich war sehr beeindruckt von dieser Station. Es gab dort eine modern ausgestattete Küche mit vielen Annehmlichkeiten. Mir wurde gesagt, dass sie von vielen Müttern aufgesucht werde, die dort mit ihren Kindern lebten, einige von ihnen bereits seit Jahren. Auch ich bereitete mich mental auf diesen Fall vor. Ich war mir bewusst, dass die Schwere der Krankheit dazu führen konnte, dass Carlo für eine lange Zeit dort hätte bleiben müssen.

Mehrere Krankenpfleger legten ihn in sein neues Bett. Eine Dame, die für den Fernunterricht zuständig war, kam uns besuchen. Sie versicherte uns, dass Carlo seinen Unterricht auch dort fortsetzen konnte und dass er das Schuljahr nicht verpassen würde.

Carlo bat darum, das Sakrament der Krankensalbung zu empfangen. Die Krankenschwestern riefen den Krankenhausseelsorger, der auch uns die Kommunion brachte. Er kam auch in den darauffolgenden Tagen wieder.

Mein Sohn hatte großes Vertrauen in dieses Sakrament, und es war nicht das erste Mal, dass er es empfing. Er schrieb darüber auf seinem Computer: „Die Krankensalbung (und nicht mehr wie früher letzte Ölung). Der Moment des Todes – ob erwartet oder nicht – ist für die meisten Menschen voller Sorgen, denn man ist nie ausreichend rein und genügend darauf vorbereitet. Deshalb gibt es ein Sakrament für diesen großen Moment. Und es gibt dafür auch besondere Gebete. Aber es ist notwendig, dass die Gläubigen ihren Anteil beisteuern, dass sie jederzeit bereit sind. Mit anderen Worten: Das Leben sollte eine ständige Vorbereitung auf den Tod sein. Wir dürfen uns weder den schrecklichen Versuchungen der Mutlosigkeit und der Angst hingeben, noch sollten wir oberflächlich und nachlässig sein. Es braucht einen Mittelweg, vor allem eine große Ausgewogenheit, die sich aus dem Vertrauen nährt und auf die Hoffnung ausrichtet. Diese zweite göttliche Tugend sollte uns Leuchtturm und Stärke sein. Die Heilige Schrift ermahnt uns, stets bereit zu sein, ‚jedem Rede und Antwort zu stehen, der von uns Rechenschaft fordert über die Hoffnung, die uns erfüllt'. Wenn unser Leben durch Krankheit bedroht wird oder der Tod endgültig bevorsteht, ist es notwendig, dass wir uns bereitwillig dem göttlichen Willen überlassen. Eine hervorragende Übung ist auch, sich mit dem Leiden und Sterben des Herrn eng zu verbinden. Paulus sagte, dass er durch seine Leiden das erfüllte, was an der Passion Christi noch fehlte. Das bedeutet, dass der mystische Leib ständig dabei ist, auf dem Kalvarienberg zu steigen, und von Zeit zu Zeit Unterdrückung, Verfolgung und Kampf ausgesetzt ist. Ähnlich wie die Schöpfung wird auch die Passion bis zum Ende dieser Welt fortgesetzt. Diese Vereinigung mit dem Leiden und Tod des Herrn wirkt sich auf das gesamte Volk Gottes nützlich aus. Dadurch entsteht ein ständiger Kreislauf von Leiden, Aufopferungen und Qualen. Dieser Kreislauf ergänzt den der Messen, die mit einer Frequenz von fünf pro Sekunde gefeiert werden. ‚Jesus, komm zu mir' und ‚Jesus, ich vereinige mich mit allen Messopfern der Welt': Das sind zwei sehr fruchtbare Stoßgebete. Warum sollten wir nicht davon Gebrauch machen?"

Ich erinnere mich, dass die Krankenpfleger und die Ärzte alle sehr erstaunt darüber waren, wie Carlo diese Momente gemeistert hat. Er beschwerte sich nie. Seine Beine und Arme waren geschwollen, es hatte sich darin Flüssigkeit angesammelt. Doch wenn sie ihn von einer CT-Untersuchung in der Röntgenabteilung in sein Zimmer zurückbrachten, versuchte er möglichst aus eigener Kraft von der Krankenbahre ins Bett herüberzukommen. Er wollte den Krankenschwestern überhaupt keine Umstände bereiten. Das war typisch für Carlo: Selbst in den kritischsten Situationen dachte er an andere und nicht an sich selbst. Ich erinnere mich, wie er sich anstrengte, um ohne Hilfe in sein Bett zu kommen. Er kämpfte, lächelte jedoch gleichzeitig und wiederholte oft: „Nicht ich, sondern Gott."

Und auch: „Nicht die Selbstliebe, sondern die Herrlichkeit Gottes"; „Traurigkeit ist der Blick auf sich selbst, Glück ist der Blick auf Gott."

Wie müssen diese Worte in diesen Momenten tief in ihm geklungen haben!

Die Krankenschwestern und der diensthabende Arzt setzten ihm die Atemmaske wieder auf und fragten ihn, wie er sich fühlte. Mit einem Lächeln antwortete er: „Mir geht es gut, es gibt Menschen, die viel mehr leiden als ich."

Sie sahen sich ungläubig an: Sie wussten, welches Leid diese Art von Leukämie verursacht. Dennoch antwortete er so. Auch andere Patienten hatten solche Schmerzen durchgemacht. Sie sind qualvoll und geben keine Ruhe. Carlo schien eine Kraft zu haben, die nicht aus ihm selbst kam. Ich erinnere mich, wie ich dachte, dass nur die starke und enge Bindung an den Herrn ihn befähigen konnte, diese Situation auf diese Weise zu bewältigen. Es war nicht ein punktuelles Heldentum, sondern die Frucht einer Tag für Tag und Stunde für Stunde gepflegten Beziehung. Ohne es zu ahnen, hatte Carlo die Fähigkeit erworben, diesen Moment auf diese Weise zu leben. Er hatte sie erworben durch jahrelanges Wandeln unter dem Licht Gottes, unter seinem stetig erbetenen Schutz und unter seinem stets ersehnten Licht. Folglich gab es viele, die ihn in dieser Zeit im Krankenhaus sahen und die mir erzählten, dass sie in diesen Momenten den Eindruck hatten, einem besonderen Jungen zu begegnen, dem es aufgrund einer übermenschlichen Kraft gelang, sein Leiden zu verbergen; nicht zu stören, sondern mitten im Sturm zu lächeln. Der christliche Philosoph Blaise Pascal war achtzehn Jahre alt, als er folgendes schöne Gebet schrieb. Es war während einer Krankheit, die ihn fast vollständig gelähmt in seinem Bett festhielt, und es beschreibt gut die Haltung, mit der Carlo sich seiner Prüfung stellte: „Gib denn, Herr, dass ich, wie ich auch sei, mich deinem Willen füge und krank, wie ich bin, dich preise in meinen Leiden. Ohne sie kann ich nicht zur Herrlichkeit gelangen, und du selbst, mein Heiland, hast nicht anders zu ihr eingehen wollen als durch sie. An deinen Leiden bist du von deinen Jüngern erkannt worden, und an den Leiden erkennst du auch die, welche deine Jünger sind. Erkenne denn mich als deinen Jünger in den Leiden, die ich an Leib und Seele dulde für meine begangenen Sünden. [...] Ziehe ein in mein Herz und in meine Seele, auf dass du tragest meine Leiden..."

Es wurde Abend, und die Nacht brach herein. Aus den Fenstern des Krankenhauses von Monza blickte ich nach Westen, in Richtung Mailand. Ich begann mich zu fragen, ob ich jemals mit meinem Carlo dorthin zurückkehren würde.

Meine Mutter und ich durften bei ihm schlafen. Gegen ein Uhr nachts schlief ich für ein paar Minuten ein. Carlo hingegen konnte wegen der starken Schmerzen nicht einschlafen. Ich hörte, wie er die diensthabenden Krankenschwestern bat, weniger Lärm zu machen, damit ich mich ausruhen könne. Doch kurz darauf bin ich wieder aufgewacht.

Trotz vieler Zweifel und Ängste hoffte ich immer noch, dass er es schaffen würde. In der Hoffnung dass er genesen würde, klammerte ich mich an alles – auch wenn mir ständig die Worte in den Sinn kamen, die er selbst mir sagte, als wir in Monza angekommen waren. Ich kann mich noch gut erinnern, wie sie ihn aus dem Krankenwagen herausholten. Er sah mich an und sagte: „Ich komme hier nicht lebend raus, mach dich darauf gefasst."

Er sagte mir diese Worte, weil er nicht wollte, dass ich im Moment seines Todes unvorbereitet sei. Er erklärte mir auch, dass er mir viele Zeichen vom Himmel schicken würde und ich daher ruhig bleiben solle. Er wusste genau, wie sehr ich an ihm hing und wie besorgt ich war. Ich glaube, seine größte Sorge war tatsächlich, mich hier auf Erden allein zu lassen. Er wollte mich irgendwie warnen und sicherstellen, dass sein Tod nicht so plötzlich wie ein Blitz in mein Leben hineinschießen würde.

Kurz bevor er ins Koma fiel, sagte er mir, dass er leichte Kopfschmerzen hatte. Ich war nicht besonders beunruhigt, weil ich ihn zwar leiden sah, er jedoch gleichzeitig heiter war.

Wenige Augenblicke später lächelte er und schloss die Augen.

Er hat sie danach nie wieder aufgemacht.

Es schien, als sei er gerade eingenickt, stattdessen war er aufgrund einer Hirnblutung ins Koma gefallen. Die Hirnblutung führte innerhalb weniger Stunden zu seinem Tod.

Klinisch gesehen hielten die Ärzte ihn für tot, als sein Gehirn jede lebenswichtige Aktivität einstellte. Es war 17.45 Uhr am 11. Oktober 2006. Am 11. Oktober, demselben Tag, an dem sein Jahresheiliger, Alessandro Sauli, gestorben ist.

Ich hatte das Gefühl, in einem Traum zu sein. In gewisser Weise schien alles unfassbar. Carlo war in so kurzer Zeit gegangen! Konnte das wahr sein? Es gab nicht viel zu sagen. Carlo war nicht mehr da. Das war die Realität. Der Herr hatte ihn zu sich genommen, als er erst fünfzehn Jahre alt war, in der Blüte seiner Jugend und auf dem Höhepunkt seiner Kräfte stand, voller Freude und Schönheit.

Wir wollten seine Organe spenden. Leider erlaubten sie uns das nicht, denn sie sagten, aufgrund seiner Leukämieerkrankung seien sie beeinträchtigt.

Die Ärzte entschieden, ihn erst dann vom Beatmungsgerät zu nehmen, wenn sein Herz aufhören würde, selbständig zu schlagen. Aus diesem Grund schickten sie uns nach Hause und sagten, sie würden uns anrufen, sobald das Herz aufhören würde zu schlagen.

Uns wurde mitgeteilt, dass Carlos Herz am 12. Oktober um 6.45 Uhr aufgehört hatte zu schlagen. Das ist der Tag vor der letzten Erscheinung der Gottesmutter in Fatima. Für uns war es kein Zufall. Wir hatten unseren einzigen Sohn verloren. Das bereitete uns einen ungeheuerlichen Schmerz, aber wir fühlten uns von der Hoffnung getragen, dass er nicht endgültig aus unserem Leben verschwunden, sondern uns nun näher war als je zuvor, und dass er auf uns wartete in einem besseren Leben.

Ich erinnere mich, dass sowohl mein Mann als auch ich bis zum Schluss davon überzeugt waren, dass der Herr uns das Wunder der Heilung von Carlo schenken würde. Aber das geschah nicht. Nach dem Anruf aus der Klinik gingen wir in das Zimmer meiner Mutter, die bei uns wohnte, und sagten ihr, dass Carlos Herz aufgehört hatte zu schlagen. Ich erinnere mich, dass meine Mutter mir sagte, sie hätte es bereits geahnt. Sie hatte Carlos Stimme gehört. Er sagte: „Großmutter, ich bin bei den Engeln im Himmel. Ich bin sehr glücklich, weine nicht, denn ich werde immer an deiner Seite bleiben."

Am Morgen des 12. Oktober gab uns das Krankenhaus in Monza die Erlaubnis, den Leichnam unseres Sohnes nach Hause zu bringen. Eine Verordnung der Stadt Mailand erlaubte dies tatsächlich. Das Bestattungsunternehmen fuhr zum Krankenhaus, bereitete Carlo vor und brachte ihn nach Hause.

Sein Zimmer wurde in eine Aufbahrungshalle umfunktioniert. Der Leichnam wurde in sein Bett gelegt. Ich sah ihn an. Es kam mir surreal vor: Carlo war nicht mehr da.

Die Nachricht von seinem Tod verbreitete sich in der ganzen Nachbarschaft, in seiner Schule, im Bekannten- und Freundeskreis und sogar bei den Freunden aus den „sozialen Netzwerken" wie z.B. Messenger. Alle seine Kameraden und Kameradinnen vom Kindergarten bis zur Oberstufe wurden informiert. An diesem Buschfunk waren so viele Menschen beteiligt. Sie alle konnten es nicht fassen und waren schockiert.

Zu Hause gab es ein ständiges Kommen und Gehen von Menschen. Sehr viele wollten ihn sehen und sich von ihm verabschieden. Das, was sich mir in diesen traurigen Tagen am meisten eingeprägt hat, war die Tatsache, dass ich diejenige war, die andere trösten musste, viel mehr, als dass ich selbst von ihnen getröstet worden wäre. Dafür bin ich dankbar. Ich konnte tatsächlich einfach nicht anders, als die Weinenden zu trösten und ihnen zu sagen, dass sie Vertrauen haben sollten, weil unser Carlo nun in einer anderen Dimension weiterleben würde. Das hat mir geholfen, selbst nicht aufzugeben. Das machte es möglich, dass mein tiefer Kummer ein wenig gelindert wurde. Durch das Trösten der anderen wurde auf geheimnisvolle, jedoch reale Weise mein eigener Schmerz in ein Geschenk für die anderen verwandelt. Die Heilige Schrift erinnert uns daran, dass Gott „uns in all unserer Not tröstet, damit auch wir die Kraft haben, alle zu trösten, die in Not sind, durch den Trost, mit dem auch wir von Gott getröstet werden" (2 Kor 1,4).

Ich hörte meine eigenen Worte und wunderte mich über mich selbst: Ich hatte meinen einzigen Sohn verloren, und trotzdem gelang es mir, all jenen Hoffnung und Frieden zu vermitteln, die ihn vor der Beerdigung noch einmal sehen wollten.

Unter den vielen Menschen, die uns besuchten, war auch eine Freundin von Carlo, die ein gelbes Sweatshirt trug. Diese Farbe erinnerte mich spontan an eine Begebenheit aus meiner Jugend, als ich die Grenze zum Erwachsensein noch nicht überschritten hatte. Für ein paar Augenblicke schaute ich zurück und erinnerte mich, dass ich mich als Teenager bereits einmal in meinem Leben mit dem Tod auseinandergesetzt hatte, auch wenn ich es bis zu einem gewissen Grad verdrängt hatte.

Es war im Sommer 1979. Wie jedes Jahr besuchte ich meine Großmutter in Anzio, einer Stadt am Meer in der Nähe von Rom, wo sie ihren Urlaub verbrachte. An diesem Ort traf ich viele meiner Freundinnen aus Rom, die sich in den Ferien ebenfalls dort aufhielten. Eine von ihnen hatte mir eine ältere Bekannte von ihr vorgestellt. Ihr Name war Claudia. Sie war sehr hübsch, freundlich, lauter und aufrichtig. Ich erinnere mich, dass sie bei Regenwetter immer gelbe Überschuhe und einen Regenmantel in der gleichen Farbe trug wie das Sweatshirt von Carlos Freundin. Sie war gerade erst vierzehn Jahre alt geworden. Trotz des Altersunterschieds haben wir uns rasch angefreundet. Die Ferien neigten sich dem Ende zu. Bevor ich nach Rom abreiste, bestand Claudia darauf, mit mir einen Markt zu besuchen, auf dem man viele interessante Dinge sehen konnte. Wir wollten uns am nächsten Morgen treffen, um gemeinsam dorthin zu fahren. Wir verabredeten uns vor ihrem Haus, einer kleinen Villa nah am Meer. Am nächsten Tag kam ich zum Treffpunkt zusammen mit einer anderen Freundin. Es vergingen ein paar Minuten, aber Claudia kam nicht. Wir klingelten, und irgendwann sahen wir einen sehr mürrischen Mann aus dem Haus kommen. Er lief schnell und wäre fast mit uns zusammengestoßen. Ich werde diese Gestalt nie vergessen, die so finster und irgendwie trostlos wirkte. Er war ein kahlköpfiger Mann mittleren Alters und sah unheimlich aus. Als er uns vor dem Haus stehen sah, ein wenig durchgefroren von der stechenden Morgenbrise, blieb er stehen und schaute uns an. Mit ernster Miene sagte er: „Claudia ist tot." Dann rannte er sofort los, ohne uns irgendeine Erklärung zu geben. Ich habe nicht verstanden, wer er war. Vielleicht war es der Arzt, der gekommen war, um ihren Tod festzustellen, aber bis heute weiß ich nicht, wer er tatsächlich war.

Wir dachten, er hätte sich über uns lustig gemacht. Wir hätten niemals gedacht, dass er uns die Wahrheit gesagt hatte. Deshalb warteten wir weiterhin. Die Minuten vergingen, und es wurde langsam spät. Wir dachten, Claudia hätte unsere Verabredung vergessen oder sie wäre noch nicht wach.

Wir beschlossen, erneut zu klingeln. Jemand öffnete die Tür, ohne zu fragen, wer wir waren. Wir stiegen schnell die Treppen in den ersten Stock hinauf, wo Claudia wohnte. Als wir das Haus betraten, wurden wir von Claudias älteren Schwestern und von ihrer Mutter empfangen. Sie waren alle in Tränen aufgelöst.

Der Vater des Mädchens war nicht da, er befand sich geschäftlich in Rom. Claudia war an einer Hirnblutung gestorben, die während des Schlafes eingetreten war. Ihre Mutter erzählte uns, dass sie am Tag zuvor über Kopfschmerzen geklagt hatte. Diese Kopfschmerzen hatten in der Nacht zu ihrem Tod geführt.

Wie gelähmt vom Schmerz hörte ich ihnen zu. Jedes Wort, das ich zu sagen versuchte, blieb mir im Hals stecken. Die Verse des großen Dichters Heinrich Heine in „Götterdämmerung", einem seiner poetischen Lieder aus dem Zyklus „Die Heimkehr", beschreiben sehr gut meine tiefsten Gefühle in jenen dunklen Momenten. Mir schien, dass „gellend dröhnt ein Schrei durchs ganze Weltall". Es war derselbe Schrei, der in dem Bild „Der Schrei" des Malers Edvard Munch dargestellt ist. Das Bild gilt als die Darstellung der existenziellen Angst schlechthin und bringt alle Tragödien der Welt wirkungsvoll zum

Ausdruck. Immer wenn ich dieses Bild sehe, denke ich an Claudia und die Verlassenheit, die ich an diesem Tag empfand.

Wenn wir darüber nachdenken, so gibt es einen Begriff, um einen Sohn oder eine Tochter zu beschreiben, die ihre Eltern verlieren (Waisen), und auch einen Begriff, um eine Frau oder einen Mann zu beschreiben, die ihren Ehepartner verlieren (Witwe/Witwer). Es gibt jedoch keinen Begriff für Eltern, die einen Sohn oder eine Tochter verlieren, weil einen Sohn oder eine Tochter zu verlieren das Unnatürlichste und Schrecklichste ist, was im Leben eines Menschen passieren kann.

Ich kann es nur noch einmal sagen: Ich fühlte in dem Moment eine ungeheure Verzweiflung, gemischt mit Verlassenheit und so viel Angst und Benommenheit! Plötzlich war alle Freude gewichen, um einem tiefen Schmerz Platz zu machen, der mein Herz verwundete und es mit großer Traurigkeit erfüllte. Ich dachte an Claudias Vater, der vom Tod der Tochter nichts mitbekommen hatte. Mir wurde bei dem Gedanken übel, dass die Mutter es ihm mitteilen musste.

Nach einer Weile veränderte sich etwas in mir auf geheimnisvolle Weise. Ich versuchte, stark zu sein, so gut ich konnte, und fing an, ihre Mutter und ihre Schwestern zu trösten, indem ich ihnen schöne Dinge erzählte. Ich wunderte mich über meine eigenen Worten, während ich sprach. Woher kamen sie? Wie sollte ich imstande sein, sie auszusprechen? Ich sagte ihnen, dass Claudia zweifelsohne im Himmel sei, unter den Engeln, bei der Heiligen Jungfrau. Ich war von diesen Sätzen überrascht, die meinem Mund entschlüpften, ohne dass ich es beabsichtigt hätte. Ich weiß nicht, ob ich in jenem Moment wirklich von dem überzeugt war, was ich sagte, oder ob ich nur so tat, als würde ich es glauben. Wie dem auch sei, das Ergebnis war gut: Es gelang mir, ihnen dadurch etwas Erleichterung zu verschaffen.

Das Mädchen mit dem gelben Kapuzenpulli hatte – ohne es zu wissen – in mir eine Reihe von schmerzhaften Erinnerungen ausgelöst. Aber sie brachten mich zum Nachdenken und schließlich zu der Überzeugung, dass der Herr mich auch dieses Mal darauf vorbereitet hatte, den vorzeitigen Tod meines Sohnes bewältigen zu können.

Gerade in den tragischsten Situationen des Lebens kommt das Beste von uns zum Vorschein, und wir lernen uns wirklich selbst kennen. Ich war über mich selbst erstaunt, über die Stärke, die ich in mir selbst finden konnte, und über die Tatsache, dass ich wie Jahre zuvor bei Claudias Tod nun in der Lage war, andere über den Tod von Carlo zu trösten.

Doch dieses Mal, anders als in den Jahren zuvor, waren die Worte, mit denen ich alle trösten wollte, die gekommen waren, um von meinem Sohn Abschied zu nehmen, die Frucht eines jahrelangen Glaubenswegs, den ich vor allem dank Carlo begonnen hatte. Dieser Weg hatte mir neue Perspektiven eröffnet, die stets durch das Wort Gottes erhellt wurden. Die gelbe Farbe des Sweatshirts jenes Mädchens hatte mich an Claudia erinnert. Es war für mich unvermeidlich, Carlo mit ihr zu verbinden. Der Tod hatte sie beide in einem Alter ereilt, das am Übergang von der Kindheit zum Erwachsenwerden liegt. Sie hatten beide noch unreife Züge, die erwachsene Person war gerade nur angedeutet, wie eine morgendliche Landschaft, die von einer dünnen Frostschicht bedeckt ist: Sie verschleiert ihre Farben und ermöglicht dennoch zugleich einen Blick auf ihr Potenzial.

All die Leute, die in unser Haus geeilt waren, um von Carlo Abschied zu nehmen, erinnerten mich an die Freunde, die damals kamen, um Claudia ein letztes Mal zu sehen. Sie versammelten sich auch in den darauffolgenden Tagen, um diesen vorzeitigen Tod zu bewältigen und zu versuchen, die Angst vor der Endgültigkeit zu überwinden. Diese Angst quält früher oder später jeden, der sich mit dem Tod auseinandersetzen muss. Ihre Anwesenheit ließ Claudia wieder lebendig werden, so wie es der Dichter Foscolo in seinem Werk „Dei sepolcri“ („Gräber“) beschreibt. Er ersetzt die Perspektive des Glaubens, die Hoffnung auf ein Leben nach dem Tod, auf einen Schöpfergott und auf die Vorsehung durch eine „Verständigung der liebevollen Sinne“.

Um es mit den Worten des heiligen Franziskus auszudrücken: Das Treffen mit Claudia war für mich gleichzeitig die erste wirkliche Begegnung mit Bruder Tod. Ihr plötzlicher Tod hat viele Menschen schockiert und gezeichnet, mich eingeschlossen. Ich war damals in der Lage, Trost zu spenden, ohne jedoch ein echtes Glaubensleben geführt zu haben. In den Tagen nach Carlos Tod fand ich mich gegen meinen Willen in der gleichen Rolle wieder. Doch je mehr ich sprach, desto mehr spürte ich die Wahrheit dessen, was ich sagte. Ich fühlte Carlo in der Nähe und hatte nicht das Gefühl zu lügen, während ich andere tröstete. Carlo war wirklich anwesend, wenn auch auf eine geheimnisvolle Weise, er war an meiner Seite. Carlo lebte also, wenn auch in einer anderen Dimension. Hoffnung war kein leeres Wort mehr – die christliche Hoffnung ist ja der Glaube an Dinge, die man erhofft, aber nicht sieht – sie ist eine Gewissheit, an der man sich festhalten kann, weil sie echt und wahr ist.

Bevor Carlo geboren wurde, war ich nicht gläubig. Ich bin im Zentrum von Rom geboren und lebte dort jahrelang. Meine Eltern schickten mich auf eine Klosterschule. Dort lernte ich einige Begriffe aus dem Katechismus und einige Gebete, das war alles.

Ich wuchs auf wie viele Jugendliche von heute: ohne ein wirkliches spirituelles Leben, ohne Beziehung zu Gott. Heute kann ich klar sagen, dass gerade diese für jeden Menschen von entscheidender Bedeutung ist. Davon hängt die persönliche Entfaltung ab. In diesem Sinne stimme ich dem Theologen Carlo Molari, dem Autor von „Il cammino spirituale del cristiano" („Der spirituelle Weg des Christen") zu: Ohne ein inneres, ein spirituelles Leben gibt es seiner Meinung nach keine Erfüllung. Denn nur wenn wir der spirituellen Dimension Raum geben, können wir unsere wahre Identität finden, „unseren Namen, der im Himmel geschrieben steht", wie Jesus sagte. Molari schreibt: „Wir sind im Werden. Und wie werden wir zu dem, was wir sind? Durch die Erfahrungen, die wir machen, die Gedanken, die wir entwickeln, die Wünsche, die wir hegen, und durch die Beziehungen, die wir pflegen. Bei der inneren Übung geht es darum, zu lernen, Beziehungen zu leben, Erfahrungen zu machen, sich Situationen zu stellen, Zeiten der Krankheit und der Freude durchzustehen, die Leiden so zu tragen, dass wir in der geistigen Dimension und als Kinder Gottes wachsen können." Und weiter: „Dies ist der wahre Grund dieser geistigen Arbeit, die sich nicht nur auf uns auswirkt, sondern auf die ganze Welt, auf die Gemeinschaft, zu der wir gehören, auf die Stadt, in der wir leben, auf unsere eigene Generation und auf alle, denen wir begegnen und zu denen wir in Beziehung stehen. Sie bewirkt, dass wir um uns herum die Dynamik verbreiten, die notwendig ist für den Fortbestand der Menschheit, damit sie sich nicht selbst zerstört, sondern zu neuen Ausdrucksweisen der Geschwisterlichkeit gelangt."

Erst mit der Ankunft von Carlo in meinem Leben änderte sich alles. Schon von klein auf lebte er ständig in Verbindung mit Jesus. Diese Verbindung hat mich verändert. Aufgrund seiner direkten Nähe und seines Glaubens musste auch ich anfangen, mir Fragen zu stellen, in die Tiefe gehen und erkennen, was in mir verändert werden musste.

Als Carlo tot in seinem Bett lag, fand ich die Kraft, denjenigen, die zu uns ins Haus kamen, ein wenig von diesem neuen Leben zu geben, etwas von diesem ewigen Leben, das uns umgibt, ohne uns jemals auszuschließen. Ich entdeckte, dass ich ein Licht in mir trug, das nicht aus mir selbst war, und dass es mir keine Mühe mehr bereitete, bestimmte Dinge zu sagen.

Es kamen viele Menschen zu uns ins Haus, die aufgehört hatten, den Glauben in irgendeiner Form zu praktizieren. Es waren nichtgläubige Menschen, für die der Tod nichts anderes als ein Sprung ins Leere bedeutete. Ich sah ihre Angst und ihre Verzweiflung, die ich verstehen und begreifen konnte, denn auch ich hatte diese Gefühle gekannt.

Bevor Carlo geboren wurde, war ich so wie diese Menschen. Ich war eine Gefangene des Relativismus, der Einschränkungen, der Verschlossenheit und Abgrenzung, die Fesseln und Knechtschaft bedeuten. Ich lebte in völliger Unwissenheit, genau wie jene Sklaven im Höhlengleichnis des Philosophen Platon. Seit ihrer Kindheit waren sie in einer Höhle angekettet gewesen, unfähig, sich zu bewegen. Sie glaubten, dass die Schatten der Dinge, die sich an der Wand vor ihnen spiegelten, die einzige Realität waren. Eines Tages gelang es einem der Gefangenen, sich von seinen Ketten zu befreien und die Wahrheit zu erfahren. So ähnlich ist es auch mir ergangen.

Carlo hat mir gezeigt, wie ich mein Leben auf die Ewigkeit hin ausrichten kann. Er lehrte mich, stets zum Himmel zu schauen, zu den universellen Wahrheiten, und nicht nach unten auf das Zufällige, auf das Relative. Tag für Tag half er mir, den Ausweg aus dem Relativen zu finden und eine Sucherin des Absoluten zu werden, das gleichbedeutend mit dem Übernatürlichen und mit der Gnade ist. Die Gnade ist nichts anderes als die Anerkennung des Absoluten. Der heilige Thomas von Aquin schrieb: „Dass also der Mensch sich zu Gott bekehrt, das geschieht nur aufgrund dessen, dass Gott ihn zu Sich kehrt. Und dies besagt: sich vorbereiten zur Gnade. So bereitet sich jener, der den Blick vom Lichte abgewandt hatte, dazu vor, das Sonnenlicht in sich aufzunehmen dadurch, dass er seine Augen zur Sonne wendet. Nur also mit Hilfe Gottes kann der Mensch sich zur Gnade vorbereiten." Die Gnade ist die Wiederentdeckung des Absoluten. Die Gnade und das Absolute sind durch Golgatha, durch den Tod Jesu am Kreuz, dem höchsten Akt der Liebe und Barmherzigkeit Gottes, für die Menschheit miteinander verbunden. Daraus sind die Sakramente entsprungen, durch die wir die Gnade empfangen.

All diese Dinge hat mir Carlo beigebracht. Er hat mir geholfen, mein tägliches Leben als eine Suche nach dem Absoluten, also nach der Gnade zu gestalten. Dazu ist es notwendig, kontinuierlich aus den Sakramenten zu schöpfen, sie zu suchen und zu empfangen. Wenn unser Leben auf das Absolute ausgerichtet ist, können wir jeden Augenblick in einem unvorstellbaren Licht sehen. Und so wird alles verwandelt, alles wird neu. Das Licht bleibt dann in uns, auch in bedeutungslosen oder in dunklen Tagen. Alles richtet sich auf die Ewigkeit hin aus.

Dank Carlo war ich auf seinen Tod nicht ganz unvorbereitet. Trotz des übergroßen Schmerzes hatte ich die Gewissheit verinnerlicht, dass der Tod nicht in Gottes ursprünglichem Plan vorgesehen war. Er ist vielmehr eine negative Realität, während Gott ein Gott des Lebens und der guten Dinge ist. Der Tod ist jedoch eine Tatsache, er existiert, und er kann zusammen mit Gott durchschritten werden. Carlo schrieb dazu: „Der Mensch wäre von dieser durch Zeit und Raum begrenzten Existenz ohne jegliche Störung in das ewige Leben übergegangen." Und Carlo fuhr fort in einem seiner intensivsten Texte: „Dann kam jedoch die Sünde und mit der Sünde der Tod. Der Tod, den es bis dahin nicht gab, begann zu existieren und wurde zur schrecklichsten Realität im Leben eines jeden Menschen. Jedes vernünftige Wesen erkennt an, dass der Tod ‚das Problem schlechthin' darstellt. Der Mensch beeilt sich, immer neue Antworten auf die Frage zu suchen, was nach dem Tod ist oder nicht ist. Tatsächlich ist der Tod für jeden von uns die wahrhaftigste, authentischste, echteste Realität, an der es keinerlei Zweifel gibt. Das alltägliche Leben wird deshalb zu einem Kampf bis zum bitteren Ende gegen den Tod, der unvermeidlich ist. Deshalb versuchen wir ihn mit allen Mitteln aufzuschieben und ihn so wenig grausam wie möglich zu gestalten. Tag für Tag kämpfen wir mit dem Tod oder eher gegen ihn. Für die meisten Menschen ist der Tod der Eintritt in die Nichtexistenz, der Fall in den Abgrund des Danach, das nie endet, sondern für immer andauert. Er bedeutet Risiko, Gefahr, Ungewissheit, Niedergang, Ende, Zeit der Abrechnung und der Bilanz. Das alles ist wie der Einbruch der Nacht, der Dunkelheit. Die Völker bilden zusammen die Menschheit. Es sind Milliarden von Menschen, die aufeinander folgen auf diesem Planeten. Es sind Existenzen, die kommen und gehen, Leben, die anfangen und wieder erlöschen: ein Gewimmel von Wesen, die sehen, hören, berühren, schnuppern, sich Dinge vorstellen, Träume und Wünsche, einen Verstand und einen Willen haben, und die wählen können. Diese unendliche Menge, dieses unglaubliche Ganze, diese Vielzahl an Menschen, die sich abmühen, die kämpfen, die mit Gott gehen wollen oder ihn ablehnen, die lediglich nehmen oder auch etwas hinterlassen, die lieben oder die hassen, die dienen oder die befehlen, die jemandem helfen oder ihn allein lassen, usw. Alle diese Menschen werden schließlich erleuchtet. Erleuchtet im Sinne von befreit, gerettet, erlöst. Durch wen? Durch Christus. Und Jesus Christus, der jeden anderen Weg zur Erlösung der Menschheit hätte wählen können, weil er ja unendlich ist, entschied sich für den Tod. Was also für uns der dramatischste Moment, der authentischste Zweifel, die größte Qual war, ist durch Jesus zu einem Teil der Erlösung und der Befreiung geworden. Jesus hat den schrecklichsten, grausamsten und teuflischsten Tod gewählt. Er starb auf den gekreuzten Holzbalken, nachdem er auf die schändlichste Art und Weise geschlagen wurde. Indem er den Tod wählte, schenkte Jesus uns das Leben neu. Er ist das Weizenkorn, das durch sein Sterben viel Frucht brachte. Durch Jesus ist der Tod in Licht, Kraft, Hoffnung und Vertrauen verwandelt worden. Dank Jesus hat sich alles umgekehrt und der Tod ist zum Leben geworden. Das ist nicht absurd, es bedeutet vielmehr eine Verwandlung, die durch seinen Tod hervorgerufen wurde: Das Weizenkorn fiel in die Erde, starb und brachte reiche Frucht. Der Tod und die Sünde sind in gleicher Weise allgemein verbreitet, und niemand kennt den Zeitpunkt seines Todes. Die vom Leib getrennte Seele tritt jedoch stellvertretend für den Menschen ein und übt seine intellektuellen Fähigkeiten aus. Aus geistiger Sicht müssen wir wissen und spüren, dass wir nicht dauerhaft auf dieser Erde bleiben."

Als die Leute Carlo über die Zukunft befragten – er wurde zu vielen Themen befragt –, antwortete er: „Wir haben hier keine bleibende Stätte, sondern wir suchen die zukünftige. Wir sind in den übernatürlichen Zustand erhoben worden, wurden erlöst und gerettet, denn wir sind für das ewige Leben bei Gott bestimmt, für die ‚Mit-Ewigkeit'. Wir dürfen den Tod nicht als das Ende von allem betrachten. Er ist nicht das Ende, nicht der Niedergang. Er ist nicht der verhängnisvolle Abschluss, sondern der Übergang in die Mit-Ewigkeit. Wenn wir uns selbst als Durchreisende in dieser Welt begreifen, sie als Zwischenstation betrachten, wenn wir nach den Dingen des Jenseits streben und uns gänzlich darauf ausrichten, unser Leben darauf gründen, dann ist alles geordnet, ausgeglichen und ausgerichtet, alles wird dann von der Hoffnung getragen. Wenn wir uns das Morgen als nahe Zukunft vorstellen, die vorbereitet werden muss, dann kommt eine der wichtigsten Tugenden der Spiritualität ins Spiel, nämlich die Hoffnung. Damit meine ich weder die Hoffnung als dichterische Eingebung, noch als ein Gefühl oder als Ausweg, der es uns erlaubt, passiv zu bleiben, sondern als das, was sie tatsächlich ist: die zweite göttliche Tugend, die als Keim in der Taufe ausgesät wird."

Kurzum, Carlo forderte uns auf, bei einer ganzen Reihe von gekünstelten, herkömmlichen Begriffen, die uns oft verwirren, achtzugeben. Er sagte: „Wir sind es gewohnt zu sagen: hier, dort, oben, unten. Diese Art zu denken und zu sprechen relativiert alles. Indem wir in das Hier eintauchen, beziehen wir alles auf Zeit und Raum, die uns unterwerfen, uns von ihnen abhängig werden lassen. Wenn wir uns von diesen Ketten befreien und uns an die himmlische Realität gewöhnen, uns mit dem Jenseits vertraut machen und das Leben hier als Sprungbrett in die Ewigkeit betrachten, dann wird der Tod für uns zu einem Durchgang, zu einer Tür, zu einem Mittel. Er verliert seine Dramatik, seine Tragik und seine Endgültigkeit. Vertreiben wir den Tod, vergeistigen wir ihn und heiligen wir ihn! Darin liegt das Geheimnis. Dann werden wir über den Tod weder denken noch sprechen noch ihn als absolut beschreiben, als unumkehrbaren Zustand oder als vollständige Zerstörung. Wir werden den Tod im Licht, in der Wärme und im Sieg des auferstandenen Christus sehen."

Der Tag seiner Beerdigung war ein schöner Tag: Es war immer noch sehr heiß, fast schwül. Die Sonne schien am Himmel, und um uns herum war nichts als Licht. Es war zwar Oktober, aber es fühlte sich an wie August.

Das Bestattungsinstitut kam, um meinen Sohn vorzubereiten und um ihn anschließend in den Sarg zu legen. Ich wollte nicht dabei sein, sondern zog es vor, den Raum zu verlassen und draußen zu warten.

Ich hatte das Gefühl, die Zeit sei stehengeblieben. Schließlich öffnete sich die Zimmertür wieder und ich sah den Sarg und Carlo, der darin lag. Es fällt mir sehr schwer, die Gefühle zu schildern, die ich in jenem Moment empfand. Mir schien, als wäre es ein Traum. Man bedenke, dass nur ein paar Tage zuvor alles so anders war! In diesem

Zimmer hatte Carlo gescherzt, gespielt, gelacht, sein jugendliches Leben gelebt, und nun lag er da, leblos in einer Holzkiste.

Carlos Lachen und seine stets fröhliche Stimme hallten noch immer in meinem Kopf nach. In nur zwei Wochen, in praktisch wenigen Stunden hatte das Schicksal den Lauf meines Lebens und das meiner ganzen Familie verändert. Einzig einer Sache konnte ich mir sicher sein: Das, was gestern war, galt heute nicht mehr.

Ich hatte immer in der Erwartung gelebt, dass etwas passieren, dass eine bessere Zukunft folgen würde. Die Gegenwart hatte ich stets wenig geschätzt. Seit jeher war ich eine große Träumerin.

Die Gegenwart engte mich ein: Sie zwang mich, mir der Widersprüche und der Enttäuschungen bewusst zu werden, die früher oder später das Leben eines jeden aufwühlen, und mich ihnen zu stellen. Ich hatte gelernt, mich in die Zukunft zu flüchten, in den Traum von einer Zukunft, die wir ja alle nicht kennen und die deshalb Raum für meine Phantasie ließ. Die Vergangenheit interessierte mich wenig, sie war ja bereits vergangen. Ich lebte wie versetzt in einer Zeit, in der alles dank meiner Phantasie möglich war.

Bis zu Carlos Tod war ich im Grunde genommen nie in der Lage gewesen, wahrzunehmen, wie gut der gegenwärtige Augenblick doch war. Ich ließ zu, dass Minuten, Tage und Jahre vergingen, und tröstete mich mit dem Gedanken, dass „morgen sicher alles besser sein würde".

Als ich sah, wie der Sarg, in dem mein Sohn lag, aus dem Zimmer getragen wurde, erinnerte ich mich an seine Worte, als er zu mir sagte: „Mutter, selbst wenn alle unsere Träume zerplatzen sollten, dürfen wir niemals zulassen, dass Zynismus die Oberhand gewinnt und unsere Herzen erstarren lässt. Aus jeder Enttäuschung wird ein neuer Traum geboren."

Das war Carlos Art, sein ständiger Optimismus. Das waren die Gefühle, die er uns stets vermittelte.

Durch den Tod von Carlo habe ich gelernt: Selbst wenn alle Umstände für das Gegenteil sprechen, dürfen wir nie aufhören, mit Leidenschaft zu träumen und optimistisch zu sein. Das Morgen liegt nicht in unserer Hand, aber auch nicht in der Hand eines launischen

„Schicksals", das über den Ausgang unserer Existenz entscheidet. Gerade der Gedanke, dass es in den Händen Gottes liegt, gibt uns die Hoffnung, dass der Tod endgültig besiegt wurde. Er ist ja nichts anderes als die Tür zur Ewigkeit.

Wenn man sich dessen bewusst ist, lernt man, leidenschaftlich in der Wirklichkeit zu leben, die uns umgibt. Man wird in die Lage versetzt, den eigenen Horizont zu erweitern und in sonst unerreichbare Dimensionen vorzudringen. Wenn die Wirklichkeit vom Licht des Glaubens erleuchtet wird, wird es uns möglich sein, die Schleier über unserer kleinen Welt voller Schein und Widersprüche zu zerreißen und uns für die Unendlichkeit zu öffnen.

Der plötzliche Tod von Carlo zwang mich, meine Perspektive zu ändern und vor allem die Gegenwart neu zu bewerten und zu schätzen ebenso wie die kleinen Dinge, für die wir normalerweise unaufmerksam sind oder an die wir uns gewöhnt haben.

Das Fehlen von Carlo hat mir ein besseres Verständnis für ältere Menschen vermittelt, die von ihren Erinnerungen leben. In diesem Zusammenhang kommt mir eine Passage aus dem ersten Band der berühmten „Recherche" von Marcel Proust in den Sinn, nämlich aus „Unterwegs zu Swann", in der der Schriftsteller erzählt, wie der Geschmack eines süßen Gebäcks, einer Madeleine, Erinnerungen an seine Tante Leonie und längst vergessene Gefühle in ihm hervorrief: „Gleich darauf führte ich, bedrückt durch den trüben Tag und die Aussicht auf den traurigen folgenden, einen Löffel Tee mit dem aufgeweichten kleinen Stück Madeleine darin an die Lippen. In der Sekunde nun, als dieser mit dem Kuchengeschmack gemischte Schluck Tee meinen Gaumen berührte, zuckte ich zusammen und war wie gebannt durch etwas Ungewöhnliches, das sich in mir vollzog. Ein unerhörtes Glücksgefühl, das ganz für sich allein bestand und dessen Grund mir unbekannt blieb, hatte mich durchströmt. Mit einem Schlage waren mir die Wechselfälle des Lebens gleichgültig, seine Katastrophen zu harmlosen Missgeschicken, seine Kürze zu einem bloßen Trug unsrer Sinne geworden...Ich hatte aufgehört mich mittelmäßig, zufallsbedingt, sterblich zu fühlen."

Die Erinnerungen heben den Abstand zwischen Gegenwart und Vergangenheit auf. Dadurch werden sie zu einer einzigen Zeit. Und genau das war und ist ein großer Trost für mich, wenn ich an Carlo denke. Wenn es keine Vergangenheit gäbe, gäbe es auch keine Gegenwart, die mit jedem Augenblick zur Vergangenheit wird. Wenn es uns heute oder in diesem Moment möglich ist und sogar leicht fällt, über die Vergangenheit zu schreiben, so bedeutet das, dass wir sie gelebt, gestaltet und ausgeschöpft haben. Auch wenn ich in jenen Momenten eine tiefe Dunkelheit durchlebte, spürte ich, dass keine Schwierigkeiten und keine Angst groß genug sein konnten, um in mir den Optimismus zu ersticken, der mich immer ausgezeichnet und mich dazu gebracht hat, trotz allem weiterzumachen. Um noch einmal Carlos Worte zu zitieren: „Unser Dasein auf dem Planeten Erde hat eine Bedeutung, einen Sinn. Es ist sinnvoll, wenn man es als unmittelbaren persönlichen Weg zum Erlöser versteht. Also, unser Problem, mein und dein Problem ist folgendes: Wir müssen diese Begegnung beschleunigen, verwirklichen, konkretisieren."

Auch der Dichter Alexander Pope schrieb: „Möge die Hoffnung ewig im Herzen des Menschen entspringen." Wir dürfen niemals zulassen, dass sie in uns stirbt! Wir müssen immer bereit sein, das eigene Leben darauf zu setzen! Denken wir an die Augen eines Kindes: Sie sind stets voller Hoffnung. Wir sind ja nicht die Summe unserer Schwächen und Misserfolge; im Gegenteil, wir sind das Ergebnis der Liebe des Vaters zu uns und unserer Fähigkeit, das Ebenbild seines Sohnes zu werden.

Während ich Carlo im offenen Sarg vor mir liegen sah, kreisten die Gedanken weiterhin ungebremst in meinem Kopf. Ich sah verschiedene Geschichten aus seinem Leben vorbeiziehen, Begebenheiten, die wir zusammen erlebt hatten.

Besonders über eine Reise, die wir gemeinsam nach Frankreich unternommen hatten, dachte ich einige Augenblicke lang nach. Carlo war damals etwa zwölf Jahre alt. Meine Mutter und mein Mann waren auch dabei.

Wir besuchten das Städtchen Chartres. Wir waren im Auto, wie verloren in den Weizenfeldern der riesigen französischen Landschaft, als plötzlich eine prächtige Kathedrale auftauchte. Sie wirkte einsam und hieratisch, als würde sie zwischen Himmel und Erde schweben.

Carlo war gerührt vom Anblick dieser Schönheit. Er wollte, dass wir ihn vor der Westfassade fotografieren, wo sich der Haupteingang befindet. Er erinnerte sich an die mystische Tür, von der die Heilige Schrift spricht, die zum ewigen Leben führt. An der Fassade befindet sich ein kostbares Relief mit dem verherrlichten Jesus, der umgeben ist von Szenen des Jüngsten Gerichts.

Nach dem Foto traten wir ein. Wir waren sofort von der Schönheit der Fenster angetan, die die Kirchenschiffe umrahmen. Durch diese sickerten Lichtstrahlen hindurch. Sie spiegelten eine Symphonie aus tausend Farben wider und erzeugten eine surreale Atmosphäre.

Meine Aufmerksamkeit wurde von dem riesigen Labyrinth gefesselt, das auf dem Boden des Kirchenschiffs eingearbeitet ist. Es wurde im 12. Jahrhundert gefertigt und hat einen Durchmesser von fast dreizehn Metern. Der innere Weg ist 261 Meter lang. Dieses uralte Labyrinth ist seit jeher als der Weg zum „Himmlischen Jerusalem“ bekannt, weil es die Pilgerreise der Seele zum ewigen Leben darstellt. Es ist in vier Hauptbereiche und in elf konzentrische Ringe unterteilt. Diese müssen durchquert werden, um das Ziel zu erreichen: eine Blume aus sechs Blütenblättern. Ihr zentrales Element fehlt, weil es von denjenigen vervollständigt werden soll, die es schaffen, dorthin zu gelangen. Carlo begann, den Weg entlangzulaufen. Es gelang ihm schnell, das Zentrum zu erreichen. Dieser Weg schien in der Tat vorwegzunehmen, wie sein Leben verlaufen würde.

Alles geschah im Handumdrehen. Als wir unseren Besuch fortsetzten und vor der Reliquie des Schleiers der Mutter Gottes standen, kam mir ein schrecklicher Gedanke: Ich hatte die starke Wahrnehmung, dass Carlo bald sterben würde.

Große Angst ergriff mich.

Carlo war mein einziger Sohn. Ich hatte stets versucht, selbst die kleinsten Gefahren, die die meisten Menschen für harmlos halten, zu vermeiden. Möglicherweise habe ich diese extreme Vorsicht von meinem Vater geerbt. Obwohl ich volljährig war und bereits zum Studieren allein in London lebte, ermahnte er mich am Telefon, beim Überqueren der Straßen immer achtzugeben.

In Chartres geschah alles ganz schnell. Ich erzählte auch meiner Mutter, dass ich den Eindruck hatte, dass es mit Carlo bald zu Ende gehen und er früh sterben würde. Sie neigte jedoch von Natur aus immer dazu, alles zu verharmlosen, und sie beruhigte mich. Trotzdem erfüllte sich diese Vorahnung.

Der Anblick meines Sohnes, als er ausgestreckt auf dem Bett lag mit dem Rosenkranz, der ihn all die Jahre begleitet hatte, in seinen Händen, erinnerte mich für einen Augenblick an jene Fahrt nach Frankreich und an die Vorahnung, die ich damals hatte, dass Carlo bald sterben würde. Wieder einmal war es, als ob der Herr mich warnen wollte. In Chartres wollte er sich irgendwie melden und mir mitteilen, was mit meinem Sohn geschehen würde. Den Grund dafür kenne ich nicht. Die einzige Erklärung, die ich mir selbst gebe, ist diese: Manchmal will uns der Himmel auf das vorbereiten, was mit uns geschehen wird.

Sie brachten den Sarg weg. Ich wollte dem Sarg nicht sofort folgen, sondern blieb eine Weile allein in Carlos Zimmer. Alle Geräusche hatten aufgehört. Die Leute hatten den Raum verlassen. Um mich herum gab es nur Leere. Ich ließ es zu, dass eine große Stille mein Herz ergriff. Es war jedoch kein Schweigen aus Verzweiflung, aus Zorn oder aufgrund eines Rückzugs in mich selbst. Durch mein Schweigen wollte ich Gott erlauben, dass er mich tröstet und mir hilft, trotz allem eine Zeugin des Lebens zu sein.

Das Schicksal hatte mich kurzzeitig von meinem Sohn getrennt. Mein Leben hatte sich dadurch verändert. Tausend Gedanken kamen mir in den Sinn. Plötzlich wurden wir also getrennt: Ich war ins Diesseits und Carlo ins Jenseits verbannt worden. Ich erinnere mich, dass ich ein paar Monate vor dem Tod meines Sohnes einen seltsamen Traum hatte: Carlo war rot gekleidet und stand hinter einem Gittertor, während ich draußen blieb.

Ich konnte mit ihm sprechen, aber wir waren dennoch voneinander getrennt, er auf der einen Seite des Tores und ich auf der anderen. Auch dieser Traum war für mich eine Vorwarnung, dass unsere Lebenswege sich trennen würden. Damals habe ich ihm nicht viel Bedeutung beigemessen, doch später verstand ich, dass auch dieses Stück in das „Puzzle meines Lebens“ passte.

Und doch stieg plötzlich eine Gewissheit in meinem Herzen auf: Trotz dieser offensichtlichen menschlichen Niederlage war Carlo dazu berufen worden, einen großen Auftrag des Himmels zu erfüllen, eine Mission, die nach und nach enthüllt werden würde. Daran würde ich in gewisser Weise teilnehmen. Mir kamen die Worte des heiligen Paulus in den Sinn, als er im ersten Brief an die Korinther schrieb, dass „die Juden Zeichen fordern und die Griechen Weisheit suchen. Wir dagegen verkünden Christus als den Gekreuzigten: für Juden ein Ärgernis, für Heiden eine Torheit, für die Berufenen aber, Juden wie Griechen, Christus, Gottes Kraft und Gottes Weisheit. Denn das Törichte an Gott ist weiser als die Menschen, und das Schwache an Gott ist stärker als die Menschen.“ (1 Kor 1, 22-25) Carlo sagte, wie bereits erwähnt, dass „unser irdisches Schicksal von Geburt an vorgezeichnet ist: Wir alle sind berufen, nach Golgatha hinaufzusteigen und unser Kreuz auf uns zu nehmen.“

Bevor ich den Raum verließ, kam mir noch ein Gedanke in den Sinn, und zwar die Erinnerung an das, was am Karfreitag jenes Jahres geschehen war. Wir hatten am Kreuzweg in unserer Gemeinde teilgenommen. Irgendwann blieb der Priester mit dem Kreuz direkt neben unserer Kirchenbank stehen. Auch das schien mir ein Vorzeichen: Der Herr rief uns auf, das Kreuz mit ihm zu tragen.

Carlos Sarg wurde zum Leichenwagen hinuntergetragen, der ihn zum Requiem in die Kirche bringen sollte. Ich hatte den Kreuzweg Jesu vor Augen, ein unbegreifliches Geheimnis, das uns die unermessliche Liebe Gottes zu uns offenbart. Carlo sagte: „Selbst wenn man es nicht ganz verstehen kann, müssen wir es mit Dankbarkeit und Liebe annehmen. Wenn wir das tun, wird dieses Geheimnis unsere Herzen und unser Leben verändern, ja umgestalten. Es wird uns helfen zu verstehen, was in Gottes Augen wahre Liebe bedeutet, und es wird uns vor den Täuschungen durch all die Dinge, die nur ein billiger Liebesersatz sind, bewahren: Sie werden den Menschen von der Welt präsentiert, nutzen ihnen jedoch nicht. Das Wort Gottes ist Fleisch geworden und ist vom Himmel herabgestiegen, um uns die Gnade zurückzugeben, die wir durch die Erbsünde verloren haben und die wir weiterhin verlieren, jedes Mal, wenn wir wieder sündigen. Jesus hätte sein Erlösungswerk sehr wohl auf eine nicht schmerzhafte Weise vollenden können. Es fehlten ihm sicher nicht die geeigneten Mittel, Verfahren oder Methoden, um das Ziel der Erlösung zu erreichen, ohne dafür Leiden in Kauf nehmen zu müssen. Er tat es jedoch nicht. Stattdessen entschied er sich für den Kalvarienberg. Er wählte das Kreuz, die Erniedrigung und die Passion." Auch wir, als seine Jünger, müssen die Leiden des Lebens mit Glauben und Zuversicht annehmen, im Vertrauen auf denjenigen, von dem der heilige Paulus in seinem Brief an die Römer sagt, dass „denen, die Gott lieben, alles zum Guten gereicht".

Ich dachte an Carlo. Er sagte, dass Jesus aufgrund seiner außergewöhnlichen Empfindsamkeit von dem Moment an, als er geboren wurde und seit er die menschliche Natur angenommen hatte, immer gelitten hat. Dieses Detail kann nicht genug hervorgehoben werden. Carlo sagte, dass der Übergang von der göttlichen zur menschlichen Natur mehr Demütigung und Leiden bedeutete als die Krippe. Es war sicherlich kein schmerzloser Übergang: Es ging darum, vom Unendlichen ins Endliche zu gelangen. Da wir als Menschen von einer solchen Erfahrung, die einzigartig ist, ausgeschlossen sind, sind wir tatsächlich nicht in der Lage, die Demütigung des Wortes Gottes zu ermessen. Armut und Entbehrungen werden zu wichtig genommen. Jedoch welche Armut und welche Entbehrung hat er bei diesem Übergang vom Unendlichen ins Endliche erlitten! Und dann das Exil in Ägypten: eine schwierige und erbärmliche Reise. Er wuchs also unter Schmerzen, in Entbehrungen und in Notsituationen auf. Dann war da noch sein öffentliches Leben, das etwa eintausend Tage dauerte.

Er hat sich keine Privilegien gegönnt. Er erlitt Demütigungen und Anfechtungen. Man denke nur an den versteckt geführten Kampf der Schriftgelehrten, der Pharisäer und der Sadduzäer, der Herodesanhänger und der Priester, einschließlich des Sanhedrin. Sie beobachteten ihn, verfolgten ihn und spionierten ihm nach. Sie versuchten ständig, ihn bei Fehlern zu ertappen. Die Evangelien berichten uns, dass er täglich gelitten hat. Und dann folgte die berühmte Woche mit Tagen des unsäglichen Leids, die Flucht der Jünger, die Verhaftung, die Stockschläge, der öffentliche Prozess, Beleidigungen, Spott und Verachtung, der Kreuzweg, das Schlagen von Hämmern auf Nägel in Hände und Füße. Aber warum wählte er den Tod und noch dazu den Tod am Kreuz, wenn er uns ohne Leiden hätte erlösen können? Die einzige Antwort, die mir einfällt, ist, dass Jesus allein aus Liebe einen solch gewaltsamen Tod auf sich nahm. Und auch ich wurde durch die geheimnisvollen Pläne Gottes berufen, dieses Kreuz zusammen mit Christus zu umarmen.

Im Krankenhaus, also auf dem Kalvarienberg, versicherte mir Carlo, dass er mir viele Zeichen und Hilfen vom Himmel schicken würde. Dieser Gedanke tröstete mich sehr, denn ich wusste, dass mein Sohn besonders von Gott beseelt war und ihm nahestand. Wenn er etwas sagte, hielt er immer seine Versprechen. Ich schaute aus dem Fenster seines Zimmers und verfolgte die Beförderung des Sargs.

Nachdem der Sarg meines Sohnes langsam in den Wagen des Bestattungsunternehmens hineingeschoben worden war, fuhr dieser in Richtung der Pfarrkirche Santa Maria Segreta, nicht weit entfernt von unserem Haus. Ich beobachtete die ganze Szene so lange, bis das Auto um die Ecke bog und ich es nicht mehr sehen konnte.

Das Auto war noch kaum verschwunden, da verspürte ich ein tiefes Gefühl der Melancholie, verbunden mit tiefer Trauer. Das Auto mit Carlo nicht mehr sehen zu können machte den Abgrund deutlich, der zwischen mir, die ich auf der Erde geblieben, und meinem Sohn lag, der endgültig in den Himmel gekommen war. Aber eine Stimme rief mich und lenkte mich von diesen Gedanken ab. Sie riefen mir zu, dass ich mich beeilen solle. Ich musste in die Realität zurückkehren.

Ich machte mich fertig und ging zusammen mit meiner Mutter und meiner Tante zu Fuß los, um meinen Mann einzuholen, der sich bereits auf den Weg zur Kirche gemacht hatte. Als ich dort ankam, war sie schon überfüllt. Allmählich wurde die Kirche so voll, dass einige Leute draußen bleiben mussten, weil es keinen Platz mehr gab. Ich sah viele Menschen, die verzweifelt weinten, vielen stand ihre Niedergeschlagenheit ins Gesicht geschrieben. Sie sahen mich verlegen an, und ihre Gesichter drückten so viele Gefühle aus, weil sie einfach nicht wussten, wie sie mich mit Worten trösten sollten.

Die Beerdigung war ein Beleg dafür, wie sehr Carlo geschätzt und geliebt worden war. Alle seine Freunde waren da und auch alle, denen Carlo geholfen hatte. Die Bettler, die Obdachlosen, die Immigranten aus verschiedenen Ländern, denen er im Laufe seines Lebens geholfen hatte, waren gekommen, weil sie einen wahren Freund verloren hatten. Ich erinnere mich, dass ich einige von ihnen dort zum ersten Mal gesehen habe. Carlo hatte in der Tat ein großes Netzwerk von Freunden aufgebaut, ein stilles Netzwerk, das wenig sichtbar war, als er noch lebte. In jenem Moment jedoch zeigte sich seine Größe und Schönheit.

Viele hatten den Eindruck, dass sie nicht auf einer Beerdigung, sondern auf einem Fest waren. Alles wirkte wie die Feier eines Übergangs in ein anderes, wirkliches Leben. Alle haben geweint, gleichzeitig spürten jedoch alle die Anwesenheit von sehr viel Licht. Es war, als ob das Leben, in das Carlo eingetreten war, sich auf irgendeine Weise bemerkbar machen wollte. Und in gewisser Weise tat es das auch.

Als der Priester den Schlusssegen erteilte und sagte: "Gehet hin in Frieden", fingen zufällig die Kirchenglocken an, festlich zu läuten. Die Feier endete nämlich just mittags. Die zahlreichen Priester, die konzelebriert hatten, sagten uns, dass sie dies als ein Zeichen dafür sahen, dass Carlos Tod der Beginn seines Lebens bei Gott war. Und in der Tat schien es vielen, dass es so war: Die Glocken läuteten, und es war, als ob Carlo uns an dem Fest teilhaben lassen wollte, das im Himmel bei seiner Ankunft gerade erst begonnen hatte.

Der Pfarrvikar las einen Text von Carlo vor und verglich ihn mit dem Propheten Jeremia.

Mein Sohn vollbrachte seine ersten Wunder bereits am Tag seiner Beerdigung. Eine Frau mit einem Brusttumor, die die Chemotherapie noch nicht begonnen hatte, rief Carlo im Gebet an und wurde geheilt. Eine weitere vierundvierzigjährige Frau aus Rom, die extra aus der Hauptstadt angereist war, um sich endgültig von Carlo zu verabschieden, hat zu ihm gebetet, weil sie keine Kinder bekommen konnte. Sie bat Carlo um diese Gnade, und wenige Tage nach der Beerdigung erfuhr sie, dass sie schwanger war. Neun Monate später gebar sie ein wunderschönes kleines Mädchen.

Die Leute begannen spontan, zu meinem Sohn zu beten und ihn um seine Fürsprache zu bitten. Es war, als würden sie ihn bereits als selig wahrnehmen. In der Tat begann der Aufstieg Carlos zur Ehre der Altäre durch das Zeugnis von Freunden und Bekannten am Tag seiner Beerdigung. Der Ruhm seiner Heiligkeit verbreitete sich unerwartet schnell in der ganzen Welt.

Es war ein spontanes Ereignis, an dem sich alle beteiligten: Die anwesenden Gläubigen, Freunde und Menschen, die meinem Sohn im Laufe seines Lebens begegnet waren, begannen, zu ihm zu beten, weil sie ihn ohne Zweifel für fähig hielten, für sie einzutreten. Mehrere Wunder geschahen, und sie geschehen auch heute noch, weil die Menschen an die Möglichkeit glauben, dass Carlo Fürsprache einlegen kann. Die Kirche erkennt seine Heiligkeit aufgrund der Verehrung derjenigen an, die zu ihm beten. Es ist ihr Glaube, der das Herz Jesu bewegt, das auf seine Fürsprache und aufgrund seiner Verdienste hin Gnaden und Wunder gewährt. Mein Sohn sagte mir, dass er mir vom Himmel aus viel helfen würde. Das tat er seit dem Tag seiner Beerdigung, als wir die Kirche Santa Maria Segreta verließen und ihn zum Friedhof brachten, um ihn zu begraben.

Ich erinnere mich, dass ich in jenen Tagen einen seltsamen Traum hatte. Ich war mit meinem Mann in einer Kirche. Wir durchquerten den langen Mittelgang, der zum Altar führte. Die Kirche war voll von Menschen, und alle sahen uns an, als wären wir die Protagonisten einer ganz besonderen Geschichte. Bereits unmittelbar nach dem Tod von Carlo habe ich mich wie die Protagonistin einer wichtigen Geschichte gefühlt, und zwar nicht weil ich es verdient hätte, sondern durch Gottes Willen. Carlo hat Jesus sein Ja gegeben, und seine Großzügigkeit hat zum Beginn einer Geschichte von „Barmherzigkeit" geführt, die auch heute noch weitergeht, obwohl er selber in einer anderen Dimension lebt.

Nach dem Requiem wurde Carlos Sarg zum Friedhof von Ternengo in der Provinz Biella gebracht, auf dem sich eines der Familiengräber befindet. Das sollte bis zur Vorbereitung und Fertigstellung des Grabmals, das wir in Assisi, in Absprache mit ihm, gekauft hatten, zur Überbrückung dienen. Mein Sohn hatte mir bereits mehrmals gesagt, dass Assisi der Ort war, an dem er sich am glücklichsten gefühlt hatte. Das war deshalb der Ort, an dem er begraben werden wollte. Und so ist es geschehen. Sein Grab entwickelte sich sehr schnell zum Ziel von Pilgerreisen, insbesondere von Jugendgruppen, die in Begleitung ihrer Erzieher kamen. Es war wie ein tosender Fluss, der bis heute nicht versiegt ist. Tausende von Menschen, denen er ständig hilft, wenden sich an Carlo.

Kurz nach seinem Tod kam der Pfarrer von Santa Maria Segreta, Monsignore Gianfranco Poma, zu mir in Begleitung von Neel, dem Messner, der aus Sri Lanka stammt.

Neel war für eine Weile in sein Land zurückgekehrt, um seine kranke Mutter zu pflegen. Bei seiner Rückkehr nach Italien erzählte er mir, dass er fand, Carlo sei inzwischen gewachsen und ein großer Junge geworden. Er hatte ihn nicht einmal wiedererkannt. Carlo musste ihn daran erinnern, wer er war. Er vertraute mir an, dass er von Carlos Verhalten beeindruckt war, das sich stark von dem Gleichaltriger unterschied, und wiederholte, dass er kein Junge wie die anderen sei. Er war allen ein Freund und respektvoll gegenüber allen. Er erinnerte sich zum Beispiel, dass Carlo niemanden anschrie und stets zu allen freundlich war. Er grüßte ihn immer mit einem strahlenden Lächeln. Neel gab mir ein wunderschönes Gedicht, das er geschrieben und Carlo gewidmet hatte. Darin vergleicht er ihn mit dem hellsten Stern am Firmament. Er schrieb, dass niemand wie Carlo sei, und viele andere sehr schöne Dinge.

Dieses Gedicht faszinierte mich: Ich dachte, Carlo sei ihm wohl ein großartiger Freund gewesen. Ich war jedoch sehr überrascht zu erfahren, dass Neel nie direkt mit ihm gesprochen hatte und dass diese schönen Verse aus seinem Herzen lediglich aufgrund der Art und Weise sprudelten, wie mein Sohn ihn begrüßte, wenn sie sich über den Weg liefen. Ein einfaches „Hallo" von Carlo war wie ein Pfeil der Nächstenliebe, der die Menschen mitten im Herzen traf. Und so muss es auch für Neel gewesen sein.

Auch das war für mich eine wichtige Lektion von Carlo: In jedem Moment kann Entscheidendes geschehen, wenn wir ihn mit der richtigen Intensität leben. Selbst ein einfacher Gruß, der von einem Lächeln begleitet wird, das unbedeutend erscheinen mag, kann dennoch sehr wichtig sein und die Person, die wir ansprechen, tief berühren. In gewisser Weise ist es das, was auch Mutter Teresa von Kalkutta behauptete. Sie pflegte zu sagen, dass „wir nie wissen werden, wie viel Gutes ein einfaches Lächeln bewirken kann, und dass es keinen besseren Zeitpunkt als jetzt gibt, um glücklich zu sein." Für sie war jeder Moment dazu bestimmt, intensiv gelebt zu werden, ohne auf andere in der Zukunft zu warten. Sie trauerte nicht der Vergangenheit nach und lebte nicht nur in Gedanken an die Zukunft. Nein, sie lebte in der Gegenwart, wie Carlo auch. Diese besonderen Begrüßungen und dieses Lächeln konnte er jedem schenken, den er traf.

Neel erzählte mir noch, dass er manchmal Carlo auf der Straße in Begleitung des Hausangestellten Rajesh traf und dass er sehen konnte, dass ihre Beziehung wie die zwischen zwei alten Freunden war. Er war fest davon überzeugt, dass Carlo ein ganz besonderer Junge war. Carlo war immer heiter, nie freudlos, wütend oder traurig. Diese Sanftheit beeindruckte ihn sehr. Er sagte, dass die meisten Gleichaltrigen zu Stimmungsschwankungen neigten, die sich in ihren Gesichtern deutlich widerspiegeln würden. Auch sein Verhalten in der Kirche unterschied sich von dem seiner Altersgenossen: Er war immer andächtig in das Gebet vor dem Tabernakel vertieft. Sicherlich hat ihn die Tatsache, dass Carlo täglich die Messe besuchte, tief berührt, denn junge Menschen sind vor allem in der heutigen Zeit kaum in der Kirche anzutreffen. Ich zitiere hier einige Verse des schönen Gedichts, das er zu seinem Gedenken geschrieben hat und das meiner Meinung nach sehr aussagekräftig ist: „Es gibt viele Sterne, die nachts am Himmel leuchten. Manche strahlen ein helleres Licht aus, doch es gibt einen, der durch seine Helligkeit auffällt und mich an dich erinnert, Carlo. Nicht jeder, der den Himmel betrachtet, bemerkt den Unterschied zwischen den Sternen. Du, Carlo, bist jedoch unverwechselbar. Bis heute habe ich noch niemanden wie dich gefunden."

Kurz nach Carlos Tod traf ich mehrmals den Pfarrer der Kirche, die wir besuchten. Er erzählte mir, dass er erst in dem Augenblick, als er die Todesanzeigen für unseren Sohn sah, herausgefunden hat, dass Carlo zu einer bedeutenden Familie gehörte. Ihm gegenüber, so wie gegenüber allen anderen, trat Carlo stets als schlichte Person auf. Er kleidete sich klassisch und fuhr ein ziemlich ramponiertes Fahrrad. Er sprach nie über sich selbst. Der Pfarrer sagte uns, er sei von seiner Verschwiegenheit beeindruckt gewesen. Er schrieb Folgendes über ihn: „Die Monate vergehen, und mittlerweile sehe ich den Übergang des jungen Carlo Acutis durch das Tor des Osterfestes des Herrn immer deutlicher als ein Zeichen der Gnade, als ein ungewöhnliches Zeichen, jedoch ein außergewöhnlich zugängliches und sehr vertrautes. Ich habe meine Gründe, auf seine Bedeutung und Schönheit hinzuweisen, und zwar wegen dem ‚gewöhnlichen, vom Evangelium geprägten Alltag' und seinem Lebensstil, der sich bei den häufigen Gelegenheiten, bei denen ich mit ihm in Kontakt kam, zeigte. Doch heute erstaunt mich zunehmend der Widerhall, den ich durch spontane Zeugnisse von vielen Menschen jeglichen Alters erhalte. Sie alle haben das Bedürfnis, mit mir darüber zu sprechen. All diese Erinnerungen bilden einen Strahlenkranz und haben ein beeindruckendes gemeinsames Merkmal, nämlich den Eindruck, dass Carlo ein vollkommen normales Leben, jedoch in einer ganz besonderen Harmonie gelebt hat, ohne Prahlerei, ohne die geringste Neigung als ‚jemand Besonderer' wahrgenommen zu werden, ohne das Ziel, für sich ein Image der Überlegenheit aufbauen zu wollen. Ganz im Gegenteil: Er schien sich wohl zu fühlen, wenn er Integrität, Spaß am Leben in seinen vielfältigen Ausdrucksformen und Einfachheit im Verhalten und in der Sprache (im Sinne eines natürlichen Fehlens von Doppelzüngigkeit oder Berechnung) ausstrahlte. Er war ein begabter Junge, von allen anerkannt, mit einem klaren und praktischen Verstand, mit Verantwortungsbewusstsein, einem guten Sinn für Humor und einer klaren Sicht auf die nicht verhandelbaren Werte. Er war ein aufrichtiger und liebevoller Junge, nicht eitel und besitzergreifenden Taktiken gegenüber abgeneigt. Er liebte es, planerisch und selbstlos zu handeln, und investierte darin seine Energie, seine Fähigkeiten und seine Liebenswürdigkeit. Er war jedes Mal geduldig bei den Anstrengungen zur Durchführung von Gruppenprojekten. Groll und Sticheleien waren ihm gewöhnlich fremd."

Carlo hatte mir mehrere Zeichen versprochen, sobald er im Himmel angekommen wäre, und er schickte sie tatsächlich. Kurze Zeit nach seinem Tod bin ich eines Morgens ganz erschrocken aufgewacht. Eine Stimme in mir sagte deutlich und wiederholte das Wort „Testament".

Ich war überzeugt, dass es Carlo war, der mir das sagte. Er wollte, dass ich sein Testament oder etwas ähnliches finden sollte. Im Leben war er stets voller Überraschungen, so dachte ich, dass er es auch im Tod wäre.

Aufgeregt eilte ich in sein Zimmer. Ich hoffte, einen Brief oder eine Nachricht zu finden, die mir bis jetzt entgangen waren. Allerdings suchte ich vergeblich.

Mehr aus Zufall entschied ich mich schließlich, seinen Computer zu starten, und begann einige seiner Notizen anzusehen. Irgendwann fühlte ich mich von einem Videoclip angezogen, der gut sichtbar auf seinem Desktop stand und nur zwei Monate alt war. Ich hatte ihn nie geöffnet und tat es in dem Moment. Carlo hatte sich selbst gefilmt, vermutlich mit einer seiner alten Kameras. Der Clip dauerte nur ein paar Sekunden. Er sagte darauf: „Ich wiege jetzt siebzig Kilo, und ich bin zum Sterben bestimmt."

Er lächelte, als er diese Worte wiederholte, und er blickte fröhlich in den Himmel. Dabei strahlte er eine gewisse Gelassenheit aus. Ich war beeindruckt, als ich das Video sah. Es hat mich ein wenig getröstet. Es war, als ob er mir sagen wollte: „Ich habe gespürt, dass Gott mich ruft." Schon seit seiner Kindheit war er davon überzeugt, dass er einmal an einer geplatzten Vene im Gehirn sterben würde, was tatsächlich passiert ist, denn die Todesursache war eine Hirnblutung. Und ab und zu, wenn Rajesh darüber besorgt war, weil seine Haare anfingen, grau zu werden, sagte er scherzhaft: „Ich werde immer jung bleiben."

In der Vergangenheit hatte es einige Begebenheiten gegeben, in denen er scheinbar unsinnige Dinge behauptet hatte, die dann jedoch wahr geworden sind. Und irgendwie wurde es Wirklichkeit: Carlo starb jung und hat das Alter der Reife, des Erwachsenseins nie erreicht.

Am ersten Sonntag im Oktober, einige Tage bevor Carlo starb, hatten wir gemeinsam das Bittgebet zu Unserer Lieben Frau von Pompeji gesprochen. Wir baten die Jungfrau Maria um die Gnade, uns zu helfen, heilig zu werden, sodass wir nicht ins Fegefeuer müssten und sie uns nach unserem Tod direkt ins Paradies holen würde. Die Bitten wurden von Carlo selbst formuliert.

Kurz nach seinem Tod, ein wenig mehr als einen Monat später, erhielt ich die Bestätigung, dass wir erhört worden waren. Ich ging nämlich mit meinem Mann auf eine Pilgerreise zum Monte Sant'Angelo im Gargano, in Apulien. Ich kam mit dem Auto an diesem heiligen Ort an, der auf einer riesigen Kalksteinhöhle, auf einem Vorgebirge, das mehr als achthundert Meter über dem Meeresspiegel liegt, erbaut wurde. In diesem Heiligtum, wo der heilige Erzengel Michael viermal erschienen sein soll, ist es jeden Tag möglich, einen vollkommenen Ablass zu bekommen und den Erlass zeitlicher Sündenstrafen. Es ist der einzige heilige Ort, der direkt durch die Hand des Erzengels Michael geweiht wurde.

Um ihn zu erreichen, muss man eine fast hundert Stufen lange angevinische Treppe hinabsteigen. Carlo mochte diesen Ort sehr, und bei mehr als einer Gelegenheit sind wir gemeinsam dorthin gepilgert. Jedes Mal, wenn er die Treppe hinunterstieg, wurde er sehr aufgeregt. Der lange Abstieg in die Höhle schien ihm ein Symbol für eine Art mystischen Abstieg „zu sich selbst" zu sein, den jeder Einzelne von uns unternehmen sollte, um sich besser kennenzulernen und ein besserer Mensch zu werden.

Zusammen mit meinem Mann nahm ich an der letzten heiligen Messe an jenem Nachmittag teil. Sie endete gegen 16.30 Uhr. Die Kirche hatte sich gerade geleert. Es war praktisch niemand mehr da. Ich beschloss zu bleiben und setzte mich zum Beten direkt vor den Altar, auf dem die Statue des heiligen Michael steht.

Ich begann, an Carlo zu denken, und fragte mich, ob er bereits im Himmel bei Jesus sei. Plötzlich hatte ich eine innere Eingebung: Eine Stimme sagte diese einfachen Worte zu mir: „Carlo ist im Himmel, und das genügt dir."

Diese Antwort tröstete mich sehr. Später erhielt ich weitere Bestätigungen von Priestern, die Carlo verehrten. Sie lebten im Ausland und hatten von meinem Sohn geträumt, der ihnen ebenfalls bestätigte, dass er nach dem Tod direkt in den Himmel gekommen war, ohne durch das Fegefeuer gehen zu müssen.

2

„Mich dürstet“

Der Sommer 2006 war der letzte, den Carlo auf dieser Erde erlebt hat. Von diesen Monaten erinnere ich mich vor allem an die Tage, die wir gemeinsam in Santa Margherita Ligure, im Haus der Großeltern väterlicherseits verbracht haben. An viele Dinge kann ich mich erinnern, doch möchte ich mit dem beginnen, was mir heute noch immer wieder in den Sinn kommt und am wichtigsten erscheint. Wir kamen gerade von der Nachmittagsmesse zurück und liefen auf der schönen Allee, die am Meer entlangführt. Mit der Schlichtheit und der Offenheit, die ihm eigen waren, fragte mich Carlo, was ich davon hielt, wenn er Priester würde.

In diesem Moment wusste ich nicht, was ich sagen sollte. Ich hörte ihm mit Wohlwollen zu. Seine Liebe zu Jesus und der Kirche kannte ich nur zu gut. Deshalb klang sein Eingeständnis nicht unnatürlich. Später erfuhr ich unter anderem, dass er von demselben intimen Wunsch auch meiner Mutter, seiner Großmutter, erzählt hatte. Offensichtlich hatte er schon seit einiger Zeit über die Möglichkeit nachgedacht, einen geistlichen Beruf zu ergreifen. Die Berufung bedeutet „sich bewusst zu werden, dass Gott etwas von uns verlangt, das er bereits im Sinn hat, und dass er dabei mit uns rechnet“, schreibt Kardinal Spidlik.

Ich machte nicht viele Worte, sondern versuchte, ihm klarzumachen, dass ich vor allem an seinem Glück interessiert war. Wenn dieser Wunsch, einen geistlichen Beruf zu ergreifen, ernsthaft und aufrichtig war, würde ich mich sehr für ihn freuen.

Falls er bis zur Priesterweihe gelangt wäre, hätte er sich wahrscheinlich entschieden, Diözesanpriester zu werden. Er achtete diese Priester ganz besonders. Er schätzte ihre tägliche Arbeit im Verborgenen und in der Stille, eine Arbeit, die dem Leben der ihnen anvertrauten Gläubigen gewidmet ist: ein Christentum im Alltag sozusagen. Für Carlo zeigte sich Jesus gerade im alltäglichen Leben und wandelte mit seinem Volk. Er suchte ihn nicht in großen Dingen, sondern in den kleinen gewöhnlichen Begebenheiten des Lebens.

Ich habe mich oft gefragt, was für ein Priester er wohl geworden wäre, wenn er das gottgeweihte Leben gewählt hätte.

Die überzeugendste Antwort fand ich bei einem berühmten Priester, dem heiligen Pfarrer von Ars: „Es ist der Priester, der das Werk der Erlösung auf Erden fortführt... Wenn ihr einen Priester seht, denkt an unseren Herrn Jesus Christus... Alle guten Werke zusammen erreichen nicht den Wert eines einzigen Messopfers, denn es sind die Werke von Menschen. Die Messe aber ist Gottes Werk. Das Priestertum ist die Liebe des Herzens Jesu." Ich bin sicher, dass diese Beschreibung dem gleicht, was auch Carlo in sich selbst gespürt hat.

Obwohl diese einfache Frage zugleich die Offenbarung eines wichtigen Wunsches bedeutete, stellte er sie mir mit großer Natürlichkeit und ohne Angst vor meinem Urteil, mit dieser typischen Offenheit, die ihm eigen war. Wenn er heute noch am Leben wäre, hätte er vielleicht nicht unbedingt diesen Weg eingeschlagen. Man kann es einfach nicht wissen. Mir gefällt es, manchmal zu glauben, dass er es getan hätte. Ich wusste nur zu gut: Der Herr hatte sein Herz in der Tiefe erforscht, um sich von ihm finden zu lassen. Für ihn war Jesus „sein Ein und Alles". Deshalb war es in gewissem Sinne natürlich, dass er daran dachte, ihm sein Leben zu weihen. Mit Sicherheit hatte auch das leuchtende Vorbild bestimmter Priester dazu geführt, dass der Wunsch, sie nachzuahmen, in ihm Gestalt annahm. Er hatte viele wichtige Freundschaften auch außerhalb der Familie. Aber, ich sage es noch einmal, meiner Meinung nach hat der Herr selbst mehr als irgendjemand sonst sein Herz erforscht.

In Santa Margherita hatten wir oft die Möglichkeit, Bootsfahrten zu unternehmen. Mein Schwiegervater besaß ein kleines Motorboot mit Kabine und erlaubte uns, damit den ganzen Tag auf dem Meer zu verbringen. Ich erinnere mich an mehrere Ausflüge in Richtung Cinque Terre. Wir blieben stundenlang auf See inmitten unberührter Natur, mit sauberem und fischreichem Wasser.

An einem der letzten Tage unseres Urlaubs fuhren wir bis nach Porto Venere. Das liegt unweit von La Spezia entfernt. Wir segelten ruhig, als plötzlich viele Delfine nah an das Boot herankamen und begannen, neben uns her zu schwimmen. Der Großvater sagte, er habe noch nie in seinem Leben so etwas erlebt. Vielleicht näherten sich hin und wieder ein Delfin oder auch zwei Delfine, aber nie waren das Dutzende und Aberdutzende. Ein ganzer Schwarm flankierte uns. Sie sprangen um das Boot herum und folgten uns, wohin wir auch fuhren. Ich hatte das Gefühl, dass sie uns beschützen und gleichzeitig ihre Freude mitteilen wollten. Ich erinnere mich an Carlos Gesichtsausdruck. Er war überglücklich und strahlte.

Ich erfuhr erst später, dass er in den Tagen zuvor mehrmals zu Jesus gebetet hatte, dass er vor seiner Rückkehr in den Alltag Delfine live sehen dürfe. Sie gehörten sogar zu seinen Lieblingstieren.

Das erste Mal sah er Delfine im Gardaland, wohin wir jedes Jahr fuhren, um einen vergnügten Tag anlässlich seines Geburtstags zu verbringen. Unter den unterschiedlichen Shows dort gab es auch eine mit Delfinen. Vor der Küste von Porto Venere blieben sie nun mehrere Minuten lang bei uns. Wenn ich heute daran zurückdenke, bin ich überzeugt, dass ihre Anwesenheit an jenem Tag eine besondere Gnade war, ich würde fast sagen, eine Zärtlichkeit des Herrn Carlo gegenüber. Schon von klein auf genoss er Gottes besondere Aufmerksamkeit. Er stand andauernd im Zwiegespräch mit Gott. Carlo erzählte uns, dass der Herr seine Gebete immer auf irgendeine Weise erhörte. Die Tatsache, dass er ständig in einer ganz engen Beziehung mit Jesus lebte, war ein Teil seines Geheimnisses. Er wünschte sich, dass alle Menschen, denen er begegnete, eine solche vertraute Beziehung zu Jesus haben könnten wie er. Carlo hielt diese nicht für ein exklusives Recht. Er war davon überzeugt, dass diese Beziehung für alle möglich sei. Er forderte alle auf, sich in jeglicher Not an Gott zu wenden. „Gott hört zu und antwortet", sagte er. „Es ist jedoch notwendig zu glauben, dass dieser Dialog möglich und real ist", fügte er hinzu.

Carlo hatte sich eingehend damit beschäftigt, was Delfine in der christlichen Ikonographie darstellen: Sie sind das Symbol für die Erlösung durch Christus. Schon in früher Zeit galt der Delfin als Freund der Menschen, als Beschützer der Seeleute, die ihm auf ihren Überfahrten begegneten. Seit jeher gilt er als Vermittler, als Stifter von Frieden und Harmonie, und auch als Maßstab für die Menschen. Selbst Dante erzählt im ersten Teil seiner *Göttlichen Komödie*, wie Delfine die Seeleute vor einem drohenden Sturm warnen. Außerdem erinnert der Historiker Franco Cardini uns daran, dass schon seit der Zeit der Katakomben „die christliche Ikonographie den Delfin auf zwei wesentliche Arten eingesetzt hat: Er sollte zum einen die Seele des Christen darstellen, die den Hafen des Heils nach Überquerung des Ozeans der Existenz erreicht. Zum anderen steht er für Christus selbst. Der Anker könnte in diesem Zusammenhang auf das Kreuz verweisen, der Dreizack könnte eine ähnliche Bedeutung haben." Tertullian nennt die Gläubigen „Fischlein" und sagt, dass sie sich von Christus, dem „großen Fisch", beseelen lassen müssen. Paulinus von Nola, der an einen Bischof namens Delphinus schrieb, spielt auf den Namen seines Brieffreundes an und stellt eine Beziehung zu Christus, dem „wahren Delfin", her. „Selbst in den hagiographischen Legenden", fährt Cardini fort, „als ein Walfisch auftauchte, brachten zwei Delfine den heiligen Kallistratos, den Diokletian ins Meer hatte werfen lassen, sicher ans Ufer. Der Leichnam von Lukian von Antiochia wurde ebenfalls von einem Delfin an Land gebracht. Der heilige Martinianus floh auf dem Rücken eines Delfins vor den Verlockungen der Wollust. Weitere Figuren, die auf dem Rücken von Delfinen reiten, finden sich zum Beispiel im Bodenmosaik der Kathedrale von Otranto. Seine Treue in der Freundschaft und die Begebenheit mit dem heiligen Martinianus machen deutlich, warum der Delfin als Symbol insbesondere für die eheliche Treue gilt. Der Delfin ist bei den Griechen oft der Gefährte von Aphrodite, was logisch erscheint, da letztere aus dem Meer stammte."

Ich kann nicht sagen, ob Carlo sich all dessen ganz und gar bewusst war. Sicher ist, dass er die Delfine liebte, sich mit ihnen besonders verbunden fühlte und ihre Bedeutung im Leben der Gläubigen sehr gut kannte. Carlo liebte alles an der Natur. Er empfand sie als ein Geschenk Gottes. Und in der Natur bevorzugte er eben die Delfine als diejenigen Geschöpfe, die ihm das Gefühl gaben, Christus, dem Herrn nahe zu sein.

Ich erinnere mich an viele Ereignisse aus diesem letzten Sommer, den wir in Ligurien verbracht haben. Besonders gut erinnere ich mich an einen Abend, an dem Carlo und ich allein zu Hause geblieben waren. Meine Schwiegereltern waren bei Freunden eingeladen. Wir aßen zusammen zu Abend und saßen auf der Terrasse mit Blick auf den schönen Hafen von Santa Margherita, im nördlichen Teil der hufeisenförmigen Bucht, an der das Dorf gebaut ist. Es war ein wunderschöner Sommerabend, leicht windig. Die warme, leichte Brise half uns, nicht zu sehr unter der Hitze zu leiden. An diesem Ort wird es nämlich oft sehr schwül. Trotz des leisen Stimmengewirrs der Menschen, die die Straße entlangspazierten, konnten wir die Stille einigermaßen genießen. In der Ferne, entlang der Küste, konnte man die hellen Lichter der Häuser sehen. Sie schmückten die Landschaft und trugen so zu einer fast märchenhaften Atmosphäre bei. Der Mond und die Sterne spiegelten sich im ruhigen Meereswasser und erinnerten mich an das wunderbare Gemälde Van Goghs, das im Musée d'Orsay in Paris aufbewahrt wird: „Sternennacht über der Rhône".

Ich fing an, an meinem Computer zu arbeiten, und Carlo begann ebenfalls für seine Ferienhausaufgaben zu lernen. Irgendwann erhielt er einen Anruf von einer Freundin. Um mich nicht zu stören, entfernte er sich ein wenig, aber ohne es zu wollen, konnte ich das ganze Gespräch hören. Ich war nie eine neugierige Mutter und habe nie seine Gespräche belauscht. Im Gegenteil, ich habe immer versucht, im Hintergrund zu bleiben. Aber an diesem Abend war es unvermeidlich, ihm zuzuhören. Es hat mich beeindruckt, was Carlo sagte. Ich erinnere mich, dass er diese Freundin auf eine sehr väterliche, jedoch gleichzeitig strenge Art getadelt hat. So war Carlo eben: freundlich, aber zugleich entschlossen und autoritär, würde ich sagen. Soweit ich das verstanden habe, hatte diese Freundin einen Jungen in einer Disco kennengelernt und war noch in derselben Nacht mit ihm intim geworden.

Carlo bedeutete die Reinheit sehr viel. Er war dabei nicht scheinheilig, im Gegenteil. Er erkannte in jedem Menschen eine besondere Würde, die respektiert werden muss und nicht benutzt werden darf. Seiner Meinung nach sollte man sich Zeit nehmen, bevor man sich ganz einer anderen Person hingibt. Viele Male tadelte er seine Freunde, wenn sie seiner Ansicht nach alles überstürzten und auch leichtsinnig voreheliche Erfahrungen machten. Die Reinheit war kein Selbstzweck. Er schlug sie nicht aus reiner Askese vor. Es geschah vielmehr aus dem Bewusstsein, dass jede Beziehung, wenn sie als Geschenk Gottes gelebt wird, hundertfache Frucht – sprich Glück – bringen kann. Wird sie hingegen missbraucht, wird sie die Früchte nicht bringen können, die man sich davon verspricht.

Ich muss ehrlich sagen, dass es mir manchmal fast so vorkam, als hörte ich einen Priester sprechen, und ich musste lächeln, wenn ich zuhörte, wie er den anderen von der Bedeutung des Körpers als dem „Tempel des Heiligen Geistes" erzählte. Er sprach oft von der Heiligen Dreifaltigkeit und sagte, dass der Vater einen Thron im Himmel hat und ebenso der Sohn, der zu seiner Rechten sitzt. Der Heilige Geist hingegen hat unsere Herzen zu seinem Thron gemacht, die dadurch zum Tempel Gottes werden. Aus diesem Grund, fuhr er fort, müssen wir die Heiligkeit unserer Seele und unseres Körpers respektieren. Wir dürfen die Liebe nicht verharmlosen und auf ein einfaches Lustprinzip reduzieren, sodass sie nur auf die Befriedigung egoistischer Wünsche abzielt und nicht auf das wahre Gut.

Als ich ihm zuhörte, hatte ich auch das Gefühl, als würde ich die schönen Seiten der berühmten Erzählung „Der kleine Prinz" von Antoine de Saint-Exupéry wieder lesen, in welcher der Protagonist seiner kleinen Rose den Unterschied zwischen *lieben* und *jemanden lieb haben* erklärt: „Ich liebe dich", sagte der kleine Prinz. „Ich habe dich auch lieb", antwortete die Rose. „Aber es ist nicht dasselbe", sagte er und fuhr dann fort. „Jemanden lieb haben, bedeutet, etwas oder jemanden in Besitz zu nehmen und in anderen das zu suchen, was die eigenen Erwartungen an Zuneigung erfüllt... Jemanden lieb haben, heißt uns zu eigen machen, was uns nicht gehört... Zu lieben bedeutet stattdessen, das Beste für den anderen zu wollen... Lieben heißt, dem anderen zu erlauben, glücklich zu werden, auch wenn sein Weg anders als der unsere ist. Es ist ein uneigennütziges Gefühl, das aus dem Willen entsteht, sich ganz und gar aus der Tiefe des Herzens hinzugeben. Wenn wir lieben, schenken wir uns ganz, ohne eine Gegenleistung zu fordern."

Carlo liebte den *Kleinen Prinzen* sehr. Es war vielleicht das Buch, in dem er sich selbst am deutlichsten widergespiegelt fand, auch wenn sein Lesestoff vielfältig und in gewisser Weise endlos war. Ich würde sagen, dass er mit dem *Kleinen Prinzen* aufgewachsen ist. Schon in seiner Kindheit und auch später hat er es mehrmals gelesen.

Wenn Carlo über die Liebe sprach, über das Verliebtsein zwischen einem Jungen und einem Mädchen, verwies er stets auf die Lehre von Heiligen, die fähig gewesen waren, andere zu lieben, ohne sie besitzen zu wollen. Carlo verstand es, eine Distanz zu wahren, die nicht auf Desinteresse beruhte, sondern vielmehr die Übergabe der anderen an Gott bedeutete. Alle Menschen waren ihm heilig, jeder war für ihn ein Kind Gottes, auch jedes Mädchen. Aus diesem Grund liebte er alle und jeden, ohne von ihnen Besitz zu ergreifen und sie sich selbst zu unterwerfen. Im Umgang mit seinem Nächsten war es, als ob er einer dritten Person, eben Gott selbst, zwischen sich und seinem Gegenüber Platz ließ. Er erlaubte Jesus, in seine Beziehungen zu kommen, in ihnen zu wohnen, und überließ ihm das letzte Wort. Er vertraute ihm seine Mitmenschen an, in der Gewissheit, dass es ihnen dabei an nichts fehlen würde. In der Überzeugung, dass er wirklich gegenwärtig ist, wagte er es nicht, andere Menschen zu beschmutzen, sich von Egoismen überwältigen zu lassen, sondern versuchte vielmehr mit der gleichen Liebe zu lieben, die in den Evangelien vorkommt, der Liebe Jesu.

Carlo legte großen Wert auf die Reinheit und auf das Sakrament der Ehe. Er war nämlich davon überzeugt, dass die Ehegatten durch die Gabe des Heiligen Geistes, die sie im Sakrament der Ehe empfangen, fähig werden, an der Liebesfähigkeit Christi teilzuhaben. Wenn sie diese annehmen und sich zu eigen machen, ermöglicht sie ihnen, alle Ziele des ehelichen und familiären Lebens voll und ganz zu verwirklichen und an dem Plan der Liebe mitzuwirken, den Gott für jeden von uns hat.

Er sagte, dass die Ehe direkt im Herzen Gottes, unseres Schöpfers, verwurzelt und ein wirksames Zeichen des Bundes Christi mit der Kirche ist: „Ihr Männer, liebt eure Frauen, wie Christus die Kirche geliebt hat" (Eph 5, 25), sagt Paulus im Brief an die Epheser, indem Christus sein Leben für die Kirche hingegeben hat. Wenn einer seiner Freunde das Sakrament der Ehe kritisierte, indem er sie ins Banale herabzog, bekräftigte er immer wieder mit tiefer Überzeugung, dass es notwendig sei, die Lehren Jesu zu befolgen und bis zur Ehe zu warten, um eine sexuelle Beziehung einzugehen. Ich erinnere mich, wie er bei mehr als einer Gelegenheit über die Leute geschimpft hat, sogar über seine Freunde, die sich damit brüsteten, pornografische Websites zu besuchen oder Dinge zu lesen, die er als „seelenschädigend" bezeichnete, und über jene, die offen zugaben, dass sie „Autoerotik" praktizierten. Er sagte ihnen, dass sie dadurch den Marionetten aus der Geschichte von Pinocchio ähnlich würden, und zwar denjenigen, die Feuerschlucker für seine Auftritte benutzte und danach direkt ins Feuer warf. Es war seine Metapher zur Veranschaulichung dessen, was mit den Seelen geschieht, die der Versuchung nicht widerstehen können, sich vom rechten Weg abbringen und von ihren eigenen Lastern überwältigen lassen. Ich möchte dies noch einmal betonen: Für ihn war das Meiden von pornografischen Internetseiten oder unangemessener Lektüre keine Scheinheiligkeit. Es war vielmehr die einzige Möglichkeit, sich nicht beschmutzen zu lassen, nicht Tor und Tür für Verhaltensweisen zu öffnen, die einen bitteren Geschmack hinterlassen und nicht glücklich machen. Das Glück besteht darin, andere so zu lieben, wie Gott sie liebt, und nicht darin, die eigenen egoistischen Wünsche an anderen auszuleben.

Carlo hat diesen Standpunkt oft vertreten. Das tat er ohne Scheu und sogar gegenüber Leuten, die er nicht kannte. Ich erinnere mich, wie wir manchmal im Jahr davor, im Sommer 2005, in Assisi zum städtischen Schwimmbad gingen, um ein paar Stunden dort zu verbringen. Es befand sich im Freien und war umschlossen von den wunderschönen grünen Hängen des Monte Subasio.

Just an einem dieser Nachmittage bemerkte ich irgendwann, dass Carlo sehr düster geworden war. Ich sah, wie er ruckartig aufstand und zum Bademeister ging, weil sich auf der gegenüberliegenden Seite des Schwimmbeckens zwei Jugendliche von etwa sechzehn Jahren befanden, die sich vor den Augen der anwesenden Kinder küssten. Die Kinder sahen sie halb amüsiert und halb verlegen an. Der Bademeister ging sofort zu den Jugendlichen und bat sie, damit aufzuhören. So war Carlo: Er konnte Obszönität nicht ausstehen, vor allem dann nicht, wenn sie für unschuldige Seelen Anstoß zur Sünde gab.

Carlo war stets dazu bereit, die Vernünftigkeit der Lehre der Kirche selbst bei delikaten Themen zu erklären, wenn es notwendig war – vor allem, wenn es um die Würde des Lebens und des Embryos ging. In jenem Sommer verfasste er eine Forschungsarbeit, mit der ihn sein Religionslehrer beauftragt hatte. Es ging dabei um das Thema der künstlichen Befruchtung aus der Sicht der unterschiedlichen Religionen. Er war sehr beunruhigt, als er erfuhr, dass durch diese Techniken häufig überzählige Embryonen entstehen, die anschließend eingefroren oder für medizinische Experimente verwendet werden. Gerade in diesen Tagen vertraute er mir an, dass er einen Alptraum gehabt hatte. Im Traum hatte er mehrere eingefrorene Personen gesehen und war darüber sehr erschrocken. Er sagte, dass es ein heiligmäßiges Werk wäre, wenn Frauen bereit wären, jeden dieser eingefrorenen Embryonen zu „adoptieren", um ihnen die Möglichkeit zu geben, auf die Welt zu kommen. Carlo war nicht daran interessiert, Menschen zu verurteilen. Er sagte, dass nur Gott das tun darf. Er mied auch jene Katholiken, die mit Gewalt und beinahe mit Bosheit diejenigen angriffen, die sich ihrer Meinung nach solcher „Verbrechen" schuldig gemacht hatten. Er versuchte vielmehr, Lösungen zum Wohle aller zu finden. Für ihn bestand das Gute einfach darin, dass er versuchte, diese Leben zur Welt kommen zu lassen. Sein Bestreben lag nicht darin, sich zu widersetzen, als ob es notwendig wäre, Mauern gegen Andersdenkende zu errichten. Im Gegenteil, er hielt es für richtig, den Blick auf das Licht zu richten und Antworten des Lichtes auf das Dunkel zu finden: Antworten für das, was nicht in Ordnung ist.

Er dachte oft an seine Freunde. Er trug sie in seinem Herzen überallhin, und er betete stets für sie, indem er auch kleine Opfer brachte. Für ihn bedeutete Freundschaft sehr viel. Die Freunde zu lieben, ihr Wohl zu wünschen, bedeutete für Carlo: das Gute für ihre Seelen zu wollen.

Dabei ließ er sich in gewisser Weise wieder vom *kleinen Prinzen* belehren, einer wirklich entscheidenden Lektüre für sein Leben. Er wiederholte oft den Satz des Fuchses: „Es ist die Zeit, die du für deine Rose geopfert hast, die sie so bedeutsam macht." „Es ist die Zeit, die wir unseren Freunden widmen", wiederholte er, „die sie zu etwas Besonderem und Einzigartigem machen wird. Diese Zeit muss jedoch stets die Liebe zu Gott als ihren Mittelpunkt haben. Dann wird das eine wirklich wertvolle Zeit sein."

Sogar aus der Ferne und aus Santa Margherita Ligure stand Carlo telefonisch oder via Internet immer mit seinen Freunden in Kontakt. Er versuchte, jedem das Gefühl zu geben, einzigartig, besonders und unwiederholbar zu sein. Viele Menschen haben nach seinem Tod diesen Blick bezeugt, den er für sie hatte: Ein Blick, der sich stets in Taten verwandelte. Bei ihm ging es um mehr als Worte. Auf Worte und

Gedanken folgten stets Taten. In der Erzählung von Saint-Exupéry erklärt der Fuchs dem kleinen Prinzen, wie sehr sie beide sich gegenseitig brauchen. Wenn der kleine Prinz sich die Zeit nehmen würde, ihn zu zähmen, würde der kleine Prinz für ihn, den Fuchs, einzigartig werden. Und der Fuchs würde seinerseits für ihn einzigartig werden.

Für Carlo hatte also jeder etwas, das er den anderen geben konnte: im Teilen von Erfahrungen, in der besonderen Bedeutung füreinander und durch den Beitrag zur Verwirklichung aller. Indem man sich für die anderen Zeit nimmt, können einzigartige Bindungen entstehen, die den Stürmen der Zeit trotzen. Nicht ohne Grund schrieb Jorge Luis Borges, ein anderer Autor, den Carlo oft las: „Ich kann dir nicht für alle Probleme des Lebens Lösungen anbieten. Ich habe nicht die Antworten auf deine Zweifel oder Ängste, aber ich kann sie mir anhören und sie mit dir teilen." Eben dieses Teilen bedeutete für Carlo Freundschaft.

Er wiederholte, dass jeder Mensch das Abbild Gottes in sich trägt. Aus diesem Grund ist jeder Einzelne einzigartig und unwiederholbar. Nicht von ungefähr erinnerte er sich immer: „Unter den Fingerabdrücken gibt es keine zwei, die sich gleichen." In den Worten des kleinen Prinzen: „Man sieht nur mit dem Herzen gut, das Wesentliche ist für das Auge unsichtbar." Wir sind verantwortlich für das, was wir „zähmen". Das Engagement, das wir in unsere Beziehungen zu anderen Menschen einbringen, impliziert die Notwendigkeit für jeden von uns, Verantwortung zu übernehmen, etwas zu riskieren und nicht davonzulaufen. Sonst würden wir uns wie der Geograph in der Geschichte des kleinen Prinzen verhalten: Da er sich weigert, seine eigene Welt zu erkunden, die in seiner nächsten Nähe liegt, flüchtet er an weit entfernte Orte, um Forschung zu betreiben. Dabei verpasst er das Wesentliche in seinem eigenen Leben und bei den Menschen um ihn herum.

Ich erinnere mich an jenen letzten Sommer: Es waren Tage und Wochen, in denen Carlo es trotz der Entfernung schaffte, Zeit und Energie für seine Freunde aufzubringen. Um sich selbst kümmerte er sich eigentlich wenig. Jeder Tag war den anderen gewidmet, sozusagen seiner Welt, die im Grunde klein, aber für ihn besonders und einzigartig war.

In Santa Margherita schliefen wir im selben Zimmer. Von dort konnte man auf die Hauptstraße sehen, die etwas weiter unten lag. Es war immer sehr heiß. Nachts ließen wir die Fenster in der Hoffnung auf ein wenig Abkühlung offen. Eines Nachts, gegen 2:30 Uhr, wachten wir plötzlich durch den Lärm von Jugendlichen auf, die laut herumbrüllten. Sie lästerten Gott und lachten dabei unanständig. Ihre Stimmen klangen wie die von leibhaftigen Dämonen. Ich wüsste nicht, wie ich sie besser beschreiben könnte. Carlo glaubte an die Existenz des Teufels. Er wusste, dass das Böse fast immer das Werk von Menschen ist. Aber er wusste auch, dass der Teufel als real existierende Kreatur in der Lage ist, den Menschen zum Bösen zu verleiten. Er spürte gleichsam die Anwesenheit des Bösen und vernahm in den Stimmen jener Jugendlichen dessen Wirken. Er wiederholte oft die Worte, die die Päpste für das Böse und seine Personifizierung, den Teufel, verwendet haben. Carlo sagte, man solle niemals mit ihm sprechen. Das sei sehr gefährlich. Man müsse sich allein dem Herrn anvertrauen. Wenn man die Anwesenheit des Teufels wahrnimmt, solle man sich nicht fürchten, denn der Herr ist stärker als alle und jeder.

Carlo war immer sehr streng mit denen, die die Heiligen, die Muttergottes und Gott selbst beleidigten, indem sie fluchten. Also beschlossen wir, einen Rosenkranz für jene jungen Menschen zu beten, die – so behauptete Carlo – zweifellos nicht wussten, was sie da sagten. „Sie tun es, ohne darüber nachzudenken“, sagte er mit Überzeugung. „Sie tun es, weil ihr Herz von dem beeinflusst wird, der ihnen schaden will. Sie erkennen nicht die Schwere ihrer Worte, denn sie haben nicht das volle Bewusstsein.“

Für ihn waren sie Opfer von Menschen, die älter waren als sie selbst und von denen sie leider diese schlechten Gewohnheiten gelernt hatten. Für diese Menschen einzutreten war nichts Neues: Schon so oft hatte ich gesehen, wie er für sie stundenlang betete, um den Herrn zu bitten, dass solche Menschen die Ernsthaftigkeit ihrer Handlungen und Worte verstehen mögen.

Carlo sagte, dass Blasphemie eine sehr schwere Sünde ist, die Gott sehr beleidigt. Er betete nicht nur für sie, sondern griff auch oft direkt ein, jedoch nie auf die harte Tour, sondern stets behutsam. Wie beeindruckend war es, ihn so jung zu sehen, wie er auf andere Jugendliche zuging, die er nicht mal kannte, und ihnen sagte, dass es nicht angemessen sei, weiterhin zu fluchen, und dass sie besser aufhören sollten, weil sie sich des Schadens nicht bewusst seien, den sie dadurch anrichteten.

In diesem Zusammenhang erinnere ich mich, dass wir bei einem unserer Besuche im städtischen Freibad in Assisi, das im Sommer von den einheimischen Jugendlichen frequentiert wird, viele von ihnen fluchen hörten. Just bei dieser Gelegenheit wurde er von einigen jungen Leute bedroht, die er mutig getadelt und aufgefordert hatte, aufzuhören, gegen Gott zu schimpfen. Er war dadurch nicht entmutigt, sondern reagierte auf seine eigene Weise: Er zitierte ihnen, was die Heiligen über Gotteslästerer sagen. Er hatte sich die Worte aufgeschrieben, die Pater Pio über die Blasphemie gesagt hatte: „Sie ist der sicherste Weg in die Hölle. Der Teufel ist in deinem Mund", sagte er ihnen. Er war auch mit dem heiligen Augustinus vertraut, der donnernd gegen alle wetterte, die Gott beleidigten: „Die Gotteslästerung ist noch schlimmer als die Tötung Jesu Christi, denn diejenigen, die ihn gekreuzigt haben, wussten nicht, was sie taten. Sie kannten Jesus nicht als den wahren Gott. Hingegen die Gotteslästerer wissen in der Regel, was sie sagen, und auch, wer Gott ist." Und weiter die Worte des heiligen Thomas von Aquin: „Die Blasphemie ist die größte aller Sünden." Schließlich sagte auch der heilige Bernhardin von Siena: „Sie ist die größte Sünde, die es gibt ... größer als Stolz, Mord, Zorn, Wollust und Völlerei ... Die Zunge des Lästerers ist ein Schwert, das den Namen Gottes durchbohrt." Die Jugendlichen hörten ihm zu. Sie waren ziemlich verblüfft und sprachlos. Doch dann hörten sie auf, ihn zu bedrohen, und gingen weg. Ich weiß nicht, was sie sich in dem Moment gedacht haben, aber ich bin sicher, dass, sobald sie wieder zu Hause waren, Carlos Worte in ihren Herzen zu wirken begannen. Bei den Jugendlichen auf der Straße in Santa Margherita hingegen beschloss er, nicht einzugreifen. Er schloss das Fenster und bat mich, dass wir gemeinsam für sie beten. Und das taten wir.

In Rapallo gibt es ein schönes Heiligtum, das der Muttergottes geweiht ist. Es befindet sich auf dem Gipfel des Hügels von Montallegro. Viele Pilger kommen jedes Jahr dorthin, um zu beten. Dieser Ort gilt als wundertätig. Im Jahr 1597 soll Maria dem Bauern Giovanni Chichizola erschienen sein. Sie bat ihn, das Heiligtum zu ihrem ewigen Gedenken errichten zu lassen. Sie stellte sich ihm als „Mutter Gottes“ vor. Als Zeichen ihrer Erscheinung hinterließ sie eine Ikone, die ihre Aufnahme in den Himmel darstellt, und außerdem eine Wasserquelle, die als wundertätig gilt.

Jedes Jahr fuhr ich zusammen mit Carlo nach Montallegro. Auch in jenem Sommer ließen wir es nicht aus, selbst wenn ich mir nie gedacht hätte, dass es unsere letzte gemeinsame Pilgerreise sein würde. Carlo bat Maria auch um die besondere Gnade, direkt in den Himmel zu kommen, ohne durch das Fegefeuer gehen zu müssen. Wir hatten einige leere Plastikflaschen mitgebracht, füllten sie mit Wasser aus der wundertätigen Quelle und nahmen sie mit nach Santa Margherita.

Diese Gnadenorte, an denen Maria Quellen gesegneten Wassers hatte sprudeln lassen, bedeuteten Carlo sehr viel. Er sagte, dass es wichtig sei, diese Gaben des Himmels zu nutzen, denn alle diese unentgeltlichen Geschenke dienen uns dazu, auf dem persönlichen geistigen Weg fortzuschreiten, um zu wachsen und Hilfe zur Überwindung der eigenen Fehler und Schwächen zu erfahren.

An jenem Tag kam auch eine Gruppe von behinderten Menschen, von denen einige in Rollstühlen saßen. Carlo bot spontan an, ihnen zu helfen. Sie hatten in der Tat sehr viel Mühe, um zum Heiligtum hinaufzugehen. Und deshalb hat Carlo ihnen geholfen. Mein Sohn war einfach so: Wenn er zum Beispiel im Supermarkt sah, dass jemand kein Geld zum Bezahlen hatte, bot er an, an seiner Stelle zu zahlen. Er war aufmerksam mit allen, auch in der U-Bahn oder im Bus. So überließ er zum Beispiel seinen Sitzplatz immer den älteren Menschen. An jenem Tag verbrachte er viel Zeit mit den behinderten Jugendlichen. Das war für ihn selbstverständlich.

Ich muss sagen, dass er ein Faible für behinderte Menschen hatte. Für ihn waren sie ein Geschenk Gottes. Er sagte immer, sie würden in besonderer Weise im Herzen Gottes leben. Oft machte ihre Behinderung sie völlig abhängig von anderen. Und gleichzeitig versetzte sie sie in der Lage, die Gegenwart Gottes auf einfache und direkte Weise zu erkennen. Carlo schätzte ihre Fähigkeit, die Realität anzunehmen, ihre Fügsamkeit bezüglich des Zustands, in dem sie auf die Welt gekommen waren. In seinen Augen gaben sie ein Zeugnis, das man sich ansehen und nachahmen muss. Tatsächlich bot er ihnen oft seine Hilfe an, um in ihrer Nähe zu sein und ihnen Gesellschaft zu leisten. Und gleichzeitig waren sie es, die ihm Ausgewogenheit im Leben, das richtige Gespür für die Dinge und das richtige Maß beibrachten.

Carlo hatte den Roman „Zwei Leben" gelesen, in dem der Autor Giuseppe Pontiggia die Beziehung eines Vaters zu seinem behinderten Sohn beschreibt. Er war beeindruckt vom Wandlungsprozess des Vaters. Dank seines Sohnes hat Pontiggia im Laufe der Jahre nämlich verstanden, dass es nicht so sehr darauf ankommt, „normal" zu sein, sondern vielmehr darauf, sich treu zu bleiben, egal in welcher Situation man sich gerade befindet. Carlo las den letzten Absatz des Buches immer wieder und zitierte ihn als ein nachahmenswertes Beispiel. Im Roman spricht der Vater über seinen Sohn und sagt: „Ich habe versucht, meine Augen zu schließen und sie wieder zu öffnen. Wer ist der Junge, der schwankend an der Wand entlangläuft? Ich sehe ihn zum ersten Mal, er ist behindert. Ich denke darüber nach, wie mein Leben ohne ihn verlaufen wäre. Doch nein, es gelingt mir nicht: Wir können uns viele Leben vorstellen, aber nicht unser eigenes Leben abstreifen."

Carlo hatte eine besondere Liebe zu den Kranken, vor allem zu denen, die am meisten litten, und zu den älteren Menschen. Viele Male habe ich beobachtet, wie er älteren Damen geholfen hat, ihre Einkäufe nach Hause zu tragen. Er bot seine Hilfe spontan an und sagte mir: „Geh du nach Hause, ich komme gleich nach." Dann verschwand er zusammen mit jenen Damen, die nicht aufhören konnten, ihm dafür zu danken. Jeder in der Nachbarschaft kannte ihn, viele hielten ihn für einen Engel. Dabei tat er gar keine außergewöhnlichen Dinge, sondern nur gewöhnliche Dinge, aber diese aus ganzem Herzen.

In gewisser Weise war er einfach ein Jugendlicher aus einer anderen Zeit. Ich weiß nicht, wie ich das anders ausdrücken soll. In jenem Sommer, in Santa Margherita, war auch Giovanna, Carlos kleine Cousine, im Haus [der Großeltern] zu Gast. Sie war acht Jahre jünger als er. Carlo mochte sie sehr, er spielte mit ihr und versuchte immer, sie glücklich zu machen. Als Einzelkind sah er sie ein bisschen wie eine kleine Schwester, die er sehr gerne gehabt hätte. Ich erinnere mich, dass er ihr ein Geschenk von seinen Ersparnissen kaufen wollte, bevor wir vom Urlaub am Meer nach Hause zurückkehren würden. Er bedauerte es in der Tat ein wenig, dass die kleine Cousine nach unserer Abreise allein mit dem Kindermädchen zurückblieb. Die Großeltern väterlicherseits waren nämlich ebenfalls im Begriff abzureisen, und die Eltern der Cousine befanden sich auf Geschäftsreise. Carlo versuchte, meinen Mann zu überreden, die kleine Cousine mitzunehmen. Aber das ließ sich nicht machen, denn es gelang uns nicht, ihre Mutter zu kontaktieren, die sich zu der Zeit in einem fernen Land aufhielt. Er war sehr enttäuscht. Damals hat er sie zum letzten Mal gesehen.

In den Folgejahren brach Giovanna immer ohne Ausnahme während allen Messfeiern, die jährlich zum Todestag von Carlo zelebriert wurden, in untröstliches Weinen aus. Carlo hatte auch ihr Herz erobert. Zweifellos fühlte sie tief im Inneren die Liebe, die er für sie empfand.

Eines Abends gingen wir nach Portofino zum Abendessen. Als wir das Restaurant verließen, sah ich, wie Carlo sich ein wenig abseits hielt. Er war wie abwesend, wirkte ziemlich nachdenklich und ein wenig melancholisch zugleich. Ich sagte nichts zu ihm, denn hin und wieder hatte er solche Momente. Mit der Zeit habe ich gelernt, ihm diesen Raum zu lassen, ihn in Ruhe zu lassen. Noch auf dem Heimweg fiel mir auf, dass er besonders schweigsam war. Wir gingen ins Haus, grüßten die Großeltern und gingen aufs Zimmer, um zu schlafen. Vielleicht habe ich ihn dabei etwas länger angeschaut, als ich hätte sollen, so dass er das Gefühl hatte, mit mir sprechen zu müssen. Carlo war sehr empfindsam. Da er mich nicht beunruhigen wollte, ergriff er daher die Initiative und erzählte mir, wie es ihm ging.

Er erzählte mir, dass er beim Verlassen des Restaurants eine innere Stimme gehört hatte, die zu ihm sprach. Er hatte gespürt, dass es die Stimme von Jesus war, und Jesus hatte diese zwei einfachen Worte zu ihm gesagt: „Mich dürstet" – dieselben Worte, die Jesus am Kreuz gesprochen hatte, kurz bevor er starb.

Er erklärte mir seine Interpretation: Der Herr wollte ihn verstehen lassen, wie er sich angesichts all des Prunks, des Reichtums und des Überflusses in Portofino gefühlt habe. Es war kein negatives Urteil, sondern eher der Durst Jesu nach dem Heil aller und besonders dem der Menschen an diesem Ort.

Ich war sehr berührt von seinen Worten und verstand einmal mehr, wie ich mit materiellen Gütern umgehen sollte. Ich bekam ein tieferes Verständnis dafür, dass nicht der Reichtum Glück verleiht und dass unsere einzige wirkliche Sorge dem Heil unserer Seelen und der Seelen der Menschen, denen wir begegnen, gelten sollte: Was nützt es, die ganze Welt zu gewinnen, wenn du dich dabei selbst verlierst? Carlo hatte mir bereits mehrmals anvertraut, dass „ein Schritt im Glauben einen Schritt nach vorne in Bezug auf das Sein und gleichzeitig einen Schritt zurück in Bezug auf das Haben bedeutet".

Carlo fuhr fort und sagte, „wenn Gott unser Herz besitzt, dann werden wir die Unendlichkeit besitzen". Er erklärte mir, dass diejenigen, die nur auf materielle Güter und nicht auf den Herrn vertrauen, ein verkehrtes Leben führten, ähnlich wie etwa Autofahrer, die anstatt ihr Ziel gerade und schnell anzusteuern, immer auf der falschen Straßenseite und in die falsche Richtung fahren würden. Dabei riskierten sie ständig, mit jemand anderem zusammenzustoßen.

Eines Morgens, im Laufe der darauffolgenden Tage, luden die Großeltern einige Bekannte zu einer Bootsfahrt ein. Manche von ihnen waren Adelige. Wenn ich mich recht entsinne, war einer sogar ein Graf. Vor dem Betreten des Bootes bat einer dieser Freunde die beiden Seeleute, die sich um das Boot kümmerten und den Großvater bei den Anlegemanövern und der Abfahrt vom Pier unterstützten, dass sie „dem Grafen" helfen, an Bord zu kommen. Sie betonten dabei sehr das Wort „Graf", fast so, als wollten sie seinen „Status" dadurch unterstreichen. Ich erinnere mich, dass Carlo errötete. Die Art und Weise, wie diese Herren sprachen, war ihm sehr peinlich. Er fühlte sich Lichtjahre von diesem snobistischen Getue entfernt und schämte sich sehr dafür. Dieses Gefühl war stärker als er selbst.

Mein Sohn war sehr bescheiden und mochte keine Titel, auch keine dieser Ausschmückungen, die manche Leute vor ihren Vor- und Nachnamen setzen – so, als wenn es dauernd notwendig wäre, einen Unterschied hervorzuheben, oder zwingend erforderlich, sich von denjenigen, die man vor sich hat, abzuheben. Carlo mochte weder diejenigen, die sich für wichtig hielten und den anderen das Gefühl gaben, unterlegen zu sein, noch diejenigen, die in ihren Umgangsformen und in ihren Worten ihre Überlegenheit in Bezug auf ihr Vermögen oder ihren gesellschaftlichen Status betonten. Für ihn waren Titel und Geld im Endeffekt lediglich „Altpapier", das eingestampft gehört.

Er sagte oft, dass man nicht wählen kann, reich oder adlig geboren zu werden, und dass man deshalb auch kein Verdienst daran hat, so zu sein. „Ein edles Gemüt jedoch wird nur dann edel, wenn man sich dafür entscheidet, also durch den eigenen Willen. Der, dem das gelingt, wird im Himmel viele Verdienste haben." Er spürte, dass sein Herz ständig in inniger Verbindung mit den Schwächsten stand und den Geringsten nahe war. Er wiederholte, dass diejenigen, die über viele Mittel verfügen, den anderen nicht das Gefühl geben dürfen, minderwertig zu sein, sie dürfen sie nicht in Verlegenheit bringen. Vielmehr müssen sie Gott für all das danken, was sie „gratis" bekommen haben, und all denen helfen, die die Vorsehung ihnen sendet und die weniger Glück haben als sie selbst. Das Teilen war für ihn ein kategorischer Imperativ. Er sagte, dass das Geben uns alle zu Brüdern macht. Anderen zu erlauben, sich an dem zu erfreuen, was man selbst besitzt, bedeutet gleichzeitig, sich am Reichtum der anderen zu erfreuen. Denn jeder hat etwas zu geben, wenn es auch oft versteckt ist. Und diese Gaben sind für alle da. Er sagte, dass die Gemeinschaft der Heiligen nicht etwas ist, das nur im Himmel besteht, sondern dass sie hier auf der Erde angestrebt werden muss, dass sie in dieser Welt beginnen kann. Das irdische Paradies ist genau dieses Teilen, dieses Zusammenlegen von dem, was man ist, und dem, was man hat.

Carlo konnte keine soziale Ungerechtigkeit dulden. Er pflegte bis zur Erschöpfung zu sagen: „Alle Menschen sind Gottes Geschöpfe. Wir sind alle von Gott geliebt, und niemand ist ausgeschlossen."

Ich erinnere mich an eine Begebenheit, die sich zwar nicht in jenem letzten Sommer ereignet hat, jedoch mit diesem Thema zusammenhängt. Ein Adliger aus einem Ritterorden kam uns in Mailand besuchen. Er hatte eine Verabredung in der Stadt und wollte mit uns zu Mittag essen. Er trug ein Rittergewand. Seine Brust war von so vielen Ehrenabzeichen bedeckt, dass man den Stoff darunter nicht mehr sehen konnte. Carlo amüsierte sich sehr über diese Person. Wie immer hatte er zwar keinen verurteilenden oder anklagenden Blick, er amüsierte sich einfach über die Art des Besuchers, Dinge zu tun, über seine Bewegungen und die etwas altertümliche Sprache. Als er gegangen war, kam Carlo mit Abzeichen aus Papier, die er selbst entworfen und sich an die Brust geheftet hatte, um uns zum Lachen zu bringen. Er tat es nicht, um ihn zu verunglimpfen, sondern in gewisser Weise, um seine Haltung, die nicht mehr ganz zeitgemäß war, zu verharmlosen und zu relativieren. Für Carlo mussten die wichtigsten Abzeichen in Stille im eigenen Herzen eingraviert werden, und zwar diejenigen für Liebe, Teilen und Barmherzigkeit. Das Blendwerk, das man sichtbar auf der Brust trägt, war seiner Ansicht nach von geringem Nutzen.

Einmal im Winter wurden wir von den Großeltern väterlicherseits, die ein Haus in der Schweiz besaßen, zu einem Skiurlaub in die Berge eingeladen. Das Haus befand sich in der Nähe des bekannten Skiortes Gstaad. Wir wohnten in einem kleinen Hotel in geringer Entfernung. Den Großeltern war es sehr wichtig, dass Carlo gut Skifahren lernte. Sie hatten für fünfzehn Tage eine sehr gute und erfahrene Skilehrerin gebucht. Diese nahm uns von morgens bis abends zum Skifahren mit, und zwar stets nur uns. So kam es, dass Carlo bis zum Ende der Ferien das Skifahren so gut beherrschte, dass er an einem kleinen Wettbewerb teilnahm, sogar eine Medaille gewann und Zweiter wurde. Eines Morgens kam eine ihrer ersten Schülerinnen, eine Dame mittleren Alters, eine sehr berühmte Baronin, die Englisch mit einem für die Oberschicht typischen Akzent sprach. Sie schloss sich uns zum Skifahren an. Carlo fand ihren snobistischen englischen Akzent total witzig, so witzig, dass er auch in den folgenden Jahren jedes Mal, wenn er sich über jemanden lustig machen wollte, der sich sehr hochnäsig verhielt, ihren Akzent nachmachte.

Ich erinnere mich an mehrere solcher Begebenheiten: Eines Tages wurde Carlo beispielsweise zum Mittagessen bei einem Freund aus Mailand eingeladen, dessen Familie sehr bekannt war. Unser Hausangestellter, neugierig und aufgeregt darüber, dass Carlo im Haus dieser Leute gewesen war, stellte ihm viele Fragen. Carlo tat so, als würde er sie nicht hören, aber der andere bestand darauf. Beim x-ten Mal antwortete Carlo freundlich, dass das Haus wie jedes andere Haus sei, dass es ein Zimmer, eine Küche und sogar eine Toilette hätte. Er sagte das mit seinem typischen römischen Akzent, mit dem er mich gelegentlich imitierte und mich zum Lachen brachte. Er wendete ihn immer an, wenn er eine unangenehme Situation verharmlosen, erhitzte Gemüter abkühlen und die Mailänder Freunde ein wenig zum Lachen bringen wollte. Carlo war kein Klatschmaul, und es gefiel ihm nicht, denen Genugtuung zu verschaffen, die zu viel über andere wissen wollten. Er liebte Zurückhaltung und Diskretion, insbesondere wenn es um Personen ging, die nicht anwesend waren. Carlo wollte keinen Klatsch und keine Verleumdungen hören: Was das betrifft, ging er keine Kompromisse ein. Das Böse, behauptete er, beginne mit einem Gedanken, und es verletze, sobald der Gedanke ausgesprochen werde. Er wusste, dass Worte wie Kugeln sein können, die weh tun, und riet allen davon ab, über andere schlecht zu reden.

Carlo liebte seinen „Babysitter“ Rajesh, wünschte sich aber, dass er etwas weniger „materialistisch“ sei. Schon als Kleinkind schrieb Carlo Briefchen an Jesus, in denen er ihn um die Gnade bat, dass sich das Herz von Rajesh änderte. Ich erinnere mich, dass er regelrecht schockiert darüber war, dass Rajesh sein ganzes Gehalt ausgegeben hatte, um Kleidung für sich und Geschenke für seine Verwandten auf Mauritius zu kaufen. Carlo war sehr erschüttert, als er ihn einmal mit einem riesigen Sack voll Schuhen nach Hause kommen sah. Er sah genauso aus wie der Weihnachtsmann. Rajesh hatte auf dem Markt einen Stand gefunden, wo alles für einen Euro verkauft wurde, und kaufte dreihundert Paar Sandalen, um sie seiner Schwester als Geschenk zu schicken. Für Carlo war das völlig übertrieben. Stellen Sie sich das Befremden von Carlo vor, einem Kind, das schon sehr wütend wurde, wenn ich ihm mal zwei Paar Schuhe kaufen wollte – er meinte, eins würde vollkommen ausreichen. „Mit dem Geld, das wir dadurch sparen, können wir denen helfen, die nicht einmal fürs Essen Geld haben.“

Carlo trug monatelang nur ein einziges Paar Schuhe. Er kleidete sich viel bescheidener als seine Freunde und folgte überhaupt nicht der Mode. Er mochte sie nicht und versuchte vielmehr, Einfachheit, Sparsamkeit und Mäßigung zu leben. Er war elegant durch sein Lächeln und nicht aufgrund einer bestimmten Kleidung, die er trug.

Ich erinnere mich, dass ihm eines Tages im Gymnasium ein sehr schönes Fahrrad, das wir ihm zum Geburtstag geschenkt hatten, gestohlen wurde. Er bedauerte es überhaupt nicht. Als ich ihm sagte, ich würde ihm ein neues kaufen, genau wie das vorige, antwortete er, dass er es nicht haben wolle und lieber ein altes Fahrrad benutzen würde, das in der Garage herumstand. Er ließ es reparieren, fing an, damit zu fahren, strahlte und war glücklich mit seinem „neuen“ restaurierten, aber immer noch ziemlich klapprigen Fahrrad. Ich habe noch immer vor Augen, wie er auf den Straßen von Mailand herumfuhr und wie er anhielt, um die vielen Pförtner, die einfachsten Leute in der Nachbarschaft, die er auf seiner Route traf, zu grüßen, und wie er Obdachlose und Bedürftige in der Gegend besuchte. Er brachte ihnen sein Lächeln und seine Liebe, die ganz natürlich aus seinem Herzen herausströmte. Es war nichts Künstliches an ihm.

Er verglich sich nie mit anderen, war bescheiden und einfach, und es gefiel ihm nicht, zu prahlen. Er mochte keine Leute, die ihre Nächsten kritisierten, und versuchte stets, sich nicht in solche Gespräche hineinziehen zu lassen. Wo er Reibereien spürte, schlich er sich davon oder versuchte, das Thema zu wechseln. Einmal sagte er mir: „Warum sollte man das Licht der anderen vermindern, um das eigene zum Strahlen zu bringen?“ Er wusste, dass das „Licht“ der anderen ein Geschenk für alle bedeutete.

Ich weiß. Eigentlich sollte ich über Carlos letzten Sommer sprechen, aber die Erinnerungen überfallen mich wie ein Fluss, der Hochwasser führt, und ich lasse ihn einfach fließen. Ich reihe viele unscheinbare und wichtige Erinnerungen aneinander, so wie sie mir einfallen. Es gefällt mir zu glauben, dass Carlo mich beim Schreiben leitet. Ich spüre ihn immer in meiner Nähe und bin überzeugt, dass er wirklich da ist. Er ist es, der in diesem Buch durch mich spricht. Es ist seine Stimme, die durch mich Erinnerungen zur Sprache bringt.

Eines Tages gingen wir zusammen einkaufen. Ich hatte in einem Schaufenster eine Sonnencreme gesehen, die etwa fünfzig Euro kostete, und war mir nicht sicher, ob ich sie kaufen sollte oder nicht. Ich brauchte gerade eine. Sie war ein Markenprodukt, und das wirkte auf mich vertrauenswürdig. Carlo war etwas empört über den Preis, denn er konnte nicht verstehen, wie eine einfache Creme so viel kosten konnte. Wir hatten das Thema der unnötigen Ausgaben bereits mehrere Male diskutiert. Er wusste, dass ich, im Gegensatz zu meinem

Mann, eher verschwenderisch war. Und dafür hat er mich manchmal kritisiert.

An jenem Tag nutzte er die Gelegenheit, um mir eine Glaubensunterweisung zu erteilen. Er erzählte mir die Geschichte von der seligen Alexandrina Maria da Costa, über die er einige Bücher gelesen hatte, um eine Tafel für seine Ausstellung über die eucharistischen Wunder vorzubereiten. Die Biographen berichten, dass diese Mystikerin sich vierzehn Jahre lang nur von der Eucharistie ernährt hat. Carlo mochte sie sehr. Unter anderem sagte er, er hätte sogar ein kleines Zeichen von ihr erhalten: Ein Freund von uns, der bei Radio Vatikan arbeitete und für die Berichterstattung über die Seligsprechung von Alexandrina zuständig war, hatte ihm ganz unerwartet eine Reliquie von ihr geschenkt. Carlo liebte die Reliquien von Heiligen, doch die von Alexandrina hütete er besonders eifersüchtig. Er sagte, sie sei eines der wertvollsten Dinge, die er besaß. Er erzählte mir, wie Jesus sich an Alexandrina wandte und über diejenigen beklagte, die zu viel für die Pflege ihrer Körper ausgaben und dadurch Gefangene ihrer eigenen Eitelkeit wurden. Er sagte mir, dass der Herr auch ihn einmal hatte verstehen lassen, dass er keine eitlen Menschen mag, die zu sehr an ihr äußeres Bild gebunden sind. Vor allem verstand Carlo nicht, warum sich die Menschen so sehr um die Schönheit ihrer Körper kümmern und sich dabei Qualen und erschöpfenden Anstrengungen unterziehen, um schöner zu werden, während sie der Schönheit ihrer Seelen keine Aufmerksamkeit schenken. Das war in seinen Augen ein großer Widerspruch. Er war überzeugt, dass ein Leben für die anderen eine persönliche Verpflichtung sei, die von jedem Einzelnen erfüllt werden muss. Er sagte zum Beispiel, dass „der Verzicht auf überflüssige Dinge, um seinen Mitmenschen zu helfen, eine Anstrengung ist, die jeden Einzelnen angeht: Es ist eine Verpflichtung, die uns hilft, das Licht zu werden, das die Welt so sehr braucht." Er fand es zu einfach, Themen nur vage anzusprechen, wie zum Beispiel den Kampf gegen das Wettrüsten, der zwar sehr richtig ist, uns aber nicht persönlich tangiert, weil er die Regierungen betrifft, während zum Beispiel der Verzicht auf ein Kleidungs- oder auf ein Schmuckstück, um jemandem zu helfen, uns mit einbezieht.

Die Tage vergingen und das Ende unseres Urlaubs in Ligurien rückte immer näher. Ich war mir nicht bewusst, dass dies der letzte Sommer sein würde, den ich zusammen mit meinem Sohn verbrachte.

Wir beschlossen, in unser Haus nach Assisi zurückzukehren, in die Stadt, in der Carlo sich am liebsten aufhielt. Assisi bedeutete für ihn die Wiederentdeckung der Einfachheit des Lebens: eine Stadt inmitten der Natur, der Stille und der franziskanischen Spiritualität, die er so sehr liebte. Der heilige Franziskus war für ihn ein Leuchtturm. Er war der Heilige, der es vorzog, bei den Geringsten zu sein, und sich nicht scheute, die Aussätzigen, die Ausgestoßenen seiner Zeit, zu küssen. Er glich sich durch sein Leben Jesus an und suchte ihn in der Stille und im Gebet, in der Besinnung und in der Hingabe an die anderen.

Assisi war der Ort, an dem Carlos Seele zu unerforschten Gipfeln aufstieg und sein Herz den richtigen Raum für Projekte der Liebe fand, für die engagierte Hingabe an die Bedürftigen. Das waren für ihn nicht nur die Armen, sondern all jene, denen ein inneres Leben fehlte.

Carlo liebte es, sich an Orte zurückzuziehen, die dem heiligen Franziskus wichtig waren, und dort die Stille zu suchen. Ich erinnere mich, wie er auf den Feldern rund um Assisi spazieren ging, zwischen den Olivenbäumen, in denen die Vögel ihre Nester bauen. Die Stille war für ihn keine Flucht vor der Welt, sondern ein Raum, in dem er Gott begegnen und auf seine Stimme hören konnte. Er wusste, wenn man in den Ozean der eigenen Innerlichkeit eintaucht, kann der Himmel auf die Erde herabsteigen und seine Schätze vermitteln. Wenn man im Gegenteil ständig von unzähligen Geräuschen umgeben ist und inmitten von Chaos lebt, kann uns diese Stimme nicht erreichen, oder es wird zumindest schwierig, sie zu hören.

Bevor wir Ligurien verließen, haben wir uns mit Focaccia eingedeckt. Carlo mochte sie sehr. An den Duft jener Focaccia, die wir damals in einer Bäckerei am Meer gekauft haben, erinnere ich mich heute noch oft. Manchmal meine ich ihn wahrzunehmen. Seit jenem Sommer hatte ich jedoch keine Gelegenheit mehr, nach Santa Margherita zurückzukehren.

Einen Großteil des Sommers widmete Carlo der Arbeit an seinen virtuellen Ausstellungen und an der Webseite der Jesuiten für freiwillige Hilfsdienste. Er arbeitete vor allem abends daran. Manchmal blieb er bis drei Uhr morgens auf. Es war eine Verpflichtung, die er mit großer Entschlossenheit und mit stetiger Freude vorantrieb. Am Ende jenes Sommers sollte auch ein Katechismus für Kinder, die sich auf die Erstkommunion vorbereiten, veröffentlicht werden. Wir waren damit beschäftigt, ihn in Zusammenarbeit mit der Libreria Editrice Vaticana für die Diözese Rom fertigzustellen. Meine Familie besaß seit geraumer Zeit einen Verlag, der sich mit der Veröffentlichung von geschichtlichen und wissenschaftlichen Texten befasste. Ich wollte jedoch eine neue redaktionelle Ausrichtung aufbauen, um wertvolle katholische Texte zu verbreiten, die meiner Meinung nach damals keinen Platz im katholischen Verlagssegment hatten. Als Beispiel seien unsere Sources Chrétiennes als italienische Ausgabe genannt, die wir nach wie vor in Zusammenarbeit mit dem Studio Domenicano aus Bologna herausbringen. Carlo hat mir auch bei jenem Katechismus sehr geholfen. Er betätigte sich sogar spontan als Illustrator. Einige der Zeichnungen in jenem Buch wurden tatsächlich mit Hilfe bestimmter Grafikprogramme von ihm gestaltet.

Obwohl er bis spät abends arbeitete, war er ein Frühaufsteher. Wir gingen frühmorgens zusammen in die Messe, entweder in die Kirche des Hl. Franziskus oder in die der Hl. Klara. Manchmal beschlossen wir, abends eine zweite Messe in der Basilika Santa Maria degli Angeli zu besuchen, wo jeden Nachmittag das Allerheiligste Sakrament zur eucharistischen Anbetung ausgesetzt wurde. Er liebte diese Basilika sehr, insbesondere die kleine Portiunkula-Kapelle, die dort erhalten ist und in der eines Nachts im Jahr 1216 dem heiligen Franziskus über dem Altar Jesus und die Jungfrau Maria, eingetaucht in strahlendes Licht und umgeben von einer Schar von Engeln, erschienen sind. Er verbrachte dort viel Zeit, um Jesus anzubeten, der im Tabernakel real gegenwärtig ist. Carlo verharrte dort schweigend, wie versunken in einem intimen und persönlichen Dialog mit dem Herrn. Er pflegte zu sagen, dass es ihm gefiel, an diesem ganz besonderen Ort zu sein: „Er schaut mich an", erklärte er „und ich schaue ihn an. Dieser Blick ist eine Bereicherung. Ich lasse es zu, dass der Herr mich anschaut, dass er mich in der Tiefe erforscht, meine Seele gestaltet und bearbeitet. Er ist wirklich präsent, das ist keine Erfindung. Er ist da. Wenn sich jeder dessen bewusst sein könnte, würden sie alle in Scharen kommen. Wenn alle diese Wahrheit glauben würden, wie sehr würde sich ihre Existenz dann verbessern."

In einer Passage aus den „Franziskus-Quellen" findet sich ein Gespräch, das der heilige Franziskus mit dem Herrn hatte: „Ich bitte dich, dass alle, die reumütig sind, gebeichtet haben und diese Kirche besuchen, eine umfassende und großzügige Vergebung und einen vollkommenen Erlass aller Schuld erhalten." Der Herr gewährte diese besondere Gnade, die der damalige Papst Honorius III. genehmigte. Auf die Frage des Papstes, für wie viele Jahre er diesen Ablass wünschte, antwortete Franziskus: „Heiliger Vater, ich bitte nicht um Jahre, sondern um Seelen." Und am 2. August 1216, zusammen mit den Bischöfen von Umbrien, verkündete er freudestrahlend an alle Menschen, die an der Portiunkula versammelt waren: „Meine Brüder, ich will euch alle ins Paradies schicken!" Carlo erzählte oft diese Geschichte. Er sagte: „Hierher zu kommen, um zu beten, bedeutet die Türen zu öffnen, die uns zu unserer Erlösung führen."

Um die Mittagszeit gingen wir dann, wie gesagt, zum städtischen Schwimmbad. Carlo hatte sich mit den Bademeistern dort angefreundet. Manchmal kam es vor, dass er ihnen bei der Reinigung des Schwimmbeckens behilflich war. Er sprang auch gerne ein, um sie zu vertreten, wenn einer von ihnen Dienst an der Bar hatte, damit sie essen gehen und eine Pause einlegen konnten. Er bat mich auch um die Erlaubnis, im darauffolgenden Jahr selbst als Barkeeper arbeiten zu dürfen. Carlo wollte Erfahrungen aus erster Hand sammeln, um den Wert des Geldes, das man durch eigene Anstrengung verdient, besser zu verstehen, und auch, um nicht immer auf uns Eltern angewiesen zu sein und mehr Mittel für die Unterstützung der Bedürftigen zur Verfügung zu haben. Mit seinen Ersparnissen hatte er sogar die Patenschaften für einige Kinder im Ausland übernommen. Mit Hilfe bestimmter Fachverbände wollte er die Zahl dieser Patenschaften für Kinder erhöhen.

Carlo widmete sich besonders der Ökumene. Obwohl er noch so jung war, wurde er von diesem Thema angezogen, von der Suche nach der Einheit unter den Christen.

Wenn wir zusammen nach Rom fuhren, wohin ich stets mit großer Freude zurückkehrte, trafen wir einige Freunde aus dem Dominikaner- und dem Jesuitenorden. Sie haben als erste mit Carlo über die Ökumene gesprochen, über den Versuch, den Dialog nicht nur zwischen den verschiedenen Religionen, sondern insbesondere auch zwischen den verschiedenen christlichen Konfessionen zu fördern.

Für meinen Sohn war diese Bemühung sehr wichtig. Er hielt sich immer an die Worte von Papst Benedikt XVI., der diesen Dialog zu einer Priorität seines Pontifikats machte.

Soweit es ihm möglich war, hatte er auch die Bemühungen von Papst Johannes Paul II. verfolgt, aber vor allem die Worte von Papst Benedikt zu diesem Thema, unmittelbar nach seiner Wahl zum Papst, haben ihn getroffen.

Im August 2005 verfolgte er die Deutschlandreise von Benedikt XVI. mit großer Aufmerksamkeit. Er war sehr berührt von der Rede, die der Papst am 19. August spontan und frei vor den Vertretern der evangelischen und der orthodoxen Kirchen hielt. Benedikt erklärte, er glaube nicht an eine Ökumene, bei der es nur um Institutionen gehe. Für ihn war die ernsthafte Frage die, wie die Kirche das Wort Gottes in der Welt bezeugen sollte: ein Problem, dem das Christentum bereits im 2. Jahrhundert gegenüberstand und das seither durch Beschlüsse und Entscheidungen gelöst wurde, die seiner Meinung nach auch für die Kirche von heute gelten sollten.

An anderer Stelle wies Benedikt XVI. das zurück, „was man sozusagen ‚Rückkehr-Ökumenismus' nennen könnte: das hieße die eigene Glaubensgeschichte leugnen und ablegen zu müssen." Denn die „wahre Katholizität" sei vielgestaltig: „Einheit in der Vielfalt und Vielfalt in der Einheit".

Carlo war von Papst Benedikt fasziniert. Er pflegte zu sagen, dass die Muttergottes sehr viel Wert auf die Einheit unter den Christen lege und dass dies Gebet und Opfer erfordere. Jedes Jahr im Januar, anlässlich des Gebets für die Einheit der Christen, betete Carlo eine Novene. Er achtete auf die Bedürfnisse der Kirche, und es gefiel ihm, die kirchlichen Ereignisse zu verfolgen, so wie eben den Besuch des Papstes in Deutschland.

Er hatte Gelegenheit, mehrere orthodoxe Priester kennenzulernen, und er schätzte ihre Liturgien und ihre Gesänge sehr. Auch die Ikonen liebte er und hütete mit großer Hingabe eine Nachbildung der Ikone der Gottesmutter von Wladimir, die ihm Verwandte geschenkt hatten und die er in seinem Schlafzimmer aufhängte. Er sagte, dass man mit den Ikonen sprechen konnte. Für ihn waren sie nicht einfach Gemälde: Sie stellen keine wirklichkeitsnahen Abbilder von Personen dar, sondern sind stattdessen ein Fenster, das denjenigen, die sie betrachten und verehren, den Zugang zu einer anderen, geistigen Welt gewähren. Schon der Begriff „Ikone" verweist auf den Eindruck, dass etwas „aufscheint" und einer Idealvorstellung „ähnlich ist", das über die Dimension der Realität hinausgeht. Die Ikonen sind niemals künstlerische Werke an sich: Ihre ästhetische Qualität wird in dem Maße höher sein, in dem die Ikone es schafft, Ausdruck einer tiefgreifenden Glaubenswahrheit und ein Mittel zu sein, das uns berührt und uns erlaubt, in Beziehung zu treten zu Gott, zu Jesus, zur Heiligsten Jungfrau Maria und zu den Heiligen.

Es ist kein Zufall, dass der Theologe und Kirchenlehrer Johannes von Damaskus behauptete, dass jede Ikone „wie mit Energie und mit Gnade geladen" sei und eine wesenhafte Teilhabe am Leib Christi und der Jungfrau Maria darstelle, die ihre Heiligkeit durch das Material übertragen, mit dem die Ikone bemalt wurde. Kurzum, Ikonen waren in der Geschichte des Christentums viel mehr als nur Gemälde. Indem sie eine Person oder ein Ereignis darstellen, vergegenwärtigen sie die Person oder die Personen, die sie abbilden. Sie sind eine Art Theophanie, d.h. Manifestation des Göttlichen: Sie stellen eine Gegenwart dar und schaffen eine konkrete, greifbare Verbindung zwischen dem Gläubigen und der Gottheit selbst. Einige Ikonen sind heute noch der Gegenstand besonderer Andacht. Carlo kannte diese Vorstellungen und verstand die Bedeutung der Heiligkeit der Ikonen für die gesamte Christenheit. Deshalb hielt er sie auch im Kontext des ökumenischen Dialogs für wichtig.

In Rom, aber auch an anderen Orten in Italien war Carlo mit verschiedenen religiösen Gruppen in Kontakt getreten, die sich für den Dialog unter den Christen einsetzten. Sie faszinierten ihn. Er verfolgte ihre Bemühungen und betete für sie. Bei Umbertide in Umbrien gibt es einen Männerzweig der Monastischen Familie von Betlehem. Sie pflegt die Tradition des vom heiligen Bruno gegründeten Kartäuserordens, hat aber die östliche Liturgie übernommen. Carlo und ich waren schon mehrmals bei Einkehrtagen dort und haben an ihrer Liturgie teilgenommen. Das Kloster ist von wunderschöner Natur umgeben, die zu Besinnung und Gebet einlädt.

Carlos Interesse für den christlichen Orient rührte vor allem aus seiner tiefen Überzeugung, dass eine der wichtigsten Herausforderungen des Christentums im dritten Jahrtausend die Wiederherstellung der lang ersehnten Einheit unter allen Christen sei. Carlo sagte, dass Christus nur eine einzige Kirche gegründet hat, und dennoch präsentieren sich viele christliche Gemeinschaften den Menschen als das wahre Erbe von Jesus Christus. Sie alle behaupten, Jünger des Herrn zu sein, aber sie denken verschieden und gehen unterschiedliche Wege, als ob Christus selbst geteilt gewesen wäre. Eine solche Teilung widerspricht laut Carlo offen dem Willen Gottes und bietet Grund zum Anstoß für die Welt, weil sie der Sache der Verkündigung des Evangeliums an alle Geschöpfe schadet.

Wie bereits erwähnt, liebte Carlo den *Kleinen Prinzen* sehr. In Bezug auf den ökumenischen Dialog wiederholte er oft, dass dieser ihn an die Stelle im Buch erinnerte, als der Pilot, also der Autor selbst, damals noch ein Kind, den Erwachsenen seine Zeichnung zeigte. Darauf verspeiste eine Boaschlange gerade einen Elefanten, doch niemand verstand das Bild, weil alle nur einen einfachen Hut sehen konnten. Um zur Einheit zurückzukehren, sagte er, müsse man zurückkehren zur Eucharistie. Gemäß Carlo müssen die Worte Jesu aus dem Johannesevangelium im Vers 17,21 – „Alle sollen eins sein: Wie du, Vater, in mir bist und ich in dir bin, sollen auch sie in uns sein, damit die Welt glaubt, dass du mich gesandt hast" – als Botschaft der Vereinigung und der Einheit durch das Band der Eucharistie richtig interpretiert werden.

Er fügte hinzu, dass der Teufel großes Interesse daran hätte, dass die Christen getrennt seien, und deshalb die Abkehr von der Eucharistie provoziere. Der wahre Grund für die Trennung der Christen war laut Carlo vor allem das langsame, aber unaufhaltsame allgemeine Erkalten, das im Laufe der Jahrhunderte den Eifer für die Eucharistie abgeschwächt hat. Er pflegte zu sagen, dass „der Heilige Geist, wie verheißen, ausgesandt wurde. Das Volk des Neuen Bundes, die Kirche, wurde berufen. Dieses Volk wurde im Glauben, in der Hoffnung und in der Liebe vereint, das heißt durch die göttlichen Tugenden, die die Struktur der Vereinigung bilden. Der Glaube führt uns zu dem einen Gott. Die Hoffnung lässt uns einen einzigen Gott erwarten. Die Liebe lässt uns einen einzigen Gott lieben. Die göttlichen Tugenden schaffen also zusammen die Einheit. Wenn Glaube, Hoffnung und Liebe nachlassen, wird die Einheit schwächer und schwindet. Die göttlichen Tugenden sind wie Thermometer und Barometer für den Grad der Einheit. Es ist also notwendig, die Beständigkeit dieser Tugenden in jedem einzelnen Gläubigen zu ermitteln." Ich weiß, das ist ein bisschen schwierig und fast schon ein Thema für Erwachsene. Aber Carlo dachte wirklich so, und ich kann nicht umhin, seine Gedanken einfach zu wiederholen. Laut Carlo ist der Apostel Paulus sehr deutlich, was die Einheit der Christen betrifft, insbesondere wenn er sagt: „Ein Leib und ein Geist, wie ihr auch berufen seid zu einer Hoffnung in eurer Berufung: ein Herr, ein Glaube, eine Taufe“ (vgl. Eph 4, 4-6).

Offensichtlich hat der Apostel allein die Einheit im Sinn, und er hat sie deshalb im Sinn, weil er sie zu Recht als absolut wichtig für die Kirche erachtet. In den Jahren 1054 und 1517 kam es zweimal zum Verrat gegenüber diesem selben Apostel durch die beiden aufsehenerregenden Spaltungen: eine zwischen der östlichen und der westlichen Christenheit und eine innerhalb der Westkirche. Sie hätten sein apostolisches Werk fast zerstört. Der mystische Leib ist laut Carlo „die Realität, die das eigentliche Wesen der Kirche ausmacht“. Er sagte: „Christus ist das Haupt, die Gläubigen sind die Glieder. Das Haupt und die Glieder bilden den mystischen Leib. Diese wunderbare Realität, die Gottes Gnade durch jedes einzelne Sakrament nährt, hat die Einheit in sich und stellt zugleich die Einheit her. Eine derartige Einheit, die sich in keiner anderen früheren oder gegenwärtigen Organisation feststellen lässt, wird durch den einzigen Glauben, die einzige Hoffnung und die einzige Liebe konkret erfahren. Die göttlichen Tugenden werden durch die Sakramente erneuert.“

Carlo war sich sehr wohl bewusst, dass aus organisatorischer Sicht die Hierarchie Einigung bewirkt. Einigung, betonte er: nicht Einheit. Die Einheit wird durch den Glauben und die Sakramente erlangt. Die Einigung wird aufrechterhalten durch die rechtmäßig konstituierte und juristisch wirksame Hierarchie. Carlo sagte, dass „der Eintritt in das dritte Jahrtausend mit dem in drei Teile zerrissenen nahtlosen Gewand Christi ein himmelschreiendes Verbrechen vor dem Angesicht Gottes“ sei. Er erklärte auch, dass wir uns an die beiden Jahreszahlen 1054 und 1517 erinnern und eingestehen müssen, dass zu viel Zeit seither vergangen ist, ohne eine Vereinigung zu erreichen. Es bleibt währenddessen zu wünschen, dass zumindest das erste Jahrhundert des dritten Jahrtausends von der Wiedervereinigung gekennzeichnet sein wird. Jesus sprach von nur „einer Herde und einem Hirten“. Er sagte nicht : „zwei“ oder „drei“ oder „mehr“, sondern nur „eine einzige“. Und er fuhr fort: „Während wir ein solches Ziel anstreben, dürfen wir uns also nicht mit Worten begnügen, wie es bereits bisher übermäßig der Fall war, sondern müssten zu den Taten übergehen. Das bedeutet, sich gegenseitig einzugestehen, dass wir alle Sünder und mitverantwortlich sind, die wesentlichen Ursachen der Meinungsverschiedenheiten zu untersuchen, in Demut und Einfachheit nach der Wahrheit zu trachten, die nur eine einzige sein kann, zur Armut im Sinne des Evangeliums zurückzukehren und die Bereitschaft zur Neuevangelisierung von innen heraus zu erneuern. Wir können und dürfen uns nicht auf die Schafe aus anderen Ställen konzentrieren, solange die eigenen ohne Anweisung und ohne Richtschnur umherirren." Nur auf diese Weise wird die jeweilige Partikularkirche nicht zu einer möglichen Gefahr, sondern zu einem echten und unverfälschten Reichtum. „Um die Gnade zu vermehren, ist es notwendig, beständig das Sakrament der Eucharistie zu suchen", sagte Carlo. Und weiter: „Die Sakramente sind nicht sieben an der Zahl, sondern sechs plus eins. Sechs von ihnen erneuern die Gnade und eins, nämlich die Eucharistie, ist selbst die Quelle der Gnade. Also wird in uns umso mehr Gnade eingesenkt ‚durch', ‚mit' und ‚in' diesem Sakrament, je öfter wir es empfangen. All die unterschiedlichen Gebete, Novenen, Wallfahrten und Gebetswochen für die Einheit der Christen sind ohne die Eucharistie lediglich ‚heiße Luft'."

Carlo zufolge „ist es notwendig, dass jeder der Kommunion gerecht wird. Das bedeutet, dass er sich täglich bemühen muss, besser zu werden. Wie? Indem wir einen Fehler nach dem anderen ausmerzen und uns eine Tugend nach der anderen aneignen. Hierin liegt das ganze Geheimnis: Es sind deshalb so viele Jahrhunderte seit der Abspaltung der Ostkirche und seit der protestantischen Auflehnung vergangen, weil man zu viel Theologie und Geschichte studiert hat, sich jedoch nicht bemüht hat, heilig zu werden. Der Plan der Güte Gottes ist, dass die Gnade sich in einer Art und Weise verbreitet, dass die Christen der drei Konfessionen sich zur Einheit hingezogen fühlen. Das christliche Leben im Alltag muss maßgeblich und wesentlich durch die Vermehrung, die Bewahrung und die Aufstockung des

Gnadenkapitals gekennzeichnet sein. Alles weitere ist nebensächlich und schlimmstenfalls Aufwand und nichts weiter."

Carlo hatte sehr gut verstanden, dass das Erbe der Ostkirche von unschätzbarem Wert ist. Es handelt sich dabei um wunderbare Riten, die bis ins kleinste Detail durchdacht sind. Nicht nur, dass die Vielfältigkeit in der Kirche ihrer Einheit nicht schadet, sie bringt diese vielmehr zum Ausdruck, stärkt sie und macht sie anziehender. Mir ist klar, dass das ungewöhnliche Worte aus dem Mund eines Jugendlichen sind, aber es waren seine Worte. Carlo war ein sehr einfacher Junge, doch zugleich sehr tiefgründig.

3
Kleine Anzeichen

Wir sind das Ergebnis unserer Entscheidungen und Handlungen. Darüber war sich Carlo im Klaren. Dank dieses Bewusstseins hat er auch in kurzer Zeit die Ziele verwirklicht und vollendet, die er sich gesteckt hat. Er war großzügig, selbstlos, ein Kind, das sich immer um andere kümmerte. Er hat nach bestem Wissen und Gewissen gehandelt und ist zu dem geworden, den heute so viele kennen und verehren.

Man kann das auch so ausdrücken: Carlo folgte jenem inneren Impuls, der ihn immer in eine bestimmte Richtung drängte. Wir alle können wählen, was wir als „gut" für uns erachten, wie wir sein wollen und wie nicht. Carlo hat einfach das höchste Gut gewählt: Jesus zu lieben, ihn in den Mittelpunkt seines Lebens zu stellen und durch ihn alle zu lieben, denen er auf seinem Weg begegnete.

Es gibt etwas in der DNA meiner Familie, das unsere Generationen miteinander verbindet, zumindest angefangen bei meinem Großvater und bis zu Carlo. Es ist etwas, von dem ich glaube, dass es uns immer noch verbindet, obwohl viele von uns bereits verstorben sind. Das sind kleine Zeichen, aber mir sagen sie viel. Trotz der Fehltritte und Abstürze, die es im Leben eines jeden Menschen immer wieder gibt, wird es mir von Tag zu Tag klarer, dass Carlo beschlossen hat, sich diesen Lebensfaden zu eigen zu machen: den Faden der Großzügigkeit und der Selbstlosigkeit. Dieser Faden war, wie ich sicher weiß, charakteristisch für das Leben meiner Großmutter, der Mutter meines Vaters.

Sie wurde in New York geboren und zog im Alter von etwa achtzehn Jahren nach Salerno. Sie war dafür bekannt, sowohl sehr großzügig als auch fromm zu sein. Als sie starb, fingen viele Menschen, insbesondere unter den Fischern vom Hafen von Salerno, spontan an, zu ihr zu beten und sie um Fürsprache zu bitten. Viele von ihnen haben bezeugt, dass sie zu ihr gebetet und durch sie Gnaden empfangen haben. Ich lernte ihren geistlichen Begleiter, Pater Teodori, kennen. Er war dreißig Jahre lang als Missionar in China gewesen und gehörte dem Orden der Xaverianer-Missionare an. Er war es, der mir erzählte, wie besonders meine Großmutter gewesen war und dass ihre Tochter Renata mit gerade 15 Monaten vorzeitig starb. Sie hatte also wie ich diesen großen Schmerz erfahren.

Es hat mehrere Heilige in unserer Familie gegeben. In der Abstammungslinie meiner Mutter findet sich die heilige Catarina Volpicelli. Zur Abstammungslinie meines Vaters gehört die heilige Giulia Salzano und mehrere Prälaten, darunter auch einer, der in der Kirche San Domenico in Neapel begraben ist. Und dann ist da noch der Vater meiner Mutter, Großvater Renato, der nach Amerika gezogen war, um dort zu leben. Er war nämlich gezwungen, während des Zweiten Weltkriegs aus Italien zu fliehen, und fand Zuflucht in Venezuela, wo er Freunde hatte. Er war ein republikanischer Partisan und hatte gekämpft und sein Leben riskiert, um mehrere Juden vor der Deportation in Konzentrationslager zu retten. Da er ein sehr guter Skifahrer war, half er vielen Juden während der Verfolgung durch die Nazis, die italienische Grenze zu überqueren und in die Schweiz zu fliehen. Er war nicht besonders religiös, hatte jedoch am Collegio Nazareno in Rom studiert, wo er eine christliche Ausbildung erhielt. Auch in Venezuela fuhr er fort, anderen zu helfen. Er freundete sich mit einem Missionar an, mit dem er zusammen ein kleines Flugzeug mietete, auf Spanisch *avioneta* genannt. Damit flogen sie über die Gebiete des Amazonas-Regenwaldes. Diese waren von indigenen Völkern bewohnt, die die frohe Botschaft Christi noch nicht empfangen hatten. Aus dem Flugzeug warfen sie ihnen Lebensmittel, nützliche Gegenstände und auch Fotos von sich. So gewöhnten sich die Eingeborenen an ihre Gesichter, und es war dann einfacher, sich mit ihnen anzufreunden. Einmal gelang es meinem Großvater, ein Kind zu retten, das bei einem Opferritual zu Ehren der amazonischen Gottheiten getötet werden sollte. Ich bin überzeugt, dass er seinen großen Mut und seinen starken Missionsgeist an Carlo weitervererbt hat.

Es gibt viele Fäden, die uns von Generation zu Generation miteinander verbinden. Es ist die Aufgabe eines jeden einzelnen, den besten Lebensfaden unter ihnen auszuwählen. Carlo glaubte sehr an Vererbung. Er betonte, dass wir furchtlos und beharrlich unsere Lieben, die nicht mehr unter uns weilen, um Hilfe bitten müssen. Nicht nur sie brauchen uns, sondern wir brauchen auch sie. Die Beziehung zu unseren Lieben hört nicht auf, sondern besteht weiterhin. Vom Himmel aus können sie uns helfen und uns ein wenig von ihrem Licht zuteilwerden lassen.

Es kommt nicht jeden Tag vor, dass Eltern Zeugen der Seligsprechung ihres eigenen Sohnes werden. Der Weg zur Heiligkeit steht aber allen offen. Jeder von uns kann ihn gehen. Je mehr wir uns der Gnade Gottes öffnen, desto mehr eröffnet Gott uns Wege des „Guten“, die wir dann nur zu beschreiten brauchen. Ich will nicht, dass Carlo als Superheld in Erinnerung bleibt. Carlo war ein Kind und später ein Jugendlicher wie viele andere, der jedoch immer auf Gottes Liebe vertrauen wollte und konnte. Sein Weg – ich wiederhole es – ist für alle möglich.

Wenn ich an all das denke, was mir widerfahren ist, verstehe ich, dass es wirklich einen roten Faden gibt und dass nichts zufällig geschieht. Ich kann sagen, dass seit seiner Kindheit die Hand der Vorsehung reichlich gewirkt hat: Sie hat diskret den großen Plan skizziert, den der Herr für Carlo hatte. Diesen Entwurf habe ich nicht sofort entdeckt. Erst nach Carlos Tod habe ich seine tiefere Bedeutung verstanden.

Viele Dinge, die in meinem Leben geschehen sind, waren wichtige Zeichen dafür. Wir alle bekommen Zeichen vom Himmel während unseres Lebens. Man muss jedoch bereit sein, sie als solche anzuerkennen. Zum Beispiel wurde Andrea, mein Mann, an dem Tag geboren, an dem sich meine Eltern in Rom kennengelernt haben. Ich wurde 1980 gefirmt, als ich in Cortina d'Ampezzo bei den Ursulinenschwestern studierte. Es war der 3. Mai, derselbe Kalendertag, an dem Carlo später geboren wurde. Ich glaube, dass das Datum, an dem ich dieses Sakrament empfing, das mich zu einer „Soldatin Christi" gemacht hat, wie früher gelehrt wurde, äußerst aufschlussreich ist bezüglich der Tatsache, dass Carlo die wichtigste „Mission" in meinem Leben sein würde. Dank ihm habe ich den Weg der Bekehrung eingeschlagen, von dem ich weiß, dass ich ihn weitergehen muss und wahrscheinlich erst im Fegefeuer abschließen werde.

Ich begegnete meinen Mann Andrea zum ersten Mal in Forte di Marmi im Sommer 1986. Wir haben uns im selben Jahr verlobt. Andrea hat an der Universität Genf einen Hochschulabschluss in Volkswirtschaftslehre erworben. Zwei Monate nach Abschluss des Studiums trat er seinen Militärdienst beim Aosta-Alpenkorps an. Er zeichnete sich durch seine Vertrauenswürdigkeit und seine Tüchtigkeit aus und erhielt den Offiziersrang Kadett mit Abzeichen. Anschließend durfte er dem Carabinieri-Korps in der Cesare-Battisti-Kaserne in Rom beitreten, wo ich damals wohnte. Nach Abschluss seines Militärdienstes ging er nach London, um für eine englische Investmentbank zu arbeiten. Unter dem Vorwand, mein Englisch verbessern zu wollen, bin auch ich nach London gegangen und habe mich an der Universität für einen Master in Betriebswirtschaftslehre und im Management von Verlagsunternehmen eingeschrieben. Ich zog bei einer Freundin in ein sehr schönes Haus in der Gegend von Knightsbridge ein, in der Nähe der Wohnung von Andrea. Wir verbrachten sehr viel Zeit zusammen. Kurz bevor wir heirateten, mietete er eine neue Wohnung an, in der wir beide gleich nach der Hochzeit leben wollten. Es war eine kleine Wohnung, jedoch sehr besonders und originell. Sie befand sich im Erdgeschoss und gehörte zu einer Gruppe von Reihenhäusern, die in ovaler Form angeordnet waren. Innerhalb dieses Ovals befand sich ein herrlicher Gemeinschaftsgarten. Unser Schlafzimmer hatte riesige Glasfenster zu diesem Garten hin, die mir jeden Tag wunderschöne Ausblicke bescherten. Es gab dort so viele verschiedene Blumen, dass es zu jeder Jahreszeit blühte und der Garten nie kahl war.

Unser Haus lag nur ein paar Minuten vom Kaufhaus Harrods entfernt, einem der berühmtesten „weltlichen Tempel" der Stadt. Ich erinnere mich, dass ich ausgerechnet in diesem Geschäft das erste Plüschtier für Carlo, ein Lämmchen mit weißem Fell, gekauft habe. Diese Wahl war eine himmlische Eingebung. Sie war auch – da bin ich mir sicher – ein Zeichen: Wenn man bedenkt, dass mir Zebras, Giraffen und Hunde sehr gefielen, kann ich es mir selber noch immer nicht erklären, warum ich mich damals für dieses spezielle Stofftier entschied. Es war wie eine Prophezeiung.

Für Carlos Taufe suchte ich dann wieder bei Harrods eine Torte aus, die in der Lebensmittelabteilung hergestellt wurde. Sie hatte die Form eines kleinen Lammes, war mit weißem Zuckerguss überzogen und hatte eine Füllung aus Buttercreme, Likör und Sahne. Es war eine unvergessliche Torte, sie kam bei allen Gästen sehr gut an. Für mich bleibt es jedoch ein Rätsel, warum ich mich damals schon für eine Torte in Form eines kleinen Lammes entschied.

Schon als kleiner Junge hing Carlo sehr an seinem Plüschtier, das er stets mit besonderer Sorgfalt aufbewahrte. Ich glaube, dass dieses kleine Lämmchen sein Schicksal ein wenig vorweggenommen hat: Bevor er starb, hat Carlo in der Nachahmung unseres Herrn, dem Lamm Gottes, der sein Leben für uns geopfert hat, ebenfalls seine Leiden für die Rettung der Seelen aufgeopfert.

Ein paar Monate vor dem Tod meines Sohnes hatte ich einen seltsamen Traum, in dem ein kleines Lamm ausgeblutet und so dem Tod überlassen wurde. Währenddessen sagte eine Stimme auf Arabisch Worte, die Opfer bedeuteten. Ich konnte zwar kein Arabisch, suchte jedoch im Internet und fand dort die Worte genau so, wie ich sie im Traum gehört hatte. Ich verstand ihre Bedeutung. Sie scheinen mir wahr und prophetisch zu sein, vor allem wenn man sie im Lichte von Carlos Todeskampf betrachtet: In den letzten Tagen seines

Lebens hatte er sehr viele Blutungen. Jener Traum sagte in gewisser Weise den blutigen Tod meines Sohnes voraus, der von vielen anderen Leiden und körperlichen Schmerzen begleitet wurde. Ich bin zutiefst davon überzeugt, dass Carlo in Nachahmung Jesu ein Gott wohlgefälliges Opfer für die Rettung vieler war. Ich denke, dass Jesus ihn in besonderer Weise an seiner Passion teilhaben ließ: Die Früchte der Barmherzigkeit und die Gnaden, die ich nach seinem Tod vom Himmel auf so viele Menschen habe herabströmen sehen, bestätigen mir das jeden Tag aufs Neue.

Carlo hatte die Eingebung, seine Leiden für die Kirche aufzuopfern. Sein Leben war schlechthin eine wirkliche Opfergabe. Seine Hingabe hat bereits viel Frucht gebracht und bringt weiterhin viel Frucht als verdienten Lohn für so viel Leid und christliche Ergebung.

Nach Carlos Vorbild habe auch ich in jenen Tagen, als er krank war, den Schmerz, den mir der Himmel ohne Wenn und Aber auferlegte, für die Kirche, für die Bekehrung der Sünder und für den Triumph der Eucharistie aufgeopfert. Ich habe diese Aufopferung vollzogen und hatte dabei die schönen Worte im Sinn, die Carlo in den *Lineamenta* der XI. Generalversammlung der Bischofssynode im Jahr 2005 entdeckt hat: „Die Eucharistie will darauf hinweisen, dass die Kirche und die Zukunft der Menschheit an Christus gebunden sind, den einzigen wirklich dauerhaften Felsen, und an keine andere Wirklichkeit. Deshalb ist der Sieg Christi das christliche Volk, welches das eucharistische Geheimnis glaubt, feiert und lebt."

Andrea und ich haben am 27. Januar 1990 in Rom, in der Basilika Sant'Apollinare in der Nähe der Piazza Navona geheiratet. Sie befindet sich in Rione Ponte, einem Stadtteil, der mir sehr am Herzen liegt, weil er mich an meine Kindheit erinnert. Unmittelbar nach der Zeremonie in der Kirche organisierten wir ein Mittagessen mit wenigen Leuten in einem alteingesessenen Restaurant in der Nähe. Wir wollten, dass lediglich Verwandte und enge Freunde an unserer Hochzeit teilnehmen. Am nächsten Tag kehrten wir nach London zurück. Wir konnten nicht die traditionellen Flitterwochen antreten, da Andrea nur wenige Urlaubstage hatte, die wir für andere Gelegenheiten aufsparen wollten. Außerdem muss jeder, der bei einer Investmentbank anfängt, bereit sein, Wochenenden, Nächte und das Familienleben zu opfern. Doch die Vorsehung kam uns trotzdem zu Hilfe. Kurze Zeit später musste Andrea geschäftlich nach Barcelona reisen. Ich beschloss, ihn zu begleiten. Das waren in gewisser Weise auch unsere kleinen Flitterwochen. Wir waren fast eine Woche in Barcelona. Ich konnte diese schöne Stadt besichtigen, durchlief sie kreuz und quer und entdeckte selbst ihre entlegensten Winkel, die normalerweise nur für diejenigen, die ständig dort wohnen, zugänglich sind.

Danach kehrte ich mehrmals nach Barcelona zurück, auch zusammen mit Carlo. Ich erinnere mich gut an das erste Mal, als wir mit ihm dort ankamen. Wir waren auf dem Rückweg von Valencia, der Stadt, in der der Heilige Gral aufbewahrt wird. Gemäß der Überlieferung ist das derselbe Kelch, der von Jesus beim letzten Abendmahl verwendet wurde und nach der Kreuzigung auch von Joseph von Arimathäa, um einige Blutstropfen, die aus der Seitenwunde Jesu austraten, aufzufangen. Wir mussten bis nach Girona fahren, einer kleinen Stadt, die im Jahr 1297 Schauplatz eines bedeutenden eucharistischen Wunders war. Dort hatten wir ein Hotelzimmer für eine Nacht gebucht, bevor wir nach Frankreich und dann nach Italien zurückkehrten. Carlo hatte bereits vor einiger Zeit begonnen, sich seiner Ausstellung über eucharistische Wunder zu widmen. Er wollte ein Foto von der Monstranz machen, die sich im Museum der Kathedrale von Santa Maria befindet. Diese Kirche ist nicht nur dafür berühmt, dass sie das breiteste gotische Kirchenschiff der christlichen Welt besitzt. Dort wurde bis 1936 auch ein mit Blut beflecktes Korporale aufbewahrt. Dieses Blut war aus einer geweihten Hostie ausgetreten, die sich in Fleisch verwandelt hatte. Das Korporale wurde leider während des spanischen Bürgerkriegs zerstört. Girona ist fast fünfhundert Kilometer von Valencia entfernt. Wir beschlossen, auf halber Strecke einen Zwischenstopp einzulegen, und zwar genau in Barcelona, das weniger als zwei Stunden von Girona entfernt liegt. Es war am frühen Nachmittag, und wir parkten das Auto in der Nähe einer der Hauptstraßen, La Rambla, die entlang des Barrio Gótico verläuft. Carlo legte viel Wert darauf, an der nachmittäglichen Eucharistiefeier in der Kathedrale Santa Croce e Sant'Eulalia teilzunehmen, die unter anderem für ihre besonderen Gänse bekannt ist, die in einem der Innenhöfe gehalten werden. Wir waren ein wenig desorientiert. Wir wussten nicht, welchen Weg wir nehmen sollten, um am schnellsten zu Fuß dorthin zu kommen. Plötzlich kam ein Priester von hinten auf uns zu. Carlo fragte ihn auf Spanisch, wo sich die Kathedrale befand. Carlo kannte und liebte die spanische Sprache und hatte beschlossen, in Zukunft Kurse zu belegen, um sie besser sprechen zu lernen. Der Priester sagte uns lächelnd auf Katalanisch, dass er gerade zur Kathedrale gehe, und forderte uns auf, ihm zu folgen. Dank dieses unerwarteten „Reiseführers“ schafften wir es, rechtzeitig zur Messe zu kommen.

Dies waren die typischen Liebenswürdigkeiten, die kleinen Zeichen, die der Herr durch seinen Schutzengel stets für Carlo bereithielt. Er war sehr beeindruckt von der Schönheit der Kathedrale. All die Lichter, die zahlreichen, prächtig gekleideten Holzstatuen und die sechsundzwanzig Seitenkapellen, die die Gänge schmücken, haben uns sprachlos gemacht. Carlo verliebte sich sofort in diese wunderschöne Stadt, in der man eine surreale Atmosphäre wie bei einem immerwährenden Fest mit seinem Triumphzug der Farben und Lichter, einatmen kann. Ich erinnere mich, dass man in den Gassen die Düfte der katalanischen Küche riechen konnte, was mich an den Orient denken ließ. Entlang der Straße gab es Stände mit Süßigkeiten und anderen Leckerbissen, unter anderem die köstlichen Churros mit Nutella, die Carlo und ich mit viel Genuss verspeisten. Ich koche sie immer noch für meine Zwillinge Francesca und Michele, die sie – wie ihr Bruder Carlo – sehr lieben. Ich erinnere mich auch an das Stimmengewirr der Passanten an jenem Tag, das sich mit den Stimmen der Kinder vermischte, die auf der Straße spielten; und an die Händler, die versuchen, uns originellen Schnickschnack zu verkaufen, den ich in Italien noch nie gesehen hatte. Am Ende der Messe sind wir sofort gegangen, um nicht zu spät in Girona anzukommen. Wir mussten Carlo jedoch versprechen, dass wir ihn in diese schöne Stadt zurückbringen würden, damit er sie in aller Ruhe besuchen könne. Er war überglücklich, dass er an der Messe teilnehmen konnte. Er hatte es sich gewünscht – wie er sagte –, und dem Herrn sei Dank, er hatte es geschafft.

4

Der bittere Kelch

Die Erinnerungen an Carlo wirbeln in meinem Kopf hin und her und spulen dabei vor und zurück. Ich sehe sie herabsteigen und dann wieder aufsteigen. Sie ähneln dem Flug der Möwen, die ins Meer stürzen, um dann hoch in den Himmel zu steigen. Sie rufen in mir gemischte Gefühle hervor. Es ist nicht leicht für eine Mutter, sich an ihren Sohn zu erinnern, der nicht mehr da ist. Aber ich bin getröstet durch die Gewissheit seiner Heiligkeit, also der Tatsache, dass sein Leben nicht umsonst war.

Manchmal tauchen Erinnerungen plötzlich, ohne meinen Willen auf. Sie sind wie die Wellen des Meeres, die kommen, um mich wegzuspülen. Zu anderen Zeiten überflutet mich das Geräusch ihrer Schläge mit Sanftheit und hilft mir, mich auf das, was war, zu konzentrieren: auf meine Vergangenheit und die meines Sohnes. Ich sehe Carlo wieder als Kind, dann als Heranwachsenden, und alles scheint sich zu einem Bild zusammenzufügen, das größer ist als ich, aber eine eigene genaue Bedeutung hat.

Natürlich sind Erinnerungen oft wie Ritzen, die einem Mutterherzen Schmerzen zufügen. Ich bin nicht immer bereit, sie zu ertragen. Manchmal ist der Kelch bitter.

Als Carlo starb, dachte ich, dass mit der Zeit die Schnittkanten aufgrund des Verlustes vernarben würden. Aber das ist nicht der Fall. Jeder Moment aus dem Leben meines Sohnes wird in mir wieder lebendig. Manchmal ist die Stoßwelle nur schwer zu ertragen.

Aber ich habe gelernt, mich zu verteidigen. Wenn die Erinnerung mir zu viel Schmerz verursacht, kämpfe ich nicht dagegen an. Ich lasse es zu, dass sie mich überwältigt. Ich leiste keinen Widerstand gegen sie und verteidige mich nicht. Nach und nach vergeht sie, und es kehrt Frieden ein.

Der Schmerz lässt gut die Leere zum Ausdruck kommen, die Carlo in meinem Leben hinterlassen hat. Aber gleichzeitig drängt er mich, ihn durch das Gebet im Himmel suchen, um wieder in das tägliche Leben zurückkehren zu können, versichert und getröstet von der Tatsache, dass er jetzt vielen Menschen Gnaden austeilt, so wie damals, als er noch unter uns weilte: Er kümmerte sich mit großer Sorgfalt sowohl um die materiell Armen als auch um die im Herzen Verarmten, denen er auf der Straße begegnete. Sein Leben ist dank der Eucharistie zu einer „Autobahn zum Himmel" geworden, wie er gerne zu sagen pflegte. Eine Autobahn in den Himmel bilden auch alle Gnaden, die er immer wieder denjenigen schenkt, die zu ihm beten.

Die Schwangerschaft mit Carlo verlief ruhig. Natürlich war mir häufig übel. Auch litt ich unter Sodbrennen, weshalb ich nur sehr kleine Mengen essen konnte und das Abendessen auslassen musste. Aber im Großen und Ganzen war es eine unbeschwerte Schwangerschaft. Ich war damals noch nicht berufstätig und verbrachte die meiste Zeit allein. Mein Mann verließ jeden Tag morgens um sieben Uhr das Haus, um zur Arbeit zu gehen. Das Büro, in dem er arbeitete, war von unserem Haus mehr als eine Stunde U-Bahn-Fahrt entfernt. Abends kam er immer erst nach acht Uhr nach Hause zurück. Manchmal fuhr ich zu ihm, und wir aßen zusammen zu Mittag.

Ich hatte mich mit einigen Müttern aus der Nachbarschaft angefreundet. Es waren Frauen verschiedener Nationalitäten, die wie ich kürzlich geheiratet hatten und sich wegen der Arbeit ihrer Ehegatten in London aufhielten. Ich war die Jüngste in der Gruppe. Viele dieser Frauen hatten vor kurzem entbunden und gaben mir gute Ratschläge, wohin ich gehen sollte, um für das Baby einzukaufen. Gelegentlich gingen wir zusammen spazieren oder Kaffee trinken.

Bis ein paar Tage vor Carlos Geburt war ich immer sehr aktiv. Neben der Hausarbeit – ich hatte damals keine Haushaltshilfe – fand ich Zeit, um in der Stadt Einkäufe für Carlo zu machen. Ich hatte nicht die geringste Ahnung, was ein Kind braucht, und besorgte alles auf gut Glück. Ein Buch, das ich mir gekauft hatte, enthielt einige nützliche Ratschläge, aber im Allgemeinen habe ich mein eigenes Ding gemacht. Damals gab es noch kein Internet. Meine Mutter und meine Großmutter waren nicht in der Nähe. Das Telefonieren nach Italien war zur damaligen Zeit noch sehr teuer, und ich musste sehr sparsam damit umgehen. Niemand beriet mich. In der Stadt konnte man oft Dinge im Sonderangebot zu sehr guten Preisen finden. Das führte dazu, dass ich Dinge anhäufte, nur weil sie Schnäppchen waren. Schließlich war Carlos Kleiderschrank voll mit Babysachen, die ungeeignet waren oder die falsche Größe hatten und die er tatsächlich nie trug. Meine Freundinnen neckten mich und sagten, dass nicht einmal ein berühmter Rocksänger so viele Klamotten besitzen würde. Später fand ich zum Glück jemanden, dem ich sie schenken konnte.

Auch eine wahrlich unzeitgemäße Anschaffung für das neugeborene Baby gehörte dazu: ein Kinderwagen im Stil des frühen 20. Jahrhunderts. Dieser war preislich deutlich heruntergesetzt, allerdings so groß, dass nicht einmal das erste sehr erfahrene Kindermädchen, Patsy aus Schottland, die nur ein wenig größer als der Kinderwagen war, ihn manövrieren konnte. Wir wurden fast zur Lachnummer in der Nachbarschaft. Obwohl wir in London lebten – einer Hauptstadt, die im Laufe der Jahrhunderte unter den Metropolen des Planeten die Berühmtheit erlangt hat, eine der unkonventionellsten in der Welt zu sein, eine Stadt in der sich jeder in jeder Situation wohlfühlen kann, die Stadt, in der schlechthin, alle Tabus gebrochen und in der Originalität fast zu einem Dogma wird – hat dieser Kinderwagen es nicht geschafft, unbemerkt zu bleiben.

Bereits seit seiner Geburt hatte ich den Eindruck, dass Carlo immer seiner Zeit voraus war. Er war in allem frühreif. So, als ob die Sanduhr, die den Lauf des Lebens markiert, für ihn immer schneller lief. Die Worte des Propheten Jesaja: „Die aber auf den HERRN hoffen, empfangen neue Kraft, wie Adlern wachsen ihnen Flügel", fassen das Leben meines Sohnes auf Erden perfekt zusammen.

Schon in jungen Jahren entwickelte er eine persönliche Beziehung zum Herrn. Er war seine Stütze und seine Zuflucht. Es war, als hätte er durch natürliche Gnade gewusst, ohne dass ihn jemand darüber belehrt hatte, dass man den höchsten Gipfel des „Berges der Heiligkeit", dort, wo sich der Himmel zur Erde herabzubeugen scheint, nur dann erklimmen kann, wenn man in tiefer Verbundenheit mit dem Herrn lebt. Es war, als ob er sich der Wahrheit der Worte in der Passage aus dem Evangeliums bewusst war, dass, so wie die Rebe keine Frucht aus sich bringen kann, wenn sie nicht am Weinstock bleibt, auch wir keine Frucht bringen können, wenn wir nicht in Gott bleiben, denn ohne ihn können wir nichts vollbringen. So wie Gott mit dem Volk Israel verfahren ist, das verdient hatte, aus der Sklaverei in Ägypten befreit zu werden, weil es an ihn geglaubt hatte, so handelt Gott auch an all denen, die auf seine Hilfe vertrauen: „Ihr habt gesehen, was ich den Ägyptern angetan habe, wie ich euch auf Adlerflügeln getragen und zu mir gebracht habe", heißt es in Exodus, Kapitel 19. Carlo hat also gewagt hoch hinaus zu fliegen wie die Adler und weit voraus zu schauen. Schon früh lernte er alles aus der Sicht Gottes und nicht aus der Sicht der Welt zu betrachten.

Er wiederholte oft, dass es eine Sache sei, einen Raum von einer statt von einer anderen Ecke aus zu betrachten, und etwas anderes, ihn von oben zu sehen. Nur dann können wir ihn mit allen Facetten kennenlernen. Zur Erläuterung dieses Konzeptes zog er das Beispiel einer Kugel heran. Wenn wir sie zerschneiden, werden wir feststellen, dass sie aus vielen kleinen Teilen unterschiedlicher Größe besteht, die zusammengefügt eine Kugel bilden. Die Kugel kann nur dann als Ganzes wahrgenommen werden, wenn alle ihre Teile verbunden sind. Das Gleiche passiert, wenn man die ganze Wahrheit wissen will. Wenn diese nur aus der Perspektive eines einzelnen ihrer Elemente gesehen wird, wird sie immer begrenzt und unvollständig bleiben.

Viele Fotos von Carlo zeigen ihn mit einem Rucksack auf den Rücken. Meiner Meinung nach ist das kein Zufall. Carlo lebte in der typischen Haltung der Pilger, die sich stets auf dem Weg zu einem fernen Ziel befinden. Er bewahrte jedoch seine Wurzeln lebendig, die ihn mit der Vergangenheit verbanden und gleichzeitig in die Zukunft streben ließen. Der wahre Pilger muss von einer Unrast durchdrungen sein, die nicht aus Bitterkeit oder Enttäuschung herrührt, sondern aus der Hoffnung und aus der Sehnsucht nach dem Unendlichen, die den Aufbruch rechtfertigt. Carlo war ein perfekter Pilger zur Unendlichkeit, immer auf der Suche nach dem Absoluten. Um diese Suche zu unternehmen, betonte er, sei es notwendig, sich selbst gut zu kennen, um aus sich selbst herausgehen zu können, und dadurch sich Gott und den anderen schneller zuzuwenden. Mit den Worten des Philosophen Søren Kierkegaard, den er oft las: „Wer aber an sich selber irre wird, hat kein so großes Territorium, auf welchem er sich bewegen könnte; er kommt immer wieder an dem Ort an, von dem er ausging."

Carlo benutzte manchmal diesen Ausdruck: „Das Anti-Selbst ist der andere Aspekt des Selbst oder vielmehr des Ichs." Er sagte, „die Begegnung mit dem Feind ist die Begegnung mit dem Anti-Selbst, das vergleichbar ist mit der anderen Seite des Mondes, wo er nicht von der Sonne erhellt wird. Das bedeutet, in mir gibt es noch einen dunklen, unerforschten Bereich, der unglaubliche Überraschungen birgt. Es ist für den Fortschritt notwendig, diesen Teil zu erhellen, die Schleier zu lüften, die mir den Blick verwehren, und die eignen ‚Tiefen' auszuloten. Das kann schmerzhaft sein. Das Anti-Ich muss früher oder später angegangen werden, damit es sich wieder ausgleicht, sich harmonisiert und sich reinigt."

Gemäß Carlo ist „die Bekehrung kein Prozess der Addition, sondern der Subtraktion: weniger ich, um Platz für Gott zu schaffen". Er zitierte oft dieses Gleichnis: „Ein Mann hatte in seinem Weinberg einen Feigenbaum gepflanzt; und als er kam und nachsah, ob er Früchte trug, fand er keine. Dann sagte er zu dem Winzer: Siehe, jetzt komme ich schon drei Jahre und sehe nach, ob dieser Feigenbaum Früchte trägt, und finde nichts. Hau ihn um! Was soll er weiter dem Boden seine Kraft nehmen? Der Winzer erwiderte: Herr, lass ihn dieses Jahr noch stehen; ich will den Boden um ihn herum aufgraben und düngen. Vielleicht trägt er in Zukunft Früchte; wenn nicht, dann lass ihn umhauen!" (Lk 13,6-9).

Ich meine noch immer seine Stimme zu hören, wie er wiederholte: dass „der Herr im Gleichnis vom unfruchtbaren Feigenbaum sagt, er wolle die Früchte wachsen sehen. Er verurteilt die Unentschlossenheit. Er hat uns durch seinen Tod am Kreuz außerordentliche Mittel in den Sakramenten gegeben, und er unterstützt uns weiterhin, aber er will unsere Antwort. Die gesamte Offenbarung ist eine Frage, die von uns kontinuierliche Antworten verlangt. Die von ihm eingesetzten Sakramente sind ebenfalls Fragen. Und die Eucharistie ist die Frage schlechthin. Wir brauchen deshalb vollständige und schnelle Antworten. Es ist notwendig, dass wir die Verwandlung des Selbst vollziehen. Sie ist insbesondere gleichbedeutend mit der Befreiung aus der heidnischen Mentalität nach der Erbsünde. Diese ist eine irdische Mentalität, die heute vorherrschend ist: eine rein horizontale, materialistische Denkweise, ohne Ideale, ohne Impulse nach oben."

Für ihn bedeutete „Bekehrung, die Dinge aus der Perspektive des Himmels zu betrachten. Sonst läuft man Gefahr, sie wie durch einen kleinen Spalt anzuschauen, der den Blick zu größeren Horizonten hin verwehrt. Heute denken die Menschen nach und rechnen mit Zielen, die nicht über den Tod hinausgehen. Sie richten alles auf das eigene Ich aus, dessen Ideal in der Ausbeutung der Existenz für einen raffinierten Egoismus besteht. Wenn wir Geschichtstexte durchsuchen, uns Archivdokumente ansehen, wenn wir in die Jahrhunderte vor Christus zurückgehen, finden wir folgendes: Menschen, die den Himmel nicht erreichen." Oder wie die heilige Teresa von Ávila es in der „Inneren Burg" formulieren würde: Wir finden Menschen bei der Schweineherde. „Ihre Ideale sind der Bauch, das Portemonnaie, die Karriere. Alle Werte beziehen sie darauf, wieviel Genuss sie ihnen bringen können, und zwar möglichst den größten und in der bestmöglichen Art. Jesus hingegen fordert mit Nachdruck eine Änderung der Denkweise. Andernfalls? Andernfalls gibt es eine vollständige, globale und allgemeine Zerstörung. Eine andere Alternative wird nicht genannt. Es ist ein Ultimatum. Die innere Haltung muss also geändert werden. Das ist auch heute noch so. Doch worauf warten wir? Was können wir tun, um unsere innere Haltung zu ändern? Wir müssen umkehren und uns selbst davon überzeugen, dass es keinen Ausweg gibt. Es gibt keinen anderen Weg, keinen dritten Weg." „Machen wir uns also sofort an die Arbeit!", würde Carlo sagen.

Und er sagte auch: „Wir sollten uns zunächst einmal selbst prüfen, uns selbst ausloten. Wir sollten bis auf den Grund schauen, unter welchen Bedingungen wir uns vorfinden. Dann sollten wir eine Bilanz der Tugenden und Laster ziehen und eine Statistik der Vorzüge und Mängel erstellen, und zwar ohne Ausreden, ohne Beschönigung und ohne Zugeständnisse. Sobald man sich über all das Klarheit verschafft hat, sollte die Korrektur geplant werden. Ein Vorhaben dieser Art, das auf den ersten Blick naheliegend, ja fast banal erscheinen mag, besteht zum Beispiel darin, jedes Jahr einen Fehler zu beseitigen und eine Tugend zu erlangen." Bei der täglichen Gewissenserforschung sollten wir es wie Carlo machen, das heißt feststellen, wie sehr wir uns um die Korrektur dieses einen Fehlers und um die Erlangung dieser einen Tugend jeweils bemüht haben. „Allerdings müssen wir bei der Prüfung aufrichtig, loyal und bezüglich dem Vorsatz bereit und entschlossen sein. Auch sollten wir versuchen, unser inneres Leben durch Gebet, Meditation über das Wort Gottes und den eifrigen Besuch der Sakramente wieder ins Übernatürliche zu erheben, insbesondere durch die Kommunion und die Beichte, und wenn möglich, durch eine gute geistlichen Begleitung."

Carlo hatte „Die Möwe Jonathan" von Richard Bach gelesen. Das Buch gefiel ihm sehr gut, vor allem folgende schönen Worte, die perfekt auf ihn zutrafen, haben ihn berührt: „Möwen, die um ihrer begrenzten Wege und Ziele willen die Vollkommenheit des Fliegens verachten, kommen nur langsam vorwärts und nirgendwo an. Die aber um der Vollkommenheit willen des Weges nicht achten, kommen in Sekundenschnelle überall hin." Man kann mit Sicherheit sagen, dass Carlo sein Ziel, den Himmel, sehr schnell erreicht hat. Die Möwe Jonathan war wie Carlo an anderen Horizonten interessiert. „Die meisten Möwen begnügen sich mit den einfachsten Grundbegriffen des Fliegens, sind zufrieden, von der Küste zum Futter und zurück zu kommen. Ihnen geht es nicht um die Kunst des Fliegens, sondern um das Futter. Jonathan aber war das Fressen unwichtig, er wollte fliegen, liebte es mehr als alles andere auf der Welt." Diese Möwe ist meinem Sohn sehr ähnlich.

Trotz der Tatsache, dass er immer den Blick zum Himmel gerichtet hielt, musste natürlich auch Carlo mit dieser Welt fertig werden, und zwar von dem Moment an, als er geboren wurde. Man sagt, dass, obwohl Geborenwerden und Sterben für uns ganz natürliche Dinge sind, sie zugleich auch die schwierigsten sind, denen wir uns stellen müssen. Seine Geburt war schwierig für Carlo. Die Schwangerschaft verlief reibungslos, doch nach der Entbindung habe ich sehr gelitten. Die Geburtswehen begannen um etwa fünf Uhr nachmittags am Donnerstag, dem 2. Mai 1991. Mein Mann und ich beschlossen, in die Portland Klinik zu fahren. Dort benachrichtigten sie sofort meinen Frauenarzt, dass das Baby bald zur Welt kommen würde. Ich habe jedoch erst am Freitag, den 3. Mai um 11:45 Uhr entbunden, volle achtzehn Stunden später. Die Wehen dauerten lang. Erst am Ende, als er sah, dass sich Carlo mit seinem Kopf in eine schiefe Lage gebracht hatte, beschloss der Gynäkologe, ihn mit einer Zange zu entbinden. Es war eine Vorsehung, dass wir diesen bestimmten Arzt hatten. Obwohl Professor Peter Saunders, der auch Präsident der Europäischen Gynäkologen gewesen war, ein Instrument benutzte, das bei falscher Anwendung beim Baby sehr schwere Hirnschäden verursachen kann, schaffte er es, mich ohne jede Gefahr für meinen Sohn zu entbinden.

Der 3. Mai 1991, als ich meinen erstgeborenen Sohn zur Welt brachte, war ein frühlingshafter Tag in London. Die Portland Klinik sendete die Anzeige von Carlos Geburt, wie dort üblich, sofort an die Zeitung „Times". Ich besitze die Ausgabe noch immer. Im Nachhinein hätte ich mir nie vorstellen können, dass diese Zeitung, die einen sehr weltlichen Ansatz verfolgt, nicht nur bei seiner Geburt, sondern auch mehrmals nach seinem Tod über Carlo berichten würde. Wenn das Sprichwort wahr ist, dass jede Mutter den Schrei ihres Kindes kennt, dann war der von Carlo unverwechselbar für mich. Wenn er hungrig war, konnte man seine Schreie bis in meinem Zimmer hören, das sich auf der gleichen Etage wie das Säuglingszimmer befand. Ich wusste mit Sicherheit, dass er es war. Ein paar Minuten später kam „the baby" in seinem mobilen Kinderbettchen auch schon bei mir an. Ich wurde nach zwei Tagen aus der Klinik entlassen. Trotz meiner Unerfahrenheit kam ich ganz gut zurecht, auch weil ich von Patsy, einer Kinderkrankenschwester unterstützt wurde, die uns die Urgroßmutter spendierte. Außerdem ist es in England üblich, dass jede Woche eine Hebamme nach Hause kommt, um das Baby zu wiegen und zu prüfen, ob alles in Ordnung ist. Obwohl Carlo bei der Geburt 57 Zentimeter groß war und dreieinhalb Kilogramm wog, wuchs er anfangs nicht viel, weil ich nicht genug Milch hatte. Deshalb rieten sie mir, ihn mit dem Fläschchen zu ernähren und nicht mehr zu stillen. Die Fläschchenmilch verursachte ihm jedoch schreckliche Koliken. Das hat uns sehr zu schaffen gemacht, zumindest bis wir anfingen, ihm feste Nahrung zu geben. Ich erinnere mich, dass die Koliken jeden Abend anfingen, sobald mein Mann von der Arbeit nach Hause kam. Um das Baby zu beruhigen, nahm Andrea es auf den Arm und ging mit ihm im ganzen Wohnzimmer herum. Dabei sang er abwechselnd Lieder und stieß seltsame Rufe aus, wie zum Beispiel: „Banga, binga, bongo, bungu". Wir bemerkten, dass das Gehen ihn beruhigte, und fuhren damit fort, bis er gegen elf Uhr nachts einschlief. Andrea war sehr geduldig mit seinem Sohn. Oft ließ ich zu, dass er ihn badete, wenn ich kein Kindermädchen hatte, das mir half. Er war dabei viel genauer als ich.

Carlo wurde am 18. Mai 1991 in der Kirche *Our Lady of Dolours* in der Fulham Road getauft. Taufpaten waren Carlo, sein Großvater väterlicherseits, und Luana, seine Großmutter mütterlicherseits. Der Name dieser Kirche war meiner Meinung nach prophetisch, denn er offenbarte bereits in gewisser Weise, dass auch wir in Nachahmung der Jungfrau Maria den bitteren Kelch des vorzeitigen Verlustes eines Kindes trinken würden. Carlo pflegte zu sagen, dass wir alle früher oder später auf den Berg Golgatha, den Ort, an dem Jesus gekreuzigt wurde, hinaufgehen würden. Ich meine jedoch, dass ein Elternteil, das sein Kind vor der Zeit verliert, auch vorzeitig auf Golgatha steigt, und zwar solange es noch am Leben ist. Ein solches Ereignis lässt einen nämlich wirklich ein bisschen sterben.

Als ich mit meinen Eltern in Rom lebte, lag unser Haus in der Nähe der Piazza Venezia. Um zum Gymnasium zu fahren, das in einer Seitenstraße der Via Veneto lag, musste ich zwei Buslinien nehmen. Der erste Bus brachte mich bis zur Piazza San Silvestro. Hier stieg ich in den anderen um, der mich bis direkt vor die Schule brachte. Wenn ich auf dem Rückweg noch Zeit hatte, suchte ich gerne und oft die Basilika San Silvestro in Capite auf, in der man in einer kleinen, von der Hauptkirche getrennten Seitenkapelle beten kann. Dort befindet sich eine sehr schöne Statue der Schmerzhaften Muttergottes, die den leblosen Körper ihres Sohnes Jesus in ihren Armen hält. Direkt vor der Statue der Schmerzhaften Muttergottes wird die Reliquie des Schädels aufbewahrt, der von Johannes dem Täufer stammen soll. Das macht den Ort zu etwas ganz Besonderem. Dort habe ich mich immer vor Tests oder wenn ich schwierige mündliche Prüfungen vor mir hatte der Muttergottes anempfohlen. Selbst mit dem wenigen Glauben, den ich hatte, ging ich oft zu ihr, um für Menschen, die ich kannte oder die in großen Schwierigkeiten waren, zu beten. Darunter war auch meine Freundin aus Kindertagen, Federica. Sie war ein paar Jahre älter als ich, hatte einen sehr schweren Autounfall gehabt, lag lange Zeit im Koma, und ihr Leben hing am seidenen Faden, zwischen Leben und Tod. Glücklicherweise kam sie am Ende mit dem Leben davon. Wenn ich an diese einsamen Besuche bei Unserer Lieben Frau von den Schmerzen zurückdenke, erkenne ich, dass ich damals schon berufen wurde, trotz all meiner Grenzen mit meiner ganzen Kraft die gleichen Schmerzen zu erleben, die sie erlitten hat. Die Schmerzensmutter hat sich wie ein roter Faden durch mein Leben gezogen. Ihre Anwesenheit in meiner Jugend, damals in London am Tauftag und auch später noch, war wie eine Vorahnung von etwas, das ich durchmachen musste, und in den Tagen der Krankheit und des Todes meines Sohnes tatsächlich erlebt habe. Das „Stabat Mater" erwartete auch mich.

Laut Carlo „ging die Allerseligste Jungfrau Maria, die Mutter des Erlösers, mit Jesus durch jede einzelne Phase seiner irdischen Existenz. Auch heute noch und bis zum Ende der Zeit wird sie durch alle Zeitalter der Geschichte schreiten und diejenigen an die Hand nehmen, die sich ihr vertrauensvoll und kindlich anvertrauen und sie als leuchtendes Beispiel und Mittlerin aller Gnaden anerkennen. Mutter des Erlösers bedeutet auch Mutter des Schmerzes, der Passion, der Kreuzigung und des Kreuzweges. Marias Mutterschaft war ein Aufstieg auf den Kalvarienberg: Ihr Martyrium verlief zwar ohne Blutvergießen, war jedoch nicht weniger qualvoll."

Es war genau dieses Teilen des Schmerzes mit der Schmerzensmutter, das uns veranlasst hat, für das Grab, in dem Carlo zunächst in Assisi beigesetzt wurde, eine Bronzeskulptur der Pietà als Grabmal zu wählen. Wir fanden dieses Flachrelief in einem auf Bronzeobjekte spezialisierten Geschäft, in der Nähe des Cimiterio Monumentale in Mailand, inmitten einer Menge von verstaubtem Eisenschrott, und sie verkauften es uns zu einem sehr niedrigen Preis. Wir waren sehr überrascht, dass es so wenig kostete, denn in anderen Geschäften hätten sie uns ein so schönes Objekt teuer bezahlen lassen. Dass wir es entdeckt haben, halte ich für ein Geschenk meines Sohnes an uns. Unsere Tortur war zwar von kurzer Dauer, aber nicht weniger intensiv: Carlos Gesicht war aufgrund von Blutungen und der Vergrößerung seiner Drüsen angeschwollen, was seine Gesichtszüge entstellte. Zu sehen, wie der Sohn, in der Schönheit und Blüte seiner Jugend, die einem blühenden Feld im Frühling ähnelt, unter Schmerzen, in nur wenigen Stunden so weit verwandelt wird, dass er sein Aussehen verliert, war für uns eine große Glaubensprüfung.

5

Nichts wird uns trennen

Schon seit seiner Kindheit fühlte sich Carlo stark mit den Menschen verbunden, die nicht mehr unter uns weilen, mit den Verstorbenen. Er sagte immer, dass die Beziehung zu ihnen, auch wenn sie anders erlebt wird, bestehen bleibt. Es gibt einen Faden, der uns mit ihnen verbindet, einen Faden der Liebe, der ewig hält. Deshalb ist es richtig, das Gespräch mit ihnen zu suchen, denn die Beziehung ist dazu bestimmt, für immer zu dauern.

Das habe ich gut verstanden, als mein Vater starb. Er verließ uns im Alter von neunundfünfzig Jahren aufgrund eines plötzlichen Herzinfarkts. Carlo und seinen Großvater verband eine besondere Vertrautheit: Mein Sohn verbrachte viel Zeit mit ihm und meiner Mutter in ihrem Haus in Rom und am Meer. Das hat ihre Bindung gestärkt.

Ein paar Monate nach dem Tod seines Großvaters erzählte mir Carlo, dass er ihm in einem blauen Anzug erschienen war. Er sagte, er habe ihn gebeten, für ihn zu beten, weil er sich im Fegefeuer befand, und dass es ihm trotz allem gut ging, denn er war ja gerettet. Carlo erzählte mir diese Dinge mit Einfachheit und gleichzeitig mit einer entwaffnenden Zuversicht. Er hatte keine Zweifel: Sein Großvater hatte wirklich mit ihm gesprochen. Später vertraute er mir an, dass er andere innere Zeichen bekommen hatte. Dadurch gab ihm der Herr zu verstehen, dass es wichtig war, eine Beziehung zu den Verstorbenen aufrechtzuerhalten, d.h. für diese Seelen zu beten und sie zu bitten, uns zu helfen. Die bevorzugten Mittel, um ihnen zu helfen, waren für Carlo die Eucharistie und das Rosenkranzgebet. Viele Heilige, wie zum Beispiel der heilige Pater Pio von Pietrelcina, haben von Seelen im Fegefeuer die Bestätigung erhalten, dass der wirksamste Weg, ihnen zu helfen, in den Himmel zu kommen, darin besteht, Seelenämter für sie feiern zu lassen. Es ist ja derselbe Jesus, der sich unseretwegen dem Vater darbringt. Carlo sagte, wenn wir, solange wir auf dieser Erde leben, den unendlichen Wert einer einzigen Messe für das ewige Leben erkennen würden, dann wären die Kirchen so voll, dass gar nicht für alle Gläubingen Platz wäre. Carlo sagte: Wer könnte denn mehr Fürsprache für uns einlegen als ein Gott, der sich selbst opfert? In den offiziellen Schriften über Pater Pio wird erzählt, dass ihn eines Tages eine Frau fragte: „Pater, warum geben Sie mir nicht eine Vorstellung vom Fegefeuer?" Er antwortete ihr: „Meine Tochter, die Seelen im Fegefeuer würden sich gerne in eine irdische Feuerquelle stürzen, weil es für sie wie eine Quelle mit frischem Wasser wäre."

Papst Franziskus sagt in seiner Enzyklika „Laudato sì", dass das Sakrament der Eucharistie den gesamten Kosmos und folglich auch unsere Toten umfasst. Es vereint Himmel und Erde, es umfasst und durchdringt die ganze Schöpfung: „In der Eucharistie findet die Schöpfung ihre größte Erhöhung. Die Gnade, die dazu neigt, sich spürbar zu zeigen, erreicht einen erstaunlichen Ausdruck, wenn der menschgewordene Gott selbst so weit geht, sich von seinem Geschöpf verzehren zu lassen. Auf dem Höhepunkt des Geheimnisses der Inkarnation wollte der Herr durch ein Stückchen Materie in unser Innerstes gelangen. Nicht von oben herab, sondern von innen her, damit wir ihm in unserer eigenen Welt begegnen könnten. In der Eucharistie ist die Fülle bereits verwirklicht, und sie ist das Lebenszentrum des Universums, der überquellende Ausgangspunkt von Liebe und unerschöpflichem Leben. Vereint mit dem in der Eucharistie gegenwärtigen inkarnierten Sohn sagt der gesamte Kosmos Gott Dank. Tatsächlich ist die Eucharistie von sich aus ein Akt der kosmischen Liebe: Ja, kosmisch! Denn auch dann, wenn man die Eucharistie auf dem kleinen Altar einer Dorfkirche feiert, feiert man sie immer in einem gewissen Sinn auf dem Altar der Welt. Die Eucharistie vereint Himmel und Erde, umfasst und durchdringt die gesamte Schöpfung. Die

Welt, die aus den Händen Gottes hervorging, kehrt zu ihm zurück in seliger und vollkommener Anbetung: Im eucharistischen Brot ist die Schöpfung auf die Vergöttlichung, auf die heilige Hochzeit, auf die Vereinigung mit dem Schöpfer selbst ausgerichtet. Darum ist die Eucharistie auch eine Quelle des Lichts und der Motivation für unsere Sorgen um die Umwelt und richtet uns darauf aus, Hüter der gesamten Schöpfung zu sein."

Carlo sagte, dass wir insbesondere durch die eucharistische Anbetung, die nichts anderes als Anbetung Gottes ist, die ganze Schöpfung wiederentdecken. Er erinnerte uns gerne daran, dass man einen vollkommenen Ablass unter den von der Kirche festgelegten Bedingungen gewinnen kann, wenn man diese ehrwürdige Andachtsübung mindestens eine halbe Stunde lang praktiziert, und dass man diesen Ablass sich selbst oder den Verstorbenen im Fegefeuer zuwenden kann. Er merkte an, dass es zwar nicht einfach sei, die Hauptbedingung zu erfüllen, nämlich die Abkehr von allen, also auch den lässlichen Sünden. Dennoch sollte man diese Gnaden nicht verachten, die unentgeltlich, aufgrund der Verdienste Jesu Christi, der Heiligen und des Zugeständnisses an Petrus, alles binden und lösen zu können, ausgegeben werden. (Vgl. Mt 16, 19)

Carlo betete auch den sogenannten heroischen Akt der Aufopferung all seiner guten Werke und Gebete für die Seelen im Fegefeuer und für die Anliegen der Muttergottes, die – wie er sagte – unsere Mutter ist und Fürsprache für alle einlegt, die sich an sie wenden, insbesondere für die Bedürftigsten.

Er liebte es, immer wieder zu betonen, dass unsere Verstorbenen uns an das ewige Leben erinnern, das heißt an das, was uns im Jenseits erwartet. Sie erinnern uns daran, dass es ein Leben nach dem Tod gibt, sie sagen uns, wie wir unser tägliches Leben leben sollen, und sie helfen uns, Fehler zu vermeiden, die unser Seelenheil gefährden können. Viele von ihnen sind im Fegefeuer. Sie leiden und bitten deshalb um unsere Fürbitte, durch die wir ihren Eintritt in die ewige Glückseligkeit beschleunigen können. Gleichzeitig geben sie uns ein Beispiel dafür, wie wir leben sollen, damit wir unsererseits das Heil erlangen können.

Drei Priester, einer aus Peru, einer aus Brasilien und einer aus Costa Rica, die einander nicht kannten, haben mir nach Carlos Tod geschrieben, dass sie ihn im Traum gesehen hätten. Er sagte ihnen, dass er außer für die Personen, die um seine Fürsprache baten, in besonderer Weise für diejenigen, die ihn im Leben gekannt hatten, und für die Seelen im Fegefeuer betete.

Für mich war das eine große Bestätigung. Tatsächlich unmittelbar nach dem Heimgang meines Sohnes in den Himmel ließ ich als Geschenk für ihn täglich eine gregorianische Messe an 365 Tagen ohne Unterbrechung, in einem Klausurkloster in der Schweiz feiern. Dieses fromme Werk begann mit dem heiligen Gregor dem Großen, dem Papst und großen Kirchenlehrer: Es besteht darin, für die Seele eines einzelnen Verstorbenen an dreißig aufeinanderfolgenden Tagen eine Messe feiern zu lassen. So hatte Papst Gregor dem Prior des Klosters, in dem er lebte, angeordnet, eine Messe an dreißig aufeinanderfolgenden Tagen zum Wohl der Seele eines Mönchs zu feiern, der sein Armutsgelübde nicht erfüllt hatte. Nach der Feier der dreißigsten Messe erschien die Seele des Mönchs bei ihrem Eingang in das Paradies einem Mitbruder. Ich beschloss, dass Carlo die Messen verwenden könnte, sei es, um den Gläubigen zu helfen, die sich immer wieder im Gebet an ihn wandten, oder um den Seelen im Fegefeuer zu helfen.

Ein paar Tage nach dem Tod meines Sohnes fand ich unter seinen Notizen diese Betrachtungen zum Fegefeuer: „Die Reinigung unserer Kleidung bis zum letzten Fleck ist das Fegefeuer. Man betritt die Mit-Ewigkeit mit einem weißen Gewand. Die heilige Katharina von Genua schrieb: ‚Das göttliche Wesen rein, viel reiner, als der Mensch sich vorstellen kann. Die Seele, die die geringste Unvollkommenheit in sich trägt, würde sich lieber in eine oder tausend Höllen stürzen, als mit dem geringsten Makel in die Gegenwart Gottes zu treten. Und die Aufgabe des Fegefeuers ist es, den Fleck zu entfernen! Die Seele wählt diesen Ort, um dort die Barmherzigkeit zu finden, die sie braucht, um sich von ihren Sünden reinigen zu können."

Die Sünde, die eine bewusste Trennung von der Liebe Gottes ist, bringt Schuld und Strafe mit sich. Die Schuld wird erlassen durch die Absolution, die derjenige erhält, der reumütig das Sakrament der Versöhnung empfängt. Die Strafe wird durch eine Buße oder im Fegefeuer abgegolten. Und damit haben alle Strafen, Schmerzen, Beschwerden, Unannehmlichkeiten, Prüfungen, Widrigkeiten und Krankheiten, die kommen, einen Grund: Gott würde sie nicht zulassen, wenn er in den Seelen, die ihn lieben, kein höheres Gut daraus hervorbringen würde.

Die Seelen im Fegefeuer können sich nicht selbst helfen. Man muss sie unterstützen, andererseits können sie für uns Fürsprache einlegen. Wenn man sich das Fegefeuer vor Augen hält, gewöhnt man sich daran, die lässlichen Sünden zu vermeiden. Man gewöhnt sich daran, hier auf Erden Sünden zu sühnen.

Carlo hatte bezüglich der letzten Dinge mystische Erfahrungen gemacht. Er war sich vor allem bewusst, dass uns das Leben ständig vor neue Prüfungen stellt, und dass wir diese mit Sicherheit bestehen werden, wenn wir uns mit Christus bekleiden. Er zog gerne den Vergleich zu den „12 Heldentaten des Herkules", eine Geschichte aus der griechischen Mythologie über den Helden Herkules. Er ging hervor aus der Beziehung zwischen Alkmene und Zeus, dem Götterkönig. Hera, die Ehefrau von Zeus, war extrem eifersüchtig auf ihren Mann und auf das Kind, das sie seit der Geburt verfolgte. Sie legte sogar zwei giftige Schlangen in seine Wiege, um ihn umzubringen. Aber Herkules, der sehr stark war, schaffte es, die Schlangen zu töten. Wir wissen, dass auch der Teufel einen Krieg gegen die arme Menschheit geführt hat, führt und immer führen wird, solange bis es einen neuen Himmel und eine neue Erde geben wird. Viele sind es, die am Ende von Satan unterjocht werden, aber wir wissen, dass wir siegreich daraus hervorgehen werden, wenn wir uns Christus anvertrauen. Wie in der Erzählung „Pinocchio" des Schriftstellers Carlo Collodi sind wir zunächst einmal alle wie „Marionetten", aber wir wissen, dass wir durch tugendhaftes Verhalten und durch die Einhaltung all seiner Gebote aus Liebe zum Herrn die Möglichkeit haben, uns zu verwandeln und echte Menschen nach Gottes Plan zu werden. Die Gebote lassen sich im Gesetz der Liebe zusammenfassen. Gott befiehlt uns, ihn um seiner selbst willen und unseren Nächsten aus Liebe zu Gott zu lieben. Aber wenn Gott liebt, warum befiehlt er dann? Weil er nachdrücklich und unwiderruflich vermittelt: „Diese Handlungen würden dich vom Guten trennen." Wenn es sich um Gebote handelt, dann kommt unser freie Wille ins Spiel. Denn Liebe ist kein Gefühl, sondern unsere freie Entscheidung für das Gute. Carlo sagte, dass ein Leben erst dann wirklich schön sein wird, wenn wir es schaffen, Gott an die erste Stelle zu setzen und nicht die vordergründigen Götzendienste, die uns die Welt für „dreißig Denare" anbietet, und die uns nichts anderes als Leiden und den ewigen Tod einbringen werden.

Unser guter Gott, „die Liebe dem Wesen nach", fragt jeden von uns persönlich: „Liebst du mich?" Das irdische Leben ist die Gelegenheit, die uns gegeben wird, um darauf zu antworten: „Ja, ich liebe dich. Hilf mir zu lieben." Wir haben die Freiheit, von Gottes Liebe erfüllt zu werden, aber wir sind auch frei, sie abzulehnen. Doch wenn wir das höchste Gut ablehnen, was bleibt uns dann für die Ewigkeit? Nur die Gesellschaft derer, die so denken wie wir. Darin besteht das Wesen unserer Freiheit: die Liebe Gottes anzunehmen oder abzulehnen.

In Prüfungen und Mühseligkeiten trainieren wir also unseren Willen, stets das Gute zu begehren und zu verfolgen. Und wenn wir fallen, werfen wir uns sofort in die Arme Jesu, der das Böse ein für alle Mal besiegt hat, auch für uns.

Mit der Hilfe des Herrn werden wir unseren Kampf gewinnen und das ewige Glück bei Gott erlangen. Doch wenn wir den Kampf verlieren, riskieren wir die ewige Verdammnis. Also ist es unsere freie und endgültige Entscheidung gegen die Liebe, die dazu führt, dass wir für immer von Gott getrennt bleiben.

Carlo war sehr beeindruckt von der Lektüre der „Erinnerungen der Schwester Lucia" von Fatima. In ihren Schilderungen berichtet Lucia, dass sie und die beiden anderen Hirtenkinder bei der Erscheinung vom 13. Mai 1917 Maria fragten, ob zwei ihrer Freundinnen, Maria das Nives und Amalia – beide sechzehn Jahre alt und kürzlich erst verstorben – bereits im Paradies seien. Die Heilige Jungfrau bestätigte, dass das erste Mädchen bereits im Himmel war, während das zweite bis zum Ende der Zeiten im Fegefeuer bleiben würde. Unmittelbar danach fragten die Hirtenkinder, ob auch sie in den Himmel kommen würden. Die Jungfrau Maria antwortete, dass Lucia und Jacinta sicher in den Himmel kämen, dass aber Francisco noch viele Rosenkränze beten müsse. Eines Tages, kurz nachdem er diese Geschichte gelesen hatte, sagte Carlo zu uns: „Wenn Francisco, der so artig, so gut und so einfach war, so viele Rosenkränze hätte beten müssen, um in den Himmel zu kommen, wie könnte ich es verdienen, da ich im Vergleich zu ihm so wenig heilig bin?"

Unter den zahlreichen Schriften, die Carlo für seine Ausstellung „Hölle, Paradies und Fegefeuer" gesammelt hat, gab es auch eine, die ihm besonders am Herzen lag. Sie war aus dem Tagebuch der heiligen Faustina Kowalska, darin beschreibt die Ordensfrau das Fegefeuer wie folgt: „Plötzlich befand ich mich an einem nebligen, mit Feuer erfüllten Ort, und dort waren viele leidende Seelen. Diese Seelen beteten sehr innig, doch ohne Wirkung für sie selber; nur wir können ihnen zu Hilfe kommen. Die Flammen, die um sie brannten, berührten mich nicht. Mein Schutzengel verließ mich keinen Augenblick. Ich fragte die Seelen, welches ihr größtes Leid sei. Übereinstimmend antworteten sie mir, ihr größtes Leid sei die Sehnsucht nach Gott. Ich sah die Gottesmutter, wie sie die Seelen im Fegefeuer besuchte. Die Seelen nennen Maria ‚Stern der Meere'. Sie bringt ihnen Linderung. Ich wollte noch mehr mit ihnen reden, doch mein Schutzengel gab mir ein Zeichen zu gehen. Wir gelangten hinter die Tür dieses leidvollen Kerkers. Eine innere Stimme sagte mir: Meine Barmherzigkeit will das nicht, aber die Gerechtigkeit verlangt es."

Carlo war schon seit seiner Kindheit von einem starken Wunsch nach Spiritualität beseelt. In dieser Hinsicht war der Einfluss von Beata, einem Kindermädchen, ebenfalls wichtig. Sie war ein polnisches Mädchen und kam zu uns ins Haus, als Carlo noch klein war, vermittelt von einem Freund meines Vaters, der ein Hotel in Neapel besaß. Dort gab es ein Kommen und Gehen von polnischen Studentinnen und Studenten, die im Sommer, wenn es viele Touristen gab, zu ihm kamen, um zu arbeiten und ein bisschen Urlaub zu machen. Beata blieb bei uns von 1992 bis 1996, kurz bevor mein Sohn sechs Jahre alt wurde.

Sie war es, die Carlo zunächst viele Glaubensbegriffe lehrte. Sie brachte ihn dazu, für diejenigen zu beten, die nicht mehr unter uns weilten, und half ihm zu verstehen, dass es zwischen dem irdischen und dem geistigen Leben eine vollkommene Kontinuität gibt.

Ich erinnere mich gut an das erste Mal, als sie unser Haus betrat. Sie hatte eine Tasche voller Andachtsbilder der Muttergottes von Tschenstochau. Ihre Anwesenheit war auch für mich wichtig. Der vorzeitige Tod meines Vaters hatte mich auf alle daraus entstehenden beruflichen Probleme unvorbereitet vorgefunden. Mein Glaube war noch sehr unreif, und Beata half mir, dieses Ereignis, das für mich als Einzelkind eine Tragödie war, auf christliche Weise zu leben. Auch sie hatte schwierige Zeiten durchlebt, denn sie war in einer Zeit aufgewachsen, als die Christen durch das kommunistische Regime verfolgt wurden. Sie war ein Mädchen, das von Geburt an bereits an viele Entbehrungen und Schwierigkeiten gewöhnt war.

Mit Beata sprachen wir oft über Carlo. Sie sagte mir, dass er ein sehr frühreifes Kind wäre, das immer Fragen wie ein „Großer" stellte. Carlo war in der Tat besonders neugierig; er war an der Geschichte von Jesus interessiert. Als er mit ihr zur Messe ging, war er enttäuscht, dass er nicht zur Kommunion gehen durfte. Mit Beata begann mein Sohn auch den Rosenkranz zu beten. Manche erinnern sich noch daran, wie er – obwohl noch so klein – seinen schönen Rosenkranz zeigte.

Mein Sohn war immer gesellig, lebhaft und verspielt, allen gegenüber offen und zu Scherzen bereit. Er hatte einen friedlichen und gutmütigen Charakter, aber man merkte, dass ihm das nicht genügte. Er hatte einen Durst nach der Unendlichkeit und versuchte, Jesus in allem nachzuahmen. Deshalb vertraute er sich ihm an und bat ihn darum, ihm zu helfen, immer besser zu werden.

Uns gegenüber war er sehr gehorsam. Ich kann wirklich sagen, dass ich nie irgendwelche Probleme mit ihm hatte. Er war immer bereit, das zu tun, worum wir ihn baten. Seine Bereitschaft zum Gehorsam führte manchmal dazu, dass er sich nicht einmal seinen Mitschülern gegenüber zur Wehr setzte, die ihm Streiche spielten. Ich erinnere mich daran, dass Beata deswegen wütend auf ihn war. Sie wollte, dass er Mut zeige und sich nicht von anderen Kindern verspotten ließe. Aber Carlo erwiderte ihr, dass Jesus nicht glücklich darüber gewesen wäre, wenn er heftig reagiert hätte, und machte so weiter wie bisher.

Eines Tages gingen wir zu einem Supermarkt. Beata und meine Mutter gingen hinein, ich blieb jedoch draußen bei Carlo, der im Kinderwagen saß. Er war etwa vier Jahre alt. Ein kleines Mädchen mit einem roten Lockenkopf und einem kleinen blauen Luftballon in der Hand kam näher. Sie ging auf Carlo zu und begann, den Ballon nach ihm zu werfen, teils aus Spaß, teils aus Bosheit. Sie fing auch an, an der Decke zu ziehen, die seine Beine bedeckte. Carlo blieb gelassen. Das kleine Mädchen gab sich nicht zufrieden damit und fing an, Grimassen zu schneiden, sie streckte ihre Zunge heraus und machte ein paar Furzgeräusche. Carlo sah sie unentwegt mit großer Zärtlichkeit an und lächelte ihr zu. Ich erinnere mich noch heute, nach so vielen Jahren, an das erstaunte Gesicht des kleinen Mädchens, das eine solche Unterwürfigkeit nicht begreifen konnte. Dabei hatte Carlo einen sehr starken Charakter und wusste sehr genau, was er wollte. Aber er legte seinem Leben die Freundschaft mit Jesus zugrunde und orientierte sich stets an ihm, wenn er entscheiden musste, wie er sich verhalten sollte. Jesus war ein fester Maßstab in seinem Alltag. Er wurde von ihm inspiriert und spürte seine Gegenwart und seine tatsächliche Nähe.

Der Wunsch, Jesus zu ähneln, war der Ansporn, um immer barmherziger zu werden, insbesondere mit seinen Freunden und den Menschen in seiner Umgebung. Seine ohnehin schon großzügige Wesensart erleichterte ihm das sehr. Er war so heiter, dass er allen gegenüber Freude und Lebendigkeit ausstrahlte. Dabei hatte er ein besonderes Faible für die Armen. Beata erzählte, dass er schon als kleiner Junge, wenn er auf der Straße Obdachlose traf, sich ihnen näherte, um zu erfahren, wie es ihnen ging, und um ihnen ein gutes Wort zu sagen.

Einmal im Sommer teilte uns Beata mit, sie würde in Mailand bleiben und auf ihren Urlaub verzichten müssen, weil sie ihn sich nicht leisten konnte. Sie hatte einen dreijährigen Sohn, Konrad. Weil sie kein Geld hatte, beschloss sie, dass auch er in Mailand bei ihr bleiben sollte. Carlo hörte von ihren Schwierigkeiten und überredete uns, sie und ihren kleinen Jungen über die ganze Sommerzeit in unser Landhaus in Cilento einzuladen. Er wollte Beata und Konrad sogar sein eigenes kleines Zimmer überlassen, damit sie dort zusammen schlafen konnten. Beata erinnert sich noch immer mit Wehmut an jenen Sommer, als sie die Cafés und die Eisdielen zusammen mit Carlo betrat, der alle mit seiner typisch heiteren, mediterranen Art begrüßte. Es war seine besondere Gabe, sowohl mit Kindern als auch mit Erwachsenen gleichermaßen gut umgehen zu können.

Ich weiß noch, dass er gerne mit Lego spielte und mit einer kleinen Kamera Videos drehte. Wenn es aber jemanden gab, der es sich nicht leisten konnte, irgendwelche Spiele zu kaufen, war er stets bereit, seine zu verschenken. Und nicht nur das: Er konnte auch, wenn nötig, stundenlang allein spielen, um uns Erwachsene nicht zu stören. Er zeichnete einfach seine Lieblingszeichentrickfilme mit Bleistift und Papier. Die gleiche Bereitschaft, abzuwarten und keine Wutanfälle zu bekommen, zeigte er auch beim Essen. Er beschwerte sich nie über das Essen, das auf den Tisch kam. Auch wenn er es nicht mochte, machte er keinen Aufstand und aß alles auf. Selbst wenn Süßigkeiten oder Delikatessen serviert wurden, wollte er, dass die anderen sich zuerst bedienten, und erst wenn etwas übrig blieb, aß auch er davon.

Wie gesagt: Das Interesse an den Dingen Gottes wurde bei Carlo nicht nur wegen des positiven Einflusses von Beata geweckt. Er hatte einen fruchtbaren Boden in sich, um die göttliche Gnade und die Impulse des Heiligen Geistes aufzunehmen. Sein Wunsch war es, dass auch ich ihm bei dieser Suche nach Jesus folgte. Es dauerte jedoch einige Zeit, bis ich das verstand.

Beim Wachstum in der Freundschaft und Intimität mit Gott in diesem ersten Abschnitt seines Lebens hat er alles allein gemacht. Mein Mann und ich hatten es nicht ganz begriffen und waren zu diesem Zeitpunkt vielleicht nicht einmal in der Lage, ihn zu begleiten und ihn zu ermutigen, auf die göttliche Gnade zu antworten. Er war es, der uns in ein praktiziertes Christentum geführt hat. Er war es, der uns einen „Weckruf" gab und uns dazu brachte, Jesus inmitten der Schwierigkeiten und Freuden des Lebens zu folgen und Christus zum Leitstern unserer Existenz zu machen. Ohne Carlo wäre das alles nicht geschehen, zumindest nicht auf diese Weise.

Mit Begeisterung las Carlo die illustrierte Bibel, die ihm seine Großeltern geschenkt hatten, und entdeckte das Leben der Heiligen. In Begleitung von Beata betrat er oft die Kirchen, die auf ihrer Strecke lagen, wenn sie draußen unterwegs waren. Er ging hinein, um Jesus zu begrüßen. Wenn wir spazieren gingen, liebte er es, Blumen zu pflücken, die er auf der Wiese fand, um sie der Muttergottes in die Kirche zu bringen. Mit vier oder fünf Jahren begann er, auch mich darum zu bitten, mit ihm Kirchen zu besuchen und ihn zum Tabernakel zu begleiten, um Jesus zu begrüßen. Die Beziehung zu Jesus war ähnlich wie zu denjenigen, die dieses Leben verlassen haben. Es war die gleiche Art der Beziehung.

Die Straße, die Carlo eingeschlagen hatte, war nun offensichtlich, und er hatte sich bereits auf den Weg gemacht. Anfangs geriet ich in Rückstand und war nicht in der Lage, auf seine Fragen zu reagieren, die er mir direkt oder indirekt über den Glauben stellte. Es gab sogar Zeiten, in denen ich in Schwierigkeiten geriet, weil ich gar nicht wusste, was ich auf seine Fragen antworten sollte. Ich kannte nicht einmal den Unterschied zwischen dem Evangelium und der

Bibel und wusste nichts über viele Glaubenswahrheiten. Also überlegte ich, meine Kenntnisse des Katechismus und der Theologie zu vertiefen, zunächst weil ich einfach in der Lage sein wollte, meinem Sohn zu antworten.

Ich fragte eine Freundin um Rat, wie ich vorgehen sollte. Sie nannte mir einen guten Beichtvater, einen Priester aus Bologna, Pater Ilio Carrai, der von vielen als ein zweiter Pater Pio angesehen wurde. Es war im Frühjahr 1995, als ich zum ersten Mal nach Bologna fuhr, um ihn zu treffen. Von diesem Tag an und bis zu seinem Tod am 14. März 2010 fuhr ich einmal im Monat zu ihm. Als ich ihn das erste Mal traf, sagte er mir, dass er seit Jahren auf mich gewartet habe und dass ich einen Auftrag zu erfüllen hätte. Er hörte meine Beichte und sagte mir viele Dinge aus meiner Vergangenheit. Er sprach von Carlo, erklärte mir, dass er von Gott für eine besondere Aufgabe auserwählt worden sei, und vertraute mir Ereignisse an, die sich im Laufe der Jahre allesamt bewahrheitet haben. Ich war sehr erstaunt über das, was ich da hörte, inzwischen hatte ich jedoch verstanden, dass die Überraschungen mit Carlo niemals enden würden. Pater Ilio riet mir, Theologie zu studieren, um meinen Glauben zu vertiefen. Ich schrieb mich an der Theologischen Fakultät von Norditalien ein, wo ich anfing, Kurse zu besuchen, jedoch das Studium nicht abschloss und – obwohl ich mehrere Prüfungen abgelegt habe – daher kein Diplom erwarb. Diese Lektionen halfen mir allerdings, die Geheimnisse des Glaubens besser zu verstehen, und versetzten mich in die Lage, die Fragen meines Sohnes kompetent zu beantworten. Bis dahin hatte Beata Carlo die Lebensgeschichten der Heiligen und Passagen aus der Bibel vorgelesen. Der Rat von Pater Carrai lautete, dass auch wir Eltern uns mit der Heiligen Schrift und dem Katechismus vertraut machen sollten. Wir kauften deshalb Dokumentationen, Bücher und Filme über die wichtigsten Erscheinungen der Jungfrau Maria und über einige Heiligengestalten.

Ich beobachtete oft meinen Sohn, der mich immer wieder verblüffte und neugierig machte. Ich schaute ihn an, wenn er vor dem Kruzifix stehenblieb, um zu beten, nachdem er einige Kerzen angezündet hatte. Zu Hause bemerkte ich manchmal, dass er einer Statue des Prager Jesuskindes, die ihm geschenkt worden war, und auch einem Kruzifix, das an einer Wand im Haus hing, Küsse zuwarf. Einmal spielte er sogar Priester. In seinen Gesten ging er die Momente der Liturgie durch, als ob er die Messe feiern würde. Ich erinnere mich, dass er vier Jahre alt war, als ich ihm eine Goldkette mit einer Skapuliermedaille der Jungfrau Maria vom Berge Karmel schenkte. Diese hatte ich von meiner Urgroßmutter am Tag meiner Taufe geschenkt bekommen. Von diesem Moment an nahm er sie nie mehr ab und sagte mir: „Auf diese Weise werden Jesus und die Gottesmutter immer nah an meinem Herzen sein."

Später verschenkte er solche Medaillen an viele Menschen. Das Skapulier gehörte zu den Devotionalien, denen mein Sohn am meisten zugetan war. In der Nähe unseres Hauses in Mailand gab es ein Karmeliterkloster, und wir gingen oft dorthin zur Messe. Ach ja, und die Klosterkirche hatte ihr Patrozinium am Fronleichnamsfest, das Carlo so sehr liebte. Diese häufige Berührung mit dem Karmeliterorden weckte in ihm den Wunsch, das Skapulier zu tragen, das er sich von einem der Karmeliter-Priester auflegen ließ, als er sieben Jahre alt war. Abwechselnd trug er das Stoffskapulier und das goldene Skapulier, das er geschenkt bekommen hatte. Papst Pius X. hat die Erlaubnis erteilt, das Stoffskapulier notfalls durch eine Medaille zu ersetzen, die auf einer Seite das Bild des Heiligsten Herzens Jesu, und auf der anderen Seite das der Muttergottes zeigt. Die Verehrung des Skapuliers nahm ihren Anfang am 16. Juli 1251, als die Jungfrau Maria dem heiligen Simon Stock, dem Generalprior der Karmeliten, erschien. Die Muttergottes zeigte ihm das Skapulier und sagte: „Nimm dieses Skapulier. Wer mit diesem Gewand bekleidet stirbt, wird das ewige Feuer nicht erleiden. Es ist ein Zeichen des Heils, eine Schutzwehr in Gefahren und ein Unterpfand des Friedens." Diese große Verheißung wurde etwa achtzig Jahre später bestätigt, als die Heilige Jungfrau Maria Papst Johannes XXII. erschien und ihm sagte, dass „diejenigen, die mit diesem heiligen Gewand bekleidet worden sind, am ersten Samstag nach ihrem Tod aus dem Fegefeuer befreit werden". In Fatima und Lourdes endeten die Ereignisse mit der Erscheinung der Heiligen Jungfrau als Muttergottes vom Berge Karmel, die das Skapulier in der Hand hält. Die Jungfrau Maria bestätigte Schwester Lucia, dass der Rosenkranz und das Skapulier untrennbar miteinander verbunden sind.

Carlo war nicht nur wegen seiner Liebe zum Herrn ein Vorbild für mich, sondern auch wegen seiner enormen Großzügigkeit und Barmherzigkeit, die er anderen gegenüber an den Tag legte und die – da bin ich mir sicher – von Jesus selbst genährt wurde. Er war es, der mir geholfen hat, mich mehr auf das Wesentliche zu konzentrieren, mich immer mehr der Liebe zu anderen zu öffnen und zu verstehen, dass diese erste, frühe Intuition, die ich während meiner Reise nach Indien 1991 hatte, der Weg für mein ganzes Leben sein konnte und musste. Als wir damals in Indien angekommen waren, wurden meine sehr teuren Koffern mit meinen Initialen darauf und vielen Kleidungsstücken gestohlen. Ich musste mich mit ein paar hässlichen Klamotten begnügen, die ich für ein paar Rupien auf einem Basar gekauft hatte. Dieser Diebstahl war ein sehr lehrreiches Ereignis für mich. Ich bin überzeugt, dass der Herr mir begreiflich machen wollte, dass die vielen Kleider, die ich mitgebracht hatte, völlig überflüssig waren. Meine „Entkleidung" hatte begonnen. Der Herr hat mir wirklich eine Schocktherapie verpasst. Andererseits war mein Lieblingsheiliger immer schon der heilige Franziskus gewesen, der in die Herrin Armut verliebt war und der sich der väterlichen Gewänder entledigte, um mit dem Gewand von Guido, dem Bischof von Assisi, bekleidet zu werden. Das versinnbildlicht das Anziehen von Christus und den Beginn des Bekehrungsweges. Meiner Meinung nach ist es kein Zufall, zu welchem Heiligen wir uns am meisten hingezogen fühlen. Ich bin überzeugt, dass der Himmel das alles regelt. Mir half der heilige Franziskus tatsächlich, weniger materiell und egoistisch zu sein. Und die Tatsache, dass mein Sohn heute im Heiligtum der Entkleidung begraben ist, bestätigt mir einmal mehr, dass meine Intuition richtig war.

Nach dem Diebstahl setzte ich meine Reise in dem Kostüm fort, das ich im Flugzeug getragen, und mit den wenigen Kleider, die ich auf dem Basar gekauft hatte. Mir wurde klar, wie dumm es gewesen war, so viel Geld für Kleidungsstücke auszugeben, die möglicherweise gerade an solchen Orten von Designern hergestellt wurden, die sie anschließend sogar zu viel höheren Preisen im Vergleich zu den tatsächlichen Kosten weiterverkaufen. Das war eine sehr wichtige Lektion für mich, denn ich war ziemlich verwöhnt und verschwenderisch.

Diese Begebenheit hat mich eine großartige Lektion in Sachen Leben und Stil gelehrt. Sie wurde auch dank dem Vorbild von Carlo zur Grundlage meines Lebens. Die Tatsache, hautnah so viel Armut erfahren zu haben, die im Westen unvorstellbar ist, und so viele indische Kinder gesehen zu haben, die uns bei jedem unserer Besuche an irgendeinem Ort von künstlerischem Interesse in der Hoffnung umgaben und verfolgten, dass wir ihnen etwas geben würden, hat mich sehr zum Nachdenken gebracht. In einem Augenblick warf ich meine ganze Art, die Dinge zu sehen über Bord. Man könnte sagen, dass ich eine sofortige spirituelle Verwandlung durchmachte, die in mir einen Bekehrungsprozess auslöste.

Mein Mann und ich unternahmen die „verspätete Hochzeitsreise“ nur wenige Monate nach der Geburt von Carlo. Wir beschlossen, allein zu fahren, und ließen ihn bei meinen Eltern in Rom. Carlo hat unter unserer Abwesenheit überhaupt nicht gelitten. Es waren Wochen der Vorsehung: Meinem Vater war es vergönnt, die Gegenwart seines Enkelkindes zu genießen, bevor er wenige Zeit später diese Welt verließ. Diese gemeinsamen Tage waren förderlich, um eine sehr starke Bindung zu ihm aufzubauen, die auch danach anhielt. Meine Mutter beschloss nämlich nach dem Tod meines Vaters, nach Mailand zu ziehen. Sie unterstützte uns sehr dabei, Carlo aufzuziehen. Für mich war ihre Anwesenheit eine Gnade. Ich konnte beruflich wegfahren, ohne mir große Sorgen zu machen, denn ich wusste, dass mein Sohn in guten Händen war.

In der Nacht, als mein Vater starb, träumte Tante Rosaria, eine Freundin der Schwester meines Vaters und geistige Tochter von Pater Pio, die nichts von seinem Tod wusste, dass er zu ihr sagte, er müsse nach Mailand gehen, um seiner Tochter Antonia dabei zu helfen, Carlo aufzuziehen. Es war ein schönes Zeichen für mich, das mir viel Sicherheit gab. Ein solches Zeichen war auch die Erscheinung, die Carlo von seinem erst kürzlich verstorbenen Großvater hatte, die Freundschaft und der Dialog, den Carlo auch nach seinem plötzlichen Tod lebendig aufrechterhalten hat. Auch wenn mein Vater in eine andere Dimension umgezogen war, blieb er doch für Carlo immer lebendig.

6

„Die Augen sind das Licht der Seele“

Für Carlo war keine seiner Begegnungen mit anderen Menschen zufällig, alle waren ein Geschenk des Himmels. Es gab kein Ereignis, kein Wort, nicht einmal einen einfachen Gruß, den mein Sohn nicht als eine von Gott gegebene Möglichkeit zum geistigen Wachstum erlebte. Für ihn waren vor allem die Besuche an Orten, die mit dem Glauben zu tun haben und an denen sich der Himmel offenbart hatte, wichtige Gelegenheiten, um auf dem Weg der Heiligkeit voranzuschreiten. In diesem Zusammenhang haben wir viele Reisen zu verschiedenen europäischen Heiligtümer unternommen. Ich erinnere mich besonders an eines in Frankreich, als wir unter anderem auch Paris besuchten. Wir wohnten im Verlegerviertel, wo sich die berühmte Kirche Saint-Sulpice befindet. Seit sie in Dan Browns Bestseller *Der da Vinci Code* erwähnt wurde, ist sie bei ausländischen Touristen sehr beliebt. Während unseres Aufenthalts in dieser schönen Stadt gingen wir morgens immer um sieben Uhr zur Messe in diese Kirche. Einer der Priester, der die Ämter zelebrierte, vertraute uns lachend an, dass sogar Menschen aus Amerika hierherkamen, um „diese angeblichen geheimen Zeichen“ zu sehen, die Dan Brown in seinem Buch erwähnt hatte. Er erzählte uns ein wenig, was darin erzählt wird. Nach Ansicht des Autors gibt es in der Kirche Saint-Sulpice zahlreiche Hinweise, die seine verrückte These bestätigen, nämlich dass der Heilige Gral nicht – wie die Tradition immer geglaubt hat – der Kelch ist, in dem das Blut Christi aufgefangen wurde, sondern eine Person, und zwar Maria Magdalena. Als wir diesen Unsinn hörten, haben Carlo und ich sehr gelacht. Es kam oft vor, dass mein Sohn und ich über Merkwürdigkeiten in der Gesellschaft, in der wir leben, sprachen, einer Gesellschaft, in der sich die Wahrheit oft nur mühsam durchsetzen kann und in der ein sehr gefährlicher Subjektivismus herrscht. Carlo war bei dieser Reise besonders von unserem Besuch im Musée Georges Pompidou beeindruckt. Dort gibt es viele berühmte Gemälde, jedoch auch recht originelle und provokante Objekte, wie das berühmte Urinal von Marcel Duchamp, ein Symbol der avantgardistischen Subversion und der Überschreitung aller Grenzen schlechthin. Wir haben so viel gelacht, dass unsere Bauchmuskeln wehtaten. Einige „Intellektuelle" schauten uns empört an, weil wir es wagten, beim Anblick dieses „Meisterwerks" zu lachen. Für mich war es immer wunderbar, mit Carlo Meinungen und Standpunkte über die Dinge auszutauschen, die uns widerfuhren. Wir unterhielten uns über unterschiedliche Themen, die nicht nur auf Glaubensfragen beschränkt waren. Wir liebten es zu lesen, was die Zeitungen und andere Medien berichteten. Mein Sohn, der über eine große Fähigkeit zur kritischen Analyse verfügte, erkannte, dass ein Großteil der Nachrichten oftmals ideologisch eingefärbt war.

Zu den verschiedenen Kirchen, die wir besuchten, gehörte auch eine in der Rue des Archives, in der ein berühmtes eucharistisches Wunder stattgefunden hatte. Heute ist sie im Besitz der lutherischen Kirche. Zahlreiche Dokumente und Kunstwerke belegen, dass zu Ostern des Jahres 1290 ein Ungläubiger, der den katholischen Glauben hasste und nicht an die Realpräsenz Christi in der Eucharistie glaubte, es geschafft hat, eine konsekrierte Hostie zu ergattern, um sie zu entweihen. Er stach auf sie ein und warf sie in kochendes Wasser. Die Hostie erhob sich vor den Augen des schockierten Mannes. Sie ließ sich anschließend in die Schale einer frommen Frau fallen, die sie sofort ihrem Pfarrer übergab. Die kirchliche Obrigkeit, das Volk und sogar der König beschlossen, das Haus des Schänders in eine Kapelle zur Aufbewahrung der heiligen Hostie umzuwandeln. Diese wurde bedauerlicherweise während der Französischen Revolution zerstört.

Am Ende unseres Parisaufenthaltes beschlossen wir, in jener Kirche zu beten, in der sich der Leib der heiligen Katharina Labouré befindet: Sie ist die Seherin der „Wundertätigen Medaille". Dieser sehr besondere Ort hat sich uns gut eingeprägt. Wir wachten früh am Morgen auf und ließen uns vom Taxi am Anfang der Rue du Bac absetzen, in der sich die Kirche befindet. Es fühlte sich an wie etwas Unwirkliches, als wir sie suchten: Die Rue du Bac ist nämlich eine sehr lange Straße und wir konnten die uns angegebene Hausnummer nicht finden. Wir betraten verschiedene Geschäfte, um danach zu fragen, aber niemand wusste etwas, als ob dieser Ort nie existiert hätte. Das offenbarte uns den Grad der Ungläubigkeit der Pariser Bevölkerung. Mein Sohn war sehr traurig, hautnah den Entchristlichungsprozess miterleben zu müssen, der Europa seit Jahrzehnten geißelt. Schließlich fanden wir sie und blieben mit Carlo eine lange Zeit im Gebet. Während der Erscheinung in dieser Kirche zeigte die Jungfrau Maria der Heiligen die wundertätige Medaille und gab ihr die damit verbundenen Verheißungen. Im Inneren der Kirche, in einem Reliquienschrein, wird das Herz des heiligen Vinzenz von Paul aufbewahrt. Er war ein großer Apostel der Armen und Kranken und Gründer der Genossenschaft der Töchter der christlichen Liebe, der auch die heilige Katharina angehörte. Die Geschichte besagt, dass bei einer Erscheinung im Jahr 1830 die Jungfrau Maria Katharina eine Medaille mit folgender Aufschrift in goldenen Buchstaben zeigte: „O Maria, ohne Sünde empfangen, bitte für uns, die wir zu dir unsere Zuflucht nehmen." Unmittelbar danach drehte sich die Medaille von selbst, und die Ordensschwester konnte ihre Rückseite sehen. Oben befand sich ein Kreuz, das das „M" von Maria überragte, und unten gab es zwei Herzen, das eine mit Dornen gekrönt, das andere von einem Schwert durchbohrt: die Herzen von Jesus und Maria. Das „M" von Maria vereinigte sich mit dem Anfangsbuchstaben des Namens von Jesus, auf Lateinisch „Iesus". Die Seherin hörte anschließend diese Worte der Muttergottes: „Lass eine Medaille nach diesem Modell prägen. Diejenigen, die sie im Glauben tragen, werden große Gnaden empfangen." Carlo sagte, dass der

Herr durch diese Medaille die besondere Rolle hervorheben wollte, die seine Mutter Maria in der Heilsökonomie, zur Rettung des Menschengeschlechts einnimmt. Ich bin überzeugt, dass der Himmel durch diese Erscheinung bestätigen wollte, dass die Gottesmutter nicht nur die Mittlerin aller Gnaden, sondern auch Miterlöserin der Menschheit ist. Das ist jedoch meine persönliche Meinung. Die Tatsache nämlich, dass das „M“ von Maria sich mit dem „I“ von Iesus vereinigt und vom Kreuz überragt wird, belegt, dass die Heilige Jungfrau mit dem Erlösungsopfer Jesu verbunden ist.

In den Jahren danach führte ich oft Gespräche mit meinem Sohn über die Bedeutung der Sakramente. Ich erinnere mich an eine Sonntagsmesse in unserer Gemeinde Santa Maria Segreta in Mailand. Carlo muss etwa neun Jahre alt gewesen sein. Der Pfarrer ließ uns das Taufversprechen erneuern. Nach der Feier sah ich meinen Sohn an, der sehr gerührt war. Das, was er mir über dieses Sakrament sagte, beeindruckte mich sehr. Er vertraute mir an, dass die Zeit auf Erden nicht ausreichen würde, um Jesus für das Geschenk der Taufe zu danken. Es gebe so viele Menschen, die nicht begriffen, welch unendlich großes Geschenk die Taufe ist. Er bedauerte, dass sich viele Menschen mehr für die äußeren Umstände und für die Geschenke zu interessieren scheinen, die normalerweise bei diesen Anlässen gemacht werden, als für das Sakrament selbst, welches uns das göttliche Leben zurückgibt, das wir durch die Erbsünde verloren haben. Er sagte mir auch, dass es wichtig sei, die durch die Taufe empfangene Gnade zu nähren und darauf zu antworten, weil die Taufe nicht nur der notwendige Zugang zu den anderen Sakramenten, sondern auch das Tor zum Paradies sei.

In seinen Notizen hat er folgende Gedanken festgehalten: „Wir müssen uns wieder auf die eigentliche Bedeutung dieses Sakramentes zurückbesinnen, das Werkzeug des Heils und Träger der Gnade ist. Die Taufe tilgt die Schuld, die wir von unseren Stammeltern Adam und Eva geerbt haben, die durch die Sünde des Ungehorsams gegenüber Gott verursacht wurde und als Erbsünde bekannt ist. Sie hat die gesamte Menschheit infiziert und tut das weiterhin. Die Taufe heilt jedoch nicht die Wunden, die diese Sünde hinterlassen hat und die uns ständig zum Bösen verleiten. Indem dieses Sakrament ferner die Tür ist, die uns den Zugang zu den anderen Sakramenten öffnet, den von der Heiligsten Dreifaltigkeit vorgesehenen Mitteln, um uns Gnade zu schenken, sodass wir von dieser Wunde vollkommen genesen können, wird die Taufe automatisch zu der Tür, die uns zum Heil gelangen lässt.

Das Kirchenrecht legt in legitimer und richtiger Weise die maximale Zeitspanne für die Spendung der Taufe innerhalb der ersten paar Wochen fest. Was geschieht stattdessen heute? Sie wird um Monate, wenn nicht gar Jahre verschoben. Das bedeutet, dem Kind die heiligmachende Gnade zu entziehen und es zu einer Art geistigem Erstickungstod zu verurteilten. Um wieder auferstehen und Vergebung erlangen zu können, ist es notwendig, sich im Wasser untertauchen zu lassen, so wie es Jesus im Jordan tat. Wir müssen die Sakralität der menschlichen Person bewusst machen, auf die der Heilige Geist herabgekommen ist und die er erneut geheiligt hat. Der heilige Johannes, der die Taufe Christi ankündigte, sprach vom Heiligen Geist. Das bedeutet, dass dieses Sakrament die Gnade hervorbringt, die jene Substanz ist, mit der wir uns innerlich für die Mit-Ewigkeit bekleiden werden."

Carlo sagte, dass „die Erzählung von der Taufe Christi telegrafisch kurz, aber sehr dicht ist. Jesus wurde also getauft. Der Himmel öffnete sich, der Heilige Geist kam herab, und die Stimme des Vaters bestätigte ihn als Messias: ‚Du bist mein geliebter Sohn, an dir habe ich Wohlgefallen.' Wie man sieht, hat dieses Ereignis in der Geschichte der Menschheit einen nahezu unendlichen Wert. Jesus lässt sich im Fluss Jordan untertauchen, und der Himmel antwortet, wie oben beschrieben. Oben und unten: Himmel und Erde. Jesus lässt sich von seinem Vorläufer taufen. Die Demut wird zur Grundlage des messianischen Charakters. Der Heiland stellt sich selbst auf die Ebene der Sünder. Öffentlich schließt er sich der Menge an und bittet darum, getauft zu werden. Ein Höchstmaß an Bescheidenheit. Opferung des Ansehens bis zur letzten Konsequenz. Gleichstellung mit den Sündern in einem Zustand äußerster Einfachheit. Er mischt sich unter die Menschen, die um Vergebung bitten. Er geht in das läuternde Wasser. Er versteckt sich nicht. Er weicht nicht aus. Er flieht nicht. Ganz im Gegenteil... Und der Himmel antwortet. Ein Ereignis, das mit extremer Einfachheit erzählt wird, aber an sich von außergewöhnlicher Bedeutung ist. Der Himmel öffnet sich. Die ‚Taube' kommt herab. Man hört eine Stimme. Es ist kein Spektakel, kein Drama und keine Allegorie. Es ist göttliche Wirklichkeit, die in die Zeit eintritt und in dieser Ecke Palästinas eine menschliche Stimme annimmt. Diese Stimme verkündet, dass Christus der Sohn Gottes ist. Er ist das Objekt des göttlichen Wohlgefallens. Diese Geschichte haben wir gelesen oder gehört und uns an sie gewöhnt. Sie entgleitet uns. Nach der Lektüre zieht sie sich von uns zurück. Sie erreicht die Ebene von ... irgendeinem Geschichtchen. Dabei sollte man innehalten. Man sollte sich darauf einlassen. Man sollte nachspüren. Der Himmel öffnet sich, dieser Himmel, der bisher fast immer verschlossen war – er öffnet sich und spricht. Der neu getaufte Christus wird ausdrücklich und feierlich als Sohn bekräftigt. Sohn, das bedeutet, von derselben göttlichen Natur. Können wir uns darauf besinnen? Hier stehen wir vor der Ewigkeit, die ihre feierlichen Äußerungen in der Zeit deutlich ausspricht. Wir hören eine grundlegende Wahrheit: Christus ist sowohl Gott als auch Mensch. Das ist das ganze Evangelium. Das ist die grundlegende Wahrheit, das Ausweisdokument, der Reisepass zur Erlösung. In diesen Zeilen verdichtet sich die ‚Operation Heil'. Die Menschheit steht in der trinitarischen Linie der Mit-Ewigkeit. Jetzt ist die ‚Operation Heil' im Gange. Die Fülle der Zeiten in ihrer ganzen Pracht. Das sind ganz zentrale, ganz wesentliche Worte. Das Verbum Aeternum nimmt menschliche Natur an, um uns zu erlösen. Der einzige, eine und dreifaltige Gott offenbart sich uns in seiner zweiten Person."

Carlo liebte es, die Evangelien zu lesen. Jeden Tag konzentrierte er sich auf einen kleinen Abschnitt daraus, der ihm zum Kompass seines jeweiligen Tages wurde. Auch das Evangelium war für ihn eine Gabe Gottes. Ich wiederhole, alles war für ihn eine Gabe. Eines der Gleichnisse, das er am meisten liebte, war das des Sämanns. Für ihn war es wichtig, dass der Same hundertfältig Frucht trägt und nicht von den Dornen des Lebens erstickt wird. Er war sehr angetan vom zwölften Kapitel des Johannesevangeliums. Darin heißt es, dass das Weizenkorn keine Frucht bringt, wenn es nicht stirbt.

Ich erinnere mich, dass dieses Gleichnis einmal während einer Wochentagsmesse in unserer Gemeinde gelesen wurde. Unmittelbar danach begann er, einige Gedanken aufzuschreiben. Er sagte, je mehr es uns im Laufe unseres Lebens gelingen würde, täglich uns selber zu sterben, umso mehr würde es uns möglich sein, in Jesus wiedergeboren zu werden. In seinen Notizen fand ich folgende Betrachtung: „Jesus spricht über ein Weizenkorn, das in die Erde fällt und allein bleibt, wenn es nicht stirbt. Ich wage zu behaupten, dass wir alle dieses Weizenkorn sind, in dem Sinne, dass wir uns alle in der untersten Position befinden, wie ein Samenkorn, das jedoch so kostbar ist, dass der Herr sich alles nur Erdenkliche von ihm erwartet. Wir haben eine große Fähigkeit in uns, nämlich den Geist oder die Seele, die ein wesentlicher Bestandteil unseres Organismus ist, denn wir bestehen aus Seele und Leib. Aber die Seele ist einfach, und das, was einfach ist, ist nicht zerlegbar, nicht kompliziert. Unsere Seele ist also nicht für Zeit und Raum gemacht. Momentan, solange wir leben, sind wir wie eingesperrt in einer Falle, in einem Käfig, der Raum-Zeit genannt wird und von dem wir abhängig sind, weil Zeit und Raum uns das Leben schwer machen. Wir haben jedoch den Geist, der einfach und dadurch unsterblich ist. Weil er unsterblich ist, muss er nicht in Zeit und Raum bleiben. Dieses Korn, das wir alle sind, wird in die Erde gesenkt, um zu reifen, sich zu entwickeln und die ‚Seelenebene' zu erreichen, die weder Zeit noch Raum braucht, sondern für die Ewigkeit gemacht ist. Aber wir sind mehr als dieses Weizenkorn, wir sind vernunftbegabt und müssen bei der Entwicklung dieses Weizenkorns mitarbeiten. Um diese Entwicklung zu fördern, die es dem Korn ermöglicht, eine Weizenähre zu werden, sind zwei Tugenden notwendig, die wir praktizieren müssen: die Demut und die Einfachheit. Wahre und wirkliche Demut besteht nicht darin, dass wir uns selbst verachten, sondern dass wir spüren, dass wir geringer als Gott sind, das heißt: zuerst kommt Gott, und erst dann wir. Andererseits stammt das (italienische) Wort (für) Demut (*umiltà*) vom lateinischen Wort *humus* ab, das Erde bedeutet. Somit ist derjenige demütig, der von der Erde kommt, der gering ist und sich für gering hält. Wenn wir das Gefühl haben, dass wir geringer als Gott sind, dann stehen wir im richtigen Verhältnis zu ihm. Im richtigen Verhältnis zu stehen bedeutet, dass wir in der Demut sind. Die Demut bringt uns dazu, unseren Platz zu behalten. Sie fordert uns auf und veranlasst uns zur Stärkung unserer Fähigkeiten, die wir nicht geringschätzen dürfen, sondern zur Ehre Gottes fördern müssen. Die Einfachheit (ital. *semplicità*) ist die Tugend der Unkompliziertheit, wie das lateinische Wort *simplex* suggeriert. Sie besteht aus zwei Elementen: *sem* und *plicare*. *Sem* bedeutet einmal und *plicare* bedeutet soviel wie falten. Der Gegenbegriff zum Wort *einfach* ist *kompliziert*. Er stammt vom lateinischen *complicare* und bedeutet zusammengefaltet, verwickelt, knifflig. Kompliziert bedeutet also in sich verwickelt, weniger einfach, verwirrend, schwer zu verstehen. Die Einfachheit ist folglich gerade die Kunst, nicht zu vervielfachen, nicht zu verkomplizieren, sondern alles offen zu lassen hin zur Herrlichkeit Gottes und für das Wohl unserer Geschwister. Diese beiden Tugenden erlauben es dem Weizenkorn, aus Mutter Erde herauszukommen, sich zu entwickeln und Weizen zu werden. Der Weizen wird zu Mehl, das Mehl wird zu Brot, und dieses Brot bekommt die Gestalt bzw. das Aussehen, das für die heilige Eucharistie erforderlich ist. Wenn Jesus vom Weizenkorn spricht, denkt er an sich selbst als konsekriertes und gewandeltes Brot, und an uns Menschen, die von diesem Brot leben, in diesem Brot bestehen und mit diesem Brot in die Ewigkeit eingehen. Deshalb bitten wir Jesus: O Gott, mach mich zu einem fruchtbaren, einem wirkungsvollen und nützlichen Korn. Jesus, mach aus mir ein Weizenkorn, sodass ich deine eucharistische Wirklichkeit erreichen kann, von der ich wirklich und wahrhaftig lebe."

Carlo wiederholte immer wieder, dass auch unser Leben eine Gabe sei, denn solange wir auf diesem Planeten sind, haben wir die Möglichkeit, unser Maß an Liebe gegenüber Gott und unseren Nächsten zu steigern. Je höher dieses Maß sein wird, umso mehr werden wir Gottes ewige Glückseligkeit genießen. Er war zutiefst davon überzeugt, dass wir uns nicht darüber im Klaren sind, dass jede Minute, die vergeht, eine Minute weniger bedeutet, um heilig zu werden, und dass wir die Zeit nicht mit Dingen verschwenden sollten, die Gott nicht gefallen. Wir sollten sie uns vielmehr zum Verbündeten machen. Er sagte, dass Jesus uns durch seine Menschwerdung gezeigt hat, wie wir unsere Zeit am besten nutzen können. Durch ihn ist die Ewigkeit in die Zeit hinabgestiegen und hat uns die Möglichkeit gegeben, bereits jetzt in der trinitarischen Dimension zu leben, d.h. in Gemeinschaft mit dem einen und dreifaltigen Gott, in der so genannten Zeit Gottes, dem Kairós (καιρός), der richtigen Zeit schlechthin, die uns bereits hier und jetzt in die Mit-Ewigkeit einführt. Er erkannte, dass das Leben zwar eine unermessliche Gabe ist, es aber dennoch eine Prüfung darstellt, in der wir die Liebe Gottes und seinen Willen für uns annehmen oder abweisen können. Er war zutiefst davon überzeugt, dass die Sakramente die größte Hilfe sind, damit wir es schaffen, Gott in unserem Leben an die erste Stelle zu setzen und unseren Willen auf das Gute zu lenken. Einmal sagte er mir, dass „unser Ziel das Unendliche sein muss, nicht das Endliche".

Aber es ist dennoch wichtig zu verstehen, dass wir die Dinge dieser Welt nicht verachten oder gar hassen dürfen, als ob sie einen Gegensatz zu Gott darstellen würden. In diesem Zusammenhang sind die Worte des Trappistenmönchs Thomas Merton von Bedeutung. Er betont in seinem Essay „Verheißungen der Stille", dass „das Losgelöstsein von den Dingen, nicht heißt, einen Gegensatz zwischen den ‚Dingen' und ‚Gott' aufzustellen, so als ob Gott ein anderes ‚Ding' und als ob seine Geschöpfe seine Rivalen wären. Wir lösen uns nicht von den Dingen, um Gott anzuhangen, vielmehr lösen wir uns von uns selbst, um alle Dinge in Gott und für Gott zu sehen und zu gebrauchen. Das eröffnet eine ganz neue Perspektive, die viele moralisch und asketisch hochstehende Menschen gar nicht kennen. Es gibt nichts Schlechtes in den von Gott geschaffenen Dingen; und nichts, das von Gott kommt, kann ein Hindernis für unsere Vereinigung mit ihm sein. Das Hindernis liegt in unserem ‚Selbst', das heißt in dem hartnäckigen Verlangen, unseren besonderen, oberflächlichen, egoistischen Willen durchzusetzen. Wenn wir alle Dinge auf dieses äußerliche und falsche ‚Ich' beziehen, entfremden wir uns von der Wirklichkeit und von Gott. Dann ist unser falsches ‚Ich' unser Gott, und wir lieben alles unserem Ich zuliebe. Wir gebrauchen alle Dinge sozusagen zur Verehrung dieses Götzenbildes, das unser eingebildetes Selbst ist. Damit verkehren und verfälschen wir die Dinge, oder vielmehr wir machen unsere Beziehungen zu ihnen zu einer verfälschten und sündhaften Beziehung. Wir machen sie damit nicht zu etwas Schlechtem, aber wir gebrauchen sie, um unsere Bindung an unser illusorisches Selbst noch zu vertiefen."

In der Figur des Narziss beschreibt Ovid plastisch den Fehler all derer, die sich selbst zu sehr lieben, sich dabei in sich selbst verschließen und Gott und den Nächsten vergessen. Der Mythos erzählt, dass Narziss der Sohn von Kephissos und der Nymphe Liriope war. Unempfindlich gegenüber der Liebe, erwiderte er nicht die überwältigende Leidenschaft der Nymphe Echo. Dafür wurde er von der Göttin Nemesis bestraft: Sie bewirkte, dass er sich in sein eigenes Bild verliebte, das sich in einer Quelle spiegelte. Narziss starb, verzehrt von dieser eitlen Leidenschaft, und verwandelte sich in die gleichnamige Blume. Wenn wir nicht achtgeben, könnte uns geistigerweise das Gleiche passieren. Carlo war sehr betroffen von der Tatsache, dass es Menschen gibt, die aus Eitelkeit viele Stunden ihres Lebens damit verschwenden, immer schöner zu werden. Sie gehen nie zur Messe, weil ihnen keine Zeit mehr für das Gebet bleibt. Dazu sagte er: „Warum sorgen sich die Menschen so sehr um die Schönheit des eigenen Körpers und kümmern sich nicht um die Schönheit ihrer Seelen?“

Rote Rosen gehörten zu den Lieblingsblumen von Carlo. Er sagte, dass die Schönheit des Körpers der Schönheit einer Rose gleicht: Sie ist nur von kurzer Dauer und dazu bestimmt, schnell zu verwelken. Für Carlo war die äußere Schönheit eines Menschen vergleichbar mit der einer Sandburg am Meeresufer. Sobald die Wellen kommen, zerstören sie die Burg. Es bleibt nichts als ein Sandhaufen zurück. Genauso wird es auch uns nach dem Tod ergehen. Denn wir sind Staub, und zum Staub kehren wir zurück. Körperliche Schönheit verblasst im Laufe der Zeit und nimmt unbarmherzig ab. Nichts von ihr wird übrigbleiben, während geistige Schönheit niemals verfallen und stets weiter wachsen wird, wenn wir treu mitarbeiten. Für Carlo waren daher all die Bemühungen, äußerlich immer jung und schön zu bleiben, vollkommen nutzlos. Deshalb sagte er: „Alles geht sowieso vorbei. ... Das, was uns in den Augen Gottes wirklich schön machen wird, wird nur die Art und Weise sein, in der wir ihn und unsere Geschwister geliebt haben.“

Carlo empfand großen Kummer, wenn er sah, wie unglücklich so viele Menschen angesichts der Tatsache waren, dass sie alt wurden, und wie sie sofort in eine tiefe existenzielle Krise stürzten. Er hatte viele solcher Menschen kennengelernt und empfahl sie immer dem Herrn, damit er ihnen helfe, ihre Unsicherheiten zu überwinden. Carlo pflegte zu sagen, dass die eigentlichen Behinderungen nicht physischer Natur seien, denn die physischen Behinderungen würden ein Ende haben, während die inneren für alle Ewigkeit bestehen blieben und für den Grad der ewigen Glückseligkeit, den wir genießen würden, entscheidend und bestimmend seien. Mein Sohn konnte die Heiligkeit einer Seele an der Leuchtkraft ihres Blicks erkennen. Scherzend fragte er mich immer, ob seine Augen noch strahlen würden. Er zitierte mir oft die Stelle aus dem Matthäus-Evangelium, in der Jesus sagt, dass „die Augen das Licht der Seele sind" (vgl. Mt 6, 22). Nach dem, was viele Leute erzählen, waren die Augen meines Sohnes besonders strahlend.

Carlo liebte Mönche und Nonnen, die in Klausur lebten, sehr. Er sagte, dass ihre Augen fast immer sehr strahlend seien und dass er in ihrer Nähe ein Gefühl der Leichtigkeit spürte, so als ob seine Seele emporgehoben würde. Insbesondere zu den Eremitinnen, in deren Kloster er anlässlich seiner Erstkommunion zu Gast war, entwickelte sich eine besondere Freundschaft. Er bat mich, ihn zu begleiten, um sie zu besuchen und sie um ihr Gebet zu bitten. Für ihn waren sie wie „Schutzengel auf Erden". Carlo verspürte eine ausgeprägte Harmonie zwischen sich und den Klausurnonnen, die er als Schwestern betrachtete, die ihm halfen, in der Liebe zu Jesus zu wachsen. Die Inschrift „Gott genügt mir" in der Eingangshalle ihres Klosters hatte ihn sehr beeindruckt. Jedes Mal, wenn wir sie besuchten, bat er sie, ihm dabei zu helfen, für die Bekehrung der Sünder und die Befreiung der Seelen aus dem Fegefeuer zu beten. Diese geistige Verbindung hat viele Früchte getragen. Die Eremitinnen haben seine Entwicklung in den verschiedenen Phasen seines Lebens stets verfolgt. Sie begleiteten ihn mit ihren Gebeten auch anlässlich seiner Firmung, die er am 24. Mai 2003 durch Monsignore Luigi Testore empfing. Das taten sie sowohl vor als auch nach seinem Heimgang in den Himmel und sie beten weiterhin für viele Menschen, die sich ihren Gebeten anvertrauen.

Nicht nur die Eremitinnen hatten einen Platz in seinem Herzen, sondern auch andere Klausurnonnen wie etwa die Klarissen des Hauptklosters in Assisi und die Klarissen-Urbanistinnen aus Spello. Er hatte großes Vertrauen in die Gebete der kontemplativen Nonnen und bat sie, ihm zu helfen, ein Heiliger zu werden. Ich erinnere mich, dass eine Ordensfrau ihm ein Stoßgebet beigebracht hatte, das er oft wiederholte: „Wunden Jesu, Münder voller Liebe und Barmherzigkeit für uns, sprecht von uns zum göttlichen Vater und erlangt uns eine innerliche Wandlung."

Er spürte ein seelisches Wohlbefinden, wenn er mit ihnen zusammen war, sagte er. Außer für die Klausurnonnen hatte Carlo eine große Sympathie für die Kleinen Schwestern vom Lamm, eine in Frankreich von der Kleinen Schwester Marie gegründeten religiösen Gemeinschaft. Am 16. Juli 1983 wurde die Gemeinschaft vom Lamm von Br. Vincent de Couesnongle OP, dem damaligen Ordensmeister des Predigerordens, als „neuer Zweig, der aus dem Stamm des Ordens hervorgeht" anerkannt. Die Kleinen Schwestern vom Lamm folgen als Pilgerinnen, Betende, Arme und Bettlerinnen den Spuren des heiligen Dominikus und des heiligen Franziskus. Ihr Charisma besteht darin, die Ärmsten zu erreichen, damit alle das Licht des Evangeliums und des Lammes Jesus empfangen, sowie darin, täglich mehrere Stunden eucharistische Anbetung zu halten. Carlo begegnete ihnen zum ersten Mal in Assisi, wo sie ein Haus für Sommerferienaufenthalte hatten. Sie waren zu uns gekommen, um etwas zum Essen zu erbitten. Nachdem er uns um Erlaubnis gebeten hatte, lud er sie zum Mittagessen ein. Im August 2005 kamen sie zu uns nach Hause während ihrer Pilgerreise nach Assisi; sie fragten nach Brot, wie sie es jeden Tag zur Mittagszeit taten. Carlo öffnete ihnen die Tür, ließ sie herein und lud sie zum Essen bei uns ein. Sie hatten ein Problem mit ihrem Computer, und er hat es sofort gelöst.

Carlo sah in den geweihten Männern und Frauen besondere Menschen, die großzügig alles gegeben hatten, um „das Ganze" zu finden. Deswegen war er davon überzeugt, dass Jesus ihren Gebeten nichts abschlagen konnte. Sie hatten sich dafür entschieden, für ihn allein zu leben, deshalb würde Gott ihre Bitten nicht enttäuschen. Außer den Gebeten der Gottgeweihten hielt Carlo die Gebete der Eltern für ihre Kindern für sehr wichtig. Er forderte sie auf, sie auf dem Weg der Freundschaft mit Christus zu unterstützen, und sagte uns in diesem Zusammenhang: „Selbst wenn diese Kinder älter werden und eines Tages den Weg zu Gott verlassen sollten, wird sich der Herr früher oder später an die Gebete erinnern, die sie gemeinsam in der Familie gesprochen haben. Er wird sie zur Herde zurückbringen."

Er sagte, dass das aufrichtige Gebet einer Mutter oder eines Vaters, das mit Vertrauen und Hingabe gesprochen wird, stets früher oder später von Gott erhört wird.

Carlo sah genau, dass unsere Gesellschaft bedauerlicherweise sehr narzisstisch ist und dass ihr deshalb die Pflege der äußeren Erscheinung wichtiger ist als die Pflege des innerlichen Lebens. Als er sechs Jahre alt war, schrieb er einen kleinen Brief an Jesus, in dem er um folgendes bat: „Herr, mach, dass Rajesh weniger eitel ist." Rajesh hatte kürzlich begonnen, in unserem Haus zu arbeiten, und anfangs gab er sein ganzes Gehalt für Kleidung aus. Er sah einem berühmten indischen Schauspieler namens Shah Rukh Khan sehr ähnlich. Er kleidete sich wie dieser und wollte unbedingt, dass Carlo Fotos von ihm machte, die er an seine weiblichen Fans verschicken wollte. Mein Sohn hatte wirklich enorme Geduld und versuchte, zu allen liebenswürdig zu sein.

Ich kann versichern, dass ich, schon seit Carlo klein war, nie laut werden oder ihn schelten musste. Wenn ich ihm sagte, er solle etwas tun, gehorchte er prompt und ohne Widerrede. Wenn er etwas tun wollte, bat er vorher um Erlaubnis. Wenn wir, die Eltern oder seine Großmutter mütterlicherseits, nicht da waren, dann wandte er sich an den Babysitter. Ich erinnere mich, wie er etwa eineinhalb Jahre alt war: Er zeigte mit dem Finger auf die Dinge, bevor er sie berührte. Dabei sah er mich an, als wollte er wissen, ob er sie nehmen darf oder nicht. Dann schüttelte er sein Fingerchen, als wollte er Nein sagen, oder nickte mit dem Kopf, um Ja zu sagen. Wenn ich die Fragen beantwortete und ihm signalisierte, dass es in Ordnung sei, die Sache zu berühren, dann nahm er sie. Wenn aber nicht, dann ließ er es ohne Widerspruch sein.

Er zitierte mir oft einen Satz, den er in einem innerlichen Wort von seinem Schutzengel vernommen hatte: „Nicht die Selbstliebe, sondern die Herrlichkeit Gottes." Das menschliche Ich, also das in sich verschlossene Ich, ist die Ursache des Stolzes und damit aller

Sünde. Es ist der Feind Gottes, indem es Seine universelle und absolute Herrschaft angreift. Und es ist der Feind der Menschen, es hetzt die einen gegen die anderen auf aufgrund von entgegengesetzten Interessen. Es ist der Feind eines jeden Menschen, denn es zieht jeden einzelnen weg von seinem wahren Gut und zum Bösen hin. Es raubt ihnen den Frieden und die Ruhe. Wird das menschliche Ich jedoch zurückgenommen, dann werden alle Gedanken des Menschen, seine Wünsche und seine Handlungen, auf Gott ausgerichtet sein, ohne Rückzug auf sich selbst; Gott wird geliebt, angebetet, Ihm wird gedient werden, Seinetwegen, aufgrund Seiner unendlichen Vollkommenheiten und Wohltaten. Alles andere wird aus Liebe zu Gott geliebt werden. Gott wird geliebt werden, wenn er den Menschen tröstet und wenn er ihn schlägt, wenn er ihn umarmt und wenn er ihn prüft, wenn er ihn sanft zu sich zieht und wenn er ihn von sich wegzustoßen scheint. Wir sollen das menschliche Ich, das stolze und hochmütige Ich auslöschen. Solange der Mensch unschuldig bleibt, wird er seine Tage in beständigem Frieden verbringen, denn nichts kann ihn stören, weder innerlich noch äußerlich. Die Vernichtung des Hochmuts, des Stolzes und der ungeordneten Selbstliebe muss zur stetigen Bemühung eines jeden wahren Christen werden, eines jeden, der in die Fußspuren von Jesus treten will. Und es ist notwendig, diesen Kampf gegen sich selbst von Beginn des spirituellen Lebens an anzufangen.

Mein Sohn sagte immer, dass Jesus selbst uns befohlen hätte, uns selbst zu verleugnen und unser Kreuz auf uns zu nehmen, um ihm zu folgen. Wenn es uns gelingt, dieses „menschliche Ich“ auszulöschen, dann werden alle Verbrechen von der Erde verschwinden, alle Menschen werden in brüderlichen Beziehungen leben und die Güter dieser Welt untereinander ohne Neid teilen. Sie werden sich dann gegenseitig helfen, und jeder wird im anderen ein anderes Selbst sehen. Eine gute Übung, um den eigenen Grad an Demut und innerer Freiheit zu ermessen, war laut Carlo, zu testen, in welchem Maß wir berechtigte oder unberechtigte Kritik, die an uns geübt wird, ertragen können. Die Intensität, mit der wir uns aufregen, ist das Thermometer, das uns offenbart, wie umfangreich unsere ungeordnete Selbstliebe noch immer ist und was wir noch unternehmen müssen, um diesen schwerwiegenden geistigen Mangel zu beseitigen. Wenn wir uns nicht davon befreien, wird er uns daran hindern, auf dem Weg der Heiligkeit voranzuschreiten. Befreit von ungeordneter Liebe und Anhänglichkeiten werden wir jedoch in der Lage sein, alle Menschen zu lieben, auch uns selbst, aus Liebe zu Gott.

Kurze Zeit nach seiner Erstkommunion schrieb er: „Immer mit Jesus vereint zu sein, das ist mein Lebensprogramm." Zur Verwirklichung dieses ehrgeizigen Projekts war es für ihn unerlässlich, alles zu beseitigen, was ihn in irgendeiner Weise von Gott fernhalten konnte. Er sagte : „Die Bekehrung ist nichts anderes, als den Blick von unten nach oben zu richten, also eine einfache Bewegung der Augen." Obwohl er diese Worte metaphorisch interpretierte und sie mit einer Mischung aus Ernst und Spaß auszusprechen schien, war das für ihn klarerweise eher eine sympathische Art, um eine große Wahrheit zu vermitteln. Oberflächlich betrachtet mag es sehr einfach erscheinen, dieses Programm einzuhalten. In Wirklichkeit jedoch zeigen die Fakten, dass es sehr schwierig ist, sich von den Dingen der Welt zu lösen, um denen des Himmels anzuhangen. Carlo pflegte zu sagen: „Die Bekehrung bedeutet, nicht weiter nach unten zu fallen, sondern wieder nach oben zu klettern. Je tiefer wir hinabgestiegen sind, desto schwieriger und mühsamer wird der erneute Aufstieg sein. Es ist wichtig, umzukehren, und zwar Schritt für Schritt, Tag für Tag, einfach vorwärtsgehen, ohne jemals anzuhalten. Je höher wir steigen, desto mehr werden wir die Dinge aus der richtigen Perspektive betrachten, das heißt in ihrer Gesamtheit und Vollständigkeit. Je höher wir steigen, desto mehr gelangen wir in die Atmosphäre, die die Mit-Ewigkeit umgibt. Wir werden die Luft der Unendlichkeit einatmen. Das ewige Leben wird unser Lebensraum sein. Die Mit-Ewigkeit wird unsere Identität ausmachen. Mit-Ewigkeit = eine Ewigkeit zusammen. Zusammen mit wem? Mit der Heiligsten Dreifaltigkeit. Wir sind unsterblich, und das Denken ist ein unwiderlegbarer Beweis dafür: Das Denken in seiner immerwährenden

Wirklichkeit ist grundsätzlich und tatsächlich unabhängig von allem, was zusammengesetzt ist. Das Zusammengesetzte ist aufgrund seiner Natur zersetzbar. Insofern es an Zeit und Raum gebunden ist, ist es begrenzt und vergänglich. Das Denken hingegen ist einfach, unzerlegbar, unendlich und unsterblich. Es ist weder an Zeit noch an Raum gebunden. Der einzige, eine und dreifaltige Gott ist in Ewigkeit. Ein Unsterblicher nimmt also Anteil an der Ewigkeit, das heißt, er ist ebenfalls ewig, jedoch nicht aus Prinzip, sondern tatsächlich aus Gnade. Die menschliche Person kommt absolut nicht darum herum, sich die Frage nach dem gewöhnlich und vulgär so genannten ‚Jenseits' oder, wissenschaftlich genauer, nach der Mit-Ewigkeit zu stellen. Die Mit-Ewigkeit ist das Reich des Droben, das Gebiet des Droben, die Herrschaft des Droben, das Prinzip des Droben und die Tatsache des Droben. Um das Droben zu erreichen, muss man aufsteigen. Wenn man das Droben als das persönliche Schicksal betrachtet, als unmittelbare Teilnahme an der Verlängerung der Zeit und der Ausweitung des Raums, dann gehören der Aufstieg und die Askese zu den geeigneten Werkzeugen, um das Droben konkret zu erreichen. Der Aufstieg im klaren und präzisen Sinne bedeutet, sich das Droben als tägliches Programm, als 24-Stunden-Projekt und als Lebensplan vorzunehmen. Aufsteigen, das heißt, sich auf das Droben vorzubereiten, sich für das Droben zu vervollkommnen, für das Droben passend zu machen, darum zu bewerben und bis zum Droben emporzusteigen. Der mystische Aspekt dabei ist die Veredelung der auf das Droben ausgerichteten Existenz."

Laut Carlo werden wir erst dann in der Lage sein, wirklich friedlich und glücklich zu sein, wenn wir von der Sünde und von jeder Bindung, die uns von Gott trennt, vollkommen frei werden. Es besteht ein großer Unterschied zwischen einer Person, die ihre Zeit damit verbringt, über materielle Interessen und ihre Lebenssituation nachzudenken und die damit beschäftigt ist, der Welt zu gefallen, um sich selbst zu behaupten; und einer Person, die stattdessen oft an Gott denkt, der es in erster Linie darum geht, Ihm zu gefallen und die nicht an die Dinge dieser Welt denkt, es sei denn als Mittel, um in den Himmel zu gelangen. Das Leben der Letzteren wird sicherlich edler und schöner sein. Das, was uns daran hindert, so mit Gott zu leben und in seiner Gegenwart freudig und rein zu sein, sind Sorgen, falsche Ängste und sinnlose Neugierde. Achten wir darauf, dass wir mehr Raum für die übernatürlichen Dinge in unserem Leben schaffen. Wenn wir wirklich ein für allemal beschließen, den irdischen Dingen nicht zu viel Bedeutung beizumessen und unser Vertrauen allein auf Gott zu setzen, dann werden wir – wie ein klarer, wolkenloser Himmel – wahrhaftig glücklich und in Frieden mit uns selbst und der Schöpfung sein.

Eine Sache, die mir an Carlo stets aufgefallen ist, war, dass er nicht wollte, dass irgendein „Fleck" seine Seele beschmutzte. Er hatte sehr wohl verstanden, dass das Sakrament der Beichte ihm dabei half, um dieses hochgesteckte Ziel zu erreichen. Er sagte, dass viele kleine Flecken zusammen einen großen Flecken bilden und diese am Ende keinen leeren Raum übrig lassen würden. Wenn er den Kindern den Katechismus lehrte, erzählte er diesbezüglich immer eine Begebenheit aus dem Leben des heiligen Antonius von Padua, den er sehr verehrte: „Eines Tages kam ein großer Sünder zu ihm, der entschlossen war, sein Leben zu ändern und all das Böse, das er begangen hatte, wiedergutzumachen. Er kniete zu seinen Füßen, um zu beichten, aber er war so aufgewühlt, dass er den Mund nicht aufbrachte. Tränen der Reue liefen über sein Gesicht. Da riet ihm der heilige Mönch, sich zurückzuziehen und seine Sünden auf einen Zettel zu schreiben. Der Mann gehorchte und kam mit einer langen Liste zurück. Bruder Antonius las sie laut vor und reichte sie dem Bußfertigen zurück, der auf den Knien lag. Wie groß war nun die Verwunderung des reuigen Sünders, als er das Papier sah: Es war vollkommen leer! Die Sünden waren aus der Seele des Sünders und auch vom Papier verschwunden."

Carlo pflegte den 51. Psalm – das Miserere – zu rezitieren. Darin bereut König David seine Sünden und bittet Gott um Vergebung: „[...] Wasche mich, und ich werde weißer als Schnee [...] Tilge alle

Schuld, mit der ich beladen bin.[...] .Erschaffe mir, Gott, ein reines Herz, und einen festen Geist erneuere in meinem Innern!"

Er ging jede Woche zur Beichte, fast immer bei einem Ruhestandspriester, der in unserer Gemeinde aushalf. Jener Priester vertraute mir an, dass Carlo ein Junge von außergewöhnlicher Klarheit und Reinheit war. Er wünschte in allem besser zu werden, sowohl in der Liebe zu Gott als auch gegenüber seinen Nächsten, angefangen bei seinen Eltern. Er wollte seine Freundschaft mit Gleichaltrigen, mit anderen Mitschülern und mit den Lehrern vervollkommnen. Er wollte sich immer ernsthafter anstrengen, die verschiedenen Schulfächer und die Informatik sowie die Themen, die mit dem Glauben zu tun haben, vertiefen. Carlo ging wöchentlich zum Sakrament der Versöhnung, sowohl um dem Herrn für alle Gaben, die er bekommen hatte, zu danken, als auch, um sich auch noch bei jenen minimalen Unvollkommenheiten, die ihn daran hinderten, den Berg der Heiligkeit immer höher zu erklimmen, zu bessern und sie zu überwinden.

Er verwendete oft diese Metapher, um die Schlacke zu beschreiben, die die Sünde in der Seele hinterlässt: „Der kleinste Fehler hält uns auf die gleiche Weise am Boden verankert wie der Faden in der Hand, mit dem Luftballons festgehalten werden."

Er liebte das Drachensteigen auf dem Berg Subasio in Assisi und dass seine Hunde ihm dabei nachliefen. Carlo verglich oft die Seele mit dem Drachen. Dieser braucht den Wind, um fliegen zu können, so wie unsere Seele den Heiligen Geist braucht. Und er zog auch einen anderen Vergleich heran, um die Notwendigkeit der Beichte zu verdeutlichen: „Um in die Höhe zu steigen, muss der Heißluftballon Gewichte abwerfen. Genauso muss die Seele, um in den Himmel aufzusteigen, sich dieser kleinen Lasten der lässlichen Sünden entledigen. Im Falle einer Todsünde fällt die Seele auf die Erde zurück. Die Beichte ist wie das Feuer, das den Ballon wieder in den Himmel aufsteigen lässt. Man muss oft beichten, weil die Seele sehr vielschichtig ist."

Ein weiterer Satz, den er immer wieder sagte, offenbart die Bedeutung, die Carlo der Tatsache beimaß, dass er immer vor dem Angesicht des Herrn stand: „Wenn die Menschen die Schönheit des Lebens in der Gnade Gottes wirklich begreifen würden, indem sie seine Gebote befolgten, dann würden sie alles tun, um keine schweren Sünden zu begehen, und sich mehr bemühen, denjenigen zu helfen, die fern von Gott sind." In diesem Zusammenhang zitierte er oft die heilige Jacinta von Fatima. Sie sagte: „Wenn die Menschen wüssten, was die Ewigkeit ist, würden sie alles tun, um ihr Leben zu ändern."

Carlo war sich bewusst, dass viele es bevorzugen, einen Psychologen oder einen Coach zu Rate zu ziehen, anstatt beichten zu gehen. Diese würden sicherlich zuhören und analysieren, jedoch niemals die Bekehrung und die Änderung des eigenen Lebens empfehlen, um ein glückliches Leben zu führen, denn das Verharren in der Sünde bringt nur Traurigkeit und Krankheit. Carlo sagte, dass das Unglücklichsein wegen der Sünde und der Entfernung von Gott entsteht. Die Sünde aufzugeben und ein neues Leben in der Gnade Gottes zu beginnen ist daher die einzige Lösung. Der Psychologe spricht von Schwierigkeiten, von Fehlern, von Problemen, von Schuldgefühlen und Traumata, aber niemals von Sünde, von der Beziehung zwischen Mensch und Gott, von einer Freundschaft, die nicht mehr besteht und die man wiederherstellen möchte. Carlo sagte, dass sich in der Beichte Christus offenbart und uns durch den Heiligen Geist, mit dem Vater versöhnt. Die Frucht des Sakraments der Buße ist der Friede. Er legte Wert darauf zu erklären, dass die Beichte auch Sakrament der Barmherzigkeit genannt wird: Sie ist der Widerschein der Liebe Gottes, der am Kreuz gestorben ist, um uns zu retten und zu erlösen. Seit Ewigkeiten hat er an jeden einzelnen von uns gedacht. Carlo sagte: „Mit diesem Sakrament ist es, als ob aus den geweihten Händen des Priesters ein Lichtstrahl durchsickern würde, der die Dunkelheit, mit der uns die Sünde umhüllt hat, durchdringt." Die Barmherzigkeit ist die Ausbreitung des Lichts in der Dunkelheit.

Und er sagte, es sei wichtig – wenn möglich –, immer bei demselben Priester zu beichten. Für ihn war es ganz wichtig, bei jedem Sündenbekenntnis Vorsätze der Besserung zu fassen und sich erreichbare Ziele zu setzen. Er sagte, dass man den Priester mit den Augen des Glaubens betrachten müsse. Der Beichtvater sei wie ein Arzt für uns. Durch ihn heilt Gott nämlich unsere durch die Sünde verursachten Wunden. Das einzige Hindernis für ein gute Beichte sei das „Ich". Indem wir unser Elend bekennen, werden wir das „Ich" niederreißen. Der Spiegel unserer Seele wird dann rein, ohne Schatten. Da Gott darin kein Hindernis vorfindet, wenn er sich spiegelt, wird unsere Seele sein Bild widerspiegeln.

Carlo hat nie gelogen. In seinen Katechesen zitierte er immer folgende Begebenheit im Zusammenhang mit einer geistlichen Tochter von Pater Pio: „Der Pater – wie wir alle wissen – wollte nicht, dass wir auch nur eine einzige Lüge sagen, nicht einmal im Scherz oder bei etwas Unwichtigem. Um die Verpflichtung einzuhalten, die ich mir in der Beichte vornahm, begann ich den Schutzengel um Hilfe zu bitten. Wenn ich mich in Schwierigkeiten befand, weil man mich etwas fragte, das ich nicht wusste, oder ohne zu lügen nicht beantworten konnte, empfahl ich mich ihm." Carlo bat Gott stets, dass er ihm helfe, die Unschuld der Taufe zu bewahren, die wir alle eifersüchtig hüten sollten. Bitten wir Gott, uns zu helfen, immer in Seiner Gnade zu bleiben, wie die klugen Jungfrauen im Evangelium. Sie hatten das Öl schon vorbereitet, bevor der Bräutigam eintraf, und wurden nicht überrumpelt.

7

Die Armen und die Schwächsten – meine Herzensfreunde

Carlo erkannte in den Armen und Kranken die Gegenwart Jesu. Insbesondere in den Leidenden sah er Christus, den Gekreuzigten. Er hatte bei diesen Menschen die lebhafte Wahrnehmung, sich in der Gegenwart des Herrn zu befinden. Deshalb bemühte er sich immer um konkrete Akte der Nächstenliebe für sie. Ihnen zu helfen bedeutete für ihn, den gekreuzigten Jesus aufzurichten.

Wenn er ihnen eine Decke oder einen Schlafsack gab, dachte er zurück an die Nacht von Jesu Geburt, als diesem alles verweigert wurde. Etwas für die Armen zu tun war für Carlo gleichbedeutend damit, es für Jesus selbst zu tun. Wenn er in Kontakt mit menschlichem Leid kam, fand er sich unmittelbar zurückversetzt auf den Kalvarienberg, in die Gegenwart des gekreuzigten Christus.

Das Beispiel des heiligen Franziskus und des heiligen Antonius von Padua beim Vollbringen von Taten der Nächstenliebe gegenüber den Armen war für Carlo ein großer Anreiz, das Gleiche zu tun. Er war ein junger Mann, der bei allem, was er tat, mit Leidenschaft dabei war und eine ansteckende Begeisterung hatte. Er war stets bemüht, besser zu werden, und kümmerte sich unermüdlich um seine Nächsten, insbesondere um die Bedürftigen. Manchmal schien er keinen Frieden zu finden, wenn er einen Bettler oder eine Person sah, die Probleme hatte. Wenn er konnte, setzte er alles daran, ihnen zu helfen.

Für ihn waren diese Menschen vergleichbar mit der Heiligen Familie von Nazareth, die in Bethlehem nirgends Aufnahme fand als nur in einem Stall. In diesem Zusammenhang schrieb er in einer seiner Betrachtungen: „Der Herr Jesus wurde Mensch, indem er ein armes Mädchen von nur fünfzehn Jahren als seine Mutter und einen armen Zimmermann als seinen vermeintlichen Vater auserwählte. Als er geboren wurde, gab es von Seiten der Menschen, die keinen Platz für ihn hatten, nur Ablehnung. Schließlich fand jemand einen Stall für ihn. Wenn wir darüber nachdenken, war der Stall von Bethlehem sicherlich besser als viele Häuser von heute, in denen der Herr noch immer abgelehnt und oft sogar beleidigt wird, weil er in unwürdiger Weise empfangen wird. Ein armes Mädchen von fünfzehn Jahren, zusammen mit einem armen Zimmermann, waren also die Eltern Gottes, der die Armut und nicht den Luxus gewählt hat."

Als er von der „Opera San Francesco" für die Armen erfuhr, dem Werk, welches in Mailand von den Kapuzinern geführt wird, eröffnete sich ihm ein großes Feld des Apostolats und der Nächstenliebe. Sie haben Kantinen, in denen sie Tausende von Menschen speisen, Unterstützung für die Bedürftigsten leisten und dabei auch Zusatzleistungen erbringen. Inspiriert von dieser Arbeit, wollte auch er einen Beitrag für die Obdachlosen und die Bettler leisten, die täglich von den Ordensbrüdern unterstützt wurden. Deswegen trafen wir uns oft mit Pater Giulio Savoldi, dem Vizepostulator und Beichtvater des ehrwürdigen Bruders Cecilio Maria Cortinovis, dem Pförtnerbruder und Gründer dieses Werkes für die Armen im Viale Piave. Er sagte mir, dass er noch nie einen Jungen mit einem solchen Mitgefühl für die Armut und das Leid der Anderen gesehen hatte. Er lernte Carlo kennen, als dieser etwa fünf Jahre alt war. Damals brachte er ihm das ganze Geld, das er in seinem Sparschwein gesammelt hatte, damit er es den bedürftigsten Kindern gäbe. Der Kapuziner gestand mir, dass er von diesem kleinen, großzügigen Kind mit seinem strahlenden Gesicht und der großen Offenheit für alles Schöne und Gute sehr beeindruckt und bewegt war. Er ahnte schnell, dass in ihm eine besondere Seele verborgen war, die einen Beitrag zur Linderung der Schmerzen derjenigen leisten wollte, die in vielerlei Hinsicht weniger Glück hatten als er. Carlo wollte denen helfen, die in Schwierigkeiten waren, und vertraute mir an, dass er als Erwachsener ein Hilfswerk gründen wollte. Es sollte sich um die Obdachlosen kümmern, die nirgendwo hingehen konnten, denn in den öffentlichen Kantinen und Schlafsälen ist es nicht immer möglich, einen Platz zu finden. Einer seiner größten Wünsche wäre gewesen, Schlafsäle zu bauen, in denen jeder seinen eigenen persönlichen Bereich und Regale haben konnte, um das eigene Hab und Gut abstellen zu können.

Wir besaßen seit kurzem ein kleines Haus in Assisi, wo wir mit unseren Hunden Urlaub machten. Einmal, als er mit ihnen spazierenging und an der kleinen Kirche Santo Stefano vorbeilief, sah Carlo, dass dort in einem kleinen öffentlichen Park ein Bettler auf dem Boden schlief. Von diesem Tag an erinnerte er meine Mutter jeden Abend daran, etwas mehr zu kochen, damit er es dem armen Mann bringen konnte. Außerdem gab er ihm auch Geld, so oft er konnte.

Das Gleiche tat er mit den Obdachlosen, die in der Nähe unseres Hauses in Mailand, entlang dem Säulengang der Kirche oder in der Nähe vom Arco della Pace schliefen, der an den Parco Sempione angrenzt. Damals war der Park ein bevorzugter Ort für die Obdachlosen, man hatte ihn noch nicht geschlossen. Zusammen mit Rajesh hatte Carlo es organisiert, den Obdachlosen Essen zu bringen. Dafür hatte er von seinem Taschengeld Thermogeschirr und kleine Thermoskannen gekauft. Wann immer er einen dieser Obdachlosen sah, ging er hinaus und brachte ihm einen Teil seines Abendessens, Obst, Kekse oder belegte Brote und heiße Getränke. Wenn möglich, gab er ihnen auch Kleidung.

Einmal bat er mich um Erlaubnis, mit Rajesh in ein Geschäft im Stadtzentrum zu gehen, um mit seinen Ersparnissen Schlafsäcke zu kaufen und sie an die Armen zu verteilen. Die Obdachlosen schliefen oft auf Pappkartons vor der Kirche Santa Maria Segreta. Natürlich habe ich ihm das erlaubt und ihm zusätzlich Geld gegeben. Ich war sehr stolz darauf, einen so großzügigen und selbstlosen Sohn zu haben. Die heilige Teresa von Kalkutta pflegte zu sagen, dass man

Gutes auch vor der Haustür bewirken kann und es dafür nicht nötig sei, in die Ferne zu reisen. In Carlo sehe ich diese Worte der Heiligen vollständig verwirklicht.

Über das Gymnasium Leo XIII. hatte Carlo einen behinderten älteren Mann kennengelernt, den er gelegentlich besuchte, um ihm etwas Trost und Zuneigung zu schenken. Er brachte ihm immer Süßigkeiten mit, die er mit seinem eigenen Geld gekauft hatte. Im Umgang mit älteren Menschen zeigte Carlo viel Geduld und Hingabe.

Mehr als einmal besuchten wir gemeinsam einen armen, schon über achtzig Jahre alten Mann im Krankenhaus. Dieser Mann hatte niemanden mehr, der an ihn dachte. Wir hatten ihn kennengelernt, weil er immer vor unserer Pfarrkirche bettelte. Anfangs wohnte er in einem der öffentlichen Wohnheime in Mailand. Da es aber dort nicht erlaubt ist, über lange Zeit zu bleiben, musste er ständig von einem Ort zum anderen umziehen. Schließlich erreichte er, dass ihm durch die Gemeinde eine Sozialwohnung zugewiesen wurde. Er litt an einer Herzkrankheit und an Diabetes und landete oft im Krankenhaus, wenn es ihm schlechter ging. Oft rief er bei uns zuhause an, und Carlo und ich besuchten ihn und brachten ihm die Dinge, die er benötigte.

Carlo kümmerte sich gern um die Kranken, indem er sich mit ihnen unterhielt und sie aufmunterte. Immer half er den Ärmsten, den Benachteiligten, und gab denen Almosen, die ihn auf der Straße um Hilfe baten.

Einmal kaufte er Lebensmittel für zwei Roma-Kinder, die er zum Einkaufen im Supermarkt begleitete. Er hatte mich angerufen, um mich um Erlaubnis zu bitten, und ich gab sie ihm.

Zwei weitere Bettler und Freunde von Carlo waren gezwungen zu betteln, weil sie keine Arbeit finden konnten. Oft hielten sie sich während der Nachmittagsmessen vor unserer Kirche auf. Ich sprach mit ihnen nach Carlos Tod. Sie sagten mir, dass sie sich mit großer Wehmut an ihn erinnerten. Er sei so gut, freundlich und höflich gewesen. Von Zeit zu Zeit gab er ihnen etwas Geld und interessierte sich für ihre Probleme.

Einer der Bettler hatte eine Freundin namens Giuseppina, die er im öffentlichen Wohnheim kennengelernt hatte. Sie litt an Depressionen und wollte sich in dem kleinen Garten zwischen unserer Pfarrei und dem Tommaseo-Institut der Marcello-Schwestern das Leben nehmen. Sie saß bereits seit drei Tagen auf den Bänken: An ihrem Körper waren Blutflecken zu sehen. Niemand außer Carlo hatte sich für sie interessiert. Er bat mich, ihm zu helfen, sie pflegen zu lassen. Wir konnten sie überzeugen, sich ins Krankenhaus Fatebenefratelli einliefern zu lassen, wo man sie vierzig Tage lang behielt. Wir haben sie oft besucht. Schließlich gelang es dann auch ihr, eine Sozialwohnung zu bekommen.

Ich erinnere mich, dass es einen weiteren armen Mann gab, der immer vor unserer Kirche bettelte. Er war etwa fünfzig Jahre alt. Er hatte keine Arbeit mehr gefunden. Um etwas Geld zusammenzubekommen, wartete er jeden Tag beim Ausgang auf die Besucher der beiden Messen, die um 18 und 19 Uhr gefeiert wurden. Carlo besuchte jeden Tag einen der beiden Gottesdienste zusammen mit mir oder mit meiner Mutter, und wenn er ihn beim Ausgang sah, gab er ihm immer etwas Geld und begann sich mit ihm zu unterhalten. Da er ein Fahrrad brauchte, überredete Carlo mich einmal, ihm ein gebrauchtes Fahrrad zu schenken.

Carlo hat im Laufe seines Lebens vielen Obdachlosen geholfen. Unter ihnen gab es auch Muslime, die arbeitslos waren und keine Hoffnung mehr hatten. Eine Zeitlang gingen wir zum Aushelfen bei der Essensausgabe in der Kantine der von Mutter Teresa gegründeten Missionarinnen der Nächstenliebe in Baggio. Diese wurde hauptsächlich von Einwanderern, zumeist Muslimen, frequentiert. Carlo hatte sich mit einigen angefreundet. Tagsüber baten viele um Almosen in der Gegend, wo sich die Kathedrale befindet. Da wir oft dorthin zur Messe gingen, kamen sie auf uns zu, sobald sie uns erkannten, und begrüßten uns herzlich. Bei mehr als einer Gelegenheit haben wir einen von ihnen eingeladen, bei McDonald's mit uns einen Burger zu essen. Unter ihnen waren einige noch sehr jung, und ihre Situation berührte uns sehr.

Ein anderes Mal freundeten wir uns mit einer älteren Dame an, die die Kathedrale besuchte. Ihr Apostolat bestand in der Verteilung der Botschaften einer Seherin, die behauptete, die Muttergottes zu sehen. Sie war eine aufrichtige Seele, hatte nie geheiratet und besuchte jeden Tag mindestens eine Messe. Sie verbrachte ihre Tage damit, diese Botschaften zu verteilen und ihr Apostolat unter den Menschen auszuüben, die auf den Stufen der Kathedrale saßen oder in der Nähe standen. Diese Dame zeigte eine besondere Einsatzbereitschaft für die vermeintliche Erscheinung. Eines Tages hielt sie auch Carlo und mich an, um uns über den Katechismus zu belehren. So sind wir Freunde geworden. Ich erinnere mich, dass einmal die Seherin auf den Stufen der Kathedrale saß und von dieser Frau angesprochen wurde, die sie jedoch nicht erkannt hatte. Die Seherin erzählte später, im Rahmen eines Interviews in einer Radioreportage, von jener Begegnung und missbilligte diese Art des Apostolats ausdrücklich. Die Dame fühlte sich sehr schlecht, da sie zufällig auch das Interview im Radio anhörte. Sobald sie uns sah, machte sie sich Luft, und sie vergoss sogar ein paar Tränen. Carlo hatte Mitleid, tröstete sie und lud sie bei McDonald's zum Essen ein, um sie abzulenken. Er schaffte es, sie aufzumuntern, und ermutigte sie weiterzumachen. Außerdem brachte er sie viel zum Lachen. Das war typisch für Carlo. Er empfand viel Zuneigung für ältere Menschen, und auch für Kinder.

Großmutter Luana erzählte mir, dass sie eines Tages mit Carlo für den üblichen Spaziergang zum Solari-Park gegangen war. Carlo muss etwa sechs Jahre alt gewesen sein und hatte sich mit einem Kind angefreundet. Sie hatten auch unsere Hündin Chiara mitgenommen, denn eines der Lieblingsspiele meines Sohnes bestand darin, Steine weit weg zu werfen, um sie sich zurückbringen zu lassen. Sein Freund schloss sich Carlo an, und sie begannen mit Chiara zu spielen. Die Großmutter saß inzwischen auf der Bank und freundete sich mit dem philippinischen Kindermädchen jenes Kindes an. Die Kinder sind sich oft in den öffentlichen Parkanlagen der Gegend begegnet, und jedes Mal spielten sie miteinander. Einmal kam das Kindermädchen mit roten, geschwollenen Augen in den Park. Carlo war das nicht entgangen, und er fragte sie sofort, was los sei. Sie erzählte ihm, dass das Haus ihrer Familie auf den Philippinen durch einen Taifun zerstört und ihre Mutter dabei schwer verletzt worden war. Sie war verzweifelt, weil sie kein Geld schicken konnte, um sie gut pflegen zu lassen. Wieder zuhause angekommen, setzte Carlo sich sofort in Bewegung, um Geld zu suchen. Er fragte seine Oma und mich und nahm seine gesamten Ersparnisse aus seinem Sparschwein heraus. Diese unbedingte Hilfsbereitschaft und Großzügigkeit erweichte mein Herz. So beschloss ich, selbst einen Beitrag zu leisten: Ich sagte Carlo, ich würde ihm zu seinem Geburtstag ein Geschenk weniger schenken, aber ich würde dem Kindermädchen helfen. Überglücklich brachte er dem philippinischen Mädchen das Geld, das er gesammelt hatte. Sie umarmte ihn, fing an zu weinen und sagte, dass Carlo der Einzige sei, der ihr geholfen habe.

Der Vater seiner guten Freunde aus Assisi, Mattia und Jacopo, war ebenfalls sehr beeindruckt. Wenn Carlo mit ihnen einen Ausflug unternahm, rannte er, kaum dass er einen armen Menschen sah, sofort los, um ihm sein Taschengeld zu geben. Die Sorge um die Armen war in Carlo sehr tief verwurzelt. Diese sagten sogar selber, sie hätten sich daran gewöhnt, dass er sofort loslief, um ihnen sein Erspartes zu geben und mit ihnen zu sprechen, sobald er einen von ihnen sah.

Lange Zeit hatten wir eine Hausangestellte, die sich um das Bügeln der Wäsche kümmerte. Sie kam ursprünglich aus Mauritius und war mit ihrer Tochter allein geblieben, da ihr Mann sie verlassen, eine neue Familie gegründet und aufgehört hatte, sie finanziell zu unterstützen. Sie war daher gezwungen mehrere Jobs anzunehmen, um den Lebensstandard zu halten, den sie hatte, bevor ihr Mann sie verließ. Oft beendete sie ihre Arbeit spät, und Carlo machte sich Sorgen, weil sie nachts mit der U-Bahn fahren musste. Sie lebte in einem berüchtigten Viertel, es war nicht besonders sicher für eine Frau, dort nachts allein unterwegs zu sein. Außerdem wartete ihre Tochter zuhause auf sie und Carlo fühlte sich beteiligt an den Problemen dieser Jugendlichen, die immer allein blieb. Damit sie früher mit der Arbeit fertig wurde und nicht zu später Stunde unterwegs sein musste, half er ihr beim Zusammenlegen der Kleidung und sogar beim Bügeln der einfachsten Dinge, besonders wenn sie damit aufhören musste, um ein Kleid oder ein Hemd zu flicken. Die Frau hatte uns liebgewonnen und begann, uns zusammen mit ihrer Tochter zu besuchen. Obwohl diese älter war als Carlo, spielte sie gern mit ihm. Sie war ein Computerfreak, wie mein Sohn. Sie hatten Spaß daran, gemeinsam Schülerzeitungen und Websites zu erstellen.

Carlo hat sich immer auf die Seite der Schwächsten gestellt. Sein Verhalten war ungekünstelt. Es gab keinen Klassenkameraden in Schwierigkeiten, der nicht in ihm einen sicheren Hafen, eine Zuflucht vor den Angriffen der anderen gefunden hat. So wie er die Armen liebte, so liebte er auch die Geringsten, die Schwachen und die Behinderten. Für sie hat er sich eingebracht, ohne Angst vor dem Urteil der Meute. Aber im Allgemeinen war er für alle seine Mitschüler da und half ihnen bei den Hausaufgaben oder bei der Lösung von Computerproblemen.

Einmal setzte er sich für einen Klassenkameraden ein, dessen Behinderungen nicht sofort erkennbar waren. Eine junge Aushilfslehrerin war in die Klasse gekommen, um eine der Lehrerinnen, die erkrankt war, zu vertreten. Sie wusste nichts von den Problemen des Jungen und hänselte ihn wegen seiner Schwierigkeiten, sich auszudrücken. Carlo wurde zum Beschützer des Jungen und verteidigte ihn, indem er die Frau unter vier Augen über dessen Probleme informierte. Die Lehrerin entschuldigte sich ausgiebig bei Carlo und hörte sofort auf, den Jungen zu schikanieren. In einem chinesischen Sprichwort heißt es: „Der weise Mann streut eine Prise Salz in alles, was er sagt, und eine Prise Zucker in alles, was er hört.“ Genauso war Carlo: immer bemüht, alle zu rechtfertigen, so zu tun, als sei nichts passiert, und niemals schlecht über jemanden zu sprechen, auch wenn er beleidigt wurde oder ihm Unrecht widerfahren war.

Ein anderes Mal waren wir zu meinen Eltern ans Meer gefahren. Als wir wieder zurück waren, überquerten wir den Platz, nachdem wir das Auto abgestellt hatten. Ein älterer Herr saß dort auf einer Bank und gönnte sich etwas Abkühlung. Er wurde oft von einigen Kindern gehänselt, weil er homosexuell war. Als mein Sohn das bemerkte, griff er sofort ein und schimpfte mit ihnen in strengem Ton. Er sagte ihnen, dass jeder respektiert werden müsse und niemand diskriminiert werden darf, und dass nur Gott das Recht hätte, über die Menschen zu urteilen, wer auch immer sie sind. Von da an freundete er sich mit jenem Mann an. Jedes Mal, wenn dieser Carlo sah, eilte er auf ihn zu, um ihn zu begrüßen.

In Assisi hatten wir eine Frau, die uns bei der Hausarbeit half. Sie war Carlos Freundin geworden, vertraute sich ihm oft an und erzählte ihm ihre Probleme. Sie war verängstigt, denn ihr Ehemann trank viel und wurde zuweilen gewalttätig. Ich erinnere mich, dass Carlo anfing, für sie zu beten: Er bat den Herrn, dass die Frau aus dieser Situation befreit würde. Wie durch ein Wunder hörte ihr Mann nach kurzer Zeit auf zu trinken.

Carlo empfing viele Gnaden, vor allem durch das Gebet zur Muttergottes von Pompeji und durch das Stiften von Messen in dem Anliegen, diejenigen, die in Schwierigkeiten waren, zu unterstützen. Er war sehr besorgt, wenn er Menschen begegnete, die sich von Gott entfernt hatten, und begann sofort für sie beten. Er sagte, dass die Vorsehung sie in seine Nähe gestellt hätte, damit er für sie Fürsprache einlegte. Er erreichte auch viele Heilungen von kranken Menschen, darunter eine Dame, die nicht nur krank, sondern auch sehr weit vom Glauben entfernt war. Sie ging bereits seit mehr als vierzig Jahren nicht mehr in die Kirche. Ich erinnere mich, dass Carlo begann, für sie zu beten. Sie erholte sich nicht nur bald darauf, sondern bekehrte sich und begann wieder, jeden Tag zur Messe zu gehen und ein heiligmäßiges Leben zu führen.

Aufgrund des Vorbilds und des Zeugnisses meines Sohnes beschloss auch Rajesh, katholisch zu werden. Wegen Carlo verliebte er sich so sehr in Jesus, dass in seinem Herzen der Wunsch entstand, alle Sakramente der christlichen Initiation zu empfangen und mit dem Rosenkranzgebet zu beginnen. Zwischen Rajesh und Carlo baute sich eine starke Bindung auf, die bis heute anhält. Er war so etwas wie ein Kindermädchenersatz und kannte alle Freunde von Carlo, die sich liebevoll an ihn erinnern, vor allem daran, wie er mit ihnen den Narren spielte. Er war eine Bezugsperson für Carlo, eine Art Spielfreund, so dass Carlo ihn sogar „mein treuer Freund Rajesh" nannte. Heute noch lässt er Carlo in den Herzen der Menschen wieder lebendig werden, indem er seine Erfahrungen mit ihm bezeugt. Carlo spielte oft mit Rajesh, der es genoss, in seinen Kurzfilmen als Schauspieler aufzutreten. Er liebte es, in die Rolle des internationalen Spions im Stil von James Bond einzutauchen, was ihm sehr gut gelang. Aus diesem Grund machte es Carlo großen Spaß, ihn mit seiner Kamera aufzunehmen. Sie lachten viel dabei. Rajesh schreibt über Carlo: „Angesichts seiner tiefen Religiosität und seines großen Glaubens war es normal, dass er mir oft Katechesen über die katholische Religion erteilte, da ich ein Hindu aus der Priesterkaste der Brahmanen war. Carlo sagte, dass ich eines Tages glücklicher sein würde, wenn ich Jesus näherkäme. Er unterrichtete mich oft und benutzte dabei die Bibel, den Katechismus der Katholischen Kirche und die Geschichten der Heiligen. Carlo kannte den Katechismus fast auswendig und erklärte ihn auf so brillante Art und Weise, dass es ihm gelang, mich für die Bedeutung der Sakramente zu begeistern. Er war sehr begabt darin, theologische Begriffe zu vermitteln, die selbst Erwachsene nicht erklären konnten. Nach und nach begann ich, Carlos Ratschläge und Lehren wirklich ernst zu nehmen, bis ich mich schließlich entschloss, mich taufen zu lassen. Carlo war für mich ein Meister des authentisch gelebten christlichen Lebens und ein Vorbild von außergewöhnlicher Sittlichkeit. Ich habe mich taufen lassen, weil Carlo mich angesteckt, ja beinah umgeworfen hat, mit seinem tiefen Glauben, seiner Nächstenliebe und seinem reinen Gemüt. Ich habe ihn immer als jemanden wahrgenommen, der außerhalb der Normalität steht, denn so ein junger, schöner und reicher Junge führt doch sonst lieber ein anderes Leben. Carlo war ein so großes Vorbild an Spiritualität und Heiligkeit, dass ich in mir den Wunsch verspürt habe, mich taufen zu lassen, um danach die Kommunion empfangen zu können. Er hat mir erklärt, wie wichtig es sei, täglich an der Eucharistiefeier teilzunehmen, den Rosenkranz zur Jungfrau Maria zu beten und sich zu bemühen, ihre heroischen Tugenden nachzuahmen. Das Kind sagte immer zu mir, dass die Tugenden vor allem durch ein intensives sakramentales Leben erworben werden, dass die Eucharistie sicherlich der Höhepunkt der Nächstenliebe ist, und dass der Herr uns durch dieses Sakrament zu vollkommenen Menschen macht, die nach seinem Bild geschaffen sind. Er zitierte mir Worte aus dem sechsten Kapitel des Johannesevangeliums, die er auswendig kannte, als Jesus sagte: „Wer mein Fleisch isst und mein Blut trinkt, hat das ewige Leben, und ich werde ihn auferwecken am Jüngsten Tag." Danach erläuterte er mir, dass die Eucharistie das Herz Christi sei. Einmal erklärte er mir auch die Bedeutung der Andacht zum Heiligsten Herzen Jesu an den ersten Freitagen im Monat und zum Unbefleckten Herzen Marias an den ersten Samstagen in fünf aufeinanderfolgenden Monaten. Er sagte, dass „das Herz Jesu und das Herz Marias untrennbar miteinander verbunden" sind und dass man bei der Kommunion auch in direktem Kontakt mit der Muttergottes und den Heiligen in Paradies steht. „Gott freut sich sehr, wenn die Seelen oft seine großen Gaben, die Eucharistie und das Sakrament der Beichte, empfangen." Er unterwies und bereitete mich auch auf den Empfang des Sakramentes der Firmung vor und sagte, dass es sehr wichtig sei. Er erzählte mir, dass er eine geheimnisvolle Kraft in sich gespürt hatte, die ihn umhüllte, als er das Sakrament der Firmung empfing. Seither habe seine Verehrung für die Eucharistie zugenommen. Als ich das Sakrament der Firmung empfing, fühlte ich dasselbe. Was mich an Carlo am meisten beeindruckt hat, war seine große Reinheit und seine Treue beim täglichen Besuch der heiligen Messe. Carlo hatte eine so leuchtende Vorstellung vom katholischen Glauben, dass es ihm gelang, jeden mit der Gelassenheit und Sanftheit, mit denen er die Wahrheiten des Glaubens darlegte, anzustecken."

Als Carlo ein wenig älter war, begleitete er Rajesh einige Male, wenn dieser die Gültigkeit seiner Dokumente verlängern musste, oder wenn ein Arztbesuch anstand. Als Nicht-EU-Bürger kam es vor, dass er in öffentlichen Ämtern schlecht behandelt wurde. Manchmal wartete er Stunden um Stunden, ohne etwas zu erreichen. Carlo hatte viel Geduld, ihn in den Geheimnissen der Informatik zu unterrichten, die ihm große Mühe machte. Das Gleiche machte er auch mit mir und meiner Mutter.

Er war sehr großzügig zu den anderen, hingegen sich selbst gegenüber war er immer sehr sparsam und nüchtern. Es war mühsam für mich, für ihn etwas zu kaufen, denn er hatte keine Wünsche. Ich erinnere mich, dass ich zu Beginn des Schuljahres immer versuchte, ihm mindestens zwei Paar neue Schuhe zu kaufen. Er hat sich immer dagegen gewehrt. Er wollte nur ein Paar haben, und solange es nicht völlig abgenutzt war, wollte er es nicht austauschen. Er sagte, dass man mit diesem Geld vielen bedürftigen Menschen helfen könnte. Er war zurückhaltend bei der Mode, sehr nüchtern in seinem Kleidungsstil, und bemühte sich stets darum, unauffällig zu bleiben.

Carlos Nächstenliebe zeigte sich nicht nur gegenüber seinen Freunden und Schulkameraden, sondern gegenüber jedem, der mit ihm in Kontakt kam. Man hat mir erzählt, dass er anhielt, wenn er mit dem Fahrrad von zu Hause zur Schule fuhr und die Pförtner der Wohnhäuser grüßte, die für gewöhnlich ebenfalls Nicht-EU-Bürger waren. Er hatte sich mit allen angefreundet. Er sprach ihnen stets Mut und Solidarität zu. Er machte keinen Unterschied zwischen Religionen oder Nationalitäten. Bei Carlo bröckelten all diese „Mauern" der Gleichgültigkeit und des Misstrauens, die vor allem Großstädter für gewöhnlich errichten. In jedem sah er Christus, den er lieben wollte. Viele wunderten sich, dass ein Junge aus einer wohlhabenden Familie anhielt, um mit diesen Menschen zu plaudern. Das beeindruckte diejenigen, die ihn kannten. Er hat nie gestritten oder jemanden beleidigt, nicht einmal, wenn er ernsthafte Gründe gehabt hätte, dies zu tun. Er war ein Weltverbesserer, denn er wollte, dass sich auch andere dafür einsetzten, die Menschlichkeit zurückzugewinnen, die offensichtlich so viele verloren haben.

Seine Sorge um andere Menschen zeigte sich auch in der Art, wie er sie ansah. Er war keusch und achtete darauf, sein Leben vom Überflüssigen zu befreien. Er war nie an materielle Güter gebunden und pflegte zu sagen: „Es ist wichtig, dass wir immer über uns selbst wachen. Nur wenn wir unser Herz rein halten, werden wir nämlich in der Lage sein, im Himmel den richtigen Schatz anzusammeln, der uns in der Ewigkeit nutzen wird."

Er liebte es, den Satz von Jesus aus dem Matthäus-Evangelium zu zitieren, als er sagte: „Denn wo dein Schatz ist, da ist auch dein Herz." Und er bemerkte dazu: „Mit diesen Worten wollte Jesus uns mitteilen, dass diejenigen, die mit ihm vereint sind, von Natur aus dazu neigen, zum einzigen sicheren Hafen zu segeln, den es nur im Himmel gibt. Was ist also der wahre Schatz, den wir anhäufen, aufbewahren und von dem wir Kapital schlagen sollen? Derjenige, der uns Sicherheit verleiht und uns das Gefühl gibt, geschützt zu sein. Es ist ein Schatz, der jeder Erschütterung standhält, jeden Angriff abwehrt und mit dem man jede Unternehmung wagt. Es wird wichtig sein, die richtigen Dinge anzusammeln, die uns zu diesem sicheren Hafen führen werden. Almosengeben, Beten und Fasten ohne Aufsehen, ein gutes sakramentales Leben, das Beten des heiligen Rosenkranzes: Das alles wird Türen zu unserer Vereinigung mit Gott öffnen. Die Realität wird uns diese Sicherheit geben. Es gibt verschiedene Blickwinkel, verschiedene Perspektiven, verschiedene Facetten, aber nur ein Ziel: ein Leben, das für die Mit-Ewigkeit eingerichtet und verwendet wird. Wenn man sich selbst abtötet, sich stärkt, betet und für droben etwas anhäuft, dann wird man für das Problem der Existenz und für die Aufgabe des Lebens sicherlich Lösungen finden. Man wird den Königsweg erraten, den Zweck klären und das

Ziel ermitteln. Wenn wir stetig auf das Jenseits zusteuern und uns immer die Worte Jesu vor Augen halten, dann werden wir das Wagnis Ewigkeit meistern."

Carlo erklärte, dass man nicht nur materiell arm, sondern auch arm im Geiste sein muss. Über die Seligpreistungen sagte er: „Jesus stieg auf den Berg: Er ging also nach oben. Er löste sich von der Menge. Er löste sich nicht von einzelnen Personen. Der Berg ist droben. Die Menschenmassen sind drunten. Jesus zielt aufs ‚Droben', um das ‚Drunten' für sich zu gewinnen. Er steigt hinauf und setzt sich dann. Das heißt, er versetzt sich in einen Zustand der Ruhe, des Innehaltens, aber auch der Lehrbereitschaft. Er sieht also die Menschenmassen und unterscheidet die einzelnen Menschen. Er steigt, das bedeutet: Er verlässt das ‚Drunten' und geht nach ‚Droben'. Er sitzt, das bedeutet: Er hält an, hält inne, ruht sich aus, atmet durch und nimmt eine Position ein. Das Bild ist vollständig durch die Annäherung der Jünger. Der Meister hat nun seine bevorzugte Zuhörerschaft. Lehrer + Schüler = Schule. Jetzt kann er unterrichten. Wir sind bei der berühmten Bergpredigt. Das sind acht Belehrungen, die jeweils von einem ‚Gesegnet' eingeleitet werden. Wer sind diese ‚Gesegneten'? Die Armen im Geiste, die Trauernden, die Sanftmütigen, diejenigen, die nach Gerechtigkeit hungern und dürsten, die Barmherzigen, diejenigen, die reinen Herzens sind, die Friedensstifter und die Verfolgten. Es sind nicht die Reichen, die Berühmten, die Gelehrten, die Klugen, die Wirtschaftswissenschaftler, die Politiker, die Unternehmer, die Handwerker, die Gewerbetreibenden, die Ärzte, die Anwälte, die Soldaten, die Professoren. Es gibt Armut, es gibt Traurigkeit, es gibt Sanftmut, es gibt Gerechtigkeit, es gibt Barmherzigkeit, es gibt Reinheit, es gibt Frieden und es gibt Verfolgung. Eine Gemengelage, die sich über die Gewohnheiten, die Gefühle, die Loslösung, die Ideale, das Verständnis, die Ehrlichkeit, die Ruhe und die sofortige Aggression erstreckt. Gesegnete Menschen, gesegnete Situationen, gesegnete Gegebenheiten."

Er zitierte gerne die Worte, mit denen Jesus uns das Grundsatzpapier für den Eintritt ins Paradies übergab: „Selig die Armen im Geiste; denn ihnen gehört das Himmelreich." In seinen Notizen fand ich diesbezüglich Folgendes: „Wer sind die Armen im Geiste? Es sind diejenigen, die arm sind in ihrer Seele. Aber was bedeutet es, arm in der Seele zu sein? Es bedeutet, losgelöst vom ‚Drunten' zu leben. Es bedeutet nicht so sehr eine Verachtung der Dinge, die ja Gottes Geschöpfe sind, sondern vielmehr ihnen überlegen zu sein, zu wissen, wie man sie steuert, sich nicht an sie bindet und ihrer Anziehung nicht erliegt. Eine Seele, die arm ist, bezeichnet das Temperament oder den Charakter der Menschen, die im ‚Droben' leben. Deshalb sagt Jesus, dass solchen Menschen das Himmelreich gehört. Das ‚Droben' gehört ihnen, da das ‚Drunten' sie überhaupt nicht beeinflusst. Seelen, die arm sind, haben diejenigen, die weder geizig noch lüstern noch gierig sind, und die den Wohlstand nicht als Hauptkriterium LIEBEN. Sie sind arm, jedoch nicht Menschen untersten Ranges oder mit schlechtesten Eigenschaften, sondern sie sind von höherer ‚Abstammung'. Überlegen in den Gefühlen, in der Wertschätzung und in den Sehnsüchten nach mehr, nach dem Besseren. Das Himmelreich ist das ‚Droben'. Das Himmelreich als Heimat, Lebensraum und Denkweise. Die Seele, die arm ist, ist der Geist von ‚Droben'. Jesus hat es über sich selbst bezeugt. Er begehrte nichts. Er hatte keinen Besitz, kein Geld, keine Annehmlichkeiten. Die Straße war sein Lebensraum. Sein Stammhaus waren die Häuser Anderer. Er sorgte für seinen Unterhalt durch seine Dienste. Er war bei Anderen zu Gast. Ein immerwährender Pilger. Jesus hatte wahrhaftig die Seele eines Armen. Er lebte in der Natur. Er lebte in der Wildnis. Er lebte von der Sonne und vom Regen, von der Asche und vom Staub. Ein schöner Ausdruck: ‚die Seele eines Armen'. Er gibt gut die Haltung eines Jüngers Christi wieder. Die Seele des Armen hat nichts und doch alles in sich. Die Seele des Armen ist frei, unabhängig und von jeglichem Besitz befreit. Darin sieht man die Überlegenheit, die Größe und die Reinheit. Das eigene Selbst genügt für das Himmelreich. Der Rest ist einfach überflüssig. Denn euch gehört das Reich Gottes. Arm bedeutet weder das Gegenteil von reich, vermögend oder wohlhabend, noch bettelarm oder mittellos. Die Armen haben keine Launen, keine Vornehmheit, keine Auszeichnungen, keine Genugtuung, keine Befriedigung, keinen Überfluss usw. Sie sind losgelöst vom Reichtum, vom Besitz, von Ehrungen, von Ämtern, von Zufriedenheit und Anerkennung. Arme sind nicht irdisch, nicht von ‚Drunten', nicht von diesem Zeitalter, nicht modern. Zusammenfassend: Arm ist, wer das Dasein nicht als Gelegenheit der Profilierung, als Hilfsmittel zum gesellschaftlichen bzw. beruflichen Aufstieg oder als Vergnügungsmöglichkeit begreift, sondern als eine Wirklichkeit, die sich immer und überall nach der Mit-Ewigkeit ausstreckt. Solche ‚Arme' sind Menschen, die sich selbst zum Sprungbrett in die Ewigkeit und ihr Ich zum Hebel für ‚Droben' machen, die nicht leer, selbstverliebt oder was auch immer, sondern bedingungs- und vorbehaltlos Gott geweiht sind. Ihnen gehört das Reich Gottes. Das Reich Gottes, d.h. die Mit-Ewigkeit. Reich Gottes, d.h. die Vereinigung mit der trinitarischen Familie. Reich Gottes, d.h. die Wesenswirklichkeit, für die der Herr König, Meister und einfach alles ist. Er ist der eine, einzige und dreifaltige Gott. Mit und für diese Seligpreisung beabsichtigt Jesus, eine Realität zu schaffen, die er ‚Arm' nennt. Wie wir sehen können, hat dieser Begriff durch diese Seligpreisung seine zuvor abwertende Bedeutung verloren. Jesus legt ‚Armut' als eine Kategorie fest und verleiht der Armut die Eigenschaft, notwendige Voraussetzung zu sein, um das Himmelreich zu erobern. Dies muss hervorgehoben werden: Die ‚evangelische Armut' ist nicht die übliche Armut. Die evangelische Armut ist der Zustand eines Christen, der losgelöst von allem Irdischen und Vergänglichen lebt. Der Arme nach dem Evangelium hat seinen Schatz im Himmel. Schatz wird hier im Sinne des Behältnisses mit dem Inhalt der übernatürlichen Güter verstanden."

8
Ist mein Sohn heiligmäßig?

Ist mein Sohn heiligmäßig?

Das ist eine der Fragen, die mir immer wieder gestellt werden, seit ich in unterschiedlichen Situationen eingeladen wurde, über meinen Sohn zu sprechen; ebenfalls häufig gestellt wird die Frage, wie es sich anfühlt, die Mutter eines Seligen zu sein. Leider denken viele, dass die Tatsache, ein besonderes Kind zu haben, auch uns automatisch heiligmäßig macht, aber das ist nicht der Fall. Jeder hat seinen eigenen freien Willen, und jeder muss sich selbst heiligen. Carlo kann Fürsprache einlegen, aber er kann nicht an unserer Stelle unsere eigene Heiligungsaufgabe übernehmen.

Mein Sohn pflegte zu sagen, dass die Heiligung einer Seele vor allem ein Werk Gottes ist. Gott bestimmt, seinem Willen entsprechend, die Hilfen, die er jedem von uns anbietet. Wir haben jedoch bei der Verwendung dieser Mittel völlige Freiheit. Wir können sie nutzen und missbrauchen, wir können viel oder wenig von ihnen profitieren. Wir sind verantwortlich dafür. Carlo sagte, dass Gott allen Menschen unzählige Möglichkeiten gibt, Gutes zu tun. Das Leben selbst trägt zu unserer Heiligung bei durch die Leiden und auch durch die Freuden, die es uns bringt. Der Herr wird uns um so mehr Gnaden gewähren, je großzügiger und dankbarer wir sie empfangen und Frucht tragen lassen. Von unserer Mitwirkung mit diesen inneren Gnaden wird in hohem Maße unser Fortschritt zur Ewigkeit hin abhängen.

Diese Gaben Gottes erfordern jedoch immer unsere Anstrengung, wie z. B. das Erfüllen der Standespflichten, treues Beten, Selbstkasteiung, Selbstaufopferung anderen zuliebe. Einige werden sich großzügig bemühen, andere nur mittelmäßig und wieder andere minimal. Die heilige Theresia von Lisieux schrieb: „Es genügt, eine Stecknadel mit Liebe vom Boden aufzuheben, um eine Seele zu retten. ... Jesus schaut nicht so sehr auf die Größe der Taten oder auf ihre Schwierigkeit, sondern auf die Liebe, mit der sie ausgeführt werden."

Je intensiver und reiner die Liebe ist, mit der wir die Dinge tun, desto mehr wird es Gott gefallen. Carlo tat alles in Jesus, für Jesus und mit Jesus. Er schaffte es, sein gewöhnliches Leben in ein außergewöhnliches Leben zu verwandeln, indem er die Einladung von Johannes Paul II. annahm, die Türen seines Herzens für Christus weit zu öffnen und keine Angst zu haben, ihn zu bekennen. Wie Jesus uns im Gleichnis von den Talenten lehrt, muss man die Gaben, die Er uns gegeben hat, Früchte tragen lassen und darf sie nicht verstecken. Von denjenigen, die mehr erhalten haben, wird mehr verlangt werden, und deshalb verpflichtet uns die Tatsache, ein besonderes Kind gehabt zu haben, zu stets größeren Anstrengungen.

In diesem Zusammenhang halte ich es für wichtig, die Gründe, weshalb die Kirche beschlossen hat, Carlo zur Ehre der Altäre zu erheben und ihn als nachahmenswertes Vorbild vorzuschlagen, gut zu erklären. Es muss hervorgehoben werden, dass die Berufung zur Heiligkeit alle Christen angeht. Im Buch Levitikus ermahnt uns Gott, heilig zu sein, weil Er selbst heilig ist. Auch Jesus lädt uns ein, vollkommen zu sein, wie der Vater im Himmel vollkommen ist. In der allgemeinen Vorstellung ist derjenige ein Heiliger, der außergewöhnliche Wunder vollbringt. Doch für die Kirche sind es nicht die Wunder, die die Heiligkeit einer Person offenbaren oder nicht. Diese gelten nämlich als „Gratiae gratis datae", d. h. als Gaben, die von Gott unentgeltlich geschenkt werden und die der Kandidat nicht verdient hat. Sie werden vom Heiligen Geist gewirkt. Entscheidend zur Feststellung der Heiligkeit wird vielmehr die Art und Weise sein, in der diese Person mit einem rechtschaffenen und beständigen Willen, das Gute zu tun, gelebt hat und dabei auf heroische Weise die drei göttlichen Tugenden (Glaube, Hoffnung und Liebe) und die vier Kardinaltugenden (Klugheit, Gerechtigkeit, Tapferkeit und Mäßigung) praktiziert hat oder auch nicht. Die dominikanische Schule katalogisiert etwa zweihundert Tugenden, jedoch von diesen sieben ersten hängen alle anderen ab.

Die heroischen Tugenden führen uns dazu, freiwillig keine lässlichen Sünden mehr zu begehen. Wenn ein Kandidat, der für verehrungswürdig erklärt wurde, ein von Wissenschaftlern und Theologen als unerklärlich anerkanntes Wunder bewirkt, wird er seliggesprochen. Wenn er ein weiteres Wunder bewirkt, wird er von der Kirche heiliggesprochen. Die Tugenden müssen individuell erworben werden, niemand kann uns dabei helfen, außer wir selbst. Aus diesem Grund sagte Carlo: „Was nützt es einem Menschen, tausend Schlachten zu gewinnen, wenn er dann nicht in der Lage ist, sich und seine eigenen verdorbenen Leidenschaften zu besiegen?"

Er wiederholte oft die Worte Jesu aus dem 7. Kapitel des Markusevangeliums, als er sagte: „Nichts, was von außen in den Menschen hineinkommt, kann ihn unrein machen, sondern was aus dem Menschen herauskommt, das macht ihn unrein. [..] Begreift auch ihr nicht? Versteht ihr nicht, dass das, was von außen in den Menschen hineinkommt, ihn nicht unrein machen kann? Denn es gelangt ja nicht in sein Herz, sondern in den Magen und wird wieder ausgeschieden." Der schwedische Schriftsteller August Strindberg schrieb in diesem Zusammenhang: „Das Herz ist in zwei große Kammern geteilt: In der einen wohnt das Gute, in der anderen das Böse oder, mit anderen Worten, auf der einen Seite ist der Teufel und auf der anderen ein Engel. Wenn sie in Konflikt geraten – und das ist sehr häufig der Fall –, dann ist ein Kampf im Menschen, und er hat das Gefühl, sein Herz bricht entzwei."

Mein Sohn hat ein paar Jahre lang Kinder im Katechismus unterrichtet. Um ihnen zu helfen, geistig voranzukommen, stellte er eine Sammlung von Grundsätzen zusammen, mit denen man die Heiligkeit erreichen könne. Er schrieb: „Ich möchte dir einige ganz besondere Geheimnisse von mir anvertrauen, die dir helfen werden, schnell das Ziel der Heiligkeit zu erreichen. Denk immer daran, dass auch du ein Heiliger werden kannst! Du musst das zunächst einmal von ganzem Herzen wollen, und wenn du diesen Wunsch noch nicht hast, dann musst du den Herrn inständig darum bitten.

1. Versuche jeden Tag zur heiligen Messe zu gehen und die heilige Kommunion zu empfangen.
2. Wenn du kannst, nimm dir Zeit für die Eucharistische Anbetung vor dem Tabernakel, wo Jesus wirklich gegenwärtig ist. Du wirst staunen, welche Fortschritte du in der Heiligkeit machen wirst!
3. Denke daran, jeden Tag den Rosenkranz zu beten.
4. Lies jeden Tag einen Abschnitt aus der Heiligen Schrift.
5. Wenn du kannst, beichte jede Woche, auch die lässlichen Sünden.
6. Lege Fürbitte ein und schenke Opfer und gute Taten dem Herrn und Unserer Lieben Frau, um anderen zu helfen.
7. Bitte deinen Schutzengel, der dein bester Freund werden muss, um Hilfe.

Mein Sohn war zutiefst davon überzeugt: Ab dem Moment und in dem Maße, in dem eine Seele kontinuierliche und großzügige Anstrengungen aus Liebe zu Gott unternimmt, treu auf die Gnade antwortet, in ihrem Herzen beschließt, Gott niemals etwas zu verweigern, und sich vorbehaltlos hingibt, um das zu werden, was sie im Plan ihres Schöpfers sein sollte – ab diesem Moment wird Gott in ihr einen unaussprechlichen Frieden verbreiten. Dieser wird sie erfüllen und ihr eine tiefe Loslösung von den Dingen dieser Welt einhauchen.

In diesem Zusammenhang sprachen wir oft mit Carlo darüber, dass die Gesellschaft mit dem Begriff „antichristlich“ definiert werden könnte, in dem Sinne, dass in ihr die Verherrlichung des menschlichen Ichs schon geradezu krampfhafte Züge annimmt. Schon bei Figuren wie Nero, Napoleon Bonaparte und Hitler hatten wir Vorboten dafür, wie dieser „Antichrist“ sein kann, d.h. derjenige, der sich Christus entgegenstellt. Bei der 68er Revolution im 20. Jahrhundert wurde eine Denkweise entwickelt, die Gott gezielt eliminiert hat. Anstatt wie Carlo „Nicht ich, sondern Gott“ zu sagen, drehte man die Worte um und sagte: „Nicht Gott, sondern ich“, banale Tweets, sowohl gute als auch schlechte. Wenn ich an all das zurückdenke, was Carlo gesagt hat – an seine vielen Ansprachen –, dann wird mir klar, dass er ein sehr tiefgründiger Junge war, begabt mit der Analysefähigkeit eines Universitätsprofessors. Ich kann so weit gehen, ihn als einen echten Propheten zu bezeichnen, der über die Zeit, in der er lebte, hinausgehen, sich selbst in die Zukunft projizieren und dabei perfekt wahrnehmen konnte, was die Transformationen sein würden, die wir heute, in unserer zeitgenössischen Welt erleben. ‚Seine Zeit‘ hat uns eingeholt, um es mit den Worten des Philosophen Ludwig Wittgenstein zu sagen: „Wer seiner Zeit voraus ist, den holt sie einmal ein.“

Wir leben in einer Gesellschaft, in der die Social Media die Regeln bestimmen und die Menschen ihre Sklaven werden. Viele konkurrieren darum, möglichst viele Kontakte zu haben. Sie machen ihr Glück abhängig von den Klickzahlen und den ‚Likes‘, die sie haben, und werden dann womöglich deprimiert, wenn sie zu wenig Follower haben. Wir sind zurückgefallen in die Tage der alten Römer, als ein Daumen hoch oder runter über das Leben oder den Tod eines Menschen entschied. Das ist nichts anderes als eine unverhohlene Kultur des Wegwerfens, in der die Schwächsten beseitigt werden müssen.

Diese Lebensauffassung ist nicht weit entfernt von der ebenso absurden wie erhellenden Geschichte, die Franz Kafka in seiner Erzählung „Die Verwandlung“ beschreibt. Darin empfindet sich der Protagonist, Gregor Samsa, als für alle nutzlos und nicht wertgeschätzt. Als er eines Morgens erwachte, „fand [er] sich in seinem Bett zu einem ungeheuren Ungeziefer verwandelt“, das schließlich gnadenlos weggefegt wurde, wie man es mit einem Haufen Staub macht. Das Risiko, das wir heute eingehen, ist genau das, dass wir metaphorisch wie Gregor Samsa enden.

Einige Menschen haben sogar Selbstmord begangen, weil sie sich „gemobbt“ und vom Netz und von der Welt nicht verstanden fühlten. Carlo war ein echter und sehr wirksamer *Influencer* Gottes, wie wir heute sagen würden, das Gegenteil eines Influencers für die Dinge der Welt. Unsere Gesellschaft wendet sich oft freiwillig oder unfreiwillig an völlig falsche Götter, die den Anspruch haben, Gott zu ersetzen. Wir sind alle zutiefst geprägt vom Kino und von allem, was es bietet, sowohl vom Guten als auch vom Schlechten. Dies hat bei vielen eine Art Hollywood-Star-Mentalität erzeugt, die insbesondere durch die Medien versucht, alle möglichen Persönlichkeiten auf ein Podest zu stellen: angefangen bei Sängern, Schauspielern, Fußballern, Influencern von zumeist vergänglichen irdischen Dingen, die dazu bestimmt sind, Staub zu werden; bis hin zu Motivatoren für falsche Werte oder fehlgeleitete Ideale, die oft weit von einer christlichen Weltsicht entfernt sind. Es geht bis hin zur Verehrung von Pseudo-Gurus, von Avataren, die eher zu phantasieren scheinen, als dass sie einen Hang zur Mystik hätten. Viele stellen sich nicht einmal die Frage, „ob Gott existiert oder nicht", andere weichen ihr aus, und viele verneinen sie. Es gibt viele Menschen, die denken, dass sie ihre Probleme lösen, indem sie ihr angeborenes und atavistisches Bedürfnis nach dem Absoluten, das zu ihrer DNA gehört, durch substanzlose Götzen ersetzen. Wir alle, ob wir uns dessen bewusst sind oder nicht, wurden für das ewige Leben geschaffen, dafür, Gott zu lieben und ihm zu dienen. So viele Menschen wenden sich an Astrologen, Wahrsager und Hellseher. Sie glauben, dass sie dort die Lösung für ihre existenziellen Ängste finden werden, anstatt dass sie zu ihrem Schöpfer beten. Der Aberglaube ist überall eingedrungen, und das Ausland ist davon nicht ausgenommen. Es ist auffällig, wie viele Menschen die Wissenschaft, die Technologie und die Kultur geradezu anthropomorphisieren und sie vergöttern, ohne jedoch ihre eigenen Unsicherheiten zu überwinden. Der Soziologe Zygmunt Bauman, ein Theoretiker der sogenannten flüssigen Gesellschaft, beschreibt gut „die Generation, die in der gesamten Menschheitsgeschichte technologisch am besten ausgestattet und zugleich diejenige ist, die wie keine andere von Gefühlen der Unsicherheit und Ohnmacht bedrückt wird".

9

Die Lehrerin Demut

Carlo zeichnete sich in der Schule durch sein Engagement und seine Lenkbarkeit aus. Sein Geheimnis bestand darin, ständig in Kontakt mit Gottvater zu sein. Er pflegte stets zu sagen, dass „Beten nichts anderes ist als ein Gespräch mit Gott". In diesem Sinne kann ich wirklich sagen, dass er immer gebetet hat: Seine Beziehung zu Gott war eine Konstante.

Außer dem täglichen Rosenkranz betete er gerne die Psalmen und das Stundengebet. Trotz seines jungen Alters war er in der Lage, sich sehr intensive Momente der Stille und der Meditation zu reservieren. In diesem Zusammenhang zitiere ich gerne die schönen Worte, mit denen Mutter Anna Maria Canopi, Gründerin und erste Äbtissin der Benediktinerabtei Mater Ecclesiae auf der Insel San Giulio am Ortasee, die kürzlich verstorben ist, Carlo und seine Liebe zum Gebet beschreibt:

„Alles, was wertvoll ist, wird aus der Stille geboren. Das ist eine Feststellung. Was aber ist die Stille? Es ist schwer zu sagen, gerade weil man die Stille nicht mit Worten beschreiben kann: Nur wer sie erlebt hat, kann verstehen, was sie ist und was sie bedeutet.

Es gibt Momente, in denen die Stille wie eine Atmosphäre ist, die das eigene Innerste umhüllt und durchdringt und das Gefühl von Fülle, nicht von Leere, nicht jenes der Abwesenheit, sondern einer Gegenwart vermittelt. Wer hat noch nie die Erfahrung gemacht, draußen auf freiem Feld oder auf einem Berggipfel, bei Sonnenaufgang oder in der Abenddämmerung oder gar in der Nacht, unter dem Sternenhimmel, zu verweilen? Alles scheint in einer pulsierenden Stille des Lebens zu schweben, einer Stille, in der man die Harmonie des Kosmos wahrnimmt. Es ist in gewisser Weise eine Erfahrung der Gegenwart Gottes.

Diese Erfahrung ist noch stärker, wenn man eine menschenleere Kirche betritt und der Blick zum Tabernakel geht. Die Flamme einer Lampe daneben zeigt die Anwesenheit des eucharistischen Jesus. In der Stille kommuniziert man mit einem „Du“ der aufgrund der Nachgiebigkeit einer überwältigenden Liebe, die das Herz tief berührt und es mit Ergriffenheit, Dankbarkeit und heiliger Freude erfüllt, wahrhaft gegenwärtig ist.

Dies war sicherlich die Erfahrung des Jungen Carlo Acutis, der seit seiner Erstkommunion die Eucharistie zum Mittelpunkt seines Lebens gemacht hat, mehr noch: zu einer Begegnung der lebendigen Freundschaft mit Jesus, bis hin zu der Aussage, dass Er in der Eucharistie wirklich gegenwärtig ist, wie zu der Zeit, als die Apostel und die Jünger ihn in körperlicher Gestalt sehen konnten, als er durch die Straßen von Jerusalem ging.

In seinem Leben, das er ernsthaft dem Studium widmete und dabei gleichzeitig zahlreiche Freundschaften, Begegnungen mit Weggefährten und verschiedene Aktivitäten hatte, verstand er es, der Eucharistie stets den ersten Platz einzuräumen. Die tägliche Messe hatte für ihn Priorität, ebenso die eucharistische Anbetung. Durch die Eucharistie wurde er innerlich geformt wie ein ‚sanftmütiges Lamm‘. Er lernte – ohne sich dessen bewusst zu sein – die wahre Stille, und zwar jene, die immer Ja zum Willen Gottes sagt, die, ohne zu rebellieren und ohne Erklärungen zu fordern, ihn mit Liebe annimmt.

Bezeichnend war das erste Geschenk, das er von seiner Mutter erhielt: ein kleines Lämmchen mit weißem Fell, das er immer sehr liebhatte. Vielsagend ist auch, dass ihm am Tag seiner Erstkommunion auf der Straße seltsamerweise ein kleines Lamm entgegenlief: fast schon ein Zeichen dafür, was ihn erwartete, und für uns gleichsam ein Symbol dafür, wie er gelebt hat, indem er selbst zur Eucharistie, zur stillen Opfergabe wurde.

Bei seinem täglichen Verweilen vor dem Tabernakel, bei diesen ersehnten und vorbereiteten Verabredungen war die Stille tatsächlich ein Verweilen Herz an Herz mit Jesus, in der gegenseitigen Selbsthingabe, bis zu dem Punkt, an dem sie sich wirklich als Einheit fühlten. Das ist die mystische Stille, in der die göttliche Liebe zum Ausdruck kommt.

Carlo, der gegenüber allen eine sehr gesellige und umgängliche Wesensart hatte, eignete sich gerade in diesen intimen, stillen Begegnungen mit dem Herrn die Güte und die Freude an, die er anderen mitteilte. Man kann sagen, dass seine ganze innere Schönheit und seine gütige und sympathische Ausstrahlung in seinen Beziehungen zu den anderen die Frucht der langen Zeit waren, die er mit Jesus in der Stille der Liebe und der Anbetung verbracht hat.

Alle Heiligen und auch alle bedeutenden Menschen, die sich in Wissenschaft und Kunst ausgezeichnet haben, wurden in der Schule der Stille ausgebildet: Sie haben gelernt, zu schweigen und zuzuhören, zu reflektieren, zu meditieren und demütig nach der Wahrheit zu suchen.

Wenn man immer laut und gesprächig ist, und wenn man spricht, ohne nachzudenken, dann kann man kein reifer und weiser Mensch werden. Es gibt einen alten Satz, der besagt: ‚Der weise Mensch spricht ein paar gut durchdachte Worte. Der redselige Mensch wandelt planlos auf der Erde.'

Es gibt auch ein ungutes Schweigen, das kein echtes Schweigen ist, sondern Stummsein oder Muffeligkeit. Es ist das, was uns von anderen trennt, wenn wir beleidigt sind, Abneigung empfinden, oder wenn unsere Nächsten uns einfach nicht interessieren. Das ist eine egoistische, unchristliche Haltung, denn Jesus empfiehlt, alle zu lieben, sogar die Feinde.

Man muss lernen, auch Beleidigungen zu ertragen. Auch in diesem Punkt ist das Leben von Carlo ein Vorbild für uns.

Obwohl er so jung starb, machte auch er Erfahrungen in der Schule der ‚Kränkungen', z. B. wenn seine Kameraden über ihn spotteten, weil er zur Messe ging oder weil er sich nicht so modisch kleidete. Carlo zeigte sich wie üblich als fleißiger Schüler, der es verstand, aus allem das Beste zu machen. Er konnte gut schweigen, ohne sich zu verteidigen oder beleidigt zu sein, so dass er trotz seiner ‚Andersartigkeit' die Wertschätzung und Freundschaft seiner Kameraden und auch die vieler Erwachsener für sich gewann. So evangelisierte er viel mehr durch sein Leben als durch das ‚Wort', das er gewiss nicht verachtete. Im Gegenteil, er versuchte, es maximal hervorzuheben, indem er sogar die modernsten Mittel der sozialen Kommunikation nutzte.

Jesus selbst, das fleischgewordene Wort Gottes, lebte diese Stille der Demut, des geduldigen Aushaltens, der selbstlosen Liebe, die nur Güte und Frieden vermitteln will. Er liebte es vor allem, die Nächte auf dem Berg zu verbringen, ganz allein in der Stille der intimen Gemeinschaft mit dem Vater, und er erlangte von seinem Vater auf diese Weise das, was er dann den Aposteln mitteilte, damit sie es an die Kirche und an alle Völker weitergeben konnten.

Ein Modell der Demut und der kontemplativen Stille ist auch Maria, die Mutter Jesu, und mit ihr auch der heilige Josef, der von Gott als fürsorglicher Hüter von Mutter und Kind auserwählt wurde.

Wer die Schönheit der Stille entdeckt, der findet den Schlüssel zum Wachstum in allen Tugenden.

In jeder Lebenslage hilft uns die Stille, gut zu leben, in Einfachheit und Frieden. Es gibt die Stille der Freude, die anbetende Stille, die Stille der Demut, es gibt auch die Stille in der Stunde der Prüfung, die Stille, die aus Stärke und Glauben gewoben ist, die den Menschen physisches oder moralisches Leid ohne Schreien und Wehklagen annehmen lässt. Die Heilige Schrift ermahnt uns in Psalm 37,7: ‚Sei still vor dem Herrn und harre auf ihn!' Im hebräischen Text wird dieses ‚Stillsein' mit demselben Verb ausgedrückt, das auch in Psalm 131 vorkommt, dem Psalm über das stille und unbeschwerte Kind in den Armen seiner Mutter. Diese Stille ist nicht spontan in uns, sie ist auch keine heroische Anstrengung, sondern ein Geschenk des Heiligen Geistes. Carlo offenbarte in der Stunde seiner fürchterlichen Krankheit, die er tatsächlich wie ein sanftmütiges Lamm annahm und dem Herrn erlaubte, seinen Plan mit ihm zu vollenden, dass er davon erfüllt war. ‚Seit Jahren', bezeugte eine Krankenschwester, ‚habe ich keinen Patienten in diesem Zustand gesehen, und ich fragte mich, wie er es schaffte, nicht über Schmerzen zu klagen, da seine Arme und Beine geschwollen und voller Flüssigkeit waren.' Als ich ihn eines Tages fragte: ‚Wie geht es dir?', antwortete Carlo mit seiner üblichen Gelassenheit: ‚Wie immer, gut!' Eine halbe Stunde später fiel er ins Koma. Von Carlo Acutis wurde gesagt, dass er beim Flug in den Himmel ‚auf Adlerflügeln' abgehoben hat. Er hätte nicht so hoch fliegen können, wenn er in der Stunde des Leidens nicht in der Lage gewesen wäre, zu sagen, dass es ihm gut ging, und zwar im tieferen Sinne, weil man sich im Willen Gottes immer wohlfühlt. Aber woher kam die Fähigkeit zu sagen: ‚Ja, mir geht es gut'? Sicherlich durch seine Kontemplation: Er hatte seine Seele und seine keuschen Sinne berauscht, indem er den Blick seines Herzens auf das Blau des Himmels richtete und den Harmonien der Stille lauschte, die voll von Gottes Gegenwart ist. Jeder von uns kann und muss zu einem Ort der ‚heiligen Stille' werden, so wie es in der liturgischen Feier geschieht.

Als Papst Paul VI. 1964 eine Pilgerreise ins Heilige Land unternahm und Nazareth besuchte, rief er mit Ergriffenheit das Leben der Heiligen Familie in Erinnerung und sagte: ‚Sie gibt uns ... eine Lektion im Schweigen. Möge die Wertschätzung der Stille in uns wieder aufleben, diese bewundernswerte und unverzichtbare Atmosphäre des Heiligen Geistes; in uns, die wir betäubt sind von so viel Trubel, Lärm und Geschrei in unserem modernen, aufgewühlten und turbulenten Leben. Oh, Stille von Nazareth, lehre uns Sammlung, Verinnerlichung und die Bereitschaft, die geheimen Eingebungen Gottes und die Mahnungen wahrer Lehrer zu hören. Lehre uns, wie wichtig die Vorbereitung, das Studium, die Meditation, die Innerlichkeit des Lebens, und das Gebet sind (...).' All dies ist um so notwendiger in unserer Zeit, in der, durch den übermäßigen Lärm der Massenmedien und einen zunehmend nach außen verlagerten, oberflächlichen und oft entfremdenden, gesellschaftlichen und familiären Lebensstil, die Stille beinah verunmöglicht wird.

Es heißt, Reden ist Silber und Schweigen ist Gold; das Gewicht einer Person, d. h. ihr Wert, steht im Verhältnis zu ihrer Fähigkeit zu schweigen. Wahre Stille gibt nämlich dem Wirken der Gnade Raum, der starken und sanften Führung des Heiligen Geistes, des Geistes der Wahrheit und der Liebe, der Gemeinschaft und des Friedens, der Heiligkeit und der Freude."

Mutter Canopi deutet die Verletzungen an, die Carlo zu Lebzeiten zugefügt wurden. Es war ihm egal. Ähnlich wie die ewige Bewegung der Liebe unter den drei Personen der Heiligsten Dreifaltigkeit wusste er durch das Gebet, dass er mit der Liebe des Herrn verbunden war. Das war ihm genug. „Das Gebet ist die Sprache des Himmels", wiederholte er. Und weiter: „Wenn wir allmählich unsere Liebesfähigkeit steigern, werden wir immer redlicher und reiner werden und aufrichtig sagen können: Gott ist mein Ein und Alles. Allein werden wir nicht in der Lage sein, unser Leben auch nur um eine einzige Stunde zu verlängern, noch selbst die Gnaden zu erwerben, die wir brauchen, sondern wir werden Gott immer darum bitten müssen."

Er war der Meinung, dass es wichtig sei, sich wahrhaftig von sich selbst und von allen geschaffenen Dingen zu lösen, um Gott näher zu kommen. Je einfacher das Gebet sein wird, desto tiefer wird es sein, sagte er.

Monsignore Poma, der Pfarrer von Santa Maria Segreta, war ein bemerkenswerter Zeuge. Es war ihm wichtig, vor allem zu betonen, dass Carlo jeglicher Eifer sehr fern lag, „sich an die erste Stelle zu setzen und sich ein Star-Image aufzubauen, obwohl er hervorragende Eigenschaften hatte, wie die Bereitschaft und Freundlichkeit bei Gesprächen und in seinem Auftreten. Er war nüchtern im Leben und in den Bestrebungen. Diejenigen, die sich heute an ihn erinnern, entdecken mit zunehmendem Erstaunen eine ungewöhnliche ‚angenehme Rechtschaffenheit' mit klarer christlicher Wurzel ... Er liebte es, sich innerlich in seinen Gedanken und im Gespräch mit Gott zu sammeln. Darin war er wirklich gewissenhaft und gut: Das war seine Methode, um keine zu vagen Vorstellungen über seine eigene Zukunft zu entwickeln. Er beendete spontan manche seiner Gespräche mit einem schnellen ‚So Gott will'. Ich kannte seine Andachtsübungen nicht im Detail (allein schon der Gedanke daran, seine geistlichen Geheimnisse zur Schau zu stellen, war ihm zuwider): Aber seine intensive Beziehung zur Eucharistie kann ich mit großer Gewissheit bezeugen ... Man kann sagen, dass Carlo jeden Augenblick seines Daseins intensiv gelebt hat, ohne sich jemals vor seinen Pflichten zu drücken. Trotz der kleinen Prüfungen, die für das Leben eines jeden Teenagers typisch sind, ging er alles mit Optimismus und Freude und einer stets wachen Aufmerksamkeit gegenüber anderen an."

Monsignore Poma beschreibt Carlo mit dem Eigenschaftswort „unvergesslich". Er erzählt: „Vor allem sein Blick, so offen und so zugänglich; ein Blick, der allein schon ein großes Lächeln dem Leben gegenüber bedeutete; der Blick eines Jungen, der nichts zu verbergen und ein großes Bedürfnis zu kommunizieren hatte. Ich höre innerlich mit einer bewegender Genauigkeit den Tonfall seiner Stimme wieder, die erzählt und Fragen über dies und jenes stellt: eine durchlässige Stimme, die nichts zu verbergen hat, die den Wunsch hat, die eigenen Gedanken und die Projekte, die das Leben voranbringen, zu überprüfen. Mein Gedächtnis zeichnet die Beobachtungen, Themen und Einschätzungen nach, die mir Carlo von Zeit zu Zeit vorlegte: eine Unterhaltung ohne Wichtigtuerei oder Schüchternheit ... Carlo hatte eine offensichtliche Gnade, die es möglich machte, unter Beweis zu stellen, dass es für einen aufgeweckten und gesunden Jungen nicht schwer ist, Evangelium und Feiern, Rechtschaffenheit und gute Laune, Intelligenz und Liebenswürdigkeit im Leben zu vereinen. Carlo war sich ja seiner ungewöhnlichen persönlichen Eigenschaften kaum bewusst, in allen Bereichen des menschlichen Lebens war er völlig entspannt: zu Hause, in der Schule, im Oratorium, in Freundschaften und in seiner Beziehung zu Gott. Gegenüber allen war er dankbar, doch niemandem gegenüber unterwürfig. Überall war er höflich, trotz der Entschlossenheit seiner Überzeugungen. Für den Herrn konnte er Zeit finden, und es machte ihm nichts aus, sogar das beiseite zu legen, was ihn am meisten ansprach und was gerade interessant war. Carlo war glücklich, wenn er vor dem Herrn verweilte. Anschließend stand er auf und nahm das Geheimnis dessen mit, was der Herr von ihm verlangte. Es ist ein großes Geschenk, in klarer und heiterer Nüchternheit leben zu können, und eine außergewöhnliche Gabe, wenn ein junger Mensch diese Gabe vom Beginn seines Lebens an wahrnimmt."

Carlos Englischlehrerin aus der Grundschule sagte mir, dass mein Sohn ein sehr positives und großzügiges Kind war. Er war sehr höflich, stets lächelnd und freundlich im Umgang mit Erwachsenen und Mitschülern, denen gegenüber er ausnahmslos große Sympathie und Freundschaft entgegenbrachte. Sie sagte mir, dass er immer voller Begeisterung und Lebensfreude war. Er liebte es, Vorschläge für Aktivitäten zu machen, die den Unterricht bereichern würden. Viele erinnern sich an ihn, wie er seine Hand hob und mit seinem unverwechselbaren Lispeln die Lehrerin mit „Teacher" ansprach, um ihr etwas Wissenswertes im Zusammenhang mit der angelsächsischen Welt zu berichten. Im Unterricht gehörte er zu den ersten, die denjenigen, die sich in Schwierigkeiten befanden, kluge und diskrete Hilfe anboten.

Auch seine Grundschullehrerin hielt ihn für ein sehr höfliches und großzügiges Kind. In ihrem Zeugenbericht schreibt sie: „Er hat fast nie den ‚normalen', seinem Alter entsprechenden Unfug gemacht und ließ sich nie von seinen Mitschülern in etwas ‚Ungezogenes' verwickeln. Auch meinen Kolleginnen fiel er auf, denn er war immer ordentlich, elegant. ...Kurzum, ein echter angehender Gentleman. Als er älter wurde, zeigte sich, dass er ein sehr gutes Wesen hatte und immer bereit war, jedem zu helfen, der in Not war. Ich habe bemerkt, dass seine Freundlichkeit nicht vorgespielt war, im Gegenteil. ... Carlo war sehr schüchtern: wenn ich ihm Komplimente für seine Freundlichkeit machte, antwortete er mir, dass er nichts Außergewöhnliches getan habe. … In der Tat war es sein Wesen, das außergewöhnlich war! Er war beliebt und wurde von seinen Kameraden stets gesucht, gelegentlich als Friedensstifter in den täglich unter ihnen entstandenen Auseinandersetzungen, und … seine Aufgabe ist ihm hervorragend gelungen. Einer seiner Freunde hatte erhebliche Schwierigkeiten, sowohl auf pädagogischer Ebene, als auch in Bezug auf die Teilnahme am gesellschaftlichen Leben der Klasse. Carlo nahm ihn unter seine Fittiche und half ihm ständig – jeden Tag – mit unendlicher Geduld! Manchmal sagte ich ihm, er solle mit den anderen Klassenkameraden spielen gehen und sich ein wenig von diesem sehr anspruchsvollen Freund ‚lösen', der ihn so viel Energie kostete. Er gab jedoch nicht auf, stand ihm zur Seite und unterstützte ihn. In der Mittelschule traf ich ihn oft in den Pausen. Er begrüßte mich fröhlich und fragte mich höflich: ‚Wie geht es Ihnen? Bringen Ihre neuen Schüler Sie auch zur Verzweiflung wie wir? Wenn Sie mich brauchen, sagen Sie es mir. Ich komme gerne vorbei und helfe Ihnen!'"

Nach dem Tod meines Vaters musste ich sein Geschäft übernehmen und begann, viel zu reisen. Deshalb beschlossen wir, Carlo ein Mädchen zur Seite zu stellen, das ihn nachmittags beaufsichtigte und ihm bei seinen Hausaufgaben half. Ihr Name war Elisa. Nach Carlos Tod erzählte sie mir, dass sie schon immer von seiner außergewöhnlichen Güte beeindruckt war. Sie sagte, Carlo sei sehr gehorsam und im Gegensatz zu anderen Kindern in seinem Alter sehr verantwortungsbewusst gewesen: Er begann zu lernen und seine Hausaufgaben zu machen, ohne dass ihn jemand dazu hätte anhalten müssen. Sie hielt ihn für einen außergewöhnlichen Jungen, der es verstand, sich für das körperliche und geistige Wohlergehen der Menschen, denen er begegnete, zu interessieren.

Als Elisa Carlo kennenlernte, hatte sie Schwierigkeiten mit ihrem Verlobten. Mein Sohn hatte es bemerkt. Er versuchte, sie zu trösten und zum Essen zu bewegen, da sie aufgrund von Stress viel Gewicht verloren hatte. Er wollte, dass sie trotz der heiklen Situation gelassen blieb, und bot ihr immer etwas an: Bonbons oder Süßigkeiten.

Elisa war beeindruckt von der geistigen Reife meines Sohnes. Manchmal, wenn Carlo seine Hausaufgaben gemacht hatte, bat er sie, ihn zur Messe zu begleiten. Sie gingen zusammen hin, und diese einfache Geste hat dazu beigetragen, dass Elisa wieder zum Glauben zurückfand.

Sie erzählte mir mehrmals, dass Carlo immer bereit war, seinen Mitschülern zu helfen. Besonders nachmittags während der Hausaufgabenbetreuung beobachtete sie, wie er denjenigen half, die Schwierigkeiten hatten sich zu integrieren, oder die sich zurückzogen, weil sie zu schüchtern waren. Er war sehr einfühlsam und verstand sofort, wer gerade eine schwierige Zeit durchmachte. So geschah es bei einem seiner Kameraden, dessen Eltern sich gerade trennten und der deshalb unter Bulimie litt.

Seine uneingeschränkte Verfügbarkeit für andere zeigte sich in seinem Verhalten. Er war immer bereit, sich zu schenken, sich selbst in Frage zu stellen und zu helfen, noch bevor er gefragt wurde. Carlo war auch gegenüber den Ordensschwestern sehr hilfsbereit, vor allem gegenüber den älteren an der Pforte, denen er die Baumwollknäuel schenkte, aus denen sie Deckchen herstellten, die sie bei Wohltätigkeitsveranstaltungen zur Unterstützung der Missionen verkauften.

In der Schule galt er als ein sehr ausgeglichenes, höfliches, umsichtiges Kind, das ungewöhnlich reif war für sein Alter.

Carlo legte keinen Wert auf Designerkleidung oder Accessoires. Aufgrund seines Sinnes für das Wesentliche schwamm er stets gegen den Strom. Er konnte diejenigen nicht leiden, die sich damit brüsteten, zu einer höheren sozialen Schicht zu gehören. Er sagte, dass der Wert einer Person direkt proportional zu ihrem Grad an Nächstenliebe und Großzügigkeit sei. Carlo war zutiefst davon überzeugt, dass diejenigen, die mehr wirtschaftliche Mittel besaßen, größere Verantwortung hätten: Sie hätten die Pflicht, denen, die weniger wohlhabend sind, im Rahmen ihrer Möglichkeiten zu helfen.

Carlo duldete praktisch keine Form der sozialen Ungerechtigkeit, denn er sagte, dass alle Menschen Gottes Geschöpfe sind. Er sprach zu allen und hatte für jeden mitfühlende, ermutigende Worte. Er machte keinen Unterschied zwischen Religionen oder Staatsangehörigkeiten. In jedem sah er Christus, den es zu lieben galt.

Zur Weihnachtszeit kaufte er aus seinen Ersparnissen Geschenke für alle, auch für seine Lehrer und das Servicepersonal. Oft brachte er einen Schulfreund mit nach Hause, der motorische Schwierigkeiten und Probleme beim Lernen hatte und von den anderen ausgegrenzt wurde. Er versuchte, ihn zu unterstützen, und wenn er in der Schule war, half er ihm, sich in der Klasse zu integrieren, das ging so weit, dass dieses Kind nur noch mit meinem Sohn spielen wollte.

Sicher, Carlo war ein lebhaftes Kind, aber es fehlte ihm nie an Respekt und Höflichkeit gegenüber anderen. Er mochte nicht streiten oder diskutieren und zog es vor, ein heiliges Schweigen zu bewahren. Er war ein Weltverbesserer.

Auch Schwester Miranda Moltedo, Leiterin der Einrichtung, in der Carlo die Grundschule besuchte und seine Kunstlehrerin, sagte mir, dass Carlo ein wirklich artiges Kind war. Sie hatte ihn noch nie ein Schimpfwort sagen hören. Er war nicht streitsüchtig, sondern fleißig und gehorsam gegenüber den Anweisungen der Lehrerin. Es gab nie einen Grund, ihn zu tadeln. Die gleiche Ordensschwester vertraute mir an, dass er in den Jahren, in denen sie ihn gekannt hatte, auf kindliche Art für sein Alter bereits die christlichen Tugenden in heroischem Ausmaß besaß. Zum Beispiel verheimlichte er seinen sozialen Status, während die meisten Kinder bereits in der Grundschule mit dem Reichtum ihrer Familien prahlten.

Schwester Isa Velate, die Religionslehrerin, sagte, dass Carlo ein sehr großzügiges Kind war. Wenn ein Mitschüler etwas ausleihen wollte, gab er ihm das schnell, ohne es jemals zurückzuverlangen. Manchmal mussten die Ordensschwester oder die Lehrerin einschreiten und den Mitschüler daran erinnern, dass er das zurückgeben musste, was er sich von Carlo geliehen hatte. Und wenn sie sich an eine Bibelstelle nicht erinnern konnte, fragte sie Carlo, der regelmäßig alles wusste.

Eine weitere Ordensfrau aus der Grundschule, Schwester Maria del Rocío Soria Ratia, war für die Betreuung der Kinder nach dem

Mittagessen zuständig. Sie erinnert sich daran, wie gerne Carlo Witze machte. Manchmal spielte sie Fußball mit den Jungs. Carlo kam auf sie zu und machte sich einen Spaß daraus, ihr zu sagen, dass sie früher oder später eine berühmte Fußballerin würde.

Carlo war sehr wissbegierig. Er wollte die Dinge kennen und verstehen, und er arbeitete hart daran, sie zu begreifen. Er redete gerne mit der Ordensschwester über wichtige Dinge, über religiöse Themen, den Islam und das Verhältnis zu anderen Religionen. Er verstand es, ernsthafte und tiefgründige Antworten zu geben, war sehr aufmerksam und beteiligte sich. Sie erinnert sich an ihn auch als einen offenen und aufrichtigen Jungen: Das, was richtig war, sagte er ohne Furcht und ohne Aggression.

Viele Leute stimmen darin überein, dass mein Sohn ein sehr intelligenter Junge, sehr begabt in einigen Fächern, und vor allem demütig und bereit war, die Schwächsten und die Ausgegrenzten zu verteidigen. Er war ein Spaßvogel, bei bestimmten Anlässen sogar ein fröhlicher Narr. Mit seiner Lebendigkeit riss er andere mit und ließ sich mitreißen. Manchmal führte diese Lebendigkeit dazu, dass er Verweise kassierte, denn mit seiner unbändigen Stimme, kombiniert mit seinen Körpergesten, störte er manchmal den Unterricht.

Carlo hatte einen ausgeprägten Sinn für Humor und war in der Lage, selbst die schwierigsten Situationen zu entschärfen. Er versuchte, diejenigen aufzumuntern, die traurig und entmutigt waren. Bezüglich jenen, die depressiv und mutlos waren, sagte er einen Satz, der mir im Gedächtnis geblieben ist: „Die Traurigkeit ist der Blick, den man auf sich selbst richtet. Glück bedeutet, den Blick auf Gott zu richten." Carlo war das Gegenteil von Traurigkeit. Ich habe ihn nie klagen oder murren gehört. Im Gegenteil, er war immer positiv und optimistisch, selbst in den schwierigsten Situationen. Er war voller Lebensenergie und betrachtete das Leben als ein riesiges Geschenk. Er wollte es in jedem Moment mit Genuss auskosten, denn er sagte, „jede Minute, die vergeht, ist eine Minute weniger, die wir zur Verfügung haben, um uns zu heiligen." Diesbezüglich mochte er die Meditationen des Philosophen Blaise Pascal: „Die Stoiker sagen: Haltet Einkehr in euch selbst, dort werdet ihr eure Ruhe finden. Und das ist nicht wahr. Die anderen sagen: Geht nach außen und sucht das Glück in einer Zerstreuung. Und das ist nicht wahr: Die Krankheiten kommen. Das Glück ist weder außerhalb von uns noch in uns; es ist in Gott und sowohl außerhalb von uns als auch in uns."

Im Alter von vierzehn Jahren haben wir ihn für das Schuljahr 2005-2006 für den humanistischen Zweig am Gymnasium des Schulzentrums Leo XIII. in Mailand angemeldet, das von den Jesuiten geleitet wird. Hier konnte er eine seiner am meisten geschätzten Eigenschaften zeigen: sein Talent für Informatik. Die Patres, die sich schon immer für die Erziehung von jungen Menschen engagiert haben, trugen viel dazu bei, seine Talente zu fördern. Sie erkannten sofort, dass Carlo eine besondere geistige Größe besaß. Auch der Gemeindepfarrer, Pater Gianfranco Poma, merkte sofort, dass er ein außergewöhnlicher Junge war, als er die Beichte meines Sohnes hörte. Das vertraute er mir offen an.

Es kam oft vor, dass ich Menschen traf, die sofort von meinem Sohn, der ein bisschen wie ein Magnet war, aufgerichtet und angezogen wurden. Ich dachte immer, dass die Menschen unbewusst die verborgene Gegenwart Jesu in Carlo erkannten. Sie fühlten sich zu ihm hingezogen, weil sie, ob sie sich dessen bewusst waren oder nicht, in ihren Herzen den Wunsch nach einer Begegnung mit Gott hatten.

Ich erinnere mich in diesem Zusammenhang an das, was uns in Assisi widerfahren ist. Carlo war acht Jahre alt. Wir begegneten einer Ordensschwester, die wir noch nie zuvor gesehen hatten. Sie hielt uns an und sagte, Carlo hätte einen besonderen Auftrag in der Kirche. Ich weiß nicht, wie sie darauf gekommen war, aber sie hat es wirklich so gesagt.

Aus verschiedenen Gründen standen wir den Jesuiten schon immer nahe. Deshalb beschlossen wir, ihn im Institut Leo XIII. einzuschreiben. Im Übrigen beschlossen wir, just im Jahr seines Übertritts in dieses Gymnasium, während einer Reise in Katalonien über Manresa zu fahren, wo Ignatius von Loyola elf Monate lang gelebt hat. Hier vollzog sich seine Bekehrung vom edlen Ritter mit feurigem Temperament zu einem Freund des Herrn, in allem bereit, ihm zu dienen, um auf seine Liebe zu antworten. In Manresa begann Ignatius, die „Geistlichen Übungen" mit dem klaren Ziel zu schreiben, vielen anderen zu helfen, die gleiche rettende Erfahrung einer persönlichen Begegnung mit Gott zu machen wie er. Auf den Spuren dieses Heiligen fuhren wir nach Montserrat, einem weiteren Ort, der mit seiner Bekehrung verbunden ist, und wo ein Heiligtum entstand, das Unserer Lieben Frau geweiht wurde, die mehrmals dort erschienen ist und viele Gnaden und Wunder gewirkt hat. Im Februar 1522 kam Ignatius zur Benediktinerabtei Montserrat, in der Nähe von Barcelona. Es war der Vorabend des Festes Mariä Verkündigung. Hier verbrachte er die ganze Nacht, an deren Ende er symbolisch – als Zeichen des Beginns eines neuen Lebens als Christ – sein Schwert und seinen Dolch vor dem Altar der Jungfrau Maria niederlegte und das Pilgergewand anzog.

Carlo war von diesem Ort besonders berührt, der außer dem Naturpark, der ihn umgibt, durch die typischen vom Wind geglätteten felsigen Berge, in rosaroten Farben, einzigartige Aussichten bietet. Wir beendeten unsere Reise in Barcelona und besichtigten diesmal alles kreuz und quer. Carlo war verzaubert von der Basilika „Sagrada Familia" des Architekten Antonio Gaudí, dessen Seligsprechungsprozess eingeleitet wurde. Für Le Corbusier war er der größte Architekt des 20. Jahrhunderts, er wurde auch „der Architekt Gottes" genannt.

Carlo stimmte ihm vollkommen zu, als er schrieb: „Wahre Originalität besteht darin, zum Ursprung, der Gott ist, zurückzukehren... Die Schöpfung setzt sich unaufhörlich fort durch die Vermittlung des Menschen. Der Mensch schafft nicht, sondern entdeckt und geht von dieser Entdeckung aus. Diejenigen, die die Gesetze der Natur erforschen, um Neues zu schaffen, arbeiten zusammen mit dem Schöpfer. Diejenigen, die kopieren, arbeiten nicht zusammen mit ihm. Deshalb besteht Originalität darin, zum Ursprung zurückzukehren."

Die Kirche Sagrada Familia wurde erbaut, um „die schlafenden Herzen aus ihrer Lauheit zu wecken, den Glauben zu verherrlichen und die Nächstenliebe zu entfachen": Das kann man in den Grundsteinlegungsakten vom 19. März 1882 lesen. Gaudí gefiel Carlo sehr. Eines Tages erzählte er mir, er habe ein kleines Zeichen von ihm erhalten. Er hatte ihn sogar angefleht, ihm zu helfen, Jesus zu verherrlichen, der in der Eucharistie wirklich gegenwärtig ist und sich uns zur Speise und zum Trank gibt. Mein Sohn bewunderte Gaudí sehr. Er war der einzige Architekt der Moderne, der sein ganzes Leben einem Unterfangen weihte, das seit Jahrhunderten nicht mehr versucht wurde: dem Bau einer Kathedrale, der Heiligen Familie geweiht und ausschließlich aus Spenden „de los Pobres" [der Armen] gebaut. Er selbst starb sehr arm. Er war ein Asket und ein Mystiker. In den Steinen der Sagrada Familia ist das gesamte Evangelium eingeschrieben. Die Sagrada Familia ist ein Buch für die ganze Welt: für diejenigen, die Glauben haben, für diejenigen, die mit Herz und Verstand zu lesen verstehen, und auch für die Fernstehenden. Auf dem zentralen Portal der Fassade mit der Krippenszene thront eine Skulptur, die die Geburt Jesu darstellt, den Höhepunkt der Liebe Gottes zu uns. Die drei Türen stehen für die drei Tugenden: links die Hoffnung mit dem Massaker an den Unschuldigen und der Flucht nach Ägypten, rechts der Glaube, und die Liebe steht im Mittelpunkt, denn sie ist die größte, die – wie der heilige Paulus sagt – auch nach dem Tod bestehen bleibt und uns den Grad der ewigen Glückseligkeit, den wir genießen werden, verleiht. Über dem Bild der Heiligen Familie singen die Engel, so wie es uns das Evangelium erzählt. Carlo sagte, dass in der Zeit einer so großen Krise der Institution Familie dieser heiligmäßige Architekt die göttliche Antwort auf so viel Verwüstung darstellt. Während die Gesellschaft die Familie zerstört, hat Gaudí sie metaphorisch durch den Tempel der Sagrada Familia wieder aufgebaut. Carlo selbst zitierte mehr als einmal die prophetischen Worte der Schwester Lucia von Fatima, einer der Seherinnen und Zeugin der Erscheinungen der Jungfrau Maria im Jahr 1917 in Portugal: „Es wird eine Zeit kommen, in der die entscheidende Schlacht zwischen dem Reich Christi und dem Reich Satans über die Ehe und über die Familie ausgefochten wird. Und diejenigen, die für das Wohl der Familie wirken, werden Verfolgung und Bedrängnis erfahren. Aber man braucht keine Angst zu haben, denn Unsere Liebe Frau hat seinen Kopf bereits zertreten."

Pater Roberto Gazzaniga, Seelsorger des Gymnasiums, Leiter der Schulpastoral am Gymnasium Leo XIII. und Rektor des Schulzentrums, zeichnet ein sehr vollständiges Bild von Carlo: „Carlo schrieb sich im Schuljahr 2005-2006 im Schulzentrum Leo XIII. ein, einer von der Gesellschaft Jesu geführten Schule, und entschied sich für den Besuch des humanistischen Gymnasiums. Als Schüler der Klasse 9B des Gymnasiums fiel er sofort auf durch seine tiefgreifenden menschlichen Eigenschaften. Von Beginn des Schuljahrs an verhielt er sich so, als ob ihm das Gymnasium hier schon lange vertraut wäre: mit einer Freundlichkeit, Vertrautheit, Liebenswürdigkeit und Gewandtheit, die für Neulinge unüblich sind. Er fühlte sich an unserem Gymnasium sehr wohl: Mitschüler, Professoren und Mitarbeiter, die nicht dem Lehrkörper angehörten, hatten aufgrund seiner Herzlichkeit und der feinen, spontanen und frischen Art, die ihn auszeichneten, gerne Kontakt mit ihm. Carlo erlebte seine Aufnahme am Leo XIII. mit Begeisterung und Anteilnahme. Er trat mit Spontaneität gegenüber seinen Mitschülern auf und legte den Grundstein, um ihr Freund zu werden und sie als Freunde zu gewinnen, was ihm sehr am Herzen lag."

Wichtig ist die Tatsache, dass auch Pater Gazzaniga die Aufmerksamkeit von Carlo für die am stärksten Benachteiligten bemerkte: „Seine Aufmerksamkeit für diejenigen, die er als ‚etwas außen vor' wahrnahm, lässt sich auf diese Zeit zurückverfolgen. Manche Mädchen und Jungen brauchen mehr Zeit, um sich in dem neuen Umfeld der Schule und der Mitschüler zurechtzufinden. Schon von Beginn an hat Carlo sich mit Diskretion, Respekt und Mut zum Nächsten derjenigen gemacht, denen es am schwersten fiel, sich in den neuen Gegebenheiten der Klasse und der Schule zu integrieren. Ein paar Monate nach seinem Ableben und somit dem Abschied von seinen

Klassenkameraden hörte ich ihnen zu und fragte sie nach charakteristischen Merkmalen von Carlo, die ihnen aufgefallen waren. Mehrere von ihnen hoben sein Feingefühl seit den ersten Schultagen hervor, für diejenigen, die es am schwersten hatten, und seine Bereitschaft, ihnen zur Seite zu stehen und ihre Integration in der Klasse zu erleichtern: Er redete ihnen zu, die Situation nicht zu dramatisieren, und versuchte Widerstände und Schweigen zu brechen. Viele Kameradinnen und Kameraden sind Carlo dankbar für seine Fähigkeit, Beziehungen zu schaffen und zu fördern, sowie unaufdringlich Vertrauen und Nähe zu vermitteln."

Pater Gazzaniga hielt Carlos Lebendigkeit in den Beziehungen zu anderen Mitschülern für etwas Besonderes: „Ganz da sein und dem anderen das Gefühl geben, für ihn persönlich da zu sein, war eine Eigenschaft, die mir bald an ihm auffiel. Während der großen Pause am Vormittag lief er gerne durch die Flure und die beiden Stockwerke des Gymnasiums und suchte den Kontakt zu Schülern und Lehrern. Oft war er in Begleitung eines Mitschülers oder einer Mitschülerin, die in der eigenen Bank oder irgendwo in der Nähe allein auf das Ende der Pause gewartet hätten, wenn sie nicht von Carlo mitgenommen worden wären. Er hatte die Fähigkeit, die Initiative zu ergreifen und Menschen respektvoll, lebhaft und auf eine sehr jugendliche, überschwängliche Art mit einzubeziehen. Mehrere Erwachsene waren beeindruckt von seiner natürlich ausgeprägten Fähigkeit zur Eigeninitiative und seiner Freundlichkeit ohne Anbiederung. Der langjährige Pförtner des Gymnasiums erinnert sich mit Ergriffenheit an seine Liebenswürdigkeit, wenn er manchmal morgens durch den Eingang ‚auf der Schwimmbadseite' das Gebäude betrat und dann in der Pause vorbeikam, um ihn ausdrücklich in der zentralen Pförtnerloge zu grüßen, da er dies am Morgen vor dem Unterricht nicht getan hatte. Eine spontane Geste, die er mehrmals mit aufrichtiger Zugewandtheit wiederholte – was bemerkenswert war, weil Jugendliche oft je nach Stimmung grüßen oder auch nicht.

Carlos Ausstrahlung und seine Suche nach direktem Kontakt ließen niemanden gleichgültig. Er war ein sympathischer Junge, und es wurden ihm Akzeptanz und Sympathie entgegengebracht. Es hat mich schon immer erstaunt, dass er aufgrund seiner angeborenen Eigenschaften und Fähigkeiten, die weit über dem Durchschnitt lagen, nicht zur Zielscheibe von Witzen oder Späßen wurde: Wenn einer von ihnen außerordentliche Leistungen erbringt, können Jugendliche ihn häufig mit Sticheleien, Anspielungen und Spott ‚zurechtstutzen'. In einem Alter, das durch starke Widersprüche und Wettbewerb gekennzeichnet ist, ist es für einen Heranwachsenden nicht leicht, den höheren Wert eines anderen und die Fülle seiner angeborenen und seiner erworbenen Talente neidlos anzuerkennen. Das ist ein weiteres Element, das in meinen Augen zeigt, wie großartig Carlo war. Seine Gutherzigkeit und sein authentisches Verhalten haben über die Machtspiele gesiegt, die tendenziell eingesetzt werden, um das Ansehen derjenigen, die über herausragende Qualitäten verfügen, zu schmälern. Seine Offenheit war ganz authentisch. Carlo hat nie einen Hehl aus seiner Entscheidung für den Glauben gemacht. Auch in Gesprächen und verbalen Auseinandersetzungen mit seinen Mitschülern zeigte er sich respektvoll gegenüber den Positionen der anderen, ohne jedoch darauf zu verzichten, klar und deutlich die Leitprinzipien seines christlichen Lebens zu benennen und zu bezeugen. Als einer meiner Mitbrüder in Carlos Klasse kam, um dort eine außerschulische Gruppe namens ‚Comunità di Vita Cristiana CVX' vorzustellen, kam Carlo am Ende dieser Vorstellung sofort mit auf den Flur, und sagte zu ihm: ‚Ich interessiere mich für diesen Weg gemäß dem Evangelium, den Sie aufgezeigt haben.' Er war der einzige Schüler der ganzen Klasse, der Stellung bezogen und an diesem Eingliederungsangebot tatsächliches Interesse bekundet hat."

Pater Gazzaniga hebt die einhelligen Kommentare von Carlos Schulfreunden hervor: „Ich erinnere mich, wie ich seine Klassenkameraden über Carlos Begabung befragte: Der Nachklang seines Daseins, die Wesenszüge, die ihnen am meisten bei ihm aufgefallen waren, und die sich ihrem Gedächtnis und ihrer Lebenserfahrung eingeprägt hatten, waren die folgenden: Fröhlichkeit, Lebendigkeit, Großzügigkeit, der Wunsch nach freundschaftlichen Beziehungen und die Fähigkeit zur Selbstdisziplin: ‚Ich habe ihn nie wütend gesehen, selbst dann nicht, wenn er provoziert wurde.‘ Er war ein vielseitig interessierter Junge, ohne dabei seine Pflichten zu vernachlässigen, stets lächelnd, freundlich, fähig zu guten Beziehungen mit allen: ‚Wenn man schlechte Laune hatte, verging diese in seiner Nähe.‘ Er infizierte die anderen mit seinem Optimismus, er war in der Lage, sich für gesellschaftspolitische Zusammenhänge zu interessieren in einer Wachstumsphase, in der gewöhnlich die Aufmerksamkeit für sich selbst und die eigene kleine Welt überwiegt. Sein Mitgefühl und seine einladende und gastfreundliche Art, auch in dem Sinne, dass er die Initiative ergriff und Freunde zu sich nach Hause einlud, ließen diese spüren, dass er ihnen nicht nur aus Höflichkeit zuhörte, sondern ein echtes Interesse an ihnen persönlich hatte.‘ Seine Klassenkameraden, und nicht nur sie, waren besonders von Carlos Spontaneität, Hilfsbereitschaft und Zuverlässigkeit beeindruckt. Als ich Mitarbeiter für den Freiwilligendienst der Schüler des Gymnasiums benötigte, bot sich Carlo an, um die Präsentation der verschiedenen Vorschläge für die Freiwilligenarbeit mit einem von Fachleuten verwendeten Programm namens ‚Dreamware‘ zu erstellen. Die Konzeption, die Programmierung und die Umsetzung haben ihn während des Sommers sehr beschäftigt. In den Sitzungen des Freiwilligenausschusses, der sich aus einer Reihe von Eltern zusammensetzte, waren alle tief beeindruckt von Carlos lebendiger Ausdrucksweise, seinem Engagement und seinem Einfallsreichtum bei der Erstellung einer CD, die das Interesse der Schüler wecken und ihnen die Entscheidung für eine ehrenamtliche Tätigkeit erleichtern sollte. Die Mütter waren buchstäblich verzaubert von Carlos Vorgehensweise und seinen Führungsqualitäten, seinem freundlichen, lebendigen und effizienten Stil.“

Schließlich beendete der Jesuitenpater sein Zeugnis, indem er den Aspekt des Glaubens und der Suche nach Gott in Carlos Leben hervorhob: „Das letzte Mal traf ich ihn am Samstag vor der Präsentation der Freiwilligenarbeit zur Vorbereitung der Vorführung für die Schüler, die für den 4. Oktober 2006 geplant war. Nach einigen Hinweisen, die ich ihm gab, erklärte er sich bereit, einen Teil der Präsentation zu überarbeiten. Das tat er aus freien Stücken und war bestrebt, diese Arbeit bestmöglich zu vollenden. Diese Einstellung ist bei jungen Menschen nicht selbstverständlich. Während der Vorführung seiner Arbeit, die von einem Mitschüler aus der 10. Klasse übernommen wurde, erwähnte ich am Ende, dass die Präsentation von Carlo zusammengestellt worden war. Der freudige, spontane und stürmische Applaus, der daraufhin zu hören war, hätte ihn gefreut und etwas verlegen gemacht. Seine Lebensfreude und seine Liebe zu den Menschen, seine persönliche, offene und gute Art im Umgang mit anderen bleiben unvergessen. Wir sind alle davon überzeugt, dass die stetige Ausstrahlung seines kristallklaren, fröhlichen Wesens die Liebe zu Gott und zu den Mitmenschen in einer freudigen und wahrhaftigen Gewandtheit vereinte, die uns nicht gleichgültig ließ. Wie oft habe ich mich als Priester und Jugendseelsorger gefreut, Carlo zu begegnen, ihm zuzuhören und seinen positiven Einfluss auf seine Kameraden zu bemerken. Ich war und bin davon überzeugt, dass er wie die Hefe im Teig war: Sie macht keinen Lärm, lässt jedoch wachsen. Umso mehr jetzt, da er wie das Samenkorn ist, das in die Erde gefallen ist, um lebendige Frucht hervorzubringen. Man könnte auf ihn zeigen und sagen: Hier ist ein Jugendlicher, der ein glücklicher und authentischer Christ ist. Carlo war ein Geschenk, sein Name wird mit Respekt und großer Nostalgie ausgesprochen. Carlo ist da, und gleichzeitig vermissen wir ihn."

Carlo mochte alle und wurde gemocht. Im Gymnasium hat er einmal eine Neun für einen Aufsatz bekommen, vielleicht eine der besten Noten in seiner Klasse. Allerdings tat es ihm fast leid, denn zwei seiner Mitschüler, die zu den Klassenbesten gehörten, fingen an zu weinen, weil Carlo eine bessere Note als sie bekommen hatte. Er war erstaunt über ihre Reaktion und erzählte uns, dass er einige Zeit damit verbracht hatte, sie zu trösten: Er sagte ihnen, der Lehrer habe ihn zu gut benotet, und er hätte es nicht verdient. Neid war für Carlo ein unbekanntes Gefühl. Auf seine bescheidene Art versuchte er immer, allen zu helfen, damit sie Erfolg in ihrem Studium und in ihrem geistigen Leben hatten.

Ich erinnere mich, dass er Freunde hatte, die häufig in Nachmittagsdiscos gingen, Drogen nahmen und eine Menge Alkohol tranken. Bei mehreren Gelegenheiten hatten sie ihn eingeladen, mitzukommen, doch Carlo verabscheute Diskotheken. Er hatte diesbezüglich sehr deutliche Zeichen erhalten, durch die ihn sein Schutzengel vor den Gefahren an diesen Orte warnte. Er hatte sie den Gebeten einiger Klausurmönchen anvertraut und uns gebeten, uns ebenfalls diesem Gebetsanliegen anzuschließen. Rajesh erzählt, dass Carlo es nicht mochte, wenn er gefragt wurde: „Hast du eine Freundin?“ Er war davon überzeugt, dass es zu früh wäre, in der Mittelstufe zu beginnen, über solche Dinge nachzudenken. Unter seinen Freunden hingegen gab es viele, deren verfrühtes Gefühlsleben ihnen die Reinheit und die Frische geraubt hatte, die junge Menschen in diesem Alter kennzeichnen sollten. Diesbezüglich zitierte er sehr gerne das Beispiel der heiligen Maria Goretti. Auch meine Mutter war überzeugt, dass seine Reinheit außergewöhnlich, fast heroisch war.

Sein Religionslehrer erzählte uns, wie Carlo die Position der Kirche zur Abtreibung vertrat und den Wert des ungeborenen Lebens leidenschaftlich verteidigte. Während des Religionsunterrichts gab es eine lebhafte Diskussion darüber im Klassenzimmer. Carlo war der Einzige, der sich gegen die Abtreibung aussprach. Er hatte keine Angst, gegen den Strom zu schwimmen, vertrat stets entschieden seine Ideen, jedoch ohne jemandem etwas aufzwingen zu wollen. Carlo wurde in der Stille und im Gebet direkt von Jesus und seiner Mutter Maria geprägt, mehr noch als durch die Bücher, die er gelesen hatte. Diese Fügsamkeit gegenüber dem Heiligen Geist erleichterte ihm seinen Glaubensweg sehr und ermöglichte ihm in geistiger Hinsicht, in kurzer Zeit zu sehr hohen Horizonten aufzusteigen, ohne dadurch jedoch den Kontakt zur Erde, zur Familie, zu den Freunden und all den Tätigkeiten und Pflichten seines Standes zu verlieren.

Während seiner Schulzeit trieb er verschiedene Sportarten: Karate, Kung Fu, Tennis, Volleyball, Fußball, Skifahren, Schwimmen und Leichtathletik. In allen war er engagiert, aber nie mit dem Wettbewerbsgeist, den Jungen normalerweise haben. Das Wichtigste für Carlo war, dass er Momente der Freude mit Freunden teilen konnte. Er sah den Sport als Mittel, um die Freundschaft, die Gemeinschaft und das persönliche Wachstum zu pflegen. Der französische Schriftsteller Jean Giraudoux sagt: „Der Sport besteht darin, dem Körper einige der höchsten Tugenden der Seele zu übertragen."

Carlo war davon überzeugt, dass Sport ein sehr wirksames Mittel zur Stärkung des Willens sei, dank welchem man große Ziele erreichen kann. So schrieb der große Pädagoge Pierre de Coubertin: „Der Sport sucht die Angst, um sie zu beherrschen, die Müdigkeit, um sie zu besiegen, die Schwierigkeit, um sie zu überwinden." Carlo ging es nicht um die perfekte körperliche Fitness, sondern um die Gesundheit. Deshalb wagte er es nicht, Risikosportarten zu betreiben. In diesem Zusammenhang erinnere ich mich, dass er sich auch um meine Gesundheit große Sorgen machte, da ich ein wenig übergewichtig war. Er versteckte vor mir die Süßigkeiten, die ich gegessen hätte, wenn sie herumgelegen wären, und ging mit mir spazieren, damit ich abnahm. Er tat dies auch mit Rajesh, der Diabetiker war. Carlo konnte sich beherrschen, obgleich er sich für einen Vielfraß hielt, aber er aß nie außerhalb der Mahlzeiten und hielt Maß bei den Mengen. Als er ungefähr acht Jahre alt war, hatte er etwas an Gewicht zugelegt. Am Meer hatten wir in der Tat übertrieben, indem wir stets Pizzen und Eiscreme gegessen hatten, und deshalb begann er nach unserer Rückkehr aus dem Urlaub, sich zu mäßigen und schaffte es schnell Gewicht zu verlieren. Schon damals besaß er die Tugend der Mäßigung, die für ein Kind in diesem Alter keineswegs selbstverständlich ist. In diesem Zusammenhang brachte er kleine Opfer, um den Seelen im Fegefeuer zu helfen, zum Beispiel verzichtete er auf Snacks, Süßigkeiten und Obst. Er brachte diese sogenannten Fioretti [kleine Opfer] immer Unserer Lieben Frau dar, die diese in vielen ihrer Erscheinungen im Laufe der Jahrhunderte ausdrücklich gefordert hat. Er brachte auch einige Fioretti, indem er sich selbst auferlegte, die Filme nicht anzuschauen, die ihm am besten gefielen. Er wollte nie diejenigen mit gewalttätigen oder anstößigen Inhalten anschauen, er liebte Zeichentrick- und Dokumentarfilme über Tiere. Wenn im Fernsehen anrüchige oder sexualisierte Werbung gezeigt wurde, hielt er sich mit der Hand die Augen zu. Manchmal ging er vor dem Zimmer meiner Mutter oder in der Wohnküche vorbei, wo Rajesh während des Bügelns fernsah. Wenn er merkte, dass unverschämte Szenen oder Werbung übertragen wurden, hielt er sich die Augen zu, verließ das Zimmer sofort oder bat darum, den Kanal zu wechseln, um diese ungeeigneten Sendungen nicht ansehen zu müssen.

Ich muss gestehen, dass ich verblüfft war, einen Sohn zu haben, dessen Hauptinteressen Gott, Unserer Lieben Frau, den Engeln und den Heiligen galten. Verglichen mit dem, wie ich als Kind gewesen war, und verglichen mit meinen Freunden aus der Kindheit hatte ich das Gefühl, es mit einem Außerirdischen, einem Jungen von einem anderen Planeten zu tun zu haben. Auch die Mutter von einem seiner Schulkameraden aus der Grund- und Mittelschule, eine Autorin bei einer bekannten italienischen Tageszeitung, die ich sehr schätze, hatte seine Reinheit bemerkt: Carlo war davon überzeugt, die christliche Lebensweise würde hohe Werte vermitteln und den Menschen helfen, besser und uneigennützig zu werden. Im Gespräch mit ihm hatte sie verschiedentlich die Möglichkeit gehabt, dies festzustellen. Carlo hatte auch hinsichtlich der christlichen Botschaft in Bezug auf das sittliche Leben keine Angst, seine Überzeugungen über die Reinheit und über voreheliche Beziehungen auszudrücken. Eines Tages sagte er ihr, dass er zutiefst von der Schönheit eines keuschen Lebens während der Verlobungszeit überzeugt und außerdem ein entschiedener Gegner der Abreibung war. Er äußerte seine Ideen mit Entschlossenheit, jedoch immer respektvoll, und manchmal sogar auf lockere Art und Weise, um einen übermäßig ernsten Ton zu vermeiden, der andere in einigen Fällen hätte verärgern können. Pater Ilio, sein geistlicher Leiter, war Zeuge von Carlos Überzeugungen bezüglich der Werte von Leben und Sittlichkeit. Er erzählte mir, Carlo sei einmal sehr traurig gewesen, denn einige seiner Klassenkameraden waren für Abtreibung, Selbstbefriedigung und vorehelichen Geschlechtsverkehr. Er hatte eine gegenteilige Meinung ausgedrückt und erzählte ihm, dass er auf viel Fassungslosigkeit und Widerstand seiner Freunde gestoßen sei.

Obwohl die Schule ihn sehr in Anspruch nahm, beschloss er spontan, an der Seite von erwachsenen ehrenamtlichen Mitarbeitern einen Teil seiner Zeit der Vorbereitung von Kindern auf die Firmung zu widmen. Er war noch in der Mittelstufe und bat uns um Erlaubnis. Wir erlaubten es ihm unter der Bedingung, dass dieses Engagement seine schulischen Leistungen nicht beeinträchtigen würde. Es lag ihm sehr viel an dieser Aufgabe. Wenn er wegen schulischen Verpflichtungen nicht dabei sein konnte, bedauerte er das sehr.

Carlo widmete anderen Menschen sehr viel Zeit. Zusammen mit einem Informatikstudenten begann er, sich um die Internetseite der Pfarrei Santa Maria Segreta in Mailand zu kümmern. Sein Talent für Informatik machte ihn beliebt bei seinen Freunden, die ihn oft baten, ihnen zu helfen. Er war in der Lage, Computerprogramme mit den komplexesten Programmiersprachen zu entwickeln, und zwar so kompetent, dass zwei befreundete Informatikprofessoren sich darüber wunderten. Schon von klein auf zeigte Carlo ein Interesse an naturwissenschaftlichen Fächern und an Informatik im Besonderen. Zum Spielen zog er gerne einen Chemikerkittel mit einer Spielbrille und einem Namensschild an, das ihm der Vater geschenkt und auf das er „Computerwissenschaftler" geschrieben hatte. Bereits mit neun Jahren begann er mit der Lektüre von Informatikbüchern, die üblicherweise an Universitäten verwendet werden. Wir kauften sie in der Buchhandlung des Mailänder Polytechnikums. Carlo war sehr versiert in der Anwendung und der Programmierung. Er war in der Lage, Computer mit großem Geschick zu nutzen. Er konnte Internetauftritte und Webseiten erstellen. Nicht nur wir in der Familie, sondern auch Außenstehende waren darüber erstaunt, dass ein Junge in seinem Alter – ohne spezielle Kurse in C, C++, Ubuntu oder Java besucht zu haben – in der Lage war zu programmieren und Logarithmen einzusetzen, wie er es tat. Er hatte einen Onkel, der beruflich mit Computern arbeitete und mehrere Lizenzen hatte. Er schenkte ihm unterschiedliche Programme wie die Adobe Suite und Maya für die 3D-Bearbeitung. Angesichts seiner Computerkenntnisse begannen außer der Familie auch Freunde und Schulkameraden, sich an ihn zu wenden. Sein Interesse versuchte er in den Dienst der anderen zu stellen, das ging so weit, dass er während der Prüfung am Ende der achten Klasse für viele Mitschüler eine Präsentation am Computer für ihre Hausarbeit erstellte.

Technologische Hilfsmittel gefielen Carlo natürlich auch als Spiele, wie den meisten seiner Altersgenossen. Als er klein war, kamen neue elektronische Spiele wie der Gameboy, die PlayStation, der Gamecube, die Xbox auf den Markt. Ich erinnere mich, dass wir ihm einmal an Weihnachten den Gamecube geschenkt haben, der die Form eines schwarzen Würfels hatte. Wir haben viel gelacht, denn ausgerechnet an Weihnachten im selben Jahr war eine Krippe in Form eines schwarzen Würfels mit aufgemalten Katzen vor der Basilika San Francesco aufgebaut. Sie sah genauso aus wie das Spiel von Carlo. Obwohl er Videospiele schätzte, schrieb er sich selbst eine maximale Nutzungsdauer vor, die eine Stunde pro Woche nicht überschreiten sollte. Er hatte gelesen, dass viele Jugendliche, insbesondere in den Vereinigten Staaten, in Krankenhäusern gelandet waren, die auf Erkrankungen spezialisiert sind, die durch den übermäßigen Konsum von Videospielen ausgelöst wurden. Einige hatten wegen der übermäßigen Nutzung sogar epileptische Anfälle bekommen.

Mein Sohn wollte sich in Bezug auf diese Mittel, Computer eingeschlossen, immer eine innere Freiheit bewahren. Er hatte bemerkt, dass viele von denen, die zu viele Stunden vor dem Bildschirm verbrachten, trübe Augen hatten.

Kurz nach Carlos Tod analysierte die historische Kommission im Seligsprechungsprozess die gesamte Chronik seines Personalcomputers, der einen Tag, bevor er ins Krankenhaus eingeliefert wurde, stehen geblieben war. Sie fanden keine anstößigen Seiten, die meisten der besuchten Seiten betrafen Fragen des Glaubens.

Seine Rechtschaffenheit und Reinheit offenbarten sich gewiss auch in Bezug auf seine Lieblingshobbys, wie zum Beispiel, dass er den Computer nutzte, um Gutes zu tun. So viele Male habe ich gehört, wie mein Sohn Carlo seine Freunde ermahnte, ein keusches Leben zu führen, um nicht den perversen Angriffen der Dämonen zum Opfer zu fallen, die natürlich die Zustimmung unseres Willens benötigen. Ohne unsere Zustimmung können sie uns nichts antun.

Er sagte, sein Schutzengel habe ihm mitgeteilt, dass der Teufel durch Pornographie und Sünden der Unreinheit sehr viele Seelen mit in die Hölle nimmt. Auch Unsere Liebe Frau, die 1917 in Fatima erschien, sagte zu den drei Hirtenkindern Francisco, Jacinta und Lucia, dass „viele Seelen wegen Sünden des Fleisches in die Hölle kommen".

Der Katechismus der Katholischen Kirche warnt bei Nummer 2354 wie folgt: „Pornographie [...] verletzt die Würde aller Beteiligten (Schauspieler, Händler, Publikum) schwer; diese werden nämlich zum Gegenstand eines primitiven Vergnügens und zur Quelle eines unerlaubten Profits. Pornographie versetzt alle Beteiligten in eine Scheinwelt. Sie ist eine schwere Verfehlung. Die Staatsgewalt hat die Herstellung und Verbreitung pornographischer Materialien zu verhindern."

Papst Franziskus hat Carlo drei Absätze im nachsynodalen Apostolischen Schreiben zum Abschluss der Jugendsynode gewidmet, die 2019 im Vatikan stattgefunden hat: „Ich erinnere dich an die gute Nachricht, die uns am Morgen der Auferstehung zuteilwurde: dass es in all den dunklen oder schmerzhaften Situationen, von denen wir sprechen, einen Ausweg gibt. Es stimmt, beispielsweise, dass du in der digitalen Welt der Gefahr der Selbstverschlossenheit, Isolation oder des leeren Vergnügens ausgesetzt bist. Aber vergiss nicht, dass es junge Menschen gibt, die auch in diesen Bereichen kreativ und manchmal brillant sind – so wie der junge ehrwürdige Diener Gottes Carlo Acutis. Er wusste sehr wohl, dass diese Mechanismen der Kommunikation, der Werbung und der sozialen Netzwerke genutzt werden können, um uns einzuschläfern und abhängig zu machen vom Konsum und von den Neuheiten, die wir kaufen können, besessen von der Freizeit, eingeschlossen in Negativität. Aber er verstand es, die neuen Kommunikationstechniken zu nutzen, um das Evangelium zu verbreiten sowie Werte und Schönheit zu vermitteln. Er ließ sich nicht täuschen. Er sah, dass viele junge Menschen, obwohl sie verschieden scheinen, letztlich oft gleich den anderen sind und dem hinterherlaufen, was die Mächtigen ihnen durch die Mechanismen des Konsums und der Betäubung aufzwingen. Auf diese Weise verhindern sie, dass die Gaben, die der Herr ihnen gegeben hat, zum Vorschein kommen, sie bieten dieser Welt nicht die sehr persönlichen und einzigartigen Fähigkeiten, die Gott in einen jeden von ihnen hineingesät hat. So, sagte Carlo, kommt es vor, dass ‚alle als Originale geboren werden, aber viele als Fotokopien sterben'. Lass nicht zu, dass das dir geschieht."

Der Sekretär der Päpstlichen Akademie „Cultorum Martyrum", dessen Kuratorin ich seit dem Jahr 2000 bin, bat Carlo darum, ihm zu helfen, eine spezielle Rubrik auf der Website www.vatican.va zu erstellen, die sich mit den Märtyrern beschäftigt. Carlo widmete sich dieser Aufgabe mit großer Leidenschaft. Er war von der Geschichte von Anton Luli, dem Jesuitenpriester albanischer Herkunft, sehr beeindruckt. Während des kommunistischen Regimes ertrug er siebzehn Jahre Haft, gefolgt von elf Jahren Zwangsarbeit, in denen er daran gehindert wurde, seinen priesterlichen Dienst auszuüben. Er hielt eine bewegende Rede vor dem heiligen Johannes Paul II. anlässlich der Sondersitzung der Bischofssynode für Europa, die am 28. November 1991 eröffnet wurde. Carlo hat seine Geschichte auf einer Audiokassette, die ein älterer Jesuitenpater ihm zum Transkribieren für die Website überlassen hatte, vollständig angehört. Ich zitiere hier einen Teil davon: „Mit achtzig Jahren, als ich meine erste Messe inmitten des Volkes feiern konnte, habe ich verstanden, was Freiheit ist. Das waren wirklich schreckliche Jahre, die ich im Gefängnis verbracht habe. An Heiligabend, im ersten Monat musste ich mich ausziehen und wurde mit einem Seil an einem Balken aufgehängt, so dass ich den Boden nur mit den Zehenspitzen berühren konnte. Es war kalt. Ich spürte, wie der Frost in meinen Körper hinaufkroch: Es fühlte sich wie ein langsamer Tod an. Als der Frost fast meine Brust erreicht hatte, stieß ich einen verzweifelten Schrei aus. Meine Peiniger eilten herbei, überzogen mich mit Fußtritten und zogen mich dann herunter. Oft quälten sie mich mit elektrischen Stromschlägen und hielten mir die zwei Pole an die Ohren: es war entsetzlich und unbeschreiblich. Mein Leben ist ein Wunder der Gnade Gottes. Ich preise den Herrn, der mir, einem armen und schwachen Geistlichen, die Gnade gegeben hat, ihm in einem Leben, das praktisch nur in Ketten gelebt wurde, treu zu bleiben. Viele meiner Mitbrüder sind als Märtyrer gestorben: Ich hingegen musste leben, um Zeugnis zu geben."

Wir hatten das Glück, Kardinal Simoni zu treffen, einen lebenden Heiligen, der die Welt und insbesondere Papst Franziskus bewegt hat, als er am 21. September 2014 in der Kathedrale von Tirana dem Papst über die Gewalt und die Schikanen, die er in siebenundzwanzig Jahren während der kommunistischen Diktatur ertragen hat, erzählte. Er wurde in der Heiligen Nacht 1963, als er die Messe in Barbullush zelebrierte, verhaftet, eingesperrt und zu achtzehn Jahren Isolationshaft verurteilt. Seine Mitgefangenen wurden von ihren Peinigern angewiesen, seine „vorhersehbare Wut" gegen das Regime zu protokollieren, aus dem Mund des Priesters jedoch kamen stets nur Worte der Vergebung und des Gebets. Auch das Todesurteil kam pünktlich an, aber seine Strafe wurde in fünfundzwanzig Jahren Zwangsarbeit in den dunklen Tunneln der Minen von Spac und später in der Kanalisation von Shkodra umgewandelt. Auch in dieser dramatischen Situation hat er nie den Glauben verloren und seinen priesterlichen Dienst nicht unterbrochen. Er schaffte es sogar, täglich im Geheimen die Messe zu feiern und die Beichte der anderen Gefangenen zu hören. Für einige von ihnen wurde er zum geistlichen Vater. Mit Hilfe einer Hostie, die heimlich auf kleinen Kochplatten gebacken wurde, teilte er sogar die Kommunion aus, und statt Wein verwendeten sie derweil Traubensaft. Er wurde am 5. September 1990 endgültig entlassen. Unmittelbar nach seiner Entlassung aus dem Gefängnis bekräftigte er die Vergebung gegenüber seinen Peinigern, indem er für sie die Barmherzigkeit des Vaters anrief. Es war ihm wichtig klarzustellen, dass seine Ernennung zum Kardinal eine Anerkennung aller Märtyrer und aller verfolgten Katholiken in seinem Land darstellt.

Wenn ich an diese Glaubenshelden denke, erinnere ich mich an Carlos Worte. Er forderte diejenigen, die sich beklagten, immer auf, auf jene zu schauen, denen es schlechter ging als uns, insbesondere auf das Beispiel der Märtyrer, die durch ihren Glauben und ihre Taten ein heldenhaftes Zeugnis abgelegt haben und zu „lebendigen Evangelien" geworden sind. Wenn wir Gott in unserem Herzen haben, kann uns – gemäß Carlo – nichts aus der Ruhe bringen, denn mit ihm werden die Dornen in Blüten verwandelt, und die Wolken verschwinden vom Himmel, so dass er klar und heiter wird. Wie die Berge sich in einem ruhigen und ungetrübten See spiegeln, so wird auch Gott, wenn er in uns schaut und uns gelassen, ruhig und vertrauensvoll vorfindet, sein eigenes Bild widergespiegelt bekommen.

Die schulische Entwicklung von Carlo ging Hand in Hand mit dem geistigen Wachstum. Als er das Schulalter erreicht hatte, beschlossen wir, dass er die San Carlo Schule in Mailand, eine Diözesanschule, besuchen sollte. Nach zwei Monaten in dieser Schule haben wir ihn jedoch an das Tommaseo Schulzentrum, das von den Marcellinusschwestern geleitet wird, versetzt. Diese neue Schule lag nicht nur näher an unserem Haus, sondern war auch besser strukturiert und weniger wettbewerbsorientiert als San Carlo. Bei den Marcellinusschwestern blieb er acht Jahre. Danach meldeten wir ihn im Gymnasium Leo XIII an. Ich erinnere mich, dass Carlo enttäuscht war, als ihm klar wurde, dass er San Carlo verlassen musste. Er sagte uns aber nichts, das war seine Art. Er liebte seine Lehrerin, und zu seinen Klassenkameraden hatten sich Freundschaften entwickelt.

Er vergoss eine Träne, als er sich von allen verabschieden musste. Er hat versucht, das vor mir zu verbergen. Das sollte mich nicht bekümmern, aber es ist mir nicht entgangen.

Carlo passte sich dank seines offenen und geselligen Charakters sofort an die neue Schule an. Er hat sich ohne Probleme integriert. Er war sehr fröhlich und immer gut gelaunt. Er spielte gerne mit den anderen Kindern, die sofort instinktiv eine aufrichtige Sympathie für ihn spürten. Eine Zeitlang bereitete ihm seine Lebendigkeit Probleme, weil er im Unterricht nicht still bleiben konnte, doch bald lernte er, sich zu benehmen und sich selbst zu überwinden. Er machte es sich zur Aufgabe, diesen Fehler zu verbessern, und das ist ihm sehr gut gelungen. Jeden Abend machte er die Gewissenserforschung, und manchmal gab er sich selbst Noten, indem er aufschrieb, was die zu erreichenden Ziele waren, insbesondere in seiner Beziehung zu Gott, zu seinem Nächsten und im Gebet.

Er war ein sehr intelligenter Junge, wie mir die Lehrer sagten. Auch wenn er in Bezug auf die Ergebnisse nicht zu den Besten der Klasse gehörte, lernte er sehr schnell. Die Kenntnisse, die er sich autodidaktisch in vielen Dingen angeeignet hatte, erstaunten die Erwachsenen. Zum Beispiel entschied er sich statt für die Flöte, die er nicht so sehr mochte, als Musikinstrument in der Schule für das Saxophon. Es gelang ihm allein, ohne die Hilfe eines Lehrers, schnell das Spiel zu erlernen. Wenn er ein Ziel zu erreichen hatte, widmete er sich diesem mit großem Eifer, wobei er das Gewollte stets erreichte. Er hatte eine enorme Ausdauer und Willenskraft.

Als Liebhaber von gutem Essen begann er von sich aus, sich als Koch zu betätigen. Er versuchte sich oft an neuen Rezepten, die manchmal sehr komplex und der größten Küchenchefs würdig waren, die ihm jedoch sehr gut gelangen.

Er liebte es, die Zeitungen zu lesen, die sein Vater ihm überließ, oft kommentierten sie gemeinsam die Nachrichten. Das weckte in ihm den Wunsch, Journalist und Schriftsteller zu werden. Andererseits war er wirklich gut im Schreiben. Eines seiner Lieblingsspiele wurde das Erfinden von fantastischen Geschichten, etwa diejenige von Pomodorin Laden, einem Pseudonym von Bin Laden. In dieser metaphorischen Erzählung gelang es ihm, die schreckliche Situation, die sich, ausgelöst durch den internationalen Terrorismus, nach dem Einsturz der Zwillingstürme ergeben hatte, aus der Perspektive des Glaubens zu betrachten und zu entdramatisieren. Er schaffte es, dem großen Schmerz einen christlichen Sinn zu geben.

Sogar beim Schulwechsel bewies er seine große Fügsamkeit. Er beschwerte sich nie, obwohl ich sicher bin, dass es ihn manchmal viel gekostet hat, es nicht zu tun. Er besaß in wirklich heldenhaftem Maß die Tugend des Gehorsams, etwas sehr Seltenes angesichts des planetarischen Ungehorsams, den wir in allen Bereichen, inklusive im religiösen Bereich, erleben.

In diesem Zusammenhang erinnere ich mich, dass er mir erzählte, wie er im Jahr 2003 von Engeln mit lautstarken Trompeten in einem blauen Himmel geträumt hatte, der sich allmählich mit bedrohlichen Wolken füllte. Kurz darauf wechselte die Szene, und Unsere Liebe Frau von Fatima erschien über dem Petersplatz. Dieser war überfüllt von einer Menschenmenge, die in graues Licht gehüllt war. Maria sagte: „Schwierige Zeiten erwarten die Christenheit wegen des Ungehorsams."

Er sagte, dass wir für unseren Nächsten geschaffen sind, nicht für uns selbst. Ihm zufolge war es daher klug und weise, sich Hilfe und Rat von Menschen zu holen, die Gott uns als Ratgeber und Helfer an die Seite gestellt hat. Carlo sagte, es werde keine Hindernisse für diejenigen geben, die ihr Herz beständig dem Herrn überlassen. Seine Sanftmut und seine Demut haben uns zutiefst davon überzeugt, dass Carlo ein wirklich besonderer und heiliger Junge war. Im Bezug auf die Demut hatte Carlo in seinen Notizen geschrieben: „Jesus wollte die Demut zur Grundlage der christlichen Askese machen. Die Demut ist auch die Grundlage einer anderen Tugend, über die er so oft gepredigt hat: der Nächstenliebe. Die Demut ist die Tugend, die es möglich macht, in einer Gesellschaft zu leben, die die Menschen einander näher bringt, die bekehrt. Was ist Demut? Es bedeutet, Gott alles zuzuschreiben, was man ist. Gott all das Gute zuzuschreiben, was man hat. Es bedeutet, uns selbst all das Schlechte zuzuschreiben, das wir sind und haben. Die Tugend der Demut ist eine typisch christliche Tugend. Er brachte sie auf die Erde, indem er sie zuerst selbst gelebt hat. Viele sagen, dass Jesus arm geboren wurde, dass er in eine Krippe gelegt wurde... und dergleichen, und deshalb sei er von Geburt an demütig gewesen. Aber das ist nicht der Grund, warum Jesus demütig geboren wurde. Dass er die göttliche Natur mit der menschlichen Natur vereinigt hat, das war der Akt der erhabensten Demut. Deshalb konnte er sagen: ‚Lernt von mir, denn ich bin gütig und von Herzen demütig.' Jesus wurde nach seiner Taufe für vierzig Tage in die Wüste getrieben. Er wird überrumpelt, gefangen und geschubst. Es folgt keine Reaktion, kein Widerspruch, keine Rebellion. Er lässt es mit sich geschehen. Er ist außerordentlich sanftmütig und nachgiebig. Dies liegt auch daran, dass alles Teil seines Plans war. Während seines gesamten sogenannten öffentlichen Lebens, während seiner verschiedenen Ortswechsel, von Gebiet zu Gebiet, als er verfolgt, gejagt, herumgeschickt, verdächtigt, beneidet, angegriffen, beleidigt, nicht für glaubwürdig gehalten und verlassen wurde, setzte er voll und ganz um, was er lehrte: ‚Lernt von mir, denn ich bin gütig und von Herzen demütig.' Gütig und demütig bedeutet: ergeben, mild, hilfsbereit, bescheiden, zuvorkommend, respektvoll, friedlich, ruhig, ausgeglichen, vorbildlich. Das erste große Laster, der Stolz, hat bei ihm keine Chance. Er setzt die Demut, eine Tugend, die in der Geschichte vor ihm fast unbekannt war, als Fundament seiner Askese, als Grundlage seiner Sittlichkeit, als Substanz seiner Spiritualität ein. Lernt von mir, das heißt, fangt bei mir an, der ich gütig und von Herzen demütig bin. Von Herzen bedeutet in der hebräischen Sprache vom Geist, denn sie nannten das Herz auch Nieren, den Sitz unserer tiefsten Entscheidungen. ‚Ich liebe dich von ganzen Nieren...' Nur Gott kann unsere innersten Neigungen und Gedanken erforschen. ‚Ich bin es, der Herz und Nieren prüft, und ich werde jedem von euch vergelten gemäß seinen Taten.' (Offb 2, 23) Aus unseren Herzen und aus unseren Nieren kommen unsere Entscheidungen, durch die wir uns den Preis des ewigen Lebens verdienen werden oder ihn verlieren. Die Nieren bzw. das Herz sind der Sitz der geheimen Gedanken, der Empfindungen und der verborgenen Wünsche. Alle unsere Gedanken haben ihren Ursprung im Herzen. Hier beginnen alle unsere Entscheidungen, ob gut oder schlecht. Deshalb ermahnt uns die Heilige Schrift, unser Herz unschuldig zu bewahren und so zu handeln, dass wir keine Dinge hinein lassen, die Gott nicht gefallen: ‚Mehr als alles hüte dein Herz; denn von ihm geht das Leben aus.'(Spr 4, 23) Jesus sagt: ‚Nichts, was von außen in den Menschen hineinkommt, kann ihn unrein machen, sondern was aus dem Menschen herauskommt, das macht ihn unrein' (Mk 7, 15).

Wenn Gott zu unserem Herzen spricht, bedeutet das, dass er zu unserem Willen, zu unserem Verstand und zu unserem Gewissen spricht. Das Herz ist gemäß der Bibel das Zentrum der Person, die Entscheidungen nach dem Willen Gottes trifft. Beim Propheten Jeremia steht geschrieben: ‚Ich gebe euch Hirten nach meinem Herzen; mit Einsicht und Klugheit werden sie euch weiden' (Jer 3, 15). Und weiter: ‚Du bleibst im Recht, Herr, auch wenn ich mit dir streite' (Jer 12, 1). Dies sollten wir alle ständig wiederholen! Mit Gott streiten zu wollen kommt nur vom Bösen. Folglich, wenn ich gütig und demütig von Herzen bin, bedeutet das, dass ich demütig im Geiste bin. Dies ist das Manifest der urtümlichen und ursprünglichen Tugend, die von Jesus erfunden wurde und von seiner Religion befolgt wird. Diese Tugend ist die Demut." Carlo fuhr in seinen Notizen fort: „Die Fähigkeit, das Böse bei sich selbst und das Gute bei Gott zu spüren. Die Fähigkeit, nicht unseren Nächsten zu verurteilen, sondern nur uns selbst: In der Tat, diese Demut, die mit Christus vom Himmel herabkam, ist die fundamentale, grundlegende und zentrale Tugend der katholischen Spiritualität: die Demut, die Jesus durch seine Menschwerdung ausgeübt hat. Die Demut, die er lebte, war nicht so sehr die Tatsache, dass er in einer Krippe geboren wurde, sondern dass er diesen beschwerlichen Gang auf sich nahm, der als Inkarnation bezeichnet wird. Insofern als Jesus seine Substanz, seinen Zustand, vom Unendlichen ins Endliche übergehen ließ. Dieser strapaziöse Übergang vom Unendlichen zum Endlichen ist seine Demütigung. Und es ist das ständige Beispiel der Demut, das er uns durch seine Menschwerdung gibt, die er für eine ganze Generation, mehr als dreißig Jahre lang gelebt hat, die er erlitten und in ständiger Übung der Demut aufgeopfert hat. Daher ist es notwendig, dass wir Katholiken uns entscheiden, diese Demut zu leben, d.h., diese grundlegende Tugend, mit der wir uns vor Gott und vor unserem Nächsten verneigen und mit der wir unsere Nächstenliebe vertiefen, die nichts anderes ist als gelebte Demut. Denn jeder Mangel an Nächstenliebe ist ein Mangel an Demut und umgekehrt. Die Welt ist voller Stolz. Sie ist in ihrem Wesen voller Hochmut. Denn wenn wir wirklich demütig wären, würde der Herr sich vor uns verneigen und uns die Gnaden gewähren. Denn jede nicht gewährte Gnade ist ein vollzogener Akt des Stolzes. Und eine gewährte Gnade ist ein Akt der vollendeten Demut: ‚Lernt von mir, denn ich bin gütig und von Herzen demütig.' ‚Seid untereinander so gesinnt, wie es dem Leben in Christus Jesus entspricht: Er war Gott gleich, hielt aber nicht daran fest, Gott gleich zu sein, sondern er entäußerte sich und wurde wie ein Sklave und den Menschen gleich. Sein Leben war das eines Menschen; er erniedrigte sich und war gehorsam bis zum Tod, bis zum Tod am Kreuz. Darum hat ihn Gott über alle erhöht und ihm den Namen verliehen, der größer ist als alle Namen, damit alle im Himmel, auf der Erde und unter der Erde ihr Knie beugen vor dem Namen Jesu und jeder Mund bekennt: Jesus Christus ist der Herr zur Ehre Gottes, des Vaters' (Phil 2, 5-11)."

10
Schwester Erde

Tieren gegenüber zeigte Carlo besondere Aufmerksamkeit und Einfühlungsvermögen. Als wir eines Tages in Mailand vor einem Geschäft in der Nähe des Viale Piave vorbeigingen, sahen wir im Schaufenster einen kleinen schwarzen Hund mit einem weißen Fleck auf der Brust. Er fing an, mit dem Schwanz zu wedeln, und sprang freudig herum. Es handelte sich um eine kleine Mischlingshündin, eine Kreuzung zwischen einem Halbblut und einem Spitz. Sie hatte eine umwerfende Anziehungskraft. Wir gingen in den Laden und ließen uns die Hündin bringen, um sie aus der Nähe zu sehen. Sie war so freundlich zu uns, dass wir nicht widerstehen konnten, sie mitzunehmen. Wir haben sie Chiara genannt, zu Ehren der Heiligen aus Assisi, der wir sehr zugetan waren. Dieser Name hat uns später Probleme bereitet. Wenn wir nämlich in Assisi zu Fuß unterwegs waren, warfen viele Ordensschwestern uns böse Blicke zu, sobald sie hörten, wie wir den Hund gerufen hatten. Deshalb schlug mein Mann uns vor, sie Ara zu nennen. Sie wurde sehr schnell zu einer unersetzlichen Spielkameradin: Carlo versteckte sich und sie suchte ihn, er warf Dinge für sie und sie brachte sie zurück. Es schien ihr allein die Sprachfähigkeit zu fehlen. Als sie bereits erwachsen war, wurde sie ungeplant trächtig. Carlo war damals noch nicht elf Jahre alt. Ich glaube, es war der Herr, der das zugelassen hat: Wir waren im Park spazieren gegangen und hatten sie losgebunden. Just dann kam ein Hund auf uns zu, der – ohne dass wir es wussten – uns von weitem gefolgt war. Im Handumdrehen deckte er sie. Wir hatten nicht einmal Zeit, uns umzudrehen, um sie zu rufen: Die „Missetat“ war bereits geschehen. Sie brachte vier schöne Welpen zur Welt. Poldo, einer von ihnen, gehörte später zu Carlos Lieblingshunden. Er wurde ein paar Stunden später als die anderen geboren. Carlo war gerade von der Schule gekommen, als er geboren wurde. Mein Sohn spielte Hebamme und half bei der Geburt. Ursprünglich hatten wir für jeden Welpen eine Familie gefunden. Alle seine Freunde wollten einen geschenkt bekommen, und viele kamen nach Hause, um sie zu sehen. Doch dann beschlossen zwei von ihnen, sie uns zurückzugeben, und so wuchs unsere Familie. Insgesamt hatten wir drei Hunde, Poldo, Chiara, Stellina; und zwei Katzen, Bamby und Kleopatra. Diese Tiere waren die Protagonisten bei einem anderen Lieblingsspiel von Carlo, das nämlich im Schreiben von Drehbüchern, der Inszenierung, dem Schnitt und der Musik für Kurzfilme bestand, die er selbst produzierte. Ab und zu lud er seine Freunde nach Hause ein, um diese Filme, bei viel Popcorn, Coca-Cola und verschiedenen Leckereien anzuschauen. Stellen Sie sich das Lachen der Kinder vor, als sie sahen, wie die bösen Katzen die Welt zu erobern und alle Hunde auf dem Planeten auszurotten versuchten, die allerdings die Guten waren. Chiara spielte den obersten Rattengeneral, Stellina die Kanonenhündin, weil sie so viel fraß und so pummelig war, und Poldo war der Holzkopfkapitän. Kleopatra war die schwarze Katze und spielte die Rolle des bösen Generals. Zur Besetzung der lustigen Bande gesellte sich auch Briciola, die zum größten Star wurde: dem unaussprechlichen, schrecklichen „Sieben-Dämonen-Hund". Sie wurde wegen ihres bedrohlichen Aussehens so genannt, das an einen Dobermann erinnerte, wegen ihres unverwechselbaren Knurrens, und weil sie Dinge anknabberte.

Diese besondere Hündin kam Anfang 2005 zu uns. Carlo und ich hatten sie in einem Laden hinter dem Dom entdeckt. Unsere Ausflüge in Zoohandlungen waren sehr gefährlich, denn diesbezüglich ging es uns jedes Mal ähnlich wie Odysseus mit den Sirenen. Um ihren Gesängen zu widerstehen, musste er an einen Mast gebunden werden. Es war sehr schwierig, meinen Mann davon zu überzeugen, einen weiteren Hund aufzunehmen. Ich erinnere mich, dass er den

Herrn im Gebet fragte, ob es sein Wille war oder nicht. Nach dem, was er erzählt, fühlte er deutlich, dass es Gott gefiel, dass Carlo auch diesen Hund hätte, und wir nahmen Briciola zu uns.

Sie hatten sie uns als Zwergpinscher verkauft. Der Ladenbesitzer hat uns sogar dazu überredet, einen Mantel aus einer Kaschmirmischung zu kaufen, der im Preis heruntergesetzt war. Er sagte, sie würde sowieso nicht mehr wachsen, und diese Hunderasse würde besonders unter der Kälte leiden und hätte es gerne warm. Als sie zuhause ankam, waren die anderen Hunde ziemlich verunsichert, ich würde sagen, ihnen wurde fast übel bei dem Anblick dieser kleinen Kreatur, die wie ein Miniatur-Rottweiler aussah. Offensichtlich hatte der Ladenbesitzer uns betrogen, denn Briciola hörte gar nicht auf zu wachsen; ein befreundeter Priester bezeichnete sie als „Kälbchen". Nach ein paar Monaten waren ihre Beine schon doppelt so lang wie der kleine Mantel.

Zu dieser Zeit unternahmen wir gewöhnlich Autoreisen in Europa. Wir konnten meinen Mann überreden, Briciola mitzunehmen. Die erste Station auf unserer Reise war Lourdes. Der Hund wurde von Oma Luana in ihrer Tasche getragen, damit niemand seine Anwesenheit bemerken würde. Dieses Mary Poppins-Taschenmodell von Großmutter erlaubte uns einen ungestörten Besuch an verschiedenen Orten. Briciola hatte auch das Privileg, in die Grotte von Lourdes zu gehen, und ich bin sicher, dass das wundersame Wasser, das wir ihr zu trinken gaben, auf jeden Fall zu ihrer Beruhigung beigetragen hat.

Als Carlo an der Grotte von Massabielle ankam, erneuerte er sein Gelübde an Maria, täglich treu den heiligen Rosenkranz zu beten, und weihte sich ihrem Unbefleckten Herzen. Ich erinnere mich, dass er länger als eine Stunde im Gebet versunken blieb, nachdem er von dem wundersamen Wasser getrunken hatte. Wir waren beeindruckt von den langen Reihen von Kerzen auf beiden Seiten der Grotte, die in der Abenddämmerung mit ihrem Licht die Umgebung erhellten und eine surreale Atmosphäre schufen. Der Gedanke, dass jede dieser Kerzen die Geschichte eines Menschen, seine geheimen Wünsche, seine Hoffnungen, seine tiefsten Ängste erzählt, war wirklich bewegend. Wie viel Schmerz, aber auch wie viel Zuversicht strahlte von diesem Ort aus. Auch wir zündeten unsere Kerzen an.

Am nächsten Tag besuchten wir die Orte von Bernadette, vor allem die „Moulin de Boly", das armselige Haus, in dem die Hirtin geboren wurde. In dieser ungesunden Umgebung, die dennoch heiter und voller Liebe war, wurde sie in ihrer Kindheit von schrecklichen Asthmaanfällen geplagt.

Durch die Erscheinungen von Lourdes verstand Carlo die Aufforderung der Jungfrau Maria zu Buße und Opfer und folgte ihr. Um alle einzuladen, die Ratschläge der Immaculata zu befolgen, erzählte er immer die Geschichte von Bernadette und ihren Visionen an der Grotte von Massabielle. Die Gestalt der Bernadette, dieser jugendlichen, ungebildeten und armen Tochter aus dem Volk, die vom Himmel aufgrund ihrer großen Einfachheit und Bescheidenheit auserwählt wurde, beeindruckte Carlo sehr und trug sicherlich zu seinem geistigen Wachstum bei.

Vom 11. Februar bis zum 16. Juli 1858 erschien die Jungfrau Maria der vierzehnjährigen Bernadette achtzehn Mal. Die Seherin selbst erzählte, sie habe eine weiß gekleidete Dame gesehen, die einen weißen Schleier und einen blauen Gürtel trug, und die an jedem Fuß eine gelbe Rose hatte. Unter den Botschaften, die Unsere Liebe Frau ihr gegeben hat, war auch das Versprechen, dass sie Bernadette zwar nicht in dieser Welt glücklich machen wird, dafür aber in der anderen. Sie ermahnte sie dazu, ein Leben der Aufopferung und des Gebets zu führen, und empfahl ihr insbesondere den heiligen Rosenkranz zu beten. Dreimal sagte sie ihr: „Buße! Buße! Buße!" Sie forderte sie auf, Gras zu essen und mit den Händen ein Loch zu graben, aus dem später das wundersame Wasser herausströmte, dank dem es so viele Heilungen und Bekehrungen gab und weiterhin gibt.

Bei der Erscheinung vom 25. März offenbarte Maria, dass sie die Unbefleckte Empfängnis ist. Bernadette sagte: „Sie hob die Augen zum Himmel, faltete ihre zur Erde hin ausgestreckten, offenen Hände zum Gebet, und sagte zu mir im lokalen Dialekt: ‚Que soy era Immaculada Councepciou'."

Bernadette kannte die Bedeutung dieser Worte nicht und es war mühsam für sie, sie im Gedächtnis zu behalten. Sie selbst erzählte, dass sie weglief, sobald die Erscheinung vorbei war, und diese Worte den ganzen Weg lang immer und immer wieder wiederholte, um sie nicht zu vergessen und sie getreulich dem Pfarrer berichten zu können, der sehr beeindruckt war. Sie war sich nicht bewusst, dass dieser theologische Ausdruck sich auf die Heilige Jungfrau bezog und dass vier Jahre zuvor, im Jahr 1854, Papst Pius IX. das Dogma der Unbefleckten Empfängnis verkündet hatte.

Bezüglich der Unbefleckten Empfängnis äußerte sich Carlo folgendermaßen: „Mutter Gottes. Eine ins Unendliche erhobene Kreatur. Indem sie sich Gott hingibt, sich ihm überlässt, findet sie sich selbst als Mutter Gottes wieder. Jetzt haben wir eine von uns, die erhöht, die vervollkommnet und ‚eingehimmelt' wurde. Mutter Gottes, Madre di Dio: drei Worte, fünf Silben, zehn Buchstaben, ein Gedicht. Das Universum muss erzittert sein. Das ganze Universum war betroffen. Schließlich haben notwendigerweise auch der Himmel, die Engel, die Erzengel, die Throne, die Herrschaften, die Mächte, die Gewalten, die Fürstentümer, die Cherubim und die Seraphim das Ereignis wahrgenommen. Wir sind die Oberflächlichen, die Unwissenden. Wir müssen uns in diese selige Situation einfühlen. Sie, die von der Erbsünde bewahrt wurde, überschattet vom Vater, und durch den Heiligen Geist zur Mutter gemacht, ist eine von uns. Wir dürfen die Worte ‚Heilige Mutter Gottes' nicht aus Gewohnheit, Vertrautheit und oberflächlich sprechen. Wir müssen sie theologisch und spirituell betrachten. Mutter Gottes: Das Sein mit einem begrenzten Wesen. Das Unendliche mit dem Endlichen. Das Ewige mit der Zeit. Der Schöpfer mit dem Geschöpf."

Von Lourdes aus setzten wir unsere Reise fort und fuhren nach Spanien. Als erstes machten wir Halt in Burgos, wo es eine schöne Kathedrale und das Kartäuserkloster Miraflores gibt. Hier bekommen die Mönche Gebetsanliegen und feiern dafür gregorianische Messen. Carlo kaufte einen Rosenkranz, der von den Mönchen selbst aus gepressten Rosenblättern hergestellt wurde; der Duft hält bis heute an.

Am nächsten Tag besuchten wir die Messe und setzten unsere Reise nach Madrid fort. Im Kofferraum hatten wir Zehn-Liter-Kanister mit Lourdes-Wasser, die deutlich sichtbar waren und die Aufmerksamkeit einiger Spanier anzogen. Sie lachten wohlwollend, als sie uns beobachteten. Sie waren wahrscheinlich daran gewöhnt, Touristen aus Lourdes zu sehen, die sich reichlich mit Wasserbehältern ausgestattet hatten.

Wir hatten eine tolle Zeit in Madrid. Die Schönheit der Stadt hat uns beeindruckt. Als wir an der Puerta del Sol ankamen, fanden wir in einem kleinen Laden einen roten Mantel für Briciola mit dem Bild des schwarzen Stiers, einem der Symbole Spaniens. Mit diesem Mantel sah der Hund wie ein echter Bulle in Miniaturformat aus. Wir haben viel gelacht.

Unter den Museen, die wir besuchten, war auch das unvergessliche Museum des „Monasterio de las Descalzas Reales", in dem noch immer Klarissen leben. Während der Führung haben wir den Hund mitgenommen. Man hatte uns am Telefon gesagt, dass es verboten sei, Tiere mitzubringen. Um die Hündin jedoch nicht ganz allein im Hotel zu lassen, beschloss Oma Luana, das Risiko einzugehen, die Hündin mitzunehmen, und sie in der Tasche zu verstecken. Der Besuch im Klostermuseum dauerte lange, er schien nicht enden zu wollen. Der Fremdenführer hielt während seiner Erklärungen gelegentlich inne, legte lange stille Pausen ein und forderte die Anwesenden zur Meditation auf. Briciola begann zwangsläufig, kleine Grunzlaute von sich zu geben, was uns sehr peinlich war. Wir wechselten uns mit Carlo und der Oma ab und simulierten ärgerliches zwanghaftes Husten. Carlo hatte sehr viel Spaß beim Filmen all dieser Szenen mit seiner Kamera. Daraus entstand der Film: „Panik im Museum".

Ich erinnere mich an einen Tag am Meer in Palinuro. Carlos Cousin Umberto war auch dabei. Sie waren beide etwa dreizehn Jahre alt und hatten sich kürzlich mit einigen Kindern aus Neapel angefreundet. Während sie alle auf unserem Grundstück zusammen spielten, warf einer von ihnen zum Spaß einen Stein auf eine Eidechse und tötete sie. Carlo hatte Mitleid mit der armen Eidechse und hätte fast angefangen zu weinen. Ich versuchte ihn zu trösten und sagte ihm, dass die Eidechse nun im Himmel bei Jesus sei. Er war sehr wütend, weil er sagte, dass die Eidechse ein wehrloses kleines Geschöpf sei, das niemandem etwas Böses getan hatte.

Ein anderes Mal waren mein Sohn und ich zu dem Haus von seinen Freunden in Assisi, Jacopo und Mattia, gegangen. Deren Cousins und Cousinen waren auch dort. Diese begannen wiederum zum Spaß, den Hund ihres Onkels, der sich im Hof der Villa, in der sie spielten, aufhielt, mit einem Besen zu schikanieren. Carlo wurde wütend, nahm ihnen den Besen weg und ermahnte sie, Tieren nicht zum Spaß weh zu tun. Wir haben noch ein Foto, das ihn mit dem Besen in der Hand zeigt.

Wenn wir uns in Assisi aufhielten, besuchten wir das städtische Schwimmbad. Carlo half oft den Bademeistern beim Reinigen des Pools und betätigte sich außerdem auch als „Rettungsschwimmer" für die Insekten, die ins Wasser fielen und sonst ertrunken wären.

Ich erinnere mich, dass wir im Dezember 2000 gerade in Assisi angekommen waren und in einem Hotel in der Nähe der Kirche San Pietro wohnten. Carlo, Oma und die Hunde waren dabei. Abends, bevor wir uns schlafen legten, gingen wir mit den Hunden spazieren. Sobald wir im Garten vor der Kirche San Pietro angekommen waren, ließen wir sie von der Leine, damit sie ein wenig Auslauf hatten. Wir hätten nie gedacht, dass die kleine Mauer am Ende des Gartens in Wirklichkeit eine etwa fünfzehn Meter hohe Stützmauer war. Sobald wir die Hunde von der Leine losgelassen hatten, rannten sie geradewegs auf die Mauer zu, sprangen über sie hinweg und stürzten ins Leere.Wir waren überzeugt, dass wir nichts mehr tun konnten. Carlo hatte hingegen zu Jesus gebetet, im Vertrauen darauf, dass er sie schützen würde. Und das tat er auch. Wir liefen die Straße hinunter, kamen unter dem Bogen von San Pietro an, bogen ab und erreichten die untere Ebene, am Fuße der kleinen Mauer. Wir waren sehr erstaunt, dass wir die Hunde gesund und munter vorfanden. Sie wedelten mit dem Schwanz und waren glücklich, uns wiederzusehen. Dieses Ereignis war ein deutliches Zeichen dafür, wie Carlos Gebete auch bei dieser Gelegenheit vom Herrn erhört worden waren. An jenem Abend hörte ich eine Stimme, die mir sagte: „Jesus hat sie für Carlo gerettet."

Carlos Liebe zur Natur, die für ihn der Abglanz der Liebe Gottes zu den Menschen war, hatte ihn dem heiligen Franziskus sehr nahegebracht. Nicht zufällig war Carlos Lieblingsgedicht der „Sonnengesang", in dem der Poverello Gott für die Schönheit der Schöpfung preist.

Manchmal, wenn Carlo den Himmel und die schönen Landschaften betrachtete, wurde er von den Worten des achten Psalms ergriffen: „Seh ich deine Himmel, die Werke deiner Finger, Mond und Sterne, die du befestigt: Was ist der Mensch, dass du seiner gedenkst, des Menschen Kind, dass du dich seiner annimmst? Du hast ihn nur wenig geringer gemacht als Gott, du hast ihn gekrönt mit Pracht und Herrlichkeit. Du hast ihn als Herrscher eingesetzt über die Werke deiner Hände, alles hast du gelegt unter seine Füße: Schafe und Rinder, sie alle und auch die wilden Tiere, die Vögel des Himmels und die Fische im Meer, was auf den Pfaden der Meere dahinzieht. Herr, unser Herr, wie gewaltig ist dein Name auf der ganzen Erde!"

Carlo fragte sich, wie es angesichts der Vollkommenheit der Natur möglich sei, dass so viele Menschen noch immer Zweifel an der Existenz Gottes haben. Vor allem fiel es ihm schwer zu verstehen, warum so viele Wissenschaftler, um die Existenz eines Schöpfergottes zu leugnen, es vorzogen, sich hinter jede noch so phantasievolle Theorie zu flüchten und ihre wissenschaftliche Strenge über Bord zu werfen. Martin Nowak, Professor für Mathematik und Biologie an der Universität in Harvard, schrieb über die Evolutionstheorie, die oft als Beweis gegen die Existenz Gottes angeführt wird, dass „eine rein wissenschaftliche Interpretation der Evolution kein Argument für den Atheismus liefert. Die Wissenschaft widerlegt Gott nicht, noch ersetzt sie die Religion. Die Evolution ist ebenso wenig ein Argument gegen Gott, wie gegen die Schwerkraft. Die Evolution beschreibt die Entstehung und Entwicklung des Lebens auf diesem Planeten. Der Gott des Christentums ist derjenige, ohne den es nichts gäbe: weder die Evolution noch alles andere."

Vor Carlo hatte ich noch nie ein Kind getroffen, das fähig war, die Schönheit eines Sonnenuntergangs oder die Erhabenheit einer Berglandschaft zu bewundern. Eine Verwandte, die uns einmal im Sommer in Assisi besuchen kam, beschwerte sich und sagte, dass alle Bergwanderungen gleich seien und sich nichts ändern würde. Seit diesem Vorfall, sobald jemand durchblicken ließ, dass er die Natur nicht zu schätzen wusste, sagte Carlo zu uns mit einem ironischen Ton: „Es ist alles gleich, einfach alles gleich, was ändert sich schon?" Carlo liebte die Schöpfung und das Leben im Grünen. Eine der Lieblingsbeschäftigungen während unserer Wanderungen war, Kreuze aus dem Holz zu bauen, das er auf dem Boden fand, und diese dann entlang der Straße zu verteilen. Ihm gefiel der Gedanke, dass jemand sie finden und sich an Jesus, der aus Liebe zu den Menschen gekreuzigt wurde, erinnern würde.

Im Sommer ging Carlo auf „Reinigungsmissionen", um Papierabfälle zu sammeln, auf die wir bei den Spaziergängen mit den Hunden in den Bergen Umbriens stießen. Oberhalb vom Berg Subasio fanden wir alles vor: zerbrochene Glasflaschen, scharfe Glasscherben, die sehr gefährlich sind, und die jemanden verletzen konnten, rostige Verschlüsse oder Zigarettenkippen, Reste von Papier- und Picknickabfällen und sogar einige Spritzen, die von Drogenabhängigen verwendet wurden. Zu diesem Zweck wappnete er sich mit Handschuhen und einer Greifzange für Abfälle, die er geschenkt bekommen hatte. Das Gleiche tat er im Sommer am Meer: Er zog seine Schutzkleidung an und ging die Plastikteile einsammeln, die die Flut gelegentlich an die Küste spülte.

Die Cousins und Cousinen erinnern sich, wie Carlo mit ihnen schimpfte, wenn sie den Wasserhahn laufen ließen und das Wasser sinnlos verschwendet wurde, oder wenn sie das Licht beim Verlassen des Zimmers anließen. Er nannte die Erde scherzhaft die „rotierende Mülltonne", denn er sagte, dass wir durch die zwanghafte Verschwendung früher oder später im Müll ertrinken würden. Um es mit den Worten des Theologen Albert Schweitzer zu sagen: „Der Mensch hat die Fähigkeit vorherzusehen und vorzubeugen verloren. Er wird am Ende die Erde zerstören."

Die Gleichgültigkeit gegenüber Umweltkatastrophen, die die gesamte Schöpfung mit einbeziehen und deren erstes Opfer der Mensch ist, war für Carlo das Spiegelbild einer Menschheit, die sich immer weiter von Gott entfernt hat und die seine Liebe zurückweist. Carlo betrachtete die Schäden an der Schöpfung als eine Alarmglocke für die respektlose Haltung, die die Menschen gegenüber der Natur eingenommen haben. Er sagte, dass unsere Gesellschaft die Spuren Gottes in der Natur, die sie umgibt, nicht mehr erkennen könne. Wir wissen, wie uns der heilige Paulus in seinem Brief an die Römer sagt: „Denn wir wissen, dass die gesamte Schöpfung bis zum heutigen Tag seufzt und in Geburtswehen liegt" (Röm 8, 22), in der Erwartung der Erlösung, die die ganze Harmonie der Schöpfung in Christus wiederherstellen und vollenden wird. In ihm ist das All zusammengefasst, „was im Himmel und auf Erden ist" (vgl. Eph 1, 10). Das Evangelium nach Markus berichtet uns, was Jesus befohlen hat: „Geht hinaus in die ganze Welt und verkündet das Evangelium der ganzen Schöpfung!" (Mk 16, 15) Da das griechische Wort für Kreatur (ktísis) sowohl das Erschaffen als Akt (die Erschaffung), als auch die Geschöpfe und die Gesamtheit der geschaffenen Realitäten (das Erschaffene) bezeichnet, folgt daraus, dass alles, was erschaffen wurde, Adressat der Botschaft des Evangeliums ist. Wir können sagen, dass es eine universale Berufung zur Begegnung mit Gott gibt. Der Mensch ist nicht der einzige Protagonist der Heilsgeschichte, sondern die gesamte Schöpfung hat Anteil an dieser Heilsdynamik. Der heilige Paulus schreibt in seinem Brief an die Römer: „Seit Erschaffung der Welt wird nämlich seine unsichtbare Wirklichkeit an den Werken der Schöpfung mit der Vernunft wahrgenommen, seine ewige Macht und Gottheit“ (Röm 1, 20). Wenn Carlo noch am Leben wäre, würde er dem Ansatz von Papst Franziskus bezüglich dieser Umweltfragen in seiner Enzyklika „Laudato Si“ vollkommen zustimmen. Darin fordert uns der Papst zur Einführung eines integralen ökologischen Ansatzes auf, in dem Bewusstsein, dass alles miteinander verbunden ist. Eine ganzheitliche Ökologie umfasst die Wechselwirkungen zwischen der natürlichen Umwelt, der Gesellschaft und ihren Kulturen, den Institutionen und der Wirtschaft. Bei diesen Verflechtungen muss eine besondere Aufmerksamkeit der Wiederherstellung der Würde der Ausgeschlossenen gewidmet werden, indem die Natur geschont wird. Papst Franziskus schreibt bei Absatz 139: „Entscheidend ist es, ganzheitliche Lösungen zu suchen, welche die Wechselwirkungen der Natursysteme untereinander und mit den Sozialsystemen berücksichtigen. Es gibt nicht zwei Krisen nebeneinander, eine der Umwelt und eine der Gesellschaft, sondern eine einzige und komplexe sozio-ökologische Krise. Die Wege zur Lösung erfordern einen ganzheitlichen Zugang, um die Armut zu bekämpfen, den Ausgeschlossenen ihre Würde zurückzugeben und sich zugleich um die Natur zu kümmern.“

Wenn wir die Großeltern in Turin besuchten, kamen wir am Fiat-Werk vorbei, um auf den Hügel zu gelangen, auf dem sie wohnten. Davor konnte man Hütten sehen, die von Roma bewohnt waren. Carlo war schockiert, dass diese armen Menschen unter solchen Bedingungen leben mussten. Er sagte, dass jede Gemeinde dafür vorgesehene Flächen mit allen notwendigen Dienstleistungen hätte einplanen und auch an die Stadtränder denken müssen.

Die Umwelt, in der wir leben, ist eng mit dem Menschen verbunden, den Gott zu ihrer Erhaltung bestimmt hat. Obwohl der von der Technologie dominierte Lebensstil vordergründig dem Menschen immer größeren Wohlstand beschert zu haben scheint, und ihm vorgaukelt, das Glück zum Greifen nah zu haben, birgt er andererseits eine zunehmend besorgniserregende Degeneration der Beziehungen der Menschen untereinander, und der Beziehung des Menschen zur Erde. „Technik ist heute unser Schicksal", schrieb der Philosoph Anders. Es besteht die Gefahr, dass sie für uns ähnlich wie die „Feuersaat" ist, die der mythische Prometheus von Zeus gestohlen hat. Er gab sich der Illusion hin, dass er damit alle Probleme gelöst hätte. Wenn sie jedoch nicht richtig eingesetzt wird, kann sie sich gegen den Menschen wenden. Denken wir nur an die Atombombe: eine echte Büchse der Pandora.

Carlo hat mit uns über dieses Thema gesprochen. Er spürte, dass die Technik das Potenzial hat, die Lebensqualität der Menschen drastisch zu verbessern, dass alles jedoch davon abhängt, wie wir von ihr Gebrauch machen. Mein Sohn hatte insbesondere eine klare Vorstellung davon, dass wir nur dann behaupten können, unser menschliches Dasein dank der Technik verbessert zu haben, wenn wir künftigen Generationen eine bessere Welt hinterlassen, d. h. wenn der materielle Wohlstand unter Erhaltung des Naturkapitals, das wir bekommen haben, beibehalten werden kann. Die Technik muss also dazu dienen, den materiellen Fortschritt im Rahmen einer nachhaltigen Kreislaufwirtschaft zu ermöglichen. Papst Franziskus schreibt in Laudato Si': „Die Ressourcen der Erde werden auch geplündert durch ein Verständnis der Wirtschaft und der kommerziellen und produktiven Tätigkeit, das ausschließlich das unmittelbare Ergebnis im Auge hat. Der Verlust von Wildnissen und Wäldern bringt zugleich den Verlust von Arten mit sich, die in Zukunft äußerst wichtige Ressourcen darstellen könnten, nicht nur für die Ernährung, sondern auch für die Heilung von Krankheiten und für vielfältige Dienste. Die verschiedenen Arten enthalten Gene, die Ressourcen mit einer Schlüsselfunktion sein können, um in der Zukunft irgendeinem menschlichen Bedürfnis abzuhelfen oder um irgendein Umweltproblem zu lösen."

Doch ob die Welt besser wird, lässt sich nicht nur am materiellen Wohlstand messen, sondern vielmehr daran, in wieweit die Menschen ihrer Berufung entsprechen, das heißt dem Zweck, für den sie geschaffen wurden, nämlich für die Liebe: um „den Gott, der Liebe ist“, um seiner selbst willen zu lieben, und den Nächsten aus Liebe zu Gott. Der technische Fortschritt ist nur dann eine Lösung und kein Problem, wenn er von Menschen guten Willens genutzt wird. Letzten Endes liegt die Verantwortung bei jedem Einzelnen. Es ist sinnlos, sich darüber zu beklagen, was andere tun, wenn wir nicht zuerst unseren eigenen Einfallsreichtum nutzen, um tugendhafte Taten zu vollbringen. Die Summe der tugendhaften Verhaltensweisen führt zu einer tugendhaften und damit nachhaltigen Gesellschaft. Die Blindheit vor dem Hintergrund der Apokalypse, wie Gunther Anders sagen würde, die Gleichgültigkeit und die Gewöhnung an die ökologischen Umbrüche hat eine entmenschlichte Gesellschaft hervorgebracht, die nur an den Konsum zu denken scheint. Benedikt XVI. bekräftigte in einer seiner Predigten: „Es gibt vielerlei Arten von Wüsten. Es gibt die Wüste der Armut, die Wüste des Hungers und des Durstes. Es gibt die Wüste der Verlassenheit, der Einsamkeit, der zerstörten Liebe. Es gibt die Wüste des Gottesdunkels, der Entleerung der Seelen, die nicht mehr um die Würde und um den Weg des Menschen wissen. Die äußeren Wüsten wachsen in der Welt, weil die inneren Wüsten so groß geworden sind. Deshalb dienen die Schätze der Erde nicht mehr dem Aufbau von Gottes Garten, in dem alle leben können, sondern dem Ausbau von Mächten der Zerstörung.“

Arne Naess, der Theoretiker der Tiefenökologie, sagt: „Bis heute gibt es im Wesentlichen eine klägliche Unterschätzung des Potenzials der menschlichen Spezies. Unsere Spezies ist nicht dazu bestimmt, die Geißel der Erde zu sein. Wenn der Mensch zu etwas bestimmt ist, dann wahrscheinlich dazu, derjenige zu sein, der bewusst voller Freude den Sinn dieses Planeten als ein noch größeres Ganzes in seinem immensen Reichtum begreift.“

Ich erinnere mich, dass ich mich einige Tage nach seinem Tod im Gebet an Carlo wandte, um ihn um ein Zeichen zu bitten bezüglich einer Frage, die ich hatte und die mir immer Unbehagen und Sorgen verursachte: Ich war beunruhigt über die Vorstellung, dass Tiere nach dem Tod im Nichts enden würden. Die Kirche hat diesen Punkt nie in vollem Umfang definiert. Nachdem ich im Laufe meines Lebens viele Tiere gehabt habe, tröstete mich der Gedanke, dass ich sie nach dem Tod alle wiedersehen würde, was im Übrigen auch der heilige Papst Paul VI. einem untröstlichen Kind nach dem Verlust seines geliebten kleinen Hundes versicherte. Ich sagte zu Carlo: „Wenn auch die Tiere nach dem Tod in den Himmel kommen, dann komm mich im Traum mit Billy, meinem Hund aus der Kindheit, den ich so sehr geliebt habe, besuchen." Ich habe diese Frage heimlich gestellt, in der Überzeugung, dass mein Sohn mir ein Zeichen geben würde. Die Antwort ließ nicht lange auf sich warten. Ich muss hinzufügen, dass ich diese Frage an Carlo gegenüber niemandem erwähnt hatte. Ein paar Tage danach rief mich meine Tante aus Rom an, um mir mitzuteilen, dass sie Carlo zusammen mit meinem Hund Billy im Traum gesehen hatte.

Eine weitere Bestätigung bezüglich des Weiterlebens der Tiere nach ihrem Tod bekam ich von der Pförtnerin des Gebäudes, in dem wir in Mailand wohnen. Die Dame hatte ihren geliebten Hund verloren, der von einem Auto angefahren worden war. Sie war verzweifelt. In derselben Nacht träumte sie von Carlo und ihrem Hund, die zusammen spielten. Diese Tatsache beruhigte sie sehr, und sie wollte mir sofort davon erzählen.

2019 ist Briciola, Carlos Hund, in den Himmel gegangen. Ich hing sehr an ihr, denn besonders nach dem Tod meines Sohnes war sie für mich zu einer Art lebender Reliquie geworden. Leider hatte sich ihr Zustand in den letzten Monaten deutlich verschlechtert; sie war bereits fünfzehn Jahre alt. Sie wurde am Gedenktag des heiligen Franziskus von Assisi geboren, am 4. Oktober 2004. Auch bei dieser Gelegenheit hat mir Carlo ein schönes Zeichen gegeben: In der Nacht, als der Hund starb, ist er im Traum mit Briciola auf dem Arm einem Priester erschienen. Schließlich war sich Carlo schon zu Lebzeiten sicher, dass die Tiere nicht im Nichts enden.

Bezüglich der Tiere erzählte mir Carlo einmal eine Begebenheit im Zusammenhang mit dem heiligen Johannes Maria Vianney, dem Pfarrer von Ars: „Im Jahr 1852 begegnete der heilige Johannes auf der Straße zwei Männern. Einer von ihnen hieß François Dorel. Er war ungläubig und sehr fern von Gott. Um einem seiner Freunde einen Gefallen zu tun, war er mit ihm nach Ars gegangen. Er hatte absichtlich seinen Jagdhund mitgebracht, da er nicht mit den anderen Pilgern verwechselt werden wollte, die zum heiligen Priester kamen, der Tag und Nacht Beichte hörte und von allen für einen großer Wundertäter gehalten wurde. Die beiden Reisenden betraten das Dorf, als der Pfarrer den Platz zwischen den Spalier bildenden Pilgern überquerte und langsam mit seiner üblichen Segensgeste voranging. François Dorel war neugierig, das Spektakel zu sehen und hatte sich unter die Menge gemischt. Als der heilige Pfarrer vor ihm ankam, blieb er stehen und starrte zuerst auf den Hund und dann auf den Jäger. Mit ernster Miene sprach er diese Worte: ‚Mein Herr, es wäre zu wünschen, dass Ihre Seele so schön wäre wie Ihr Hund.' Der tief beeindruckte Mann errötete und senkte den Kopf, ging in die Kirche, legte seine erste Beichte ab und wurde später Ordensmann."

Als wir in Assisi waren, vertraute Carlo mir an, dass der Anblick der Schöpfung, der Natur, des Himmels, der Sterne und der Tiere ihn bewegte, weil all das ihn an Gott und seine Größe erinnerte. In der Heiligen Schrift steht: „Denn von der Größe und Schönheit der Geschöpfe lässt sich auf ihren Schöpfer schließen" (Weish 13, 5). Abschließend möchte ich diese wunderbaren Zeilen zitieren, die Leopardi in seinem Gedicht „Das Unendliche" schrieb:

> „Und wenn ich sitz' und um mich blicke, träum' ich,
> Endlose Weiten, übermenschlich' Schweigen
> Und allertiefste Ruhe herrsche dort
> Jenseits der niedern Schranke, und das Herz
> Erschauert mir vor Grau'n. Und hör' ich dann

Den Wind erbrausen im Gezweig, vergleich' ich
Die grenzenlose Stille dort, und hier
Die laute Stimme; und des Ew'gen denk' ich,
Der todten Zeiten und der gegenwärt'gen
Lebend'gen Zeit und ihres Lärms. Und so
Im uferlosen All versinkt mein Geist,
Und süß ist mir's, in diesem Meer zu scheitern."

11

Ein Engel wird vor dir hergehen

Carlo hegte immer schon eine starke Verehrung für die Engel. Schon seit er ein kleiner Junge war, betete er jeden Tag zu seinem Schutzengel und erfuhr bei dem, um was er ihn bat, seine konkrete Hilfe. Seine Beziehung zu diesen Boten Gottes begann schon in einem sehr frühen Alter. Die Lektüre der Engelsmanifestationen im Leben der Heiligen trug viel dazu bei, ihn in seinem Glauben an diese himmlischen Boten zu stärken. Als Carlo etwa sieben Jahre alt war, machten wir zusammen mit seiner Großmutter eine Kulturreise in Italien. Wir besuchten Florenz, dann Pisa und schließlich Lucca, um die künstlerischen Schönheiten kennenzulernen, an denen unser Land so reich ist. Wir wohnten bei einigen Ordensschwestern im Zentrum von Florenz, in der Nähe der Kirche Sant'Ambrogio, eines besonderen Ortes, der das Privileg hatte, dass dort in den Jahren 1230 bzw. 1595 zwei eucharistische Wunder stattfanden. Das erste fand am 30. Dezember 1230 statt. Nach der Messe, die er zelebriert hatte, bemerkte ein Priester namens Uguccione nicht, dass ein paar Tropfen geweihten Weins im Kelch verblieben waren und sich in Blut verwandelt hatten. Als er am nächsten Tag in dieselbe Kirche zurückkehrte, um die Messe zu feiern, fand er im Kelch Tropfen von lebendigem, geronnenem und zu Fleisch gewordenem Blut. Dieses Blut wurde sofort in einer Kristallampulle gesammelt. Das andere Wunder geschah am Karfreitag des Jahres 1595. Eine brennende Kerze fiel versehentlich zu Boden und setzte die Seitenkapelle, die Grabstätte genannt wird, in Brand. Die Menschen eilten sofort herbei, um das Feuer zu löschen. Man schaffte es, das Allerheiligste und den Kelch zu retten. In der allgemeinen Aufregung fielen sechs Hostien aus dem Ziborium, das einige konsekrierte Hostien enthielt, auf den glühenden Teppich. Trotz des Brandes wurden sie miteinander verbunden und unversehrt vorgefunden. Im Jahr 1628, nachdem der Erzbischof von Florenz, Marzio Medici, sie untersucht und für intakt befunden hatte, ließ er sie in einen kostbaren Reliquienschrein legen. Jedes Jahr, während dem vierzigstündigem Gebet, das im Mai gehalten wird, werden die beiden Reliquien gemeinsam ausgestellt.

Schon damals war Carlo von diesen eucharistischen Wundern sehr fasziniert, und er besuchte gerne diese heiligen Orte. In Lucca gingen wir zu dem Schrein, in dem der unversehrte Leichnam der heiligen Zita in der Basilika San Frediano aufbewahrt wird. Die heilige Zita ist nicht nur die Schutzpatronin der Stadt, sondern auch die Schutzpatronin der Hausfrauen und der Hausangestellten. Im Alter von zwölf Jahren trat sie als Dienstmädchen in den Dienst der Familie Fatinelli. Sie lebte und arbeitete bis zu ihrem Tod in deren Haus. Viele Wunder wurden ihrer Fürsprache zugeschrieben, während sie noch am Leben war. Sie wurde oft von Engeln unterstützt. Gerade deshalb wollte Carlo in diese Kirche gehen, um zu ihr zu beten und sie zu bitten, ihm beim Aufbau einer zunehmend besonderen Beziehung zu seinem Schutzengel zu helfen. Eines der Wunder, bei dem die heilige Zita eine wichtige Rolle gespielt hat, ist jenes des „Mantels“. Eines Abends, als die Heilige das Haus verließ, um in die Christmette zu gehen, traf sie ihren Dienstherrn. Er machte sich Sorgen wegen der großen Kälte, die gerade herrschte. Damit sie nicht krank würde, bestand er darauf, dass Zita seinen Pelzmantel anzog. Als sie die Südtür der Kirche erreichte, sah sie einen armen, schlecht gekleideten Mann, der wegen der Kälte mit den Zähnen klapperte. Sie war von jenem Mann gerührt, lieh ihm den Mantel und sagte ihm, er solle ihn am Ende der Messe zurückgeben, da er ihrem Dienstherrn gehörte. Zita war ganz ins Gebet vertieft und merkte deshalb nicht, dass sie allein in der Kirche geblieben und alle anderen schon gegangen waren. Als sie herauskam, war der Arme nicht mehr da. Sie war verzweifelt über den Verlust des Mantels und kehrte nach Hause zurück. Der Dienstherr war noch wach, und als er sie ohne seinen Mantel sah, begann er ihr Vorwürfe zu machen. Kurz darauf hörten sie ein Klopfen an der Haustür, und es erschien ein hübscher junger Mann, der auf seinem Arm den besagten Mantel hielt. Die geheimnisvolle Gestalt bedankte sich vor dem Dienstherrn bei Zita dafür, dass sie ihn vor der Kälte bewahrt hatte, und verschwand sofort in einem Lichthof. Es war ein Engel, und von da an bekam der Südeingang der Basilika den Spitznamen „Engelstür". Das Wunder ist auf dem Glasfenster über dem Kapitell der obengenannten Tür dargestellt. Auch Dante Alighieri, ihr Zeitgenosse, erwähnte mehrere Male die heilige Zita in der *Göttlichen Komödie*, lange bevor sie offiziell heiliggesprochen wurde.

Wir blieben eine Nacht in Lucca, fuhren am nächsten Tag zunächst zu der Kirche, in der die Gebeine der heiligen Gemma aufbewahrt werden, und dann besuchten wir das Haus der Familie Giannini. Dort wurde die Heilige nach dem Tod ihrer Eltern aufgenommen und verbrachte dort den Rest ihres Lebens. Carlo war sehr beeindruckt von den Geschichten, die eine der Ordensschwestern, die das Museumshaus verwalteten, uns über die zwischen Gemma und ihrem Schutzengel entstandene Beziehung erzählte. Die Schwester sagte uns, dass der Schutzengel die heilige Gemma tadelte, weil sie sich manchmal während der Messe ablenken ließ, oder weil es vorkam, dass sie zu sehr an Dingen hing, beispielsweise an der Golduhr, die sie geschenkt bekommen hatte. Als sie Carlos Verehrung für die Heilige sah, erlaubte sie ihm, auf demselben Stühlchen zu sitzen, auf dem Gemma normalerweise gesessen hatte. Die Schwester war von Carlo so gerührt, dass sie sagte, er würde wie ein kleiner Engel aussehen. Unmittelbar danach führte sie uns auch durch das Schlafzimmer der heiligen Gemma. Dort steht noch das Möbelstück, das die Heilige benutzte, um abends die Briefe, die sie an ihren Seelenführer Pater Germano schrieb, der in Verona lebte, darauf abzulegen. In der Nacht kam ihr Schutzengel, holte die Briefe ab und übergab sie sofort an ihren geistlichen Leiter. Die heilige Gemma benutzte nie die Post, denn ihr Schutzengel diente als Postbote.

Carlo war auch sehr beeindruckt von der großen Verehrung des heiligen Pio von Pietrelcina für die Engel. 2001 unternahmen wir eine Wallfahrt zum Heiligtum Unserer Lieben Frau vom Rosenkranz in Pompeji. Von dort aus fuhren wir nach San Giovanni Rotondo, zum heiligen Pio. Dort begegneten wir einem Taxifahrer, der ein geistlicher Sohn von Pater Pio gewesen war. Er erzählte uns, der Heilige habe ihn oft gebeten, bestimmte, vom Teufel besonders geplagte Personen direkt zum Heiligtum des heiligen Erzengels Michael zu begleiten. Carlo bat mich, ihn zu diesem Heiligtum zu bringen, was ich sehr gerne tat. Sein Erstaunen war groß, als er sah, dass es sich nicht außerhalb, sondern in einer tiefen Höhle befand. Er war sehr beeindruckt von diesem heiligen Ort. Von da an gewöhnte er sich an, in den Ferien den Engelsrosenkranz an die neun Chöre der Engel zu beten. Dieser besteht aus 27 Ave Maria und 9 Vaterunser zu Ehren der himmlischen Heerscharen.

Auch der heilige Pio, den Carlo so sehr liebte, fand in seinem Schutzengel den treuesten Begleiter. Schon als Kind führte er ihn auf gute Bahnen und wies ihm den Weg zum Himmel. „Wenn du mich brauchst, schicke mir deinen Schutzengel“, wiederholte er den Gläubigen. Er hatte zu jeder Tages- und Nachtzeit viel zu tun, um die Botschaften so vieler Engelsgestalten anzuhören, die ihm die Nachrichten von Menschen aus der ganzen Welt brachten. In einem Schreiben vom 20. April 1915 an Raffaelina Cerase ermahnt der Heilige sie, ihren Schutzengel zu lieben: „Mach dir die schöne Gewohnheit zu eigen, immer an ihn zu denken. An unserer Seite ist ein himmlischer Geist, der uns von der Wiege bis zur Bahre nicht verlässt, auch nicht einen Augenblick lang.“ Oft half der Schutzengel Pater Pio, die Briefe zu übersetzen, die er in anderen Sprachen von Gläubigen aus der ganzen Welt erhielt, oder diente ihm als Dolmetscher bei Begegnungen mit ausländischen Pilgern. Diesbezüglich, bezeugt Pater Agostino, sein geistlicher Leiter, in seinem Tagebuch: „Pater Pio kann weder Griechisch noch Französisch; sein Schutzengel erklärt ihm alles und er antwortet mir entsprechend."

Aus den Erfahrungen dieser Heiligen lernte Carlo, sich an seinen Schutzengel zu wenden, damit er ihm helfe, seine Hauptfehler zu überwinden. Er sagte, dass die Schutzengel keine Orte betreten, an denen die Sünde regelmäßig gefördert wird, wie zum Beispiel bestimmte Diskotheken. Wenn wir der Sünde zustimmen, werden wir wegen unserer Nachgiebigkeit und unserer geistigen Beeinträchtigung ihren Schutz nicht genießen. Für Carlo war es wichtig, eine persönliche Beziehung zu seinem Schutzengel aufzubauen, denn diese treuen Boten sind ein besonderes und einzigartiges Geschenk, das Gott jedem einzelnen Menschen macht. Durch den Aufbau dieser persönlichen Beziehung werden wir in den Genuss seiner Eingebungen kommen. Wenn wir auf den besonderen Schutz unseres Schutzengels verzichten, werden wir leider leicht den Angriffen des Teufels zum Opfer fallen. Der Schutzengel führt uns auf unserem ganzen Lebensweg vom Moment unserer Empfängnis an, und er begleitet uns bis in den Himmel hinein, um sich mit uns an Gottes Gegenwart für immer zu erfreuen. Sollten wir nach unserem Tod ins Fegefeuer kommen, werden wir auch dort seinen Beistand und seine Fürsprache nicht verlieren, er wird jedoch nicht mit uns kommen, falls wir in der Hölle landen. Pater Pio pflegte zu sagen, dass wir, wenn wir in der Lage wären, die Dämonen, die uns umgeben, mit unseren Augen zu sehen, das Licht der Sonne nicht mehr sehen könnten. Wenn an manchen Orten unsere Seele sich wie erhoben und näher bei Gott fühlt, dann liegt es daran, dass dort die heiligen Engel besonders präsent sind. Carlo sagte, dass die Anhänglichkeit an die Sünde und das Verharren in ihr uns von der Gemeinschaft mit Gott und unseren Schutzengeln trennen. Außerdem öffnen sie uns für die Macht des Bösen und für die unterschiedlichen Auswirkungen dieser geistigen Störungen, einschließlich Schikanen und teuflische Besessenheit. Viele körperliche und psychische Krankheiten hängen von diabolischen Einflüssen ab. Die Methode, wie es Satan besonders gut gelingt, geistige Verwüstung in den Seelen zu stiften, ist es, sie in die

Fangnetze all jener Formen von Aberglauben, Wahrsagerei und Magie tappen zu lassen, die ja Sünden gegen das erste Gebot darstellen, d.h. Sünden des Götzendienstes, die zusammen mit allen anderen Sünden, einschließlich der Sünden der Unreinheit, die Art und Weise sind, in der der Teufel die Seelen an sich bindet und ihren geistigen Fortschritt verhindert. Carlo sagte, dass während Exorzismen der Teufel über Abtreibungen, Pornographie, Unmoral, Treulosigkeit in der Familie und all die New-Age-Praktiken, die sich in der Welt ausbreiten, jubelt, weil sie willkürlich an die Stelle von Gottes Geboten und Jesu Lehren treten, die wir im Evangelium finden. Alle Seelen, die Gott nahestehen, mussten sich immer schon dem geistigen Kampf stellen, und oft in grausamer Weise. Durch eine mit vielen mystischen Erfahrungen begnadete priesterliche Seele, die unter anderem mit ihrem eigenen Schutzengel und mit denen der anderen sprechen konnte, habe ich selbst Erlebnisse mit dem Schutzengel gehabt. Viele Male habe ich meinen Schutzengel zum Schutzengel jenes Priesters geschickt. Obwohl er viele Kilometer entfernt lebte, erhielt er die Nachrichten und gab mir Antworten auf meine Fragen. Durch den Schutzengel dieses Priesters habe ich viele nützliche Ratschläge für meinen geistigen Weg zu unterschiedlichen Anlässen erhalten.

12

„Am Ende wird Mein Unbeflecktes Herz triumphieren“

Carlo hatte stets eine besondere Verehrung für die Eucharistie und für Unsere Liebe Frau. Er pflegte zu sagen: „Jedes Mal, wenn wir uns an die Muttergottes wenden, treten wir in direkten und unmittelbaren Kontakt mit dem Himmel. Wir betreten ihn fast. Indem wir sie mit ‚voller Gnade‘ bezeichnen und sie auf diese Weise anrufen, bezeugen wir ihr unser kindliches Vertrauen. Wir glauben ihr. Wir hoffen, dass sie die Spenderin alles Guten ist. Aller Gnaden. Wir sagen zu ihr: ‚Bitte für uns‘. Das heißt, wir fordern sie auf, ihren Status geltend zu machen, um uns entgegenzukommen. Wir wenden uns an sie, da wir wissen, dass sie die ‚Omnipotentia Supplex‘ (allmächtig durch Fürbitte) ist. Ihre Fürsprache ist sicher. Ihr Eingreifen wird als selbstverständlich erachtet. Ihr Gebet ist unfehlbar. Die Menschheit wurde durch Maria zu einer übernatürlichen Würde erhoben. Gott hat sich mit einem Geschöpf als Mutter verbunden. Was für Geheimnis!“

Für Carlo waren die Orte sehr wichtig, an denen sich im Laufe der Jahrhunderte die Heilige Jungfrau offenbart hat, sowohl um Wunder zu wirken als auch, um ihre Kinder zum wahren Leben zu führen. Deswegen begann er noch vor seinem Tod, die Ausstellung über die „Appelle Unserer Lieben Frau“ umzusetzen, die wir dann vervollständigt haben. Die letzte Reise, die wir mit Carlo zusammen unternommen haben, war im Jahr 2006 nach Fatima und nach Spanien. Damals wurde der 750. Jahrestag des eucharistischen Wunders in Santarém, in Portugal gefeiert. Aus diesem Grund wollte Carlo diesen heiligen Ort vor der Ankunft in Fatima besuchen. Es war ihm sehr wichtig, und er war sehr glücklich, Erinnerungsmedaillen von diesem wunderbaren Ereignis geschenkt bekommen zu haben, und dazu viele Fotos zur Erweiterung seiner Ausstellung. In jenem Städtchen ereigneten sich zwei Wunder, eines davon im Jahr 1247 und das andere 1340. Im ersten Wunder wandte sich eine von der Eifersucht auf ihren Ehemann geplagte junge Frau an eine Zauberin. Diese schlug ihr vor, in die Kirche zu gehen und eine geweihte Hostie zu stehlen, um daraus einen Liebestrank zu machen. Die Frau versteckte die Hostie in einem Leinentuch, auf dem sich sofort Blutflecken bildeten. Verängstigt eilte sie nach Hause. Als sie das Taschentuch öffnete, um zu sehen, was passiert war, stellte sie zu ihrem Erstaunen fest, dass das Blut aus der Hostie selbst strömte. Verwirrt legte sie die Hostie in ihrem Schlafzimmer in eine Schublade, aber es begannen Lichtstrahlen davon auszugehen. Ihr Ehemann bemerkte die Missetat und informierte sofort den Pfarrer, der zu ihrem Haus ging, um die Hostie zu holen und in feierlicher Prozession, begleitet von vielen Ordensleuten und Laien, in die Kirche Santo Stefano zu bringen. Die Hostie blutete drei aufeinanderfolgende Tage. Später wurde sie in einen prächtigen Reliquienschrein aus Bienenwachs gelegt. Im Jahr 1340 ereignete sich ein weiteres Wunder. Der Priester öffnete den Tabernakel und fand das Wachsgefäß in viele Stücke zerbrochen vor. An seiner Stelle stand ein Kristallgefäß und darin das Blut der wundertätigen Hostie, das mit dem Wachs vermischt war.

Wir fuhren anschließend weiter nach Fatima, wo wir eine befreundete Ordensschwester und den damaligen Postulator für die Seligsprechung von Francisco und Jacinta Marto trafen, Pater Luis Kondor. Die Schwester erzählte uns viele Dinge und nahm uns mit zum Besuch der Ausstellung der unveröffentlichten Fotos der Erscheinungen, die sich 1917 in Fatima ereignet haben, als Unsere Liebe Frau den drei Hirtenkindern, der 7-jährigen Jacinta, dem 9-jährigen Francisco und der 10-jährigen Lucia, erschienen ist. Sie erzählte uns, dass Schwester Lucia, die ältere der Seherkinder, die später Ordensschwester wurde, die Statue Unserer Lieben Frau im Kloster weinen gesehen hat. Carlo hatte bereits viele Zeichen von den Hirtenkindern aus Fatima bekommen. Er hatte sogar von Francisco geträumt, der ihn bat, Wiedergutmachung und Opfer zu bringen, damit die Menschen die Eucharistie mehr lieben und ehren würden. Ein paar Tage nach dem Tod von Schwester Lucia im Jahr 2005 träumte Carlo, dass sie ihm sagte, durch die Übung der Andacht der ersten fünf Samstage eines Monats könne man die Geschicke der Welt ändern. Ein anderes Mal, als er etwa acht Jahre alt war, hatte er Unsere Liebe Frau von Fatima gesehen, die während einer Prozession in der Kirche vor ihm stehen blieb. Sie gab ihm ihr Herz und legte es in seine Brust. Sie sagte ihm, er solle sich ihrem Unbefleckten Herzen und dem Heiligsten Herzen Jesu weihen.

Carlo und ich waren sehr beeindruckt von der Geschichte der Hirtenkinder. Er war tief bewegt, als er den Bericht über ihr Leben las, den ihre Cousine Lucia in ihren Memoiren geschrieben hatte. Wie die Jungfrau Maria am 13. Juni 1917 vorausgesagt hatte, starben die beiden kleinen Geschwister, Francisco und Jacinta, kurze Zeit später – 1919 bzw. 1920 – an der Spanischen Grippe. Auf die Bitte von Lucia: „Ich möchte Sie bitten, uns in den Himmel mitzunehmen“ antwortete die Jungfrau Maria: „Ja! Jacinta und Francisco werde ich bald holen. Du aber bleibst noch einige Zeit hier. Jesus möchte sich deiner bedienen, damit die Menschen mich erkennen und lieben. Er möchte auf Erden die Verehrung meines Unbefleckten Herzens begründen. Wer sie übt, dem verspreche ich das Heil, und diese Seelen werden von Gott geliebt sein wie Blumen, die von mir hingestellt sind, um seinen Thron zu schmücken.“

Der Tod eines jungen Menschen wird nicht immer aus dem Glauben angenommen. Nach Carlos frühem Tod fand ich heraus, dass viele seiner Klassenkameraden und Freunde über den Herrn verärgert waren. Insbesondere gab es eine enge Freundin von ihm, die mir erzählte, sie habe einen neunzigjährigen Großvater und könne nicht verstehen, warum Jesus nicht ihn, anstelle von Carlo, hatte sterben lassen. Ich verstehe, dass es nicht immer einfach ist, Gottes Pläne zu erahnen. Wir wissen aber, dass denen, die Gott lieben, alles zum Guten gereicht. Im Buch der Weisheit steht diesbezüglich: „Der Gerechte aber, kommt auch sein Ende früh, geht in Gottes Ruhe ein. Denn ehrenvolles Alter besteht nicht in einem langen Leben und wird nicht an der Zahl der Jahre gemessen. Graues Haar bedeutet für die Menschen Klugheit und Greisenalter ein Leben ohne Tadel. Er gefiel Gott und wurde von ihm geliebt; da er mitten unter Sündern lebte, wurde er entrückt. Er wurde hinweggenommen, damit nicht Schlechtigkeit seine Einsicht verkehrte und Arglist seine Seele täuschte. Denn der Reiz des Bösen verdunkelt das Gute und der Taumel der Begierde verdirbt den arglosen Sinn. Früh vollendet, hat er ein langes Leben gehabt; da seine Seele dem Herrn gefiel, enteilte sie aus der Mitte des Bösen. Die Leute sahen es, ohne es zu verstehen; sie nahmen es sich nicht zu Herzen, dass Gnade und Erbarmen seinen Auserwählten zuteil wird, Belohnung seinen Heiligen. Der Gerechte, der entschlafen ist, verurteilt die Gottlosen, die noch leben, die früh vollendete Jugend das hohe Alter des Ungerechten." (Weish 4,7-16) Aus etwas Bösem wird Gott immer etwas Gutes machen. Der Himmel denkt in Begriffen des ewigen Lebens.

Es gibt eine wichtige Begebenheit im Zusammenhang mit Jacintas Mutter, die uns zu verstehen hilft, dass man Ereignisse nicht nur aus unserer Perspektive beurteilen kann. Während letztere immer begrenzt ist, müssen diese stets mit Blick auf die Ewigkeit interpretiert werden. Schwester Godinho, die Jacinta während ihres Krankenhausaufenthalts in Lissabon eine Zeit lang betreute, fragte eines Tages die Mutter des kleinen Mädchens, ob es ihr gefallen hätte, wenn ihre Töchter in einen Orden eingetreten wären. Sie sprach insbesondere von der 15-jährigen Teresa und der 16-jährigen Florinda. Jacintas Mutter antwortete fast erschrocken: „Gott bewahre!" Jacinta, die bei diesem Gespräch nicht anwesend war, sagte einige Zeit später der Schwester: „Unserer Lieben Frau würde es gefallen, dass meine Schwestern Ordensfrauen werden. Aber meine Mutter will das nicht. Deshalb wird Unsere Liebe Frau sie mit in den Himmel nehmen." Tatsächlich starben kurz darauf auch die beiden Schwestern an Lungenentzündung. Wahrscheinlich wusste Unsere Liebe Frau, dass sie Entscheidungen getroffen hätten, die dem Plan Gottes für sie zuwidergelaufen wären, und sie nahm sie schnell in den Himmel mit. Mein Sohn war überzeugt, dass die Schönheit des Lebens nicht von seiner Länge abhängt, sondern davon, ob es uns gelingt, Gott an die erste Stelle zu setzen. Das bedeutete für ihn ein „erfolgreiches" Leben. Er sagte, dass „Gott über alles zu lieben", das ideale „Ziel" im Leben eines jeden Menschen sein sollte. Carlo sagte, man wird direkt von Gott die Schlüssel bekommen, um die Türen zu öffnen, die zum Himmel führen, wenn es uns gelingt, dieses hochgesteckte Ziel zu erreichen. Carlo sagte, dass man im Himmel ganz anders denkt als bei uns. Zum Beispiel gab Unsere Liebe Frau am 15. Mai 1982 der Seherin Nathalie während der Erscheinung in Kibeho, in Afrika, folgende Botschaft: „Niemand kommt in den Himmel ohne Leiden.... Marias Sohn wird sich niemals vom Leiden trennen." Diese Erscheinung wurde 2001 anerkannt, und sie hat Carlo sehr beeindruckt. Hier bat Unsere Liebe Frau darum, jeden Freitag den Rosenkranz zu Ehren ihrer Schmerzen zu beten. Er ist bekannt als Rosenkranz der sieben Schmerzen, und sie versprach, denjenigen, die ihn beten, die notwendigen Gnaden zu schenken, damit sie ihre Sünden vor ihrem Tod bereuen. Carlo betete ihn oft, denn er meditierte gerne über die Leiden Marias. Auch dem Rosenkranz von den Tränen Unserer Lieben Frau war er sehr zugetan. In Pellevoisin offenbarte sich die Jungfrau Maria 1876 der jungen Estelle Faguette und heilte sie von einer unheilbaren Krankheit. Während einer der Erscheinungen, nachdem Estelle sie gebeten hatte, sie bald in den Himmel mitzunehmen, antwortete die Heilige Jungfrau: „Undankbare, wenn mein Sohn dir das Leben schenkt, ist es, weil du es brauchst. Was kann Er den Menschen auf Erden Wertvolleres geben als das Leben? Denk nicht, dass du frei von Leiden sein wirst. Nein! Du wirst leiden und nicht frei von Mühsal sein. Das ist es, was uns Verdienste in unserem Leben einbringt. Du hast das Herz meines Sohnes durch deine Ergebung und Geduld berührt." 1918 fragte Unsere Liebe Frau Jacinta, ob sie gerne ein wenig länger auf der Erde bleiben und sich aufopfern wollte, um andere Sünder zu retten. Das Mädchen nahm diese Prüfung aus

Liebe zu Gott großherzig an. Doch so wie die Jungfrau Maria ihr angekündigt hatte, starb sie allein im Krankenhaus, ohne den Trost ihrer Lieben. Sie ertrug schweres Leid durch die Lungenentzündung und die Rippenoperation, der sie sich ohne Anästhesie unterziehen musste. So wie Jesu Brustkorb von einer Lanze durchbohrt wurde, so erlitt auch die kleine Jacinta eine sehr schmerzhafte Wunde an ihrem Brustkorb, die sie mit der Passion Jesu verband. Das Leiden ist ein Mittel zur Sühne für die Sünden der Welt, wenn man es mit dem Leiden von Jesus und Maria vereint. Die langen Stunden der Kontemplation des gekreuzigten und auferstandenen Christus und seiner Heiligsten Mutter am Fuße des Kreuzes (vgl. Joh 19, 25) führten Carlo dazu, das Mysterium des menschlichen Leidens und den Ursprung des Bösen tiefer zu begreifen, dabei vor allem den Sinn und den Wert, die der christliche Glaube auf die großen Fragen des Menschen bezüglich Tod, Leiden, Krankheiten und der endgültigen Bestimmung des Menschen gibt. Carlo schaute mit gesundem Realismus auf das, was das Wort Gottes über das Böse und die Sünde lehrt, die der Mensch begangen, und auf „die Unordnung, die diese im persönlichen, familiären und sozialen Leben verursacht hat". In der Tat, auf den ersten Seiten der Heiligen Schrift wird uns gezeigt, wie der Ungehorsam von Adam und Eva gegenüber Gottes Geboten das Schicksal und das Leben eines jeden Mannes und einer jeden Frau, somit der gesamten menschlichen Rasse, radikal verändert hat. Bevor sie gesündigt haben, besaßen sie die heiligmachende Gnade und die übernatürlichen Gaben. Diese waren: die Freiheit von der bösen Begierlichkeit, die leibliche Unsterblichkeit, die Freiheit von Leiden und eine von Gott eingegossene natürliche Kenntnis und übernatürliche Erkenntnis. Nach der Erbsünde, traten an ihre Stelle in ihrem Leben Unordnung, Mühsal, Krankheit und Tod. Carlo sagte in diesem Zusammenhang: „Auf geheimnisvolle Weise hat jedes Leiden zwei Seiten: Es ist die Folge einer früheren Unordnung, die es verursacht hat, und andererseits die reinigende Wirkung von Gottes Barmherzigkeit, in perfekter Einheit mit seiner Gerechtigkeit. Gott hat nämlich in seiner unendlichen Weisheit festgelegt, dass das Böse, die Frucht der Sünde, d.h. der Rebellion gegen Gott, durch ihre Läuterung und Heiligung, zum Wohl derer, die ihn lieben, beiträgt." Der heilige Ignatius von Loyola schreibt: „Wenn Gott dir viele Leiden schickt, ist das ein Zeichen, dass er große Pläne mit dir hat, und dass er ganz gewiss möchte, dass aus dir ein Heiliger wird." Berühmt ist auch die Begebenheit, als die heilige Teresa von Avila, die auf dem Weg zu ihrem Kloster von einem plötzlichen Gewitter überrascht wurde, von ihrem Pferd rutschte und in eine Schlammpfütze stürzte. Ironischerweise sagte sie zu Jesus: „Wenn du deine Freunde so behandelst, ist es kein Wunder, dass du so wenige hast!" Leider ist der Weg zur Heiligkeit sehr schwierig, es heißt: „Geht durch das enge Tor! Denn weit ist das Tor und breit der Weg, der ins Verderben führt, und es sind viele, die auf ihm gehen." (Mt 7, 13) Auch das heldenhafte Leben der Seligen Alexandrina Maria da Costa, die stigmatisiert und vierzehn Jahre lang bettlägrig war, die sich nur von der Eucharistie ernährte, war nicht anders. Sie sagte, der Herr sei ihr erschienen und hätte ihr ein Lebensprogramm gegeben, nämlich „lieben, leiden, wiedergutmachen". Unsere Liebe Frau selbst hatte ihr die Gnade erwirkt, dieses Programm der Aufopferung annehmen zu können: „Die Muttergottes hat mir eine noch größere Gnade geschenkt: Zuerst die Ergebung, dann die vollständige Übereinstimmung mit dem Willen Gottes, und schließlich den Wunsch zu leiden." Als Carlo krank wurde, hatte er sicherlich das Beispiel dieser Heiligen vor Augen, die es vermochte, die Leiden in dem Wissen anzunehmen, dass alles zum Guten führt, wenn es dem Herrn mit Glauben und Vertrauen aufgeopfert wird.

Carlo betrachtete Gottes Barmherzigkeit und seine Gerechtigkeit, die den Menschen von den Folgen seiner Sünde erlösen, als untrennbar miteinander verbunden. Gott verlässt den Menschen in seiner ungeordneten Situation nicht, er lässt ihn nicht allein, sondern klopft ständig an sein Herz, um ihm seine Gnade und seine Versöhnung zu schenken. Das ganze menschliche Leid, auch das Leid der Unschuldigen, ist eine Folge der Erbsünde, einer Unordnung, die die Menschheit bis zum Ende der Welt des „glückseligen Lebens" beraubt, das Gott für das irdische Paradies vorgesehen hatte, als er Mann und Frau erschuf. Dieses glückselige Leben, die ewige Glückseligkeit, ist kein für immer gescheiterter Traum. Indem die Gläubigen in freudigen sowie in manchmal traurigen und dramatischen Lebenssituationen, gehorsam gegenüber Gottes Geboten, geduldig und sanftmütig sind, wissen sie, dass sie sich bereits auf dem Weg zu dem glückseligen Leben befinden, das Adam und Eva verloren haben, das Christus Jesus jedoch, durch sein Leiden, seinen Tod und seine Auferstehung, für uns wiedergewonnen hat. Es gibt zwei Frauen: die erste, jene des Ungehorsams gegenüber Gottes Geboten, des „Nein" zu Gottes Plänen – das ist Eva. Die zweite, jene des „Ja" zu Gottes Vorsehung – das ist die Allerheiligste Jungfrau Maria. Eva wurde ohne Erbsünde geboren, Maria wurde, im Hinblick auf Leiden, Tod und Auferstehung ihres Sohnes Jesus, ohne Erbsünde empfangen. In diesen beiden Frauen, Eva und Maria, können wir die Situation von uns Männern und Frauen des dritten Jahrtausends erkennen. Auch wir haben die Freiheit, zwischen Gut und Böse zu wählen und dadurch auf das ewige Leben oder den ewigen Tod ausgerichtet zu sein.

Kraft des mystischen Leibes, dessen Haupt Jesus ist und dessen Glieder wir sind, wird jede unserer guten Taten, jedes unserer Gebete, jedes unserer Opfer allen Gliedern des Leibes zugute kommen. Umgekehrt wird jede unserer bösen Taten und jede verpasste Gelegenheit, Gutes zu tun, sich zum Nachteil aller auswirken. Der heilige Paulus schreibt in seinem Brief an die Kolosser: „Jetzt freue ich mich in den Leiden, die ich für euch ertrage. Ich ergänze in meinem irdischen Leben, was an den Bedrängnissen Christi noch fehlt an seinem Leib, der die Kirche ist." In der Dogmatischen Konstitution Lumen Gentium, bei Nummer 7, erinnert uns die Kirche weise daran: „Deshalb werden wir aufgenommen in die Mysterien seines Erdenlebens, sind ihm gleichgestaltet, mit ihm gestorben und mit ihm auferweckt, bis wir mit ihm herrschen werden."

Christus ruft auch uns dazu auf, zur Erlösung, die er durch seinen Tod am Kreuz für unser Heil ein für alle Mal bewirkt hat, in irgendeiner Weise beizutragen. Der Katechismus der katholischen Kirche bekräftigt bei Nr. 1368: „Die Eucharistie ist auch das Opfer der Kirche. Die Kirche, der Leib Christi, nimmt am Opfer ihres Hauptes teil. Mit ihm wird sie selbst ganz dargebracht. Sie vereinigt sich mit seiner Fürbitte beim Vater für alle Menschen. In der Eucharistie wird das Opfer Christi auch zum Opfer der Glieder seines Leibes. Das Leben der Gläubigen, ihr Lobpreis, ihr Leiden, ihr Gebet und ihre Arbeit werden mit denen Christi und mit seiner Ganzhingabe vereinigt und erhalten so einen neuen Wert. Das auf dem Altar gegenwärtige Opfer Christi gibt allen Generationen von Christen die Möglichkeit, mit seinem Opfer vereint zu sein."

Bei der Erscheinung am 19. August 1917 in Fatima hat die Jungfrau Maria die Hirtenkinder ermahnt und aufgefordert, zu beten und Opfer zu bringen: „Betet, betet viel, und bringt Opfer für die Sünder dar, denn viele Seelen kommen in die Hölle, weil niemand für sie betet und opfert." Carlo nahm diese Botschaft wörtlich und fühlte sich immer schuldig, weil er sagte, er würde nicht genug Opfer und Gebete für diejenigen darbringen, die fern von Gott waren.

Die Heilige Schrift betont auch, dass die Leiden und die Trübsale derjenigen, die Gott lieben, eine Quelle der Gnade für sie selbst und für andere sind: „Denn es ist eine Gnade, wenn jemand deswegen Kränkungen erträgt und zu Unrecht leidet." (1 Petr 2, 19) Das gleiche lehrt uns der Katechismus der Katholischen Kirche bei Nr. 1473: „Die Sündenvergebung und die Wiederherstellung der Gemeinschaft mit Gott bringen den Erlass der ewigen Sündenstrafen mit sich. Zeitliche Sündenstrafen verbleiben jedoch. Der Christ soll sich bemühen, diese zeitlichen Sündenstrafen als eine Gnade anzunehmen, indem er Leiden und Prüfungen jeder Art geduldig erträgt und, wenn die Stunde da ist, den Tod ergeben auf sich nimmt. Auch soll er bestrebt sein, durch Werke der Barmherzigkeit und der Nächstenliebe sowie durch Gebet und verschiedene Bußübungen den ‚alten Menschen' gänzlich abzulegen und den ‚neuen Menschen' anzuziehen." (Vgl. Eph 4, 24) Carlo zitierte immer die Heilige Schrift, um das Warum des Leidens zu erklären, und er sagte, dass Christus die ganze Last des Bösen auf sich genommen hat: „Nachdem er vieles ertrug, erblickt er das Licht. Er sättigt sich an Erkenntnis. Mein Knecht, der Gerechte, macht die Vielen gerecht; er lädt ihre Schuld auf sich. Deshalb gebe ich ihm Anteil unter den Großen, und mit Mächtigen teilt er die Beute, weil er sein Leben dem Tod preisgab und sich unter die Abtrünnigen rechnen ließ. Er hob die Sünden der vielen auf und trat für die Abtrünnigen ein." (Jes 53, 11-12) Er nahm hinweg die „Sünde der Welt", von der die Krankheit lediglich die Folge ist. Obwohl der Prophet Jesaja das circa siebenhundert Jahre vor Jesu Geburt geschrieben hat, ahnte er, dass das Leiden des Gerechten auch die Sünden der anderen erlöst. Durch sein Leiden und seinen Tod am Kreuz hat Christus dem Leiden eine neue Bedeutung gegeben und uns in sein Erlösungswerk aufgenommen.

Der Apostel Jakobus fordert uns auf, Fürsprache für andere einzulegen: „Viel vermag das inständige Gebet eines Gerechten. Elija war ein Mensch wie wir; er betete inständig, es solle nicht regnen, und es regnete drei Jahre und sechs Monate nicht auf der Erde. Und wiederum betete er; da gab der Himmel Regen und die Erde brachte ihre Früchte hervor. Meine Brüder und Schwestern, wenn einer unter euch von der Wahrheit abirrt und jemand ihn zur Umkehr bewegt, dann soll er wissen: Wer einen Sünder, der auf einem Irrweg ist, zur Umkehr bewegt, rettet ihn vor dem Tod und deckt viele Sünden zu" (vgl. Jak 5, 16-18).

Als Carlo jünger war, ist ihm Jacinta erschienen und sagte ihm, dass es auf Erden keine Worte gibt, um die Schrecken der Hölle zu beschreiben. Genau aus diesem Grund meditierte er oft über die letzten Dinge und über die Hölle, einschließlich der Möglichkeit, selbst in ihr zu landen. Ab und zu sagte er zu mir: „Mama, ist dir klar, was es bedeutet, für alle Ewigkeit in die Hölle zu kommen? Versuch, dir vorzustellen, dass du für immer an einem Ort bist, für immer, für immer, für immer...". Dieses starke Bewusstsein für das Risiko, dorthin zu kommen, das so viele eingehen, veranlasste ihn dazu, die Ausstellung über „Hölle, Fegefeuer und Paradies" zu erstellen. Unsere Liebe Frau zeigte den drei Hirtenkinder am 13. Juni 1917 die Hölle. Zunächst ermahnte sie die Seher, indem sie ihnen sagte: „Opfert euch auf für die Sünder und sagt oft, besonders wenn ihr ein Opfer bringt: ‚O Jesus, es ist aus Liebe zu Dir, für die Bekehrung der Sünder und als Wiedergutmachung für die Sünden, die gegen das Unbefleckte Herz Marias begangen werden.' Bei diesen letzten Worten öffnete Unsere Liebe Frau aufs Neue die Hände wie in den zwei vorhergegangenen Monaten. Der Strahl schien die Erde zu durchdringen, und wir sahen gleichsam ein Feuermeer und eingetaucht in dieses Feuer die Teufel und die Seelen, als ob sie durchscheinend, schwarz und bronzefarbig glühende Kohlen in menschlicher Gestalt waren, die in diesem Feuer schwammen, emporgeschleudert von den Flammen, die mit Rauchwolken aus ihnen selbst hervorschlugen. Sie fielen nach allen Seiten wie Funken bei gewaltigen Bränden, ohne Schwere und Gleichgewicht, unter Schreien und Heulen vor Schmerz und Verzweiflung, was uns erbeben und erstarren ließ." Lucia erläuterte: „Ich muss wohl bei diesem Anblick ‚ai' geschrien haben, wie es einige Leute angeblich gehört haben. Die Teufel unterschieden sich durch die schreckliche und scheußliche Gestalt widerlicher, unbekannter Tiere. Sie waren aber durchscheinend wie schwarze, glühende Kohle. Erschrocken und wie um Hilfe bittend erhoben wir den Blick zu Unserer Lieben Frau, die voll Güte und Traurigkeit zu uns sprach: ‚Ihr habt die Hölle gesehen, wohin die Seelen der armen Sünder kommen. Um sie zu retten, will Gott die Andacht zu meinem Unbefleckten Herzen in der Welt begründen. Wenn man tut, was ich euch sage, werden viele Seelen gerettet werden, und es wird Friede sein. Der Krieg geht seinem Ende entgegen. Wenn man aber nicht aufhört, Gott zu beleidigen, wird unter dem Pontifikat von Pius XI. ein anderer, schlimmerer Krieg beginnen. Wenn ihr eine Nacht erhellt seht durch ein unbekanntes Licht, dann wisst, dass dies das große Zeichen ist, das Gott euch gibt, dass er nun die Welt für ihre Missetaten mit Krieg, Hungersnot, Verfolgung der Kirche und des Heiligen Vaters strafen wird. Um das zu verhüten, werde ich kommen und um die Weihe Russlands an mein Unbeflecktes Herz und die Sühnekommunion an den ersten Samstagen bitten. Wenn man auf meine Wünsche hört, wird Russland sich bekehren, und es wird

Friede sein; wenn nicht, dann wird es seine Irrlehren über die Welt verbreiten, wird Kriege und Verfolgungen der Kirche heraufbeschwören, die Guten werden gemartert werden und der Heilige Vater wird viel zu leiden haben. Verschiedene Nationen werden vernichtet werden. Am Ende aber wird mein Unbeflecktes Herz triumphieren. Der Heilige Vater wird mir Russland weihen, das sich bekehren wird, und eine Zeit des Friedens wird der Welt geschenkt werden. In Portugal wird sich immer das Dogma des Glaubens erhalten. [...] Wenn ihr den Rosenkranz betet, dann sagt nach jedem Gesetz: ‚O mein Jesus, verzeih uns unsere Sünden, bewahre uns vor dem Feuer der Hölle, führe alle Seelen in den Himmel, besonders jene, die Deiner Barmherzigkeit am meisten bedürfen.'"

Carlo bedauerte sehr, dass so viele riskieren, für alle Ewigkeit verloren zu gehen. Das war für ihn eine schockierende Tatsache. Er hatte sich einige Schriften von Heiligen notiert, die diesen Ort beschrieben haben. Er benutzte sie, um diejenigen zu unterweisen, die nicht an die Existenz der Hölle glaubten. Ich zitiere eine Stelle über die Hölle aus dem Tagebuch von Schwester Faustina Kowalska, der Heiligen der göttlichen Barmherzigkeit: „Heute wurde ich durch einen Engel in die Abgründe der Hölle geführt. Das ist ein Ort großer Qual; seine Ausdehnung ist entsetzlich groß. Die Arten der Qualen, die ich sah, sind folgende: Die erste Qual, die die Hölle ausmacht, ist der Verlust Gottes, die zweite – der ständige Gewissensvorwurf, die dritte – dass sich dieses Los niemals mehr verändert, die vierte – ist das Feuer, das die Seele durchdringt, ohne sie zu zerstören; das ist eine schreckliche Qual; es ist ein Feuer, von Gottes Zorn entzündet. Die fünfte Qual ist die ständige Finsternis und ein furchtbarer Gestank; obgleich es dunkel ist, sehen sich die Teufel und die verdammten Seelen gegenseitig; sie sehen alles Böse der anderen und auch ihr eigenes, die sechste Qual ist die unablässige Gesellschaft des Satans, die siebte Qual ist die furchtbare Verzweiflung, der Hass gegen Gott, die Lästerungen, Verfluchungen und Schmähungen. Das sind die Qualen, die alle Verdammten gemeinsam erleiden, doch das ist noch nicht das Letzte. Es gibt noch besondere Qualen für die Seelen, nämlich Qualen der Sinne. Womit die einzelne Seele gesündigt hat, damit wird sie auf furchtbare, nicht zu beschreibende Weise gepeinigt. Es gibt schreckliche Höhlen und Abgründe der Peinigung, wo sich eine Qual von der anderen unterscheidet. Angesichts dieser entsetzlichen Pein wäre ich gestorben, hätte mich nicht die Allmacht Gottes erhalten. Der Sünder soll wissen, dass er mit dem Sinnesorgan, mit dem er sündigt, die ganze Ewigkeit lang gepeinigt werden wird. Ich schreibe darüber auf Gottes Befehl, damit keine Seele sich ausreden kann, dass es die Hölle nicht gibt, oder auch, dass dort niemand war und man nicht weiß, wie es dort ist. Ich, Schwester Faustyna, war auf Gottes Geheiß in den Abgründen der Hölle, um den Seelen zu berichten und zu bezeugen, dass die Hölle existiert. Auf göttliche Anordnung muss ich das schriftlich hinterlassen. Die Teufel hatten einen großen Hass auf mich, aber durch Gottes Befehl mussten sie mir gehorchen. Was ich niedergeschrieben habe, ist ein schwacher Schatten der Dinge, die ich sah. Eines konnte ich bemerken, dort sind meistens Seelen, die nicht an die Hölle geglaubt hatten. Als ich zu mir kam, konnte ich mich von dem Schrecken nicht erholen, wie sehr die Seelen dort leiden. Daher bete ich jetzt noch inniger um die Bekehrung der Sünder. Ohne Unterlass flehe ich um Gottes Barmherzigkeit für sie. O mein Jesus, ich will lieber bis zum Ende der Welt die größten Martern leiden, als Dich mit der kleinsten Sünde beleidigen." Eine weitere Passage, die Carlo oft in seinen Katechesen verwendete, bezog sich auf die Erscheinungen Unserer Lieben Frau in Laus in Frankreich. Während 54 Jahren, zwischen 1664 und 1718, erschien die Jungfrau Maria dem Hirtenmädchen Benoîte Rencurel und lehrte sie selbst, indem sie ihr viele Dinge über Hölle, Paradies und Fegefeuer offenbarte. Eines Tages wurde sie in die Hölle gebracht. Das war 1694, und Pater Gaillard erzählt die Begebenheit wie folgt: „Einmal brachten die Dämonen Benoîte in die Hölle. Sie sah eine große Menge von Menschen, die sie kannte und die bis zum Bauch in Flammen eingetaucht waren. Sie verharrte dort einige Augenblicke, dann kamen zwei Engel und holten sie weg von diesem hoffnungslosen Ort. Sie sagten ihr, dass Gott dies erlaubt habe, damit sie mehr Mitleid mit den Sündern hätte. Der Engel sagte ihr auch: ‚Meine Tochter, du hast die Flammen und das Feuer gesehen! Diese ungeduldige Person (deren Namen er nannte) wird an diesen Ort kommen, wenn sie sich nicht bessert (...)'."

Am Donnerstag, dem 7. April 1927, erschien der Herr der Seligen Dina Bélanger. Der Bericht der Seligen lautet wie folgt: „Seit dem 20. März zwingt mich die Krankheit im Bett zu bleiben. Heute Morgen vor der Kommunion hat mir der Herr das Thema meiner Betrachtungen für diese beiden Tage vorgestellt: ‚Der Schmerz, der seinem gequälten Herzen zugefügt wurde, durch die Nutzlosigkeit seiner Leiden für eine so große Zahl von Seelen'. Bei der Kommunion gab er mir seinen gesegneten Kelch. Während der Danksagung zeigte er mir im Geiste die Millionen und Abermillionen von Menschen, die der ewigen Verdammnis entgegenliefen, indem sie Satan folgten. Und er, der Retter, umgeben von einer kleinen Zahl gläubiger Seelen, litt – jedoch vergeblich – für all diese Sünder. Sein Herz sah sie zu Tausenden in die Hölle stürzen. Bei diesem Anblick sagte ich zu ihm: ‚Mein Jesus, von Deiner Seite aus ist die Erlösung vollendet; doch was kann dann noch fehlen, da so viele Seelen verloren gehen?' Er antwortete mir: ‚Das liegt daran, dass die frommen Seelen sich nicht genügend mit meinen Leiden vereinigen.'"

Im selben Jahr am 6. Mai, einem Herz-Jesu-Freitag, hörte Dina diese Worte des himmlischen Bräutigams, der ihr erklärte, warum so viele Seelen verloren gehen würden: „Meine kleine Braut, wenn du so viele Seelen in die Hölle fallen siehst, ist es ohne Zweifel, weil sie es wollen, aber auch weil die geweihten Seelen meine Gnaden missbrauchen. Bete und flehe meinen himmlischen Vater an, alle Seelen zu retten und zu heiligen, durch meine Allerheiligste Mutter und durch mein göttliches Herz. Bete und flehe ihn an, alle gottgeweihten Seelen zu heiligen. Mein Herz liebt jede einzelne Seele unendlich. Während meines irdischen Lebens konnte ich für die Rettung und die Heiligung der Seelen nicht mehr tun, und seither möchte ich das Werk der Erlösung durch mein Leben in den Seelen fortsetzen. Bete und flehe meinen göttlichen Vater an. Anflehen bedeutet mit Beharrlichkeit, ohne zu ermüden, und mit der Gewissheit zu beten, dass man gehört wird. Bete und flehe."

Wir bekamen drei Lithografien von Salvador Dalí über Hölle, Paradies und Fegefeuer geschenkt und erfuhren, dass die Höllenvision aus Fatima zur Bekehrung Dalís geführt hatte. Unmittelbar danach begann er, einige Werke mit religiösem und kirchlichem Charakter zu schaffen, darunter „Die Madonna von Port Lligat" und „Das Ökumenische Konzil" zu Ehren des II. Vatikanischen Konzils, sowie einige Illustrationen zur *Göttlichen Komödie* im Auftrag der italienischen Regierung.

Nach den sechs öffentlichen Erscheinungen Unserer Lieben Frau empfing die heilige Jacinta, als sie wegen ihrer Krankheit gezwungen war, im Bett zu bleiben, mehrere private Besuche der Jungfrau Maria. Die himmlische Mutter erläuterte ihr: „Die Sünden, derentwegen die meisten Seelen in die Hölle kommen, sind die Sünden des Fleisches. Es werden Moden aufkommen, die eine große Beleidigung für Jesus darstellen. Wer Gott dient, sollte sich nicht den Moden anschließen. Die Kirche kennt keine Moden. Jesus bleibt stets derselbe."

Carlo verehrte auch den heiligen Johannes Bosco sehr, der in Begleitung seines Schutzengels ebenfalls in die Hölle gebracht wurde. Er sah, dass es dort auch junge Menschen gab. Auch der heilige Johannes sagte, der Engel habe ihm offenbart, dass die Sünden, derentwegen die meisten Seelen in die Hölle kommen, Verstöße gegen das sechste Gebot, und die Unmäßigkeit seien. Deshalb lag Carlo diese Tugend so sehr am Herzen, und er machte sich selbst zum Apostel bei seinen Zeitgenossen, um ihnen zu helfen, dieses Gebot einzuhalten. Unter Carlos Notizen fand ich Betrachtungen über die Botschaft von Fatima, die er sich angeeignet hatte, indem er sich verschiedene Katechesen anhörte und einige Bücher darüber las.

Wenn wir von der Botschaft von Fatima sprechen, beziehen wir uns auf eine Reihe von Erscheinungen, die während dreizehn Jahren stattgefunden haben. Wir meinen zunächst die Erscheinungen des Engels im Jahre 1916 – genauer gesagt waren es drei Erscheinungen im Frühling, im Sommer und im Herbst –, die die drei Hirtenkinder hatten: Francisco, seine Schwester Jacinta und ihre Cousine Lucia, die Älteste unter ihnen, die später Ordensfrau wurde und 2005 starb. Dann denken wir an die sechs Erscheinungen Unserer Lieben Frau, vom 13. Mai bis 13. Oktober 1917 an der Cova da Iria, dem Ort, an dem sich heute die Kapelle Unserer Lieben Frau und das Heiligtum befinden. Diejenige, die am 19. August 1917 in Valinhos stattfand, bildet eine Ausnahme. Sie wurde nämlich verschoben, weil die Kinder am 13. August entführt und ins Gefängnis gesteckt wurden. Um den Inhalt des Geheimnisses, das die Gottesmutter den Hirtenkindern am 13. Juli anvertraut hatte, zu erfahren, gab der Bezirksverwalter den Befehl, sie zu verhaften. Obwohl sie ihnen keinen körperlichen Schaden zufügten, folterten sie sie psychisch bis dahin, dass sie ihnen sogar drohten, sie zu töten, indem sie sie in heißem Öl braten würden, wenn sie das Geheimnis nicht preisgäben. Genau diese heroische Haltung der Hirtenkinder, die das Geheimnis nicht preisgaben, beweist eindeutig die Echtheit der Erscheinungen und ihre Glaubwürdigkeit. Auch die Erscheinungen, die Schwester Lucia im Jahr 1925 in Pontevedra in Spanien hatte, gehören zu den Erscheinungen Unserer Lieben Frau in Fatima. Unsere Liebe Frau und das Jesuskind baten dort um die Sühneandacht fünf Monate lang jeweils am ersten Samstag des Monats zur Wiedergutmachung für die Beleidigungen der Allerheiligsten Jungfrau Maria: „Die Heiligste Jungfrau erschien, und seitlich von ihr, in einer leuchtenden Wolke, ein Kind. Die Heiligste Jungfrau legte mir die Hand auf die Schulter und zeigte ein von Dornen umgebenes Herz, das sie in der anderen Hand hielt. Das Kind sagte: Habe Mitleid mit dem Herzen deiner heiligsten Mutter, umgeben von Dornen, mit denen die undankbaren Menschen es ständig durchbohren, ohne dass jemand einen Sühneakt machen würde, um sie herauszuziehen. Darauf sagte die Heiligste Jungfrau: Meine Tochter, sieh mein Herz umgeben von Dornen, mit denen es die undankbaren Menschen durch ihre Lästerungen und ihren Undank ständig durchbohren. Bemühe wenigstens du dich, mich zu trösten, und teile mit, dass ich verspreche, all jenen in der Todesstunde mit allen Gnaden, die für das Heil ihrer Seelen notwendig sind, beizustehen, die fünf Monate lang jeweils am ersten Samstag beichten, die heilige Kommunion empfangen, einen Rosenkranz beten und mir während 15 Minuten durch Betrachtung der 15 Rosenkranzgeheimnisse Gesellschaft leisten in der Absicht, mich zu trösten."

Ein Beichtvater von Schwester Lucia fragte sie 1930 nach dem Grund für die Zahl fünf. Sie fragte Jesus, der darauf antwortete: „Es geht um die Wiedergutmachung für die fünf Beleidigungen gegen das Unbefleckte Herz Marias:

1. Die Lästerungen gegen ihre Unbefleckte Empfängnis.
2. Gegen ihre Jungfräulichkeit.
3. Gegen ihre Gottesmutterschaft, zugleich mit der Ablehnung, sie als Mutter der Menschen anzuerkennen.
4. Die Beleidigungen jener, die öffentlich versuchen, den Kinderherzen die Gleichgültigkeit, die Verachtung und sogar den Hass gegen diese unbefleckte Mutter einzuflößen.
5. Die Beleidigungen jener, die sie direkt in ihren heiligen Bildern verunehren."

Im Jahr 1929, in Tuy, erschien Unsere Liebe Frau der Schwester Lucia erneut, zusammen mit der Allerheiligsten Dreifaltigkeit. Damals erhielt Lucia Klarheit über das Geheimnis der Allerheiligsten Dreifaltigkeit und die Bedeutung der heiligen Messe als Quelle der Barmherzigkeit für die ganze Menschheit. Aber sehen wir uns den Bericht an, den die Seherin selbst in ihren Erinnerungen aufgeschrieben hat: „Nur das ewige Licht brannte. Plötzlich erhellte sich die ganze Kapelle durch ein übernatürliches Licht, und auf dem Altar erschien ein Kreuz aus Licht, das bis zur Decke reichte. In einem klareren Licht sah man im oberen Teil des Kreuzes das Antlitz und den Oberkörper eines Menschen, über der Brust eine Taube, ebenfalls aus Licht, und an das Kreuz genagelt den Körper eines anderen Menschen. Ein wenig unterhalb der Taille, in der Luft schwebend, sah man den Kelch und eine große Hostie, auf die einige Tropfen Blut fielen, die vom Angesicht des Gekreuzigten und aus einer Brustwunde herabliefen. Von der Hostie herabrinnend fielen diese Tropfen in den Kelch. Unter dem rechten Arm des Kreuzes stand Unsere Liebe Frau. Es war Unsere Liebe Frau von Fatima mit ihrem Unbefleckten Herzen in der linken Hand, ohne Schwert und Rosen, jedoch mit einer Dornenkrone und Flammen. Unter dem linken Arm des Kreuzes bildeten einige große Buchstaben, die aussahen als wären sie aus kristallklarem Wasser, das über den Altar strömte, die Worte: ‚Gnade und Barmherzigkeit'. Ich verstand, dass mir das Geheimnis der Heiligsten Dreifaltigkeit gezeigt worden war, und empfing Erleuchtungen über dieses Geheimnis, die zu offenbaren mir nicht gestattet ist." Die Erscheinung von Tuy widmete sich ganz der Heiligsten Dreifaltigkeit und sollte uns den Heilswert der Eucharistie und die Bedeutung der Fürbitte des Unbefleckten Herzens Marias verständlich machen.

Als Francisco gefragt wurde, was ihm an den Erscheinungen am besten gefiel, antwortete er, der Engel habe ihm sehr gefallen, und noch mehr Unsere Liebe Frau, doch das, was er am meisten gemocht hatte, war Gott selbst. Francisco hatte den Sinn der Ereignisse verstanden. Carlo sagte, dass die Erscheinungen von Fatima eine 360-Grad-Katechese seien. Fatima stellt eine einzige einheitliche Botschaft dar, die eine mystisch-prophetische Bedeutung hat. Carlo war der Meinung, dass sich die apokalyptische Tragweite der Botschaft von Fatima nicht in den Ereignissen von 1916 und 1917 erschöpft. Sie hat uns auch danach noch begleitet und spricht weiterhin zu uns. Die Worte des Engels und der Jungfrau Maria wurden von Francisco, Jacinta und Lucia, die ihre echten Zeugen geworden sind, in ihrem Leben gelebt und verkörpert. In der Botschaft von Fatima finden wir eine große mystische Dimension. Carlo sagte, dass uns in Fatima Unsere Liebe Frau von Anfang bis zum Ende auf bedeutsame Weise die Liebe offenbart, die die Heiligste Dreifaltigkeit für uns alle hegt, und die Barmherzigkeit, die Gott uns durch das Unbefleckte Herz Marias schenkt. Von Anfang bis Ende, d.h. von 1916 bis 1929, aber auch danach, spiegelt alles in der Botschaft wider, wie sehr unser Seelenheil und unser geistiger Fortschritt der Heiligsten Dreifaltigkeit am Herzen liegt. Die drei Seher hatten eine echte mystische Erfahrung mit Gott. Im Jahr 1916, während der zweiten Erscheinung, sagte der Engel: „Die Herzen Jesu und Mariä haben mit euch Pläne der Barmherzigkeit. Die Herzen von Jesus und Maria lieben euch und haben Erbarmen mit euch." Auch bei der letzten Erscheinung in Tuy war das letzte Wort Barmherzigkeit, das nichts anderes ist als die Liebe Gottes, die über dem Elend unserer Herzen brennt. Alles in Fatima spiegelt die Dreifaltigkeit wider, die uns liebt. Alles in Fatima regt die Gotteserfahrung an. Es ist eine Sache, gläubig zu sein, ohne konkrete Erfahrungen gemacht zu haben, d.h. so wie diejenigen, die den Worten der Samariterin geglaubt, jedoch selbst keine wirkliche Erfahrung mit Gott gemacht haben. Eine andere Sache ist es, gläubig zu sein, wie die Samariter der zweiten Stunde, die Jesus erlebten, weil sie ihn sahen, mit ihm sprachen und ihn als den Retter der Welt erkannten. Gott selbst erfahren zu haben macht uns gläubig, es öffnet uns für den Glauben. Carlo war überzeugt, dass Fatima wirklich hilfreich ist, um Gott konkret zu erfahren. Am 13. Mai 1917 fragte Unsere Liebe Frau die kleinen Hirten: „Wollt ihr euch Gott anbieten, um alle Leiden zu ertragen, die Er euch schicken wird, zur Sühne für alle Sünden, durch die Er beleidigt wird, und als Bitte um die Bekehrung der Sünder?" „Ja, wir wollen es!", antworteten sie. Nach dieser Antwort „öffnete sie zum ersten Mal die Hände und übermittelte uns ein sehr starkes Licht, das wie ein Widerschein von ihren Händen ausging. Es drang uns in die Brust und bis in die tiefste Tiefe der Seele, und wir erkannten uns selber in Gott, der dieses Licht war, viel klarer, als wir uns im besten Spiegel sehen konnten. Durch eine innere Anregung, die uns ebenfalls mitgeteilt wurde, fielen wir nun auf die Knie und wiederholten ganz innerlich: – O Heiligste Dreifaltigkeit, ich bete Dich an. Mein Gott, mein Gott, ich liebe Dich im heiligsten Sakrament." Die Gottesmutter tat nichts weiter, als den Hirtenkindern dieselben Worte zu wiederholen, die Jesus gesprochen hatte: „Wenn einer mir nachfolgen will, verleugne er sich selbst, nehme täglich sein Kreuz auf sich und folge mir nach. Denn wer sein Leben retten will, wird es verlieren; wer aber sein Leben um meinetwillen verliert, der wird es retten. Was nützt es einem Menschen, wenn er die ganze Welt gewinnt, dabei aber sich selbst verliert und Schaden nimmt?" (Lk 9, 23-25) Die Gottesmutter sagte ihnen außerdem im Voraus, dass, selbst wenn sie viel leiden müssen, die Gnade Gottes immer ihr Trost sein wird. Jesus ist gekommen, um uns zu retten und uns in der Gnade zu erneuern. Er hat das Leiden jedoch noch nicht aus der Welt geschafft. Er hat uns den freien Willen gegeben, damit wir durch unsere Entscheidungen das ewige Leben erlangen können oder eben nicht, und er hat versprochen, uns zu helfen, unser Kreuz zu tragen, wenn wir auf ihn mit Zuversicht und Liebe vertrauen. Das Leiden ist für uns ein manchmal unbegreifliches Geheimnis, aber die Gnade Gottes ist unsere Stärke und unsere Hoffnung. Der heilige Leopold Mandic antwortete auf die Frage, wie er die Aufforderung des Herrn verstehe, sein Kreuz auf sich zu nehmen: „Es besteht kein Grund, außerordentliche Bußübungen durchzuführen. Es reicht aus, wenn wir die alltägliche Mühsal unseres elenden Lebens mit Geduld ertragen: die Missverständnisse, den Undank, die Demütigungen, die Leiden, die durch den Wechsel der Jahreszeiten und der Atmosphäre, in der wir leben, hervorgerufen werden."

Das letzte Jahrhundert war der Schauplatz von schrecklichen Ereignissen: der Zweite Weltkrieg, die Konzentrationslager, die Gulags, die Explosion der Atombombe und die Verfolgung christlicher Märtyrer. All dies hat bei den Menschen viele Fragen aufgeworfen, einschließlich der grundlegenden Frage: „Wo war Gott?" Gerade Fatima hat die Antwort und den Schlüssel geliefert, um die Ereignisse zu deuten, die das gesamte 20. Jahrhundert überschattet haben und das 21. Jahrhundert heimsuchen. Besonders als Unsere Liebe Frau über das dritte Geheimnis sprach, wollte sie uns beruhigen, dass Gott den Menschen nicht verlassen hat, sondern weiterhin Kompromisse mit der Geschichte eingegangen ist. Die prophetische Dimension von Fatima ist, dass sich uns dort ein Gott offenbart, der sich so sehr um uns sorgt, dass er kommt, um durch Maria zu uns zu sprechen. Fatima fordert uns heraus, damit auch wir Verantwortung für die Geschichte unserer Brüder und Schwestern übernehmen.

Es gibt auch eine mystische Dimension in Fatima, man denke nur an das Gebet, das der Engel zunächst forderte: „Mein Gott, ich glaube an Dich, ich bete Dich an, ich hoffe auf Dich und ich liebe Dich. Ich bitte Dich um Verzeihung für all jene, die nicht an Dich glauben, Dich nicht anbeten, nicht auf Dich hoffen und Dich nicht lieben." Das sind die drei göttlichen Tugenden – Glaube, Hoffnung, Liebe –, die Säulen des Taufsakraments. Hier wird Gott in den Mittelpunkt gestellt, und wir sind aufgefordert, ihn anzubeten. Die Heiligen werden verehrt (dulía), doch Gott wird angebetet (latría). Hier werden also die wichtigsten Wahrheiten unseres Glaubens bekräftigt, nämlich dass Gott dreifaltig Einer ist, dass die zweite Person der Heiligsten Dreifaltigkeit Mensch geworden ist, gelebt hat, gestorben und wieder auferstanden ist. Das ist das österliche Geheimnis, das sich in der Eucharistie verwirklicht.

Ebenfalls sehr wichtig für Carlo waren die gesprochenen Gebete, die er für ein sehr wirksames Mittel hielt, um sich mit Gott zu vereinen. Carlo sagte, dass das Gebet uns ermöglicht, alles aus dem Blickwinkel der Ewigkeit zu betrachten, so dass die Schwierigkeiten dieser Welt uns aus dieser Perspektive nichtig erscheinen. Das Eintauchen in Gott durch Besinnung und Gebet war für Carlo, als würde er den Himmel durch eine geheime Tür betreten und für einen Moment an seinem Platz in der Ewigkeit sitzen. Carlo hatte einen kontemplativen Geist und dachte stets an Gott, der zur Richtschnur seines Herzens und Handelns wurde.

Ein sehr wirksames Mittel, um über das Leben Jesu zu meditieren, war für Carlo das tägliche Beten des heiligen Rosenkranzes. Maria lebte mit dem Blick fest auf Christus gerichtet und nahm sich jedes seiner Worte zu Herzen: „Maria aber bewahrte alle diese Worte und erwog sie in ihrem Herzen" (Lk 2, 19). Wenn wir den Rosenkranz beten, werden wir diese Geheimnisse durch das Herz Marias erleben, und es wird leichter sein, unser Leben nach dem Vorbild Jesu und Marias zu gestalten. Carlo sagte: „Indem Maria die Botschaft des

Engels, der ihr die Geburt des Erlösers ankündigte, mit ihrem ‚Ja' angenommen hat, schenkte sie uns das Idealbild, an dem auch wir uns orientieren können." Die erhabene Frucht ihrer Mitwirkung in Gottes Heilsplan ist ihre universelle Mutterschaft: „Deshalb ist sie uns in der Ordnung der Gnade Mutter." In Einheit mit Christus und ihm untertänig wirkte sie bei der Erlangung der Gnade der Erlösung für die gesamte Menschheit auf einzigartige und unwiederholbare Weise mit. Indem sie mit ihm litt, als er am Kreuz starb, „hat sie beim Werk des Erlösers in durchaus einzigartiger Weise (...) mitgewirkt". Als Zusammenfassung des ganzen Evangeliums lässt uns der Rosenkranz die Geheimnisse der Menschwerdung und der Erlösung nachempfinden, die Jesus mit Maria für unser Heil erwirkt hat.

Unsere Liebe Frau hat fünfzehn besondere Versprechen gegeben, als sie dem Seligen Alain de la Roche, einem Dominikanermönch, der im 15. Jahrhundert gelebt hat, erschienen ist. Im Jahr 1461 befand sich der selige Alain im Kloster von Lille und erhielt seine ersten Offenbarungen von der Jungfrau Maria. Sie sagte ihm, er solle ihren Psalter verbreiten, und erzählte ihm von einer Bruderschaft, die ihr gewidmet werden sollte. In einer seiner Biographien heißt es, dass dieser Ordensbruder „sehr stark litt, denn er wurde seit sieben Jahren von Zeiten großer geistiger Trockenheit und fleischlicher Versuchungen heimgesucht" – so sehr, dass er an einem Tag des Jahres 1464, als er sich als Lektor im Kloster der französischen Zitadelle von Douai aufhielt, „sogar beschloss, sich das Leben zu nehmen. Aber die Gottesmutter hielt ihn davon ab und sagte: ‚Was tust du, Unglücklicher? Hättest du mich um Hilfe gebeten, wie du das andere Male getan hast, wärest du nicht in so große Gefahr geraten.'"

Die Versuchungen waren jedoch noch nicht beendet. Der Selige war entschlossen, das Ordensleben aufzugeben, aber Unsere Liebe Frau erschien ihm eines Nachts erneut, als er „in glühendem Wehklagen elendig dalag". Sie „begrüßte ihn auf das Herzlichste". Wie eine fürsorgliche Mutter beugte sie sich über ihn und „hängte ihm eine geflochtene Kette aus ihrem Haar um den Hals, an der einhundertfünfzig Edelsteine hingen. Dazwischen waren fünfzehn andere

Steine eingefügt, entsprechend der Anzahl der Rosenkranzgeheimnisse". Nach sieben Höllenjahren begann für Alain ein neues Leben. Eines Tages, als er gerade betete, erschien ihm die Jungfrau Maria erneut und gab ihm fünfzehn Versprechen für diejenigen, die ihren Rosenkranz andächtig beten:

1. Diejenigen, welche meinen Rosenkranz beharrlich beten, erlangen eine besondere Gnade.
2. Ich verspreche denen, die andächtig den Psalter meines Rosenkranzes beten, große Gnaden und meinen besonderen Schutz.
3. Der Rosenkranz ist eine mächtige Waffe gegen den höllischen Feind; er vernichtet das Laster, verhindert die Sünde und rottet die Irrlehre aus.
4. Der Rosenkranz bewirkt das Wiederaufblühen der Tugend und Werke der Gottseligkeit. Durch ihn wird den Seelen die Fülle der göttlichen Erbarmungen zuteil; indem sie sich von der eitlen Anhänglichkeit an die Güter dieser Welt losschälen, werden sie erfüllt von dem Verlangen nach den ewigen Gütern: Viele Seelen werden durch den heiligen Rosenkranz gerettet!
5. Die Seele, welche in rechter Weise durch meinen Rosenkranz ihre Zuflucht zu mir nimmt, geht nicht verloren.
6. Alle diejenigen, welche andächtig den Rosenkranz beten und dabei die Geheimnisse betrachten, werden vom Unglück nicht niedergebeugt, werden den Zorn Gottes nicht erfahren und vor dem unversehenen Tod bewahrt bleiben. Sind sie in Sünden, so werden sie die Gnade der Bekehrung erlangen; die Gnade der Beharrlichkeit aber, wenn sie gerecht sind, und sie werden würdig befunden werden des ewigen Lebens.
7. Die Gläubigen, welche eine wahre Andacht zu meinem Rosenkranz haben, werden nicht ohne Empfang der heiligen Sakramente sterben.
8. Ich will, dass jene, die meinen Rosenkranz andächtig beten, während ihres Lebens und im Augenblick ihres Todes der Fülle gött-

licher Erleuchtungen und Gnaden teilhaftig werden sowie der Verdienste der Heiligen Gottes.

9. Jeden Tag befreie ich aus dem Fegefeuer die Seelen, welche in ihrem Leben die Andacht des heiligen Rosenkranzes beharrlich gepflegt haben.
10. Denen, die wahrhaft andächtig meinen Rosenkranz beten, wird im Himmel eine besondere Glorie zuteil werden.
11. Alles, um was man mich mittels des heiligen Rosenkranzes bittet, wird man erhalten.
12. Diejenigen, welche an der Verbreitung meines Rosenkranzes arbeiten, werden in all ihren Nöten meine Hilfe erfahren.
13. Ich habe von meinem göttlichen Sohne die Gnade erlangt, dass alle, welche der Bruderschaft vom heiligen Rosenkranz einverleibt sind, die glückseligen Bewohner des Himmels zu ihren Brüdern und Schwestern haben, während ihres Lebens und in der Stunde ihres Todes.
14. Diejenigen, welche meinen Rosenkranz beten, sind meine bevorzugten Kinder und Brüder Jesu Christi, meines eingeborenen Sohnes.
15. Die Andacht zum heiligen Rosenkranz ist ein besonderes Merkmal der Auserwählung.

Um das Leben Christi zu vervollständigen, hat Johannes Paul II. auch die lichtreichen Geheimnisse eingeführt. Sie sind eine Aufforderung, uns Christus anzugleichen, uns zu bekehren, und uns durch die Eucharistie verklären zu lassen, deren Einsetzung im letzten lichtreichen Geheimnis betrachtet wird, in dem sich alles in Christus erfüllt. Carlo sagte, dass wir durch das Beten des Rosenkranzes das Leben Jesu und das der Heiligen Familie nachempfinden, die zu einem Spiegelbild werden müssen, nach dem auch wir unser Leben ausrichten. Jesus ist das Licht der Welt, er ist der Leuchtturm, der das Meer des Lebens erhellt und unsere irdische Reise in einen sicheren Hafen, den Hafen der Dreifaltigkeit, lenkt. Was die anderen Geheimnisse des Rosenkranzes betrifft, sagte Papst Leo XIII., dass durch ihre Rezitation die Seele die drei Übel zurückweist, die sie auf ihrem Weg zu Gott behindern: die Ablehnung der bescheidenen Aufgaben des Alltags (die freudenreichen Geheimnisse); die Abneigung gegen das Leiden (die schmerzhaften Geheimnisse); das Vergessen der ewigen Güter (die glorreichen Geheimnisse). Durch das Beten des Rosenkranzes werden die Phasen des Lebens Christi und seiner Mutter unsere Seele nach und nach verwandeln. Hinter jedem Geheimnis verbirgt sich eine Tugend. Durch die Meditation dieser heiligen Worte werden sich diese tief in uns eingraben und uns bewusst machen, was in uns nicht mit dem heiligen Evangelium vereinbar ist. Sie werden uns helfen zu verstehen, welche Art von Gnade wir brauchen, um unseren Weg fortzusetzen. Einer der größten Sänger der Jungfrau Maria, der heilige Ludwig Maria Grignion de Montfort, Autor des Traktats *Die wahre Andacht zu Maria*, schrieb: „Denke immer wieder daran: Je mehr du Maria in deiner Kommunion wirken lässt, umso mehr wird Jesus verherrlicht werden. Du wirst Maria für Jesus und Jesus in Maria umso mehr wirken lassen, je tiefer du dich verdemütigst, je mehr du auf sie hörst in Frieden und Stillschweigen, ohne dir Mühe zu geben, zu sehen, zu kosten und zu fühlen. Denn der Gerechte lebt durchaus aus dem Glauben und besonders aus der heiligen Kommunion, welche eine Handlung des Glaubens ist."

Ebenfalls in Fatima bat die Gottesmutter die Hirtenkinder: „Betet täglich den Rosenkranz, um den Frieden der Welt und um das Ende des Krieges zu erlangen." Viele Heilige haben dieses Gebet empfohlen. Schwester Lucia von Fatima sagte, dass es „aufgrund der Wirksamkeit, die Gottvater in diesen letzten Zeiten dem Beten des Rosenkranzes gegeben hat, kein Problem gibt, weder im persönlichen Leben eines jeden von uns, noch im Leben unserer Familien, oder im Leben der Völker und Nationen, das nicht durch das Rosenkranzgebet gelöst werden könnte". Selbst der heilige Pio von Pietrelcina, der es liebte, täglich viele Rosenkränze zu beten, wiederholte seinen Brüdern bei mehreren Gelegenheiten, was sein geistliches Testament war: „Liebt die Muttergottes und regt andere dazu an, sie zu lieben.

Betet immer den Rosenkranz... Erzählt den Seelen von den großen Mitteln für die Erlösung: von der Eucharistie und vom Rosenkranz."

Der Gründer des Heiligtums Unserer Lieben Frau vom Rosenkranz in Pompeji, die von Carlo so sehr geliebt und angerufen wurde, hörte einst einen Engel, der ihm verkündete: „Wenn du gerettet werden willst, dann verbreite den Rosenkranz. Es ist das Versprechen Marias: Wer den Rosenkranz verbreitet, wird gerettet." Und der heilige Pfarrer von Ars sagte: „Ein einziges gut gebetetes Ave Maria lässt die Hölle erzittern." Und schließlich wiederholte mein Sohn immer wieder: „Abgesehen nur von der heiligen Eucharistie ist der heilige Rosenkranz die mächtigste Waffe im Kampf gegen den Teufel und die kürzeste Leiter, um in den Himmel zu kommen."

Diese Aufforderung, immer den Rosenkranz zu beten, hat die Jungfrau Maria im Laufe der Jahrhunderte bei zahlreichen Erscheinungen wiederholt, denken wir an Lourdes, Banneaux, Beauraing, Pontmain, La Salette, Laus, Kibeho, um nur einige zu nennen. Carlo betete ihn auch bruchstückhaft auf seinem Weg in die Schule, im Bus oder auf Spaziergängen. Er wusste, dass die Kirche einen vollkommenen Ablass gewährt, wenn man den Rosenkranz in der Familie, in der Gemeinde, in der Kirche oder jedenfalls mit jemand anderem zusammen betet. Deshalb versuchte er immer, es so zu tun und die Bedingungen zu erfüllen, um den Seelen im Fegefeuer einen Ablass zuwenden zu können.

Ich erinnere mich, dass er sich bezüglich der Unmöglichkeit, den Rosenkranz mit jemand anderem zusammen zu beten, eine Begebenheit aufgeschrieben hat, über die in einer der Biographien des heiligen Pater Pio von Pietrelcina berichtet wird. Eine seiner geistigen Töchter, Margherita Cassano, fragte eines Tages den heiligen Pio: „Pater, man hat mir gesagt, dass das gemeinsame Gebet wirksamer ist als jenes, das man allein betet. Jesus sagte: ‚Denn wo zwei oder drei in meinem Namen versammelt sind, da bin ich mitten unter ihnen.' (Mt 18, 20) Ich bete den Rosenkranz allein zuhause, allein auf der Straße und allein bei der Arbeit." Der Pater antwortete: „Warum betest du nicht den Rosenkranz zusammen mit deinem Schutzengel? Das ‚Gegrüßet seist du, Maria...' überlässt du ihm, und das ‚heilige Maria...' übernimmst du selbst. Das Ave Maria ist – wie uns der heilige Lukas erzählt – der Gruß Gottes an Maria durch den Mund eines Engels. Deshalb ist es etwas Gutes und Schönes, wenn auch die Schutzengel dieses Gebet sprechen." So fing auch Carlo an, diese fromme Verehrerin nachzuahmen und beim Rosenkranzgebet seinen Schutzengel anzurufen. Durch die Wiederholung senken sich die Geheimnisse des Rosenkranzes vom Verstand ins Herz. Die Wiederholung verleiht unserem Gebet Rhythmus und hilft uns, unsere Seelen zum Himmel zu erheben.

Der heilige Johannes Paul II. hat in seinem Apostolischen Schreiben „Rosarium Virginis Mariae" in Absatz 15 bekräftigt: „Der Rosenkranz führt uns mystisch an die Seite Marias, die damit beschäftigt war, das menschliche Heranwachsen Jesu im Haus von Nazareth zu begleiten. Dies erlaubt ihr, auch uns mit derselben Sorgfalt zu erziehen und uns zu formen, bis Christus vollkommen in uns Gestalt angenommen hat (vgl. Gal 4, 19). Dieses völlig auf Christus gegründete und ihm gänzlich untergeordnete Handeln Marias verhindert in keiner Weise die unmittelbare Vereinigung der Glaubenden mit Christus, sondern sie wird vielmehr gefördert. Es ist dies das vom Zweiten Vatikanischen Konzil formulierte erleuchtete Prinzip, das ich in meinem Leben so stark erfahren habe, um es zur Grundlage meines bischöflichen Wappenspruches zu machen: Totus tuus. Dieses Motto inspiriert sich bekanntlich an der Lehre des heiligen Ludwig Maria Grignion de Montfort, der die Rolle Marias auf dem Weg eines jeden von uns zur Gleichgestaltung mit Christus wie folgt erklärt hat: ‚Unsere ganze Vollkommenheit besteht darin, gleichförmig mit Christus Jesus, geeint und geweiht an ihn zu sein. Jedoch die vollkommenste aller Formen der Hingabe ist unbestreitbar jene, die uns noch vollkommener mit Christus gleichgestaltet, vereinigt und uns ihm weiht. Da Maria das Geschöpf ist, welches am meisten Christus gleichgestaltet ist, folgt daraus, dass unter den Frömmigkeitsformen jene, die eine Seele besser unserem Herrn gleichgestaltet und ihm weiht, die Marienverehrung ist, die Verehrung seiner heiligen Mutter, und dass je mehr eine Seele ihr geweiht ist, sie auch mehr Jesus Christus selbst geweiht ist'."

Die letzten Worte, die Unsere Liebe Frau am Ende des berühmten Geheimnisses von Fatima sagte, sind sehr wichtig: „Am Ende wird mein Unbeflecktes Herz triumphieren." Es ist eine außergewöhnliche Botschaft von unerschütterlicher Hoffnung. Das ist das „Geheimnis der Geheimnisse", die Seele der Botschaft von Fatima und das Licht, das mit seiner brennenden Flamme unsere dunklen Zeiten zu erhellen vermag. Es ist das Geheimnis, das Jacinta ihrer Cousine als ihr letztes Testament in Erinnerung gerufen hat, kurz bevor sie ins Krankenhaus in Lissabon eingeliefert wurde: „Sage allen, dass Gott uns durch das Unbefleckte Herz Marias Gnaden gewährt. Die Menschen sollen darum bitten! Und, dass das Herz Jesu will, dass an seiner Seite das Unbefleckte Herz Marias verehrt wird." Dies ist das wunderbare Geheimnis der Gnadenvermittlung und der Barmherzigkeit vonseiten des Unbefleckten Herzens Marias. „Es ist ein den meisten unbekanntes Geheimnis." Dennoch richtet es sich an jeden einzelnen von uns. Nachdem Unsere Liebe Frau Schwester Lucia angekündigt hatte, dass sie Francisco und Jacinta bald in den Himmel holen würde, sie selbst hingegen noch etwas länger auf der Erde bleiben müsse, damit die Menschen die Verehrung ihres Unbefleckten Herzens kennen und lieben lernen, vertraute sie ihrem geistlichen Begleiter an: „Ich werde mich immer an das große Versprechen erinnern, das mich mit Freude erfüllt hat: ‚Ich werde dich nie allein lassen. Mein Unbeflecktes Herz wird deine Zuflucht sein und der Weg, der dich zu Gott führt'." Dieses Versprechen galt nicht nur Lucia, sondern allen Menschen, die bereitwillig ihre Zuflucht zu ihrem Unbefleckten Herzen nehmen und sich auf den Pfaden, die zum Himmel führen, von ihr leiten lassen. Unsere Liebe Frau will für jeden von uns eine geistige Zuflucht sein.

Die Portugiesische Bischofskonferenz drückte das in ihrem Schreiben zur Hundertjahrfeier der Erscheinungen so aus: „Für die Hirtenkinder war das Herz Unserer Lieben Frau das Heiligtum für ihre

Begegnung mit Gott." Carlo vollzog viele Male in feierlicher Weise die Weihe an das Unbefleckte Herz Marias und erneuerte sie jeden Tag mit diesem kurzen Gebet: „Unbeflecktes Herz Marias, ich weihe mich Dir ganz und gar, für immer, zusammen mit all meinen Lieben." In seinem Kommentar zur Botschaft von Fatima bestätigte auch Papst Benedikt XVI., noch als Kardinal, dass ein weiteres berühmt gewordenes Stichwort des Geheimnisses folgender Satz sei: „Mein Unbeflecktes Herz wird triumphieren." Das bedeutet, ein für Gott geöffnetes und durch das Hinschauen auf Gott gereinigtes Herz zu haben, das stärker ist als die Kriege und das Elend der Welt. Das „Fiat" Marias, das Wort aus ihrem Herzen, hat die Weltgeschichte gewendet und hat uns den Retter geschenkt. Dank diesem „Ja" hat Gott menschliche Natur und ein menschliches Herz angenommen und allen Menschen aller Zeiten ermöglicht, ihre eigene Freiheit für immer auf das Gute hin zu lenken. Die Freiheit zum Bösen hat nicht mehr das letzte Wort. Der Böse hat nicht die Macht, uns von Gott zu trennen, wenn wir es nicht wollen. Jesus versichert uns, dass er die Welt besiegt hat (vgl. Joh 16, 33). Die Botschaft von Fatima fordert uns auf, auf diese Verheißung zu vertrauen. Die drei Hirtenkinder haben einen schrecklichen Augenblick lang eine Vision der Hölle erlebt. Sie haben den Fall der „Seelen der armen Sünder" gesehen. Unsere Liebe Frau erklärte ihnen, dass sie diesem Anblick ausgesetzt wurden, um diese Seelen zu ‚retten' und ihnen einen Weg des Heils zu zeigen. Im ersten Petrusbrief heißt es, dass das „Ziel unseres Glaubens die Rettung der Seelen ist" (1.Petr 1, 9). Das Unbefleckte Herz Marias wird als Weg zu diesem Ziel angegeben. Das Wort „Herz" bedeutet in der biblischen Sprache das Zentrum der menschlichen Existenz, wo die tiefgreifendsten Entscheidungen getroffen werden und wo wir unseren Willen auf das Gute lenken. Das „unbefleckte Herz" ist – gemäß dem Evangelisten Matthäus – ein Herz, das von Gott her zu einer vollkommenen inneren Einheit gelangt ist und daher „Gott sieht" (vgl. Mt 5, 8). Die Verehrung des Unbefleckten Herzens Marias ist daher „Zugehen auf diese Herzenshaltung, in der das *Fiat* – dein Wille geschehe – zur formenden Mitte der ganzen Existenz wird". Auf provokante Weise schrieb Kardinal Pierre de Bèrulle, dass das *Fiat* Marias für uns viel wichtiger gewesen sei als das bei der Erschaffung der Welt von Gott ausgesprochene *Fiat*, denn „wenn er durch letzteres die Welt erschaffen hat, so hat er im ersten den Schöpfer der Welt selbst gegenwärtig werden lassen".

Ich erinnere mich, dass wir es geschafft haben, anlässlich des Rosenkranzfestes im Oktober im Jubiläumsjahr 2000 Karten zu bekommen für die Zeremonie unter freiem Himmel auf dem Petersplatz, die in Anwesenheit des heiligen Johannes Paul II. stattgefunden hat. Er hatte das ganze Weltepiskopat einberufen, um das neue Jahrtausend Unserer Lieben Frau von Fatima und ihrem Unbefleckten Herzen zu weihen. Wir hatten auch Umberto, den Cousin aus Rom, mit seiner Mutter und seinem Vater eingeladen, mit uns zu kommen. Carlo war sehr beeindruckt von dieser Zeremonie. Ich bin sicher, dass er in seinem Herzen für viele Anliegen intensiv gebetet hat: für alle jungen Menschen, und dafür, dass die Welt sich Gott nähert und ihm den Lobpreis und die Anbetung darbringt, die allein ihm gebühren. Carlo war bewegt, als er all diese Bischöfe vor der Statue Unserer Lieben Frau von Fatima beten sah, die eigens dafür aus Portugal eingeflogen wurde. Zu seinen Lebzeiten haben wir, mit priesterlichem Segen, siebenmal die Weihe an Unsere Liebe Frau von Pompeji vollzogen, die ja keine andere ist als Unsere Liebe Frau vom Rosenkranz. In der Straße Sant'Antonio in Mailand gibt es eine kleine Kirche. Der Priester, ein Mitglied der Vereinigung Associazione Maria Riparatrice, der dort jeden Sonntag die heilige Messe zelebriert, weiht gleich im Anschluss die Gläubigen, die dies wünschen, Unserer Lieben Frau. Als Erinnerung an den Weiheakt wird jeder Person am Ende der Feier eine wundertätige Medaille mit einem blauen Band, der Farbe Marias, überreicht. Carlo hat viele dieser Medaillen gesammelt. Ich erinnere mich, dass einmal die kleinen Cousins aus Rom zu Besuch kamen, um die Weihnachtszeit mit uns zu verbringen. Carlo bestand sehr darauf, dass auch sie die Weihe an die Muttergottes in jener kleinen Kirche vornahmen. Ich erinnere mich an diesen unvergesslichen Tag. Unmittelbar nach dem Weiheakt, als wir den Domplatz überquerten, wurden wir von einigen jungen Leuten angesprochen, die dem Werk von Bruder Ettore angehörten, einem heiligmäßigen Priester. Er hat sein ganzes Leben der Unterbringung von obdachlosen Männern und Frauen gewidmet. Sein Seligsprechungsprozess ist im Gange. Diese Jugendlichen hielten eine Menge Rosenkränze in ihren Händen und gaben uns viele davon. Carlo und die kleinen Cousins sahen darin ein Zeichen des Wohlgefallens der Muttergottes, die durch diese unerwarteten Geschenke uns alle dazu aufforderte, den heiligen Rosenkranz zu beten und diese Andacht zu verbreiten.

2017 ging ich mit meinen Kindern Francesca und Michele in jenes Kirchlein in Mailand, um die Weihe an die Muttergottes zu erneuern. Auch dieses Mal erhielten wir ein schönes Zeichen. Wir hatten gerade die Weihe gebetet und wollten das Auto holen. Als wir den Domplatz überquerten, zogen mich die Plakate vor dem Museo del Novecento an – ich weiß auch nicht warum. Ich fühlte mich dazu gedrängt, die Kinder hinzubringen, um es zu sehen. Als wir das Museum betraten, wären wir, zu unserer großen Überraschung, beinahe mit der Postulatorin des Heiligsprechungsprozesses der Hirtenkinder von Fatima, Schwester Angela Coelho, zusammengestoßen. Sie war auf dem Weg nach draußen. Ich hatte bereits 2016 das Vergnügen, sie anlässlich der Ausstellung zum hundertsten Jahrestag der Erscheinungen, die im Heiligtum von Fatima ausgerichtet wurde, kennenzulernen. Dort wurden der Rosenkranz und der Rucksack von Carlo ausgestellt und neben einigen Gegenständen von Schwester Lucia platziert. Diese Ordensfrau gehört zu einem 1974 gegründeten Ordensinstitut namens „Aliança de Santa Maria“, das die Spiritualität von Fatima durch die Verbreitung des Rosenkranzes und der Aufrufe der Gottesmutter zur Wiedergutmachung und zur Weihe an ihr Unbeflecktes Herz verbreitet. Schwester Angela war aus beruflichen Gründen nach Mailand gekommen und hatte ebenfalls den Einfall gehabt, das Museum zu besuchen. Die Tatsache, dass ich sie so unerwartet traf, noch dazu in Mailand, schien mir ein Zeichen der Vorsehung und eine Bestätigung, dass die Gottesmutter wünscht, dass die Menschen sich ihrem Unbefleckten Herzen weihen.

Carlo sagte, es sei sehr wichtig, der Gottesmutter zu helfen und die Menschen zu begleiten, damit sie sich ihrem Unbefleckten Herzen weihen, dem „Hafen der Rettung für alle Schiffbrüchigen dieser Welt“, wie Schwester Lucia es formulierte.

Am 13. Juli 1917 teilte die Jungfrau Maria den drei Hirtenkindern ein Geheimnis mit, das aus drei Teilen bestand. Die ersten beiden wurden 1942 bekannt gegeben. Der letzte Teil hingegen wurde erst im Jahr 2000 enthüllt, nach Verfügung von Papst Wojtyla, und begleitet von einem Kommentar des damaligen Kardinals Joseph Ratzinger, der zu jener Zeit Präfekt der Kongregation für die Glaubenslehre war. Der erste und zweite Teil des Geheimnisses umfasst die erschreckende Vision der Hölle, die Verehrung des Unbefleckten Herzens Marias, den Zweiten Weltkrieg und die Probleme der Welt, die von Russland und dem kommunistischen Atheismus verursacht wurden. Der dritte Teil hingegen beschreibt die Leiden der Kirche und des Papstes, in denen Papst Johannes Paul II. sich selbst wiedererkannt hat.

Am 15. September 1943 besuchte Monsignore José Alves Correia da Silva, der Bischof von Leiria, Lucia, die sehr krank war. Da er befürchtete, sie würde kurz darauf sterben, befahl er ihr, das „dritte Geheimnis“ schriftlich festzuhalten. Bevor sie Fatima endgültig verließ, hatte die damals noch junge Lucia eine Erscheinung Unserer Lieben Frau, die ihr sagte, sie solle von nun an immer das befolgen, was der Bischof ihr auftragen würde zu tun, denn durch ihn offenbare sich stets der Wille Gottes für sie. In den folgenden Monaten versuchte sie fünfmal, im November und im Dezember den Auftrag auszuführen, aber sie konnte nichts schreiben: „Ich weiß nicht, was es ist, aber wenn ich versuche, den Stift auf das Papier zu halten, beginnt meine Hand zu zittern, und ich bin nicht in der Lage, auch nur ein einziges Wort zu schreiben: Es scheint mir, dass es keine natürliche Nervosität ist, denn sobald ich anfange, etwas anderes zu schreiben, bleibt meine Hand ruhig. Es scheint mir, dass es auch keine moralische Scheu ist, denn mein Gewissen handelt aus dem Glauben heraus, und ich glaube, dass es Gott ist, der mir durch Seine Exzellenz aufträgt, dies zu tun. Ich weiß also nicht, was ich tun soll."

Am 3. Januar 1944 gelang es Schwester Lucia schließlich doch: „Ich kniete neben dem Bett, das mir manchmal als Schreibtisch dient, und ich versuchte es erneut, ohne Erfolg. Was mich am meisten beeindruckte, war, dass ich ohne Schwierigkeiten irgendetwas anderes schreiben konnte. Dann bat ich die Gottesmutter, mir mitzuteilen, was Gottes Wille war, und ging in die Kapelle. Dann fühlte ich eine freundliche, zärtliche und mütterliche Hand, die meine Schulter berührte. Ich hob meinen Blick und sah die liebe himmlische Mutter." Unsere Liebe Frau sagte ihr: „Fürchte dich nicht, denn Gott wollte deinen Gehorsam, deinen Glauben und deine Demut prüfen; bleibe gelassen und schreibe das auf, was sie dir anordnen, jedoch nicht das, was dir über seine Bedeutung zu verstehen gegeben wird. Nachdem du es aufgeschrieben hast, steck es in einen Umschlag, schließe und versiegle ihn, und schreibe außen, dass er 1960 durch den Kardinalpatriarchen von Lissabon oder durch den Bischof von Leiria geöffnet werden darf."

In jenem Moment hatte Lucia erneut eine Vision: „Ich spürte, wie mein Geist von einem geheimnisvollen Licht durchflutet wurde, das Gott ist, und in ihm sah und hörte ich: die Spitze des Speers wie eine Flamme, die sich streckt, bis sie die Erdachse berührt. Dann diese Erschütterung: Berge, Städte, Ortschaften und Dörfer mit ihren Bewohnern werden begraben; das Meer, die Flüsse und die Wolken treten aus ihren Ufern, laufen über, überfluten und reißen in einem Strudel eine unüberschaubare Anzahl von Häusern und Menschen mit. Es ist die Reinigung der Welt von der Sünde, in der sie versunken ist; der Hass und der Ehrgeiz entfachen einen zerstörerischen Krieg; während mein Herz schneller pochte, hörte ich dann in meinem Geist, wie eine liebenswürdige Stimme ertönte. Sie sagte: ‚In dieser Zeit, ein Glaube, eine Taufe, eine Kirche, heilig, katholisch, apostolisch. – In der Ewigkeit: der Himmel!' Das Wort ‚Himmel' erfüllte meine Seele mit Frieden und Freude, so dass ich für lange Zeit, fast ohne es zu merken, die Worte wiederholte: ‚Himmel, Himmel!'. Sobald diese überwältigende, übernatürliche Gewalt vorbei war, begann ich zu schreiben, und zwar ohne Schwierigkeiten, am 3. Januar 1944, auf den Knien, und an das Bett gelehnt, das mir als Tisch diente."

Zweifellos klingen die Sätze aus Lucias Tagebuch vom 3. Januar und die Bilder von über die Ufer tretenden, tödlichen Gewässern sehr dramatisch. Bereits sechs Jahre zuvor hatte die Seherin in einem Brief noch gewaltigere und erschreckendere Bilder beschrieben. Gegen Ende des Jahres 1937 erhielt Lucia von Bischof Correia da Silva den Entwurf von Jacintas Biografie, die von José Galamba de Oliveira verfasst und in einer ersten Auflage im Mai 1938 veröffentlicht wurde. Sie sollte überprüfen, ob der Inhalt korrekt war. In ihrem Antwortschreiben sprach Lucia von Details, die verständlicherweise mit dem Geheimnis zu tun haben. In dem Brief beklagt Lucia: „Wenn die Welt nur den Moment der Gnade erkennen würde, die ihr noch gewährt wird, und Buße tun würde"; sodann die Zuversicht: „Ich sehe in dem unermesslichen Licht, das Gott ist, die Erde zittern und beben vor dem Hauch seiner Stimme; Städte und Dörfer verschüttet, dem Erdboden gleichgemacht, verschluckt; Massen von hilflosen Menschen; ich sehe reißende Stromschnellen inmitten von Blitz und Donner, Flüsse und Meere, die über ihre Ufer treten und die Seelen derer überfluten, die den Schlaf des Todes schlafen! ..." (der Satz endet mit Auslassungspunkten, ähnlich dem „usw." am Ende des „zweiten Teils" des Geheimnisses, und zwar in der vierten Erinnerung, nach der Anmerkung über Portugal, in der Lucia schreibt, dass man dort immer das Glaubensdogma bewahren wird).

Schwester Lucia sagte einmal: „Pater, meine Aufgabe ist es nicht, die Welt auf die materielle Strafe hinzuweisen, die sie sicherlich erwartet, wenn sie nicht rechtzeitig zum Gebet und zur Buße umkehrt. Nein! Meine Aufgabe ist es, jeden von uns an die Gefahr zu erinnern, seine unsterbliche Seele zu verlieren, wenn er in der Sünde verharrt." In der Documentação Crítica de Fátima wird über die Verhöre berichtet, denen die Seher von Dr. Formigão unterzogen wurden. Im Kapitel über die Erscheinung vom 13. Oktober 1917, auf Seite 40, werden Jacintas Worte berichtet: „Und noch trauriger sagte sie: Man soll Gott, unsern Herrn nicht mehr beleidigen, der schon so sehr beleidigt worden ist! Wenn das Volk sich bessert, wird der Krieg zu Ende gehen, wenn es sich nicht bessert, dann wird die Welt zugrunde gehen." Auch im Verhör vom 19. Oktober 1917, das von Pater Manuel Nunes Formigão im Haus der Seher Francisco und Jacinta gehalten wurde, wird diese Äußerung wörtlich wiedergegeben und wurde von Jacinta in ihrer achten Antwort so ausgesprochen. Am selben Tag befragte auch P. José Ferreira de Lacerda die Kinder. Der Bericht war ein Dokument, aus dem hervorging, dass bei der zweiundzwanzigsten Frage, nämlich: „O que disse N. Senhora?, d.h. Was hat die Gottesmutter gesagt?", Jacinta wieder mit dieser Kernaussage geantwortet hat: „Wenn die Menschen sich nicht bessern, wird die Welt untergehen." Unter den Dokumenten, die in diesen Bänden gesammelt wurden, ist ein Brief von Pater Manuel Pereira da Silva enthalten, der bei der Erscheinung am 13. Oktober 1917 in der Cova da Iria anwesend war. Darin berichtet er als Augen- und Ohrenzeuge seinem Freund, Pater António Pereira de Almeida, dass er die Kinder über das „Ende der Welt" sprechen gehört habe, falls die Menschheit „nicht Buße tun und ihr Leben ändern wird".

Die Stunde des Triumphs des Unbefleckten Herzens Marias wird mit der Stunde des Anbruchs der universellen Herrschaft des Heiligsten Herzens Jesu, d.h. Jesus in der Eucharistie, zeitlich zusammenfallen. Der heilige Maximilian Kolbe sagte: „Die modernen Zeiten werden von Satan dominiert, und das wird in Zukunft noch mehr der Fall sein. Die Immaculata allein hat von Gott das Versprechen erhalten, über Satan zu siegen. Aber da sie in der Glorie des Himmels ist, braucht sie uns heute, um mit ihr zu arbeiten. Sie sucht Seelen, welche ihr ganz hingegeben sind und so in ihren Händen eine Kraft werden, um den Teufel zu besiegen und unter ihrer Führung als wirksame Instrumente das Königtum Christi aufbauen." An Pfingsten wurde die Kirche gegründet, und Maria war dabei. Sie begleitet die Kirche mütterlich und tritt weiterhin für das neue Volk Gottes ein. Die Nachfolge des Unbefleckten Herzens Marias bedeutet, auf das Urteilen über andere zu verzichten, also auf eine Tat, die aus der Selbstliebe hervorgeht. Es bedeutet, von der Muttergottes zu lernen, sich selbst zu verleugnen: „Richtet nicht, damit ihr nicht gerichtet werdet! Denn wie ihr richtet, so werdet ihr gerichtet werden, und nach dem Maß, mit dem ihr messt, werdet ihr gemessen werden. Warum siehst du den Splitter im Auge deines Bruders, aber den Balken in deinem Auge bemerkst du nicht? Oder wie kannst du zu deinem Bruder sagen: Lass mich den Splitter aus deinem Auge herausziehen! – und siehe, in deinem Auge steckt ein Balken! Du Heuchler! Zieh zuerst den Balken aus deinem Auge, dann kannst du zusehen, den Splitter aus dem Auge deines Bruders herauszuziehen!“ (Mt 7, 1-5).

Carlo sagte, dass „jeder Getaufte ein Prophet ist“: ein Prophet im wahren, genauen, richtigen und vollendeten Sinn eines Zeugen von morgen. Ein Zeuge mit einem mutigen Bekenntnis zum Glauben, mit einer gelebten, unaufhörlichen Hoffnung, und mit einer herzlich ausgeübten und ausgedrückten Nächstenliebe. Das heißt, die göttlichen Tugenden, die durch die Taufe eingegossen wurden, müssen gepflegt werden und in der täglichen Ausübung der Tugenden sowie in dem ebenfalls täglichen Kampf gegen die Fehler Frucht bringen. Andere müssen merken, dass sie von Menschen mit einer gelebten Spiritualität umgeben sind, einer Spiritualität der aufgeopferten Leiden. Der Christ ist dann ein Prophet, wenn er seine Umgebung so beeinflussen kann, dass sie sich radikal verwandelt. Laut Carlo bedeutet „Prophet zu sein, der Welt zu beweisen, dass man sich in einem kontinuierlichen, effizienten und effektiven Kontakt mit dem Himmel befindet. Dieser Kontakt wird offensichtlich durch das Anlächeln, die Hilfsbereitschaft, die Geduld, das Verständnis und das kluge Begreifen des Anderen. Ein prophetischer Kontakt ist übernatürlich. Prophetie ist der Nachweis für ein Leben in der Gnade. Prophetie ist die Hervorhebung des gelebten und lebendigen Evangeliums ... Der Alltag muss in die Atmosphäre der Taufe gestellt werden. Eine solche Atmosphäre bedeutet eine andere Luft, ein anderes Klima, eine andere Umgebung, eine andere Zone. Wenn man sich auf diese Denkweise und diese Idealvorstellung einlässt, wird die Evangelisierung zu einer neuen und erneuernden Tatsache. Es ist viel von ‚Neuevangelisierung' die Rede. So geht das. Nicht anders!"

Die Muttergottes hat uns außer ihrem Unbefleckten Herzen und dem heiligen Rosenkranz zahlreiche wunderbare Wasserquellen wie die von Lourdes, Caravaggio, Collevalenza und viele andere geschenkt. Mit diesen Quellen, denen sie außergewöhnliche wundertätige Eigenschaften der Heilung sowohl physischer als auch geistiger Art verliehen hat, möchte die Heilige Jungfrau uns einladen, wieder aus der Taufgnade zu leben. Die heilige Bernadette sagte über das Wasser, das aus der Grotte von Lourdes sprudelte: „Man nimmt dieses Wasser wie ein Medikament... Man muss Glauben haben, und man muss beten: Dieses Wasser hätte ohne den Glauben keine Wirkung!" Um die Quelle zu finden, musste Bernadette im Schlamm und in der Erde graben: Das deutet an, was jeder von uns bei sich selbst tun sollte. Wenn man in der Lage sein wird, eine ernsthafte Selbstreflexion und eine Gewissenserforschung durchzuführen, wird man logischerweise den Wunsch haben, den Weg der echten und aufrichtigen Umkehr zu beschreiten, um den „Schlamm" und die Unvollkommenheiten, die unsere Seele beeinträchtigen, zu beseitigen. Die Geste des Grabens, um die Wasserquelle zu finden, ist gleichbedeutend mit dem Graben in unserem Inneren, um die Schmutzreste der Sünden zu entfernen, in die wir jeden Tag fallen, wenn wir nicht ernsthaft wachsam sind. In jedem Menschen gibt es eine verborgene „Quelle des lebendigen Wassers" zu entdecken: das Abbild Gottes und die Gottähnlichkeit, die von der Sünde bedeckt und verschmutzt sind. Die Aufforderung der Muttergottes an Bernadette: „Geh, trink aus dem Brunnen und wasch dich" ist dieselbe, die sie auch an uns richtet. Carlo verstand es, sich diese Gnadenorte zunutze zu machen. Viele Male sind wir nach Lourdes gefahren, nach Collevalenza, Caravaggio, Madonna del Pozzo in Rom, Montichiari, Banneux und zu vielen anderen Orten, um das Wasser zu trinken, dem die Muttergottes Heilkraft verliehen hat.

Carlo sagte, das, was wirklich zählt, sei die Heilung der Seele und des Herzens. Für meinen Sohn waren die körperlichen Heilungen, die an diesen Orten geschehen, natürlich wichtig. Das, was diese Orte jedoch wirklich besonders machte, war, dass der Herr durch sie die Möglichkeit zur Umkehr und zum Beginn eines neuen Lebens gibt, das in der Auferstehung gegründet ist. An diesen Orten haben erstaunliche Heilungen stattgefunden: Beckenknochen, die nachgewachsen sind, Gelähmte, die wieder gehen konnten, Blinde, die ihr Augenlicht wiedererlangt haben, Taube, die wieder hören und Stumme, die wieder sprechen konnten. Es gab jedoch auch Bekehrungen von Ärzten und Wissenschaftlern, darunter zwei Nobelpreisträger. Der erste war Alexis Carrel, Nobelpreisträger für Medizin. Als Agnostiker begab er sich 1903 nach Lourdes, als Arzt in Begleitung eines Krankenzuges. Er bekehrte sich, nachdem er dort Augenzeuge der unerklärlichen Heilung einer jungen, unheilbar kranken Frau gewesen war. Louis Pasteur schrieb: „Wenig Wissenschaft entfernt von Gott, viel Wissenschaft bringt einen näher zu Gott." Luc Montagnier, früherer Leiter am Institut Pasteur, Entdecker des HIV-Virus und Nobelpreisträger für Medizin, schrieb: „Was die Wunder von Lourdes betrifft, die ich studiert habe, glaube ich, dass es in der Tat etwas ist, das nicht erklärt werden kann ... Ich kann mir diese Wunder nicht erklären, aber ich erkenne an, dass es Heilungen gibt, die nach dem heutigen Stand der Wissenschaft nicht nachvollziehbar sind." „Wer aber von dem Wasser trinkt, das ich ihm geben werde, wird niemals mehr Durst haben; vielmehr wird das Wasser, das ich ihm gebe, in ihm zu einer Quelle werden, deren Wasser ins ewige Leben fließt." (Joh 4, 13-14) All diese Quellen sind eine Erinnerung an unsere Taufe. So wie es uns die Heilige Schrift im Buch Genesis sagt: „Die Erde war wüst und wirr und Finsternis lag über der Urflut und Gottes Geist schwebte über dem Wasser." (Gen 1, 2) Durch dieses wundersame Wasser wird uns die Gnade vermittelt, wenn wir gutgläubig und aufrichtig bereit sind, einen Weg der Umkehr zu beginnen. Es ist auffallend, dass 1651, als Unsere Liebe Frau in Guanare, in Venezuela, dem Eingeborenen Coromoto erschienen ist, sie ausdrücklich über das Sakrament der Taufe sprach: „Gehe an den Ort, wo die Weißen wohnen, um das Wasser auf deinem Kopf zu empfangen und so in den Himmel zu kommen."

An jenem Ort wollte Unsere Liebe Frau ein konkretes Zeichen hinterlassen: Sie prägte ihr Bild auf ein kleines Stück Pergament, das noch heute in dem ihr geweihten Heiligtum verehrt werden kann, ähnlich wie etwa hundert Jahren zuvor, im Jahr 1531, in Guadalupe, in Mexiko, als die Gottesmutter ihr Bildnis auf den Mantel, die sogenannte Tilma des heiligen Juan Diego einprägte.

13

„Die Eucharistie ist meine Autobahn in den Himmel“

In den Ermahnungen des heiligen Franz von Assisi, die in den Franziskus-Quellen enthalten sind, steht: „Seht doch, täglich erniedrigt er sich (vgl. Phil 2,8), wie er einst ‚vom königlichen Thron herab‘ (Weish 18,15) in den Schoß der Jungfrau kam. Täglich steigt er aus dem Schoß des Vaters in den Händen des Priesters herab auf den Altar. Und wie er sich den heiligen Aposteln im wirklichen Fleische zeigte, so zeigt er sich uns auch jetzt im heiligen Brot. Und wie diese beim Anblick seines Fleisches nur sein Fleisch sahen, aber glaubten, dass er Gott ist, weil sie ihn mit geistigen Augen schauten, so lasst auch uns, die mit leiblichen Augen Brot und Wein sehen, schauen und fest glauben, dass es lebendig und wahrhaftig sein heiligster Leib und sein Blut ist. Und auf diese Weise ist der Herr immer bei seinen Gläubigen, wie er selber sagt: ‚Und siehe, ich bin mit euch alle Tage bis zum Ende der Welt.‘“ (Mt 28, 18-20)

Jesus verspricht uns, immer bei uns zu sein. Das ist der neue und endgültige Bund, mit dem sich Gott an sein Volk gebunden hat. Gottvater hatte durch seinen Boten offenbart: „Siehe: Die Jungfrau wird empfangen und einen Sohn gebären, und sie werden ihm den Namen Immanuel geben, das heißt übersetzt: Gott mit uns“ (Mt 1, 23). Auch der Prophet Jesaja schrieb: „Darum wird der Herr selbst euch ein Zeichen geben: Siehe, die Jungfrau hat empfangen, sie gebiert einen Sohn und wird ihm den Namen Immanuel geben“ (Jes 7, 14).

Carlo kommentierte das Versprechen Jesu, immer bei uns zu sein bis zum Ende der Welt, wie folgt: „Das ‚mit euch‘ bedeutet eine Existenz zu zweit. Das ‚mit' deutet auf ein gemeinsames Leben. Und gemeinsames Leben bedeutet: Miteinander, Mitbeteiligung, Mitarbeit, Pläne für zwei, Interaktion, Harmonie in der Ausführung, Fragen und Antworten, abgestimmte Aktivitäten, angeborene Ideen, gemeinsam verfolgte Ideale, gemeinsam gelebte Werte, gemeinsam verteidigte Werte, gemeinsam verbesserte Werte. ‚Mit euch': Das bedeutet, den Tabernakel verstehen, dem Tabernakel helfen, mit dem Tabernakel zusammenarbeiten. Die beiden Worte ‚mit euch' müssen zum Leben erweckt werden. Und sie werden lebendig, wenn sie ‚Leben' in sich haben. Wenn wir Kenntnis nehmen vom Tabernakel, wenn wir uns den Tabernakel wieder aneignen, uns mit dem Tabernakel befassen, den Tabernakel aufsuchen, dann setzen wir letztlich das ‚mit euch' um. Der trinitarische Plan in Bezug auf die vernunftbegabten Wesen ist klar: Erhebung in den übernatürlichen Zustand, Adoption als Kinder und als Erben der Mit-Ewigkeit." Gott hat zu Mose gesagt: „Ich bin mit dir" (Ex 3, 12), und Jesus Christus wiederholt das gegenüber jedem von uns, der auf seinen Namen getauft ist, und der bestrebt ist, gemäß seinem Evangelium zu leben. Carlo war sich dessen so sehr bewusst, dass er seine ganze Existenz auf die tägliche Begegnung mit Jesus im Allerheiligsten Sakrament gegründet hat.

Um Carlos Spiritualität zu verstehen, muss man sich mit dem eucharistischen Mysterium näher befassen. Seit seiner Erstkommunion im Alter von sieben Jahren ging Carlo täglich in die Messe und pflegte, entweder vor oder nach der Messe, die Eucharistische Anbetung. Er sagte: „Wenn wir darüber nachdenken, haben wir es besser, sogar viel besser als diejenigen, die vor mehr als 2000 Jahren mit Jesus in Palästina gelebt haben. Die Apostel, die Jünger und die Menschen von damals konnten ihm begegnen, ihn berühren, mit ihm sprechen, waren jedoch durch Raum und Zeit begrenzt. Viele mussten kilometerlange Wege zu Fuß zurücklegen, um ihn zu treffen, und doch war es nicht immer möglich, sich ihm zu nähern, da er stets von Menschenmassen umgeben war. Denken wir an Zachäus, der, um ihn zu sehen, auf einen Baum kletterte. Wir müssen hingegen nur in die nächstgelegene Kirche gehen, wir haben ‚Jerusalem' vor der Haustür!" Und weiter: „Die Menschen, die mit Jesus lebten, konnten sich nicht von seinem Leib und seinem Blut ernähren, wir hingegen können es. Sie konnten keine Eucharistische Anbetung pflegen, durch die Jesus uns verklärt und sich uns immer mehr einverleibt. Er ist es, der zu uns gesagt hat: ‚Seid also vollkommen, wie euer himmlischer Vater vollkommen ist!' (Mt 5, 48) Indem er sich in der Eucharistie ‚verbirgt', gibt er sich uns ganz, seinen Leib, sein Blut, seine Seele und seine Gottheit. Er wird uns helfen, unsere Heiligung zu verwirklichen. Jesus lädt uns ein, zu ihm zu kommen: ‚Wer Durst hat, komme zu mir, und es trinke, wer an mich glaubt!' Wie die Schrift sagt: ‚Aus seinem Inneren werden Ströme von lebendigem Wasser fließen. (Joh 7, 37-38)'"

Gemäß dem heiligen Ignatius von Antiochien ist die Eucharistie eine „Medizin der Unsterblichkeit." Für meinen Sohn war die Eucharistie die übernatürlichste Sache, die es auf Erden gibt, weil darin Gott, unser Schöpfer, gegenwärtig ist. Er sagte, „wenn die Menschen die Bedeutung der Eucharistie verstehen würden, dann gäbe es so viele Schlangen für den Empfang der Kommunion, dass man die Kirchen nicht mehr betreten könnte".

Es war Monsignore Pasquale Macchi, der ehemalige Privatsekretär von Papst Paul VI., der persönlich die Reife von Carlo und seine christliche Unterweisung als Voraussetzung für die Vorverlegung seiner Erstkommunion, seiner ersten Begegnung mit Jesus bestätigt hat. Er empfahl uns, das Sakrament an einem Ort zu feiern, der die innere Sammlung, die Seelenruhe und die Vereinigung des Geistes mit Gott fördert. So fuhren wir für dieses wichtige Ereignis am 16. Juni 1998, einem wunderschönen, sonnigen Tag, voller Licht und Freude, als Carlo gerade sieben Jahre alt war, in das Bernaga-Kloster in Perego.

Es ist schwer zu sagen, was mein Sohn empfand. Und was wir empfanden. Sicherlich wurde die Vereinigung mit dem eucharistischen Jesus von diesem Moment an zum Herzstück von Carlos Tagen. Von diesem Tag an besuchte er täglich die heilige Messe. Die Beziehung zum Leib Christi wurde für ihn lebendig. Während der Messe unterhielt er sich mit ihm, sprach zu ihm, hörte auf seine Worte und schöpfte Inspiration und Energie für sein Handeln. Aus der täglichen Messe entsprang seine Kreativität, seine konstruktive Energie. Ich erinnere mich an viele Dinge vom Tag seiner Erstkommunion, darunter auch an die Autofahrt von Mailand. Kurz bevor wir bei den Nonnen ankamen, während wir den Hügel hinauffuhren, der zum Kloster führt, überquerte ein Hirte mit einem kleinen weißen Lamm die Straße. Mein Mann war gezwungen, das Auto anzuhalten. Ich erinnere mich an Carlos Lächeln, an sein fröhliches Gesicht. Er liebte Lämmer so sehr und sagte, jenes kleine Lamm, das wie aus dem Nichts auftauchte, käme ihm wie ein Zeichen vom Himmel vor, wie ein kleines Geschenk, nur für ihn. Er strahlte. Carlo war sich dessen bewusst, was er tun würde. Die Eucharistie wurde so wichtig für ihn, dass er erklärte: „Immer mit Jesus vereint zu sein, das ist mein Lebensprogramm." In seinem Computer fand ich nach seinem Tod diese Worte vermerkt: „Das Morgen lieben, bedeutet, heute die besten Früchte zu bringen." Carlo hat sich sicherlich der Eucharistie anvertraut, um jene Früchte reifen zu lassen, durch die die Pforten des Himmels sich für uns öffnen. Die damalige Mutter Oberin des Klosters, Mutter Maria Emanuela, der Carlo während seines gesamten irdischen Daseins sehr zugetan war, gibt uns eine schöne Beschreibung dieses unvergesslichen Tages: „Die Erinnerung an den 16. Juni 1998, die gewiss durch seinen plötzlichen Heimgang wiedererweckt wurde, ist lebendig in mir, und in der ganzen klösterlichen Gemeinschaft. Es war der Dienstag nach dem Fronleichnamsfest, als Carlo seine Erstkommunion am Altar unserer Klosterkirche empfing. Es war eine private Feier, da er noch nicht das erforderliche Alter erreicht hatte, um das Sakrament der Eucharistie zusammen mit seinen Kameraden zu empfangen. Er war jedoch bereit und sehnte sich danach. Während der heiligen Messe war er ruhig und gefasst, doch als der Moment des Kommunionempfangs näher rückte, zeigte er Anzeichen von ‚Ungeduld'. Mit Jesus in seinem Herzen und nachdem er sein Köpfchen in gesammelter Haltung für kurze Zeit in seine Hände gelegt hatte, begann er sich zu bewegen, als ob er nicht mehr stillhalten konnte. Es schien, als ob sich etwas in ihm ereignet hatte, das nur ihm selbst bekannt war, etwas, das zu groß war, um es für sich zu behalten. ... Die Nonnen, die dem Altar am nächsten standen, konnten nicht umhin – wenn auch nur durch die dünnen Gitterstäbe –, ihn mit tiefer Rührung anzuschauen, und zu vermuten, dass Carlo sich einen langersehnten Wunsch erfüllt hatte. Deshalb haben ihn alle ins Herz geschlossen. Ich war beeindruckt von seiner harmonischen äußeren Erscheinung, aber mehr noch von der Klarheit seines Blicks, dem strahlenden Lächeln, und dem Frieden, der von seinem Gesicht mit den so schönen Zügen ausstrahlte! Er war ein vornehmer, aber ungekünstelter junger Mann, einfach und frei in seiner Ausdrucksweise, und immer sehr höflich. Ich erinnere mich, dass er sich an seine Eltern mit einer herzlichen, kindlichen, jedoch ebenso respektvollen Spontaneität wandte, und ich wage zu behaupten, dass das für unsere heutige Zeit etwas ungewöhnlich war! ... Ich war auch sehr beeindruckt davon, dass Carlo, sowohl bei dieser als auch bei späteren Gelegenheiten, bevor er sich verabschiedete, mich immer bat, ihn im Gebet zu begleiten, damit er die Pläne verwirklichen konnte, die der Herr für sein Leben als Schüler und Jugendlicher in einer historischen Epoche wie der unseren, hatte..." Schon im Bernaga-Kloster in Perego hatte Carlo gezeigt, dass er sich diese Botschaft zu eigen gemacht hatte. Es war einer der „Ruheorte" seines Heimatlandes, auf dem Gipfel eines Berges, wo jedes gehörte Wort eine besondere Bedeutung bekommt. Einige Sätze aus der Feder von Mutter Maria Candida Casero, der Gründerin der Niederlassung der Eremitinnen des heiligen Ambrosius von Nemus in Perego, hatten sich ihm eingeprägt: „Der Heilige Geist ist ein Feuer, das leicht geläuterte Seelen in Brand setzt, ähnlich wie natürliches Feuer die trockenen Blätter. Der Leib des Herrn ist auf dem Altar! Sein schönes Herz ist dort, es ruht auf Flammen und stößt Flammen aus: Tauch in sie ein! Die tägliche Kommunion gibt dir all dies. Bei seiner Auferstehung gab die Seele Jesu seinem Leib das Leben; in der heiligen Kommunion gibt der Leib Jesu deiner Seele das Leben... Ein zum Sakrament gewordener Gott! Hast du dich jemals darin vertieft? Er ist lebendig, wahrhaftig; und dennoch, seit Jahrhunderten halten ihn die Fesseln der Akzidenzien [die äußere Form von Brot und Wein] immer als Opfer gefangen...Trink aus der heiligen Hostie die Reinheit und das Leben! Möge dein Himmel sein, dass du ihn auch im Geist betrachtest. Erfreue dich an dem Herrn, und er wird dir geben, worum du ihn bittest. Wo dein Schatz ist, da wird auch dein Herz sein. Jesus, dein Schatz, sitzt zur rechten Hand des Vaters und lebt im heiligen Tabernakel. Hier verschließe dein Herz und richte deine Gedanken auf den Himmel. Das heißt, nichts wissen oder suchen wollen, außer die himmlischen Dinge. ... Ein Tag ohne Kommunion ist vergleichbar mit einem Tag ohne Sonne, ohne Brot, ohne ein Lächeln, ohne Ruhe. Bete, dass dies niemals durch dein Verschulden geschieht. ... Dieses übernatürliche Brot hat den Geschmack aller Tugenden! Wenn du es empfängst, sehne dich danach, jetzt diese und später jene Tugend zu erwerben, und sei gehorsam gegenüber Seinen Anweisungen ... Wenn du an der heilige Messe teilnimmst, bringst auch du dieses große Opfer dar, und dieses kostbarste Blut ist auch für dich. Tauche darin ein mit vollem Vertrauen, es wird dir die Begeisterung vermitteln, dich großzügig zu opfern. Möge deine heilige Ehrfurcht vor deinem eucharistischen Gott sich stets erneuern: Der Leib des Herrn ist dort! Sein wunderschönes Herz, das in Flammen steht, ist dort! Dort ist Seine unermessliche Seele, ein Meer aus Licht und Heiligkeit! Die tägliche Kommunion gibt uns all dies... Wäre es zu viel, aus Liebe verrückt zu werden? Diese kleine Hostie wäre in der Lage, die Welt in Brand zu setzen: Sie möge auch dich entzünden! Sie ist in der Lage, mehr als ein scharfes Schwert zu verletzen: Überlass ihr dein Herz! Die Eucharistie ist der ganze Himmel, der hier ins Exil gefallen ist! Wenn du in die Kirche gehst, denke: Ich gehe in den Himmel! Die Eucharistie ist eine Flamme: Wende dich dieser Flamme immer liebevoll zu, andernfalls wirst du kleiner eucharistischer Schmetterling am Ende hineinfallen und verbrannt werden. Alles wirst du in dieser kleinen Hostie finden, denn dort ist das Ganze: Sie ist der Hebel, der dich zur Heiligkeit erhebt, der Funke, der dich entzündet, das Bad für deine Flecken, die Ergänzung für deine Mängel, und die Tür, die dich zum Himmel führt. Die eucharistische Seele lebt nicht nur von Jesus in der Eucharistie, den sie täglich am Tisch des Herren empfängt, sondern bemüht sich stets, ihre Gedanken und ihre Zuneigung vor dem eucharistischen Thron aufrechtzuerhalten. Sie trachtet auch danach, die Kraft der heiligen Hostie in alle ihre Handlungen zu übertragen." Er machte sich diese Worte zu eigen. Es war kein Zufall, dass Carlo seine Erstkommunion in jenem Kloster empfangen hat, wo man diese sehr starke eucharistische Mystik spüren konnte. Die Tatsache, dass Carlos Schicksal von der göttlichen Vorsehung mit diesen heiligmäßigen Ordensfrauen verbunden war, die immer für ihn gebetet haben und auch nach seinem Tod weiter für ihn beten, ist – denke ich – ein echtes Zeichen des Himmels und eine Bestätigung dafür, dass Carlos Spiritualität von Anfang an mit der Eucharistie verbunden war. Diese Nonnen, die den ganzen Tag in Stille und Gebet verbringen, verfolgen das Weltgeschehen und die Wechselfälle der Menschen in der Welt mit einer tiefen und einzigartigen Hingabe. Carlo lag viel daran, durch ihre Gebete begleitet zu werden und ihre Unterstützung zu erfahren. Es war unglaublich, wie sie die Ereignisse im Leben von Carlo begleitet haben und dabei stets hinter ihren Klostermauern geblieben sind. Carlo mochte sie sehr. Was meinen Sohn zu diesem Kloster hinzog, war dieses Leben in völliger Vereinigung mit der Eucharistie, das die Nonnen führten. Er war fasziniert von ihrer innigen Vereinigung mit Jesus, die er mit der gleichen Intensität leben wollte. Nachdem er sie kennengelernt hatte, schrieb er: „Je öfter wir die Kommunion empfangen, desto mehr werden wir wie Jesus, und wir werden schon auf dieser Erde einen Vorgeschmack des Paradieses bekommen." Diese Nonnen, die Carlo als „lebendige Tabernakel" bezeichnete, inspirierten ihn. Carlo nahm sich oft Zeit, um Jesus in der Eucharistie anzubeten. Er bat seine Freunde, zu versuchen, es ihm gleich zu tun: „Macht es so wie ich", sagte er, „und ihr werdet sehen, welche Umwälzung in euch stattfinden wird." Von hier aus, von dieser tiefen Verbundenheit mit der Eucharistie entsprang auch seine Liebe für die Kleinen, für die Geringsten, für die Armen.

Viele Obdachlose, die zu seiner Beerdigung gekommen sind, hatte er getroffen – da bin ich mir sicher – dank des Tatendrangs, den die tägliche Begegnung mit Jesus in der Eucharistie in ihm ausgelöst hat. Darin schenkt sich uns Gott und lehrt uns, uns selbst anderen zu schenken. Die heilige Teresa von Kalkutta schrieb: „Wenn du Jesus in den Armen nicht erkennen kannst, wirst du ihn auch in der Eucharistie nicht finden können. Ein einziger, identischer, gleicher Glaube erleuchtet beide Dinge."

In der Bitte des Vaterunsers „Unser tägliches Brot gib uns heute" ist das Wort „täglich" – im Griechischen ἐπι-ουσία (epi-ousias) – ein abgeleitetes, zusammengesetztes Adjektiv, wobei ἐπι (epi) „über" und ουσία (ousias) „Substanz" bedeutet. Es kommt nur zweimal im griechischen Urtext der Bibel vor, und zwar in den beiden Fassungen des Vaterunsers. Es wurde mit „täglich" übersetzt, könnte aber auch das übernatürliche Brot, das Brot „der kommenden Welt" bezeichnen. Papst Benedikt XVI. betonte, es sei „das Brot des ewigen Lebens, der neuen Welt, das uns bereits heute in der heiligen Messe gegeben ist, auf dass die künftige Welt schon jetzt in uns ihren Anfang nehme. Mit der Eucharistie kommt der Himmel auf die Erde, das Morgen Gottes senkt sich in die Gegenwart ein, und es ist, als liege die Zeit in der Umarmung der göttlichen Ewigkeit."

Ich fand zu diesem Thema unter Carlos Notizen eine schöne Meditation, mit der er den Menschen erklären wollte, wie die Heiligste Dreifaltigkeit auf unserem Planeten wahrhaftig seit mehr als 2000 Jahren unter uns wohnt: „Und das Wort ist Fleisch geworden... nahm menschliche Gestalt an, und verband diese mit der göttlichen Natur in einer einzigen göttlichen Person... und kam, um unter uns zu wohnen. Der Begriff ‚wohnen' ist jedoch nicht im üblichen Sinne zu verstehen als ‚sich niederlassen' oder ‚eine Wohnung nehmen', wie man üblicherweise sagt, d.h. sein Zuhause auf dieser Erde finden. Das ist es nicht. Wenn wir in unserer Sprache den Begriff ‚wohnen' verwenden, werden wir instinktiv dazu verleitet, zu denken an etwas wie: Er hat sich an einem bestimmten Ort niedergelassen. Der Begriff ‚wohnen' führt zu beängstigend oberflächlichen Schlussfolgerungen. Das [italienische] Verb *abitare* (wohnen) kommt aus dem Lateinischen, vom Verb *avere* (haben). Es bedeutet auf italienisch ebenfalls *avere*, also haben. Doch „haben" hat als Hilfsverb viele andere Bedeutungen. Es bedeutet zwar *haben*, aber manchmal bedeutet es auch *halten*, *besuchen*, es bedeutet *besitzen*, es bedeutet *heiligen*, es bedeutet *angleichen*, es bedeutet *innewohnen*, es bedeutet *durch eine Partnerschaft verbinden*, und viele andere Dinge. ... Daher müssen wir diesen Begriff... ‚er wohnte unter uns'... als einen viel allgemeineren, viel universelleren, viel umfassenderen, unendlich viel umfassenderen Begriff verstehen. Deshalb, wenn ich sage: ... ‚und das Wort ist Fleisch geworden und hat unter uns gewohnt', dann sage ich etwas, das an sich sehr oberflächlich ist und den Leitgedanken des vom Evangelisten Johannes inspirierten Wortes nicht wiedergibt. Durch die Leitung des Heiligen Geistes hatte er mit seinem Schreiben die Absicht, viele Dinge zu sagen. Als Jesus die menschliche Natur annahm und Mensch geworden ist, kam er nicht als Außerirdischer auf diesen Planeten, sondern als Einer, der außerhalb von Zeit und Raum wohnte, der aber mit dieser Natur in Zeit und Raum eingetreten ist, der sich diese gleichsam einverleibt, gleichsam angeeignet, gleichsam zur zweiten Natur gemacht hat, gleichsam sich mit ihr verbrüdert hat. Daher wurde Jesus, wie der Apostel Paulus sagt: ‚Alles in allem' (1 Kor 15, 28), und so nahm er von diesem Planeten die wahre Realität, das wahre Wesen. Dieser Planet ist Teil der Schöpfung und damit Teil des Universums. Vor der Menschwerdung war die Menschheit in der Erbsünde und in ihrer tatsächlichen Schuld gefangen, hatte sich über die Jahrhunderte hinweg in einen Abgrund manövriert, der unergründlich und unüberwindbar schien. Aber zu einem bestimmten Zeitpunkt hat die Liebe über die Gerechtigkeit und die Barmherzigkeit über die Bestrafung gesiegt. Die Sünde wurde durch die Menschwerdung besiegt. ... Dieser Planet, der während einer bestimmten Generation in Dir [Jesus] die zweite, fleischgewordene Person der Heiligsten Dreifaltigkeit gesehen hat, ist seit mehr als zwanzig Jahrhunderten nicht mehr derselbe wie vorher. Auch wenn er aus astronomischer, wissenschaftlicher, geologischer Sicht der frühere Planet sein mag, ist er das vom Standpunkt des Evangeliums, der Menschwerdung, nicht mehr. Er ist ein Planet, der in die Ewigkeit eingegliedert wurde, in einen göttlichen Plan, und deshalb wurden auch wir seit einundzwanzig Jahrhunderten wahrhaftig in diesen Plan integriert. Wir müssen diese sogenannte ‚Wohnung' als eine Aneignung des Planeten durch Jesus betrachten, jenen Jesus, der sich auch heute noch in der Eucharistie, wie im Glauben, in unserer Mitte in Bewegung setzt. Deshalb geht er mitten unter uns, lebt unter uns, teilt mit uns den Alltag, sowohl in der Eucharistie als auch im Glauben, demnach müssen wir diese Wohnung als ein echtes Wohnen Christi auf diesem Planeten sehen. Wir sehen Jesus in unserer Mitte, wir sehen Jesus mit uns, wir sehen Jesus wirklich in uns.

Und so wird die Eucharistie, die ‚zweite Inkarnation', nicht so sehr als ein rituelles Sakrament, sondern als wahrhaft übernatürliches Sakrament aufgefasst. Wenn wir also die Kommunion empfangen, bleibt Jesus fünfzehn Minuten lang unter den Gestalten von Brot und Wein in uns verborgen. Er ist wesenhaft gegenwärtig, nimmt wahrhaftig Wohnung in uns, in dem Sinne, den ich vorher beschrieben habe. Das heißt, er teilt mit uns das tägliche Leben. Nachdem die Gestalten von Brot und Wein zerfallen sind, fährt er fort, durch seine Gnade bei uns zu wohnen. Dadurch werden wir sein Haus, seine Wohnung. Deshalb ist Jesus, der gegenwärtig, lebendig und wahrhaftig ist, nicht nur eine Tatsache des Glaubens, auch nicht lediglich eine Tatsache der Sakramentalität, sondern er ist eine Tatsache des Lebens! Das heißt, Jesus ist bei mir und ich bei Ihm, als etwas sehr Persönliches, Individuelles. Dieser direkte Kontakt zwischen mir und Jesus findet durch die Eucharistie und durch den Glauben statt. Als Jesus auf den Planeten Erde kam, versuchte er, die ganze Ewigkeit und die ganze Menschheit in sich zusammenzuführen – oder wie Paulus sagt: in sich zusammenzufassen (vgl. Eph 1, 10): die Menschheit vor ihm, die Menschheit seiner Zeit, und die Menschheit nach ihm. Das bedeutet Wohnen. Und indem Jesus in diesem Sinne gewohnt hat, hat er Tag für Tag, Stunde für Stunde die ganze Menschheit, in jeglicher Hinsicht, in sich vereint. Und so stehen wir vor einem Wunder, das uns wirklich wundern und staunen lässt. Es ist das Wunder der Auferstehung, das Wunder des Lebens Jesu mit uns. Indem er die ganze Menschheit in sich selbst zusammengefasst hat, wurde er wirklich und in Wahrheit der Erlöser, der Retter, der Heiland eines jeden von uns."

Pierre Teilhard de Chardin schrieb: „Wenn Christus sakramental in jeden seiner Gläubigen hinabsteigt, ist es nicht nur, um sich mit ihm zu unterhalten... Die ganze Natur erfährt, langsam und unaufhaltsam, die große Wandlung."

Laut Carlo „werden wir durch die Eucharistie in Liebe verwandelt". So wie Brot und Wein nach der Konsekration durch die Kraft des Heiligen Geistes zum Leib und Blut Jesu werden, so werden auch wir wesenhaft in Christus verwandelt. Jesus selbst versichert: „Ich bin das Brot des Lebens", „Ich bin das lebendige Brot, das vom Himmel herabgekommen ist." Und er bekräftigt mit Autorität, dass es nicht Mose war, der uns das Brot vom Himmel gab, sondern sein Vater gibt uns das wahre Brot vom Himmel. Jesus ist das wahre, lebendige Brot, das vom Himmel herabgestiegen ist und nie sterben wird, im Gegensatz zum Manna, welches das Volk Israel in der Wüste aß, ein Brot, das verdirbt (vgl. Joh 6, 31-35).

In Carlos Notizen fand ich diese schönen Meditationen über das Brot vom Himmel: „Wenn Jesus sagt, dass nicht Mose das Brot vom Himmel gab, sondern dass es sein Vater war, der das echte Brot vom Himmel gibt, führt er die Eucharistie ein. Sein großartiger Entwurf, sein prestigeträchtiger Plan, sein wunderbares Projekt nimmt Gestalt an, antizipiert die Realität. Er stellt den Vater vor, den er als den Geber des wahren Brotes angibt: Er nennt sich selbst ‚das Brot Gottes'. Damit betreten wir die Sphäre der Eucharistie. ‚Derjenige, der vom Himmel herabgekommen ist' ist eine Formulierung, die genau umschrieben, überdacht, studiert und betrachtet werden muss. Der Himmel ist die Ewigkeit. Man spricht von einem Abstieg, weil wir uns den Himmel als eine Entität von droben vorstellen. Der Begriff bedeutet einfach ‚kommen', ‚ankommen' aus der Ewigkeit in der Zeit, aus dem ‚Außenraum' auf dem Planeten Erde. Es ist ein einzigartiges Ereignis: Die Heiligste Dreifaltigkeit tritt in einen persönlichen Kontakt mit rationalen Lebewesen. Eine Begegnung findet statt. Brot Gottes bedeutet Leben. Dann sagten die Juden: ‚Herr, gib uns immer dieses Brot!'. Jesus antwortet: ‚Ich bin das Brot des Lebens; wer zu mir kommt, wird nie mehr hungern, und wer an mich glaubt, wird nie mehr Durst haben.' Das ist es: Jesus erklärt unmissverständlich und unumstößlich, dass er das ‚Brot des Lebens' ist. ‚Brot' nennt er sich selbst, und präzisiert ‚des Lebens'. Sein Plan nimmt in seinen Worten Gestalt an. Er verspricht uns, ‚Nahrung' zu sein. Wenn ich es mir recht überlege, ist es verblüffend: ein historisches Ereignis. Der Ausdruck ‚Ich bin das Brot des Lebens' bedeutet, dass das enorme Gewicht von Christus übernommen, von der göttlichen Natur getragen, von der göttlichen Person vollkommen himmlisch gemacht wird, damit wir nicht mehr hungern und dürsten. Christus ist wirklich und wesentlich unter den Gestalten oder mit dem Aussehen von Brot und Wein gegenwärtig. Er ist das Brot, das der Existenz den Wendepunkt zum Jenseits gibt. Er fügt hinzu: ‚Aber ich habe euch gesagt: Ihr habt gesehen und doch glaubt ihr nicht.' Er beschuldigt sie des Unglaubens. Sie empören sich über die ungewöhnliche Formulierung ‚Ich bin das Brot, das vom Himmel herabgekommen ist'. Sie beziehen sich auf ihre Kenntnisse über seine Abstammung. Sie kennen Maria und Josef. Das ist ein wertvoller Beleg oder Beweis für die Historizität von Christus. Für sie ist es eine seltsame, absurde Sache, dass er sich weder im Himmel noch auf Erden befindet. Sie haben richtig gehört: ‚Ich bin das Brot, das vom Himmel herabgekommen ist.' Was soll das für ein Brot sein? Von welchem Himmel spricht er? Was ist dieser Abstieg? Und sie streiten und debattieren und stellen Behauptungen auf. Sie sind irritiert. Haben beinahe Angst. Jesus wendet sich an sie: ‚Murrt nicht! Niemand kann zu mir kommen, wenn nicht der Vater, der mich gesandt hat, ihn zieht; und ich werde ihn auferwecken am Jüngsten Tag. [...] Amen, amen, ich sage euch: Wer glaubt, hat das ewige Leben.' Jesus führt sie auf das Gebiet des Übernatürlichen. Jesus erklärt: ‚Wer von diesem Brot isst, wird in Ewigkeit leben. Das Brot, das ich geben werde, ist mein Fleisch für das Leben der Welt.' Er hat seinen Willen kundgetan: Er will sich selbst als Speise und Trank geben. Er stellt keine Theorien auf. Er verschanzt sich nicht im Absoluten. Er verkompliziert die Situation nicht mit abstrusen Argumenten. Er spricht zu ihnen vom Manna, von der Wüste, den Vätern, den Toten. Das können sie nicht bestreiten. Die Bibel liegt in der Synagoge aus, und jeder kann darin lesen und finden, was dort über das Manna geschrieben ist. Aber sofort, wie ein Blitz aus heiterem Himmel, fügt er hinzu, dass Er das lebendige Brot ist, das die Ewigkeit sichert. Er spricht von seinem Fleisch für das Leben der Welt. Es ist seine physisch-seelisch-geistige Realität. Diese Realität ist das Brot des Lebens. Ein Brot, das man essen muss, wenn man ewig leben will. Ansonsten folgt der ewige Tod. Wie ein Blitz schlug sie ein: die große, gewaltige, umwerfende, verheißungsvolle Aussage . Er sprach so deutlich, drückte sich mit so präzisen und unmissverständlichen Formulierungen aus, dass die Juden untereinander zu streiten anfingen: ‚Wie kann er uns sein Fleisch zu essen geben?' Sie hatten gut verstanden. Fast hätten sie ihn einen Anstifter zum Kannibalismus genannt. ‚Fleisch essen': Sie haben das Problem erkannt. Sicher ist nur, dass die Aussagen und Erklärungen von Jesus nicht die selbstverständlichsten sind. Seine Formulierungen haben Sprengkraft. Sie sind Einblicke in den Himmel. Darauf sagt Jesus: ‚Amen, amen, ich sage euch: Wenn ihr das Fleisch des Menschensohnes nicht esst und sein Blut nicht trinkt, habt ihr das Leben nicht in euch. Wer mein Fleisch isst und mein Blut trinkt, hat das ewige Leben, und ich werde ihn auferwecken am Jüngsten Tag. Denn mein Fleisch ist wahrhaft eine Speise und mein Blut ist wahrhaft ein Trank. Wer mein Fleisch isst und mein Blut trinkt, der bleibt in mir und ich bleibe in ihm. Wie mich der lebendige Vater gesandt hat und wie ich durch den Vater lebe, so wird jeder, der mich isst, durch mich leben. Dies ist das Brot, das vom Himmel herabgekommen ist. Es ist nicht wie das Brot, das die Väter gegessen haben, sie sind gestorben. Wer aber dieses Brot isst, wird leben in Ewigkeit.' Sechs Verse bilden das Gravitationszentrum, sechs geradezu magnetische Verse, sechs Verse aus dem Jenseits, sechs Verse aus der Ewigkeit. Er spricht nicht in allgemeinen oder ungefähren Begriffen. Er holt nicht weit aus, wenn er das Thema anreißt. Er macht keine Umschweife. Er bittet sofort und ganz konkret darum, sich von ihm zu ernähren; wenn nicht, haben wir das Leben nicht in uns. Er bietet sich uns als Speise und Trank an. Er möchte, dass wir von ihm leben. Seine göttlich-menschliche Realität wird uns vollständig, uneingeschränkt und umfassend zur Verfügung gestellt. Wenn das keine Liebe ist, was ist Liebe sonst? Jesus knüpft mit uns eine sehr enge und intime Beziehung zu sich, eine lebenslange Verbindung, eine ewig dauernde Bindung. Jesus und wir. Jesus mit uns. Jesus für uns. Jesus in uns. Wie man sieht, entsteht eine zwischenmenschliche Beziehung. Der einzelne Mann, die einzelne Frau haben zweifellos Interesse daran, dass sich dieses Zusammenleben verwirklicht. Essen und Trinken bedeutet, dass wir die täglichen Speisen und Getränke einnehmen. Einnehmen bedeutet, dem Organismus hinzufügen. Bevor sich die Gestalten von Brot und Wein mit ihrem Aussehen auflösen, besteht in uns die Gegenwart des Leibes und Blutes, der Seele und der Gottheit Christi. Unser lebendiger Organismus ist eng mit Jesus Christus, dem wahren Gott und wahren Menschen verbunden. Jesus verspricht das ewige Leben demjenigen, der zur Kommunion geht. Und er sagt nicht ‚derjenige wird haben', sondern ‚hat' das ewige Leben. Leben also, und zwar ewiges: die Ewigkeit bei Gott. Durch die Kommunion hat man also das ewige Leben. Das ewige Leben zu haben, das ist der Besitz von allem Notwendigen und Unabdingbaren, um in die Mit-Ewigkeit einzutreten und daran Anteil zu haben. Man hat sich angemeldet im ‚himmlischen Einwohnermeldeamt'. Man ist in jeder Hinsicht ein Bürger der Mit-Ewigkeit. Und er besteht darauf: ‚Mein Fleisch ist wahrhaft eine Speise, und mein Blut ist wahrhaft ein Trank.' Er gibt sich ganz. Und weiter: ‚Wer mein Fleisch isst und mein Blut trinkt, der bleibt in mir und ich bleibe in ihm.' Wer die Kommunion empfängt, baut ein Haus. Eine Wohngemeinschaft. Zusammen unter einem Dach. ‚In mir', ‚in Ihm', d.h. noch mehr als um ein Zusammenleben handelt es sich um einen Zusammenhalt von Organismen, die sich nicht vermischen, noch verschmelzen, sondern sich ergießen, sich vereinen. Diese Vereinigung ist nicht symbolisch, nicht poetisch, und auch nicht sentimental. Was ist es dann? Offensichtlich ist es das Gegenteil von draußen oder von benachbart. Es ist eine Realität, die die Wurzeln berührt, die bis in die Tiefe reicht und ins Vertraute eintaucht. Jesus will diese Vereinigung verwirklichen und vollziehen, indem er sich hingibt mit Leib, Blut, Seele und Gottheit. Er schließt mit: ‚Wie mich der lebendige Vater gesandt hat und wie ich durch den Vater lebe, so wird jeder, der mich isst, durch mich leben. Dies ist das Brot, das vom Himmel herabgekommen ist. Es ist nicht wie das Brot, das die Väter gegessen haben, sie sind gestorben. Wer aber dieses Brot isst, wird leben in Ewigkeit.' Jesus, der Offenbarer der Dreifaltigkeit, präsentiert uns die Dreifaltigkeit in absoluter Einheit. Und er teilt uns ihre Namen mit: Vater, Sohn, Heiliger Geist. Der Vater zeugt. Der Sohn ist gezeugt. Der Heilige Geist geht aus dem Vater und dem Sohn hervor. Wir haben das Dasein. Bei der Kommunion fließt es in das Leben ein. Jesus spricht vom Leben, er verspricht das Leben, er gibt das Leben. Dieses Leben ist die Eucharistie. Die Eucharistie ist Christus, wahrer Mensch und wahrer Gott. Das Brot des Lebens ist Christus. Er ist das Brot, das vom Himmel herabgekommen ist. Aus der Ewigkeit in die Zeit. Vom Himmel zum Planeten Erde. Herabkommen bedeutet, sich von oben nach unten zu bewegen. Das Droben öffnet sich in der Fülle der Zeit und kommuniziert mit dem Drunten. Kommunion ist die grundlegende und reichhaltige Einspeisung von Leben in das Dasein. Zusammenfassend: Jesus wird wesentlich gegenwärtig mit Leib, Blut, Seele und Gottheit, unter den Gestalten oder mit dem Aussehen von Brot und Wein. Das Konzil von Trient spricht von ‚Transsubstantiation'. Vom Brot und Wein bleiben nach der Konsekration die Akzidenzien, Farbe, Geschmack, Geruch, Menge. Brot und Wein sind Akzidenzien. Das Wesen ist Jesus."

Carlo hatte einige Sätze von Heiligen aufgeschrieben, die das Geheimnis der Transsubstantiation erklären. Der große Kirchenlehrer Johannes Chrysostomus schrieb: „Wir müssen uns mit diesem Fleisch, nicht nur durch Liebe, sondern auf reale Weise vereinen. Und dies geschieht durch die Nahrung, die er uns gegeben hat, um uns seine Liebe zu uns zu zeigen, durch die er sich mit uns vereint, und seinen Leib in uns legt, so dass er eine einzige Sache bildet, wie der Körper, der mit dem Kopf verbunden ist. ... Er gab sich selbst für uns, die wir ihn begehrten, nicht nur um angeschaut, sondern um berührt und gegessen zu werden, damit wir sein Fleisch mit unseren Zähnen kauen, und uns mit ihm in einer Weise vereinen können, dass alle Wünsche erfüllt werden. Kehren wir also zurück zu jenem Altar mit Löwen, die Feuer speien und den Teufel in Angst und Schrecken versetzen. ... Eltern vertrauen ihre kleinen Kinder oft anderen an, um sie zu füttern; aber ich, sagt er, tue das nicht. Ich ernähre euch mit meinem Fleisch, ich biete mich euch als Nahrung an. ...Ich habe mich für dich mit Fleisch und Blut (in der Menschwerdung) vereint, nun gebe ich euch wieder dasselbe Fleisch und Blut, durch das ich euer Blutsverwandter wurde."

Auch den heiligen Thomas von Aquin mochte Carlo sehr, und er nutzte seine Schriften, um über die reale Gegenwart Jesu im Allerheiligsten Sakrament zu meditieren: „‚Denn mein Fleisch ist wahrhaft eine Speise und mein Blut ist wahrhaft ein Trank.' (Joh 6, 56) Jemand hätte tatsächlich denken können, dass die Formulierungen über das Fleisch und das Blut paradox seien, oder dass es sich um Gleichnisse handeln würde; das wollte der Herr ausschließen, weshalb er sagte: ‚Mein Fleisch ist wirklich eine Speise', als wollte er sagen: ‚Denkt nicht, dass ich im übertragenen Sinn spreche, sondern mein Fleisch ist wahrhaftig in der Nahrung der Gläubigen enthalten; und ‚mein Blut' ist wirklich im Altarsakrament enthalten, gemäß den Einsetzungsworten' in Matthäus 26,27-28: ‚Das ist mein Leib (...), das ist mein Blut des Bundes'. (...) ‚Wer mein Fleisch isst und mein Blut trinkt, der bleibt in mir und ich in ihm.' Hier belegt der Herr die oben erwähnte Wirksamkeit der geistigen Nahrung, nämlich, dass sie ewiges Leben schenkt. Und er greift auf folgendes Argument zurück: ‚Wer mein Fleisch isst und mein Blut trinkt, vereint sich mit mir; wer sich aber mit mir vereint, hat das ewige Leben; wer also mein Fleisch isst und mein Blut trinkt, hat ewiges Leben.' ...

Es gibt außerdem noch eine andere Weise: wenn der, der davon isst, nicht in Christus bleibt und Christus nicht in ihm; das gilt für diejenigen, die mit Falschheit im Herzen zu ihm kommen. Im unaufrichtigen Menschen bewirkt das Sakrament nichts von seinen Auswirkungen. Denn unaufrichtig ist derjenige, dessen Inneres nicht mit dem übereinstimmt, was er nach außen hin signalisiert. Nun wird im Sakrament der Eucharistie äußerlich ausgedrückt, dass Christus kommt, um sich mit jedem, der ihn empfängt, zu vereinigen und umgekehrt. Wer deshalb in seinem Herzen nicht den Wunsch nach dieser Vereinigung hat und nicht danach strebt, jedes Hindernis, das ihr entgegensteht, zu beseitigen, ist unaufrichtig. Darum bleibt Christus nicht in ihm, und er bleibt nicht in Christus."

Carlo sagte, dass vom Allerheiligsten Sakrament, das im Tabernakel gegenwärtig ist, jene heilende Liebe ausstrahlt, die nur Gott wirken kann. Wir schließen uns der triumphierenden Kirche an, derjenigen, die im Paradies ist, die in diesem Moment versammelt ist und sich vor dem Lamm Gottes niederwirft, um Gnaden und Segen für die gesamte Kirche zu erflehen. Im Tabernakel ist Jesus gegenwärtig in der Haltung der Anbetung des Vaters, in der er alle Menschen vereinen möchte. Jesus will uns lehren, wie auch wir den Vater anbeten können. Auch wir sollten vor der Eucharistie diese Haltung der Ehrfurcht haben. Der heilige Augustinus ermahnt uns, im Stand der Gnade zu sein, wenn wir die Eucharistie empfangen: „Niemand soll dieses Fleisch essen, ohne es zuvor angebetet zu haben. Wir würden sündigen, wenn wir es nicht anbeten würden."

In der Antike wurden das griechische Wort προσκύνησις (proskýnesis) und seine lateinische Entsprechung *adoratio* verwendet, um auf Akte der Verehrung, Anbetung, Unterwerfung und Respekt gegenüber dem Göttlichen hinzuweisen. Christliche Unterwerfung ist nichts anderes als eine Form der Liebe und des Vertrauens in den Gott, der uns zuerst geliebt hat und der sich täglich im Allerheiligsten Sakrament zu unserem Wegbegleiter macht. Wie Carlo schon sagte, Unterwerfung bedeutet „Gott zur Verfügung zu stehen: vollständig, ganz, umfassend". Carlo hatte die Enzyklika „Ecclesia de Eucharistia" von Johannes Paul II. gelesen, der darin alle Gläubigen auffordert, sich „in die Schule Marias, der eucharistischen Frau, zu begeben". Denn niemand kann uns besser in die Anbetung ihres Sohnes einführen, der in jeder Eucharistiefeier Brot für unsere Erlösung wird, als Maria. „Dieser Leib, der als Opfer dargebracht und unter sakramentalen Zeichen erneut gegenwärtig wurde, war ja derselbe Leib, den sie in ihrem Schoß empfangen hatte!" Hier zeigt sich die enge Verbindung zwischen Maria und der Eucharistie. Der Schoß Marias war der erste Tabernakel auf Erden. Wie Johannes Maria in sein Haus aufnahm, müssen auch wir sie willkommen heißen, um uns von ihr dabei helfen zu lassen, „lebendige Tabernakel" zu werden: „Als Jesus die Mutter sah und bei ihr den Jünger, den er liebte, sagte er zur Mutter: Frau, siehe, dein Sohn! Dann sagte er zu dem Jünger: Siehe, deine Mutter! Und von jener Stunde an nahm sie der Jünger zu sich" (Joh 19, 26-27).

Carlo sagte: „Diese Frau, die nie gedacht hat, sie wäre makellos, diese Frau, die immer dachte, sie sei die Magd des Messias, diese Frau, die niemals von einem solchem Moment geträumt hätte, diese edle Frau aus dem Volk, Nachfahrin Davids, diese Frau, die von der Dreifaltigkeit auserwählt und gewollt wurde, konnte ausrufen: ‚Siehe, ich bin die Magd des Herrn, mir geschehe, wie du es gesagt hast.' Sie nennt sich Magd. Im Griechischen entspricht das einer ‚Sklavin'. Das bedeutet, Gott ganz, vollständig und umfassend zur Verfügung zu stehen. Als Sklavin, ganz auf Gottes Befehle ausgerichtet. Als Sklavin, ohne Wenn und Aber. Als Sklavin, voll und ganz, mit Leib und Seele. Als Sklavin, in jeder Hinsicht. Als Sklavin der Anordnungen ohne Diskussion. Als Sklavin widerspricht sie nicht, sie diskutiert nicht, sie greift nicht ein, stellt keine Bedingungen, sondern sie kniet nieder, hebt die Hände, erhebt ihren Blick und ruft aus: ‚Ja'."

Auch wenn es in den Evangelien keinen ausdrücklichen Hinweis darauf gibt, wie könnte man nicht denken, dass es gerade die geistige

Teilnahme der Heiligen Jungfrau mit den Jüngern beim eucharistischen Mahl war, die ihr Herz zu dieser totalen Verfügbarkeit gegenüber Gott und der entstehenden Gemeinschaft gestärkt hat? Anbetungsgesten wie: den Kopf neigen, knien, sich niederwerfen, drücken stets Ehrfurcht, Zuneigung, Unterwerfung gegenüber Gott aus, im Bewusstsein der eigenen Niedrigkeit, und den Wunsch, sich mit ihm zu vereinigen und ihm zu dienen, jedoch natürlich niemals Unterwürfigkeit. Die wahre Anbetung bedeutet nicht Entfremdung, Distanz, sondern eine Identifikation aus Liebe. Der heilige Thomas von Aquin erklärt, dass die äußere Erniedrigung des Körpers in der wahren Anbetung die innere Hingabe der Seele ausdrückt und anregt und die Sehnsucht, sich Gott zu unterwerfen und ihm zu dienen. In Nachahmung der Engel sollten auch wir auf geistige Weise die gleiche Haltung des Lobes und der Danksagung gegenüber Gott haben.

Damit wir im Gebet nicht von Lauheit und geistiger Trockenheit überwältigt werden, sei die körperliche Haltung beim Beten sehr wichtig, sagte Carlo: „Kniet vor dem, der den Himmel und die Erde, das Meer und die Wasserquellen geschaffen hat!“ (Offb 14,7) Auch während der Messe muss man mit dem Körper ausdrücken, was man glaubt. Wenn ich anfange zu lachen oder Kaugummi zu kauen und diesen erst kurz vor der Kommunion aus dem Mund nehme, oder wenn ich auf meinem Stuhl herumlümmle, dann wird mir das gewiss nicht helfen, mein Herz Gott zuzuwenden. In diesem Zusammenhang ist eine Aufzeichnung der heiligen Gemma interessant, die man in ihrem Tagebuch findet: „In der Kirche versäumt es der Engel nicht, sie zu tadeln, weil sie für einen Augenblick den Blick erhob, um zu schauen, wie zwei Mädchen angezogen waren.“ Carlo dachte an Gemmas Schutzengel und sagte scherzhaft: „Stellen wir uns unsere Schutzengel mal vor, was sie uns heute sagen würden, wenn sie sehen, mit wie wenig Ehrfurcht wir die Messe besuchen, und wie leicht wir uns ablenken lassen.“

Für die Anbetung ist es wichtig, unser Herz und auch unseren Körper auf Gott zu richten, um den Herrn mit ganzem Herzen, ganzer

Seele und mit all unserer Kraft anzubeten: „Höre, Israel! Der HERR, unser Gott, der HERR ist einzig. Darum sollst du den HERRN, deinen Gott, lieben mit ganzem Herzen, mit ganzer Seele und mit ganzer Kraft. Und diese Worte, auf die ich dich heute verpflichte, sollen auf deinem Herzen geschrieben stehen" (Dtn 6, 4-6).

Anbeten heißt, Gott das Beste zu geben, was man hat. Es bedeutet, sich selbst Jesus, und mit Jesus dem Vater und dem Heiligen Geist anzuvertrauen. Mein Sohn sagte, dass in der eucharistischen Anbetung zwei Abgründe aufeinandertreffen: der Abgrund unserer armen, sündigen menschlichen Natur mit dem Abgrund der göttlichen Barmherzigkeit. Der Prophet Maleachi versichert uns, dass wir durch die Sonne der Gerechtigkeit Gottes geheilt werden: „Es wird die Sonne der Gerechtigkeit aufgehen, und ihre Flügel bringen Heilung" (Mal 3, 20). Diese strahlende Sonne der Gerechtigkeit ist Jesus in der geweihten Hostie, und die Heilung, die er bringt, betrifft die ganze Menschheit, die leidet und verwundet ist, im Fegefeuer und auf Erden. Darin liegt das ganze Geheimnis der Kirche. Eine Ausstrahlung der Liebe. Gott möchte den Menschen immer in das Geheimnis seines Heiligungswerks und bei der Verbreitung seiner Gnade einbeziehen. Die eucharistische Anbetung ist eine Art und Weise, durch die er diese Erlösung bewirkt. Kardinal de Bérulle schrieb: „So wie das geschaffene Licht mit der Sonne vereint wurde, um ein Lichtprinzip auf Erden und im Himmel zu sein, so ist auch das ewige Licht mit der Menschheit Jesu vereint und in sie integriert worden, um in ihm und durch ihn einen Lichtkörper für alle Ewigkeit zu schaffen." Carlo empfand für die Tabernakel eine tiefe Verehrung. Er sagte, dass sie besucht werden sollten, wie wenn man auf Wallfahrt geht. Er schrieb: „Wenn Jesus immer bei uns bleibt, überall dort, wo es eine geweihte Hostie gibt, wozu brauchen wir noch eine Wallfahrt nach Jerusalem zu unternehmen, um die Orte zu besuchen, an denen Jesus vor mehr als zweitausend Jahren gelebt hat? Dann sollten doch auch die Tabernakel mit der gleichen Verehrung besucht werden!"

Er bedauerte, dass sie oft nicht besucht werden. In diesem Zusammenhang sagte er: „Der Tabernakel ist ein Synonym für die Wiege der Gnade. Im Tabernakel ist die Heilige Dreifaltigkeit am Werk. Ich sehe den Tabernakel als etwas Dynamisches an. Die eucharistische Wirklichkeit ist der Beweis, die Bestätigung und der Gegenbeweis der Bestimmung zur Heiligkeit. Die Heiligkeit wird durch die Treue zur Eucharistie und die heroische Ausübung der sieben Tugenden erreicht: die drei göttlichen Tugenden (Glaube, Hoffnung und Liebe), und die vier Kardinaltugenden oder moralischen Tugenden (Klugheit, Gerechtigkeit, Tapferkeit, Mäßigung). Das Vorbild ist Gott. Die Werkzeuge sind die Vernunft und die Gnade. Letztere wird erlangt oder wiedererlangt durch die Sakramente. Der Tabernakel ist dem Allerheiligsten nahe. Er ist ihm sehr vertraut. Seit zwanzig Jahrhunderten. Die Anwesenheit des Allerheiligsten macht ihn heilig. Wer also den Tabernakel besucht, ist ein Kandidat zur Heiligkeit. Es könnte sich um eine fehlende Antwort, mangelnde Loyalität, Heuchelei, eine egoistische Äußerung, eine riskante Nicht-Lösung, einen gefährlichen Weg ohne Wiederkehr handeln. Man zeigt sich als das, was man in Demut und Einfachheit ist. Die Demut, die die Regeln nicht ändert. Die Einfachheit, die die Beziehungen nicht verkompliziert. Mit dieser Vorstellung beginnt das Gespräch, welches sicherlich von Vertrautheit und Vertrauen geprägt ist. Dieser Besuch muss als Anbetung bezeichnet werden. Anbeten. Man anerkennt, dass man vor dem einzigen Gott steht. Die Entfernung ist unendlich groß, auch wenn der Tabernakel nur ein paar Meter entfernt ist. Anbetung bedeutet Ehrfurcht, die allein Gott vorbehalten ist. Eine Unterhaltung mit einem absoluten Gesprächspartner. Innerlich darüber nachdenken, dass man vor der Eucharistie steht. Der Besuch entfaltet sich im respektvollen Sinne als Anbetung, die mit dem Glauben an den einen Gott, der Hoffnung auf den einen Gott, der Liebe zu dem einen Gott verwoben ist. Ferner bekennen wir [unsere Schuld], indem wir auf den Sinai, den Berg der Gebote steigen, entlang der Gebote der Kirche fortschreiten und die Pfade der Standespflichten nicht verlassen. Passend dazu ist das Beten des Vaterunsers, des Ave Maria, des Ehre sei dem Vater, des Schutzengelgebets, und des Gebets für die Verstorbenen. Der Besuch neigt sich dem Ende zu. Man legt dem Herrn die Pläne für den Tag vor, damit alles zur größeren Ehre Gottes verläuft. Der Abschiedsgruß kann durch einige Stoßgebete ausgedrückt werden, wie z.B.: ‚O Jesus, mach, dass ich dich ein bisschen mehr liebe', ‚Herr, nimm mich, wie ich bin, und mach mich so, wie Du es willst', ‚Ich werde versuchen, Dich weniger zu beleidigen', ‚Herr, ich gebe mich Dir hin.' Und dergleichen."

Gemäß Carlo ist die Begebenheit, als Mose vor dem brennenden Dornbusch betete, eine Vorwegnahme der Eucharistischen Anbetung. Solange Mose in der Gegenwart Gottes betete, war das Volk Israel siegreich gegen die Amalekiter, wenn er hingegen aufhörte, zu ihm zu beten, gewannen die Feinde die Oberhand. In der Anbetung offenbarte sich Gott, und Mose erhielt vom Herrn den Auftrag, das Volk Israel aus der Sklaverei und der Unterdrückung in Ägypten zu befreien. Der brennende Dornbusch, in dem sich der Herr dem Mose offenbart, ist ein Bild für die Eucharistie und für die eucharistischen Anbetung, die uns von der Sklaverei der Sünde befreit. Auch die Anbetung des Jesuskindes in der Krippe durch die Heiligen drei Könige und die Hirten ist eine Vorwegnahme der eucharistischen Anbetung. Als Carlo herausfand, dass Jesus implizit seine Bestimmung, für uns Speise und Trank zu werden, bereits dadurch offenbarte, dass er in der kleinen Stadt namens Bethlehem geboren werden wollte, war er sehr erstaunt. Das Wort Bethlehem (Beyt lehem – ,(בֵּיְת ֶלחם) bedeutet im Hebräischen tatsächlich „Haus des Brotes" und im Arabischen „Haus des Fleisches" (Bayti Lah. Min – بيت لحم). Jesus wird von sich selbst sagen: „Ich bin das lebendige Brot, das vom Himmel herabgekommen ist. Wer von diesem Brot isst, wird in Ewigkeit leben. Das Brot, das ich geben werde, ist mein Fleisch für das Leben der Welt" (Joh 6, 51).

Im Jahr 1916 bereitete der Herr die drei Hirtenkinder auf die Erscheinungen Unserer Lieben Frau in Fatima vor, indem er dreimal einen seiner Boten, den Schutzengel Portugals sandte, den manche für den heiligen Erzengel Michael hielten. Schwester Lucia erzählte, dass sich ihnen der Engel während der dritten Erscheinung mit einem Kelch in der linken Hand zeigte, darüber eine Hostie, aus der Blutstropfen fielen. Er ließ den Kelch und die Hostie in der Luft schweben, kniete sich auf die Erde nieder, und wiederholte dreimal das Gebet: „Heiligste Dreifaltigkeit, Vater, Sohn und Heiliger Geist, in tiefer Ehrfurcht bete ich Dich an und opfere Dir auf den kostbaren Leib und das Blut, die Seele und die Gottheit Jesu Christi, gegenwärtig in allen Tabernakeln der Erde, zur Wiedergutmachung für alle Schmähungen, Sakrilegien und Gleichgültigkeiten, durch die Er selbst beleidigt wird. Durch die unendlichen Verdienste Seines Heiligsten Herzens und des Unbefleckten Herzens Marias bitte ich Dich um die Bekehrung der armen Sünder." Dann erhob sich der Engel, reichte Lucia die Hostie und gab den Inhalt des Kelches Jacinta und Francisco zu trinken mit den Worten: „Empfangt den Leib und trinkt das Blut Jesu Christi, der durch die undankbaren Menschen so furchtbar beleidigt wird. Sühnt ihre Sünden, tröstet euren Gott!"

Carlo nahm diese Bitte des Engels sehr ernst und pflegte daher die eucharistische Anbetung nicht nur zu seiner eigenen Heiligung und zur Fürbitte, sondern tat es auch zur Wiedergutmachung der Beleidigungen gegen die heiligste Eucharistie. Kardinal de Bérulle schrieb: „Der ewige Gott ist auf der Erde, ‚erniedrigt in seiner Größe, bekleidet mit unserer Sterblichkeit'. In Jesus begegnen sich Mensch und Gott im Innersten des Seins. Deshalb verdient die Menschwerdung angebetet zu werden, und gerade bei diesem Geheimnis muss die Kirche stets darum bemüht sein."

Wir wissen, dass es drei grundlegende Geheimnisse des christlichen Glaubens gibt: das Geheimnis der Heiligsten Dreifaltigkeit, für das alle Menschen geschaffen wurden. Zweitens die Menschwerdung, durch die das neue Leben auf der Erde regiert und die Sünde zerstört wird. Und schließlich die Eucharistie, durch die uns Gott seine Gnade, seinen Geist und seine Gottheit gibt, damit wir das ewige Leben erlangen können. Indem wir Gott anbeten, der in der geweihten Hostie gegenwärtig ist, werden wir das ganze Universum vorfinden und in der Lage sein, für die ganze Welt Gnaden zu erbitten und viele Berufungen zu bekommen. Carlo sagte, man wird heilig und bereits auf dieser Erde verklärt werden, wenn man vor der Eucharistie verweilt.

In seinen Notizen fand ich folgende schönen Worte über die Bedeutung der Tabernakel: „Man muss in die Mentalität des Tabernakels eintreten. Es ist eine ganz besondere Mentalität. Die Taufe bedeutet geistige Regeneration. Die Firmung bedeutet geistiges Wachstum. Die Eucharistie ist die geistige Nahrung.

Das Sakrament der Eucharistie, obwohl vielfältig in seiner Materie, ist eins in seiner Form und Vollkommenheit. In einem absoluten Sinn ist die Eucharistie ein einziges Sakrament. Die Eucharistie ist das Sakrament der Einheit. Obwohl es zwei Bestandteile sind, nämlich Brot und Wein, aus denen das vollständige Sakrament der Eucharistie besteht, bekennen wir, so wie auch die Autorität der Kirche lehrt, dass es ein einziges Sakrament ist. Die Taufe ist notwendig, um das übernatürliche Leben zu beginnen. Die Eucharistie ist notwendig, um das übernatürliche Leben zu vollenden. Das Sakrament der Eucharistie hat drei Bedeutungen: Die erste bezieht sich auf die Vergangenheit, da die Passion des Herrn vergegenwärtigt wird. Deshalb heißt sie auch Opfer. Bei der zweiten geht es um die Einheit der Kirche. Aus diesem Grund heißt sie auch Kommunion oder Synaxis (Versammlung). Die dritte Bedeutung bezieht sich auf die Zukunft: Sie ist ein Vorzeichen der ewigen Glückseligkeit, und sie wird aufgrund dieses Aspekts Viaticum (Wegzehrung) genannt.

Im Sakrament der Eucharistie gibt es außerdem drei Aspekte: *Sacramentum tantum*, das sind Brot und Wein, das *Res et sacramentum*, der wahre Leib Christi, und das *Res tantum*, d.h. die Wirkung dieses Sakraments. Das Osterlamm ist dic Hauptfigur der Eucharistie. Christus setzte dieses Sakrament unter den Gestalten von Brot und Wein ein. Das ergibt sich aus dem Evangelium. In der Eucharistie nimmt man Brot und Wein zu sich, also für vernunftbegabte Wesen gewöhnliche Lebensmittel. In diesem Sakrament werden sie separat eingenommen, d.h. das Brot als das Sakrament des Leibes, und der

Wein als das Sakrament des Blutes Christi. Dieses Sakrament ist die Vergegenwärtigung der Passion des Herrn, die mit der Trennung von Leib und Blut erfolgte. Der Leib Christi für die Rettung des Leibes. Das Blut Christi für das Heil der Seele. Wehe, wenn wir das ‚mit euch' ins Leere laufen lassen! Wir müssen nachweisen, dokumentieren und bezeugen, dass die Eucharistie existiert. Es reicht, um die Ecke zu gehen, die Tür zu öffnen und eine beliebige Kirche zu betreten. ... Es gibt dort Menschen, die knien. Es findet gerade eine Messfeier statt. Es gibt etwas. Es gibt jemanden. Fragen wir einfach. Befragen wir sie. Das ist der Nachweis, es ist das Zeugnis, es ist der fast greifbare Beweis des Einflusses der Eucharistie. Also hat sie das unantastbare Bürgerrecht. Es muss darüber gesprochen werden. Man muss diese Wirklichkeit spüren. Man muss! Wir sprechen von fünf Kontinenten: Europa, Asien, Afrika, Amerika und Ozeanien. Die Eucharistie trägt und erträgt jedes einzelne Ereignis auf dem Planeten. Wir denken nicht darüber nach, wir achten nicht darauf, wir sorgen nicht vor, aber wenn es ein Erdbeben, einen Vulkanausbruch, eine Überschwemmung und dergleichen gibt, wird der Tabernakel wie alles andere fortgerissen. Wenn ein katastrophales Ereignis angekündigt wird, wird nicht erwähnt, dass auch Tabernakel in Mitleidenschaft gezogen und entstellt wurden. Eine Gegenwärtigkeit, die mitempfindet, die Anteil nimmt, kurzum: eine Gegenwart, die Anwesenheit bedeutet. Es ist die wesentliche, substanzhafte, reichhaltige, göttliche Gegenwart, die im Tabernakel und von ihm aus wirkt. Man kann diese Gegenwart ganz und gar nicht ignorieren. Es gibt sie seit mehr als zwanzig Jahrhunderten. Sie ist nebenan. Im Inneren des Tabernakels ist das Leben. Dort ist das Sein. Dort ist die Ewigkeit. Dort ist die Unendlichkeit. Es ist eine Welt für sich. Es ist ein neuer Planet, ein neuer Stern. Er muss sowohl in geographische als auch in historische Texte aufgenommen werden. Der Tabernakel muss das Zuhause aller, der Wohnsitz eines jeden, der Treffpunkt der Menschen, der Bezugspunkt, der Parameter, und die Maßeinheit werden. Die Anbetung muss intensiver gepflegt werden. Sie muss stärker personalisiert werden. Es ist notwendig, für dieses Geschenk zu danken. Danken heißt den Nutzen anzuerkennen. Es bedeutet, sich als Empfänger von Gnaden zu wissen und zu fühlen und deshalb danken, danksagen, Gottes Gaben wertschätzen. Der Tabernakel ist eine der größten Gaben Gottes. Der Tabernakel ist der Raum der Danksagung. Hier dankt Jesus. Er dankt dem Vater. Er dankt dem Heiligen Geist. Er dankt für die Kirche. Er dankt für alle und für jeden einzelnen. Er dankt für mich, für dich, für ihn, für sie, für alle. Aus dem Tabernakel strömt Dank heraus. Doch ebenso Versöhnung. Die Passion geht weiter. Die Vergebung muss verdient werden. In unserem Namen streckt der Tabernakel die Arme zum Himmel."

Meinem Sohn zufolge ist die Gegenwart Jesu im Tabernakel mit einem sehr starken Magneten vergleichbar, der, sobald man sich ihm nähert, unvermeidlich all jene Seelen, die ihn aufrichtig suchen, anzieht und sie dazu bringt, sich in ihn zu verlieben. Diejenigen, die bereit sind, sich auf „Seine Stimme" einzustimmen, selbst wenn dies Anstrengung, Ausdauer, Engagement und Opfer erfordert, werden früher oder später Erfolg haben. Und je weiter sie auf diesem Weg voranschreiten, desto mehr werden sie in der Lage sein, den Schlag des Herzens Jesu wahrzunehmen, das unaufhörlich aus Liebe für uns schlägt. Laut Carlo ist „die Geschichte der Tabernakel die Geschichte der Erlösung, die sich seit mehr als zwei Jahrtausenden unblutig, jede Sekunde, auf der ganzen Welt vergegenwärtigt. Sie haben sie begleitet. Sie haben sie verfolgt. Sie haben sie gekennzeichnet. Jeder Tabernakel hat seine eigene Chronik, seine eigene Wechselfolge, seine eigene Geschichte. Und nicht die einfachste. Jedes Mal, wenn ein Tabernakel eingebaut wird, bedeutet es, dass bereits eine Kirche oder eine Kapelle gebaut wurde. Seit mehr als zwanzig Jahrhunderten hat es Jahr um Jahr eine bewundernswerte Vermehrung der Tabernakel gegeben. Wenn man zumindest für jeden Kontinent eine Karte mit Lämpchen gestalten könnte, würde man Millionen von ihnen leuchten sehen. Die Eucharistie muss in diese Welt eintreten und sich mit allen vermischen, die in dieser Welt leben. Die Welt muss befreit werden, sie muss gereinigt werden, sie muss durch die Eucharistie vermenschlicht werden. Das ist keine seltsame und unverständliche Diskussion. Es geht darum, sie wieder menschlich zu machen, sie neu zu zivilisieren, sie wiederherzustellen. Die lebendige und vitale Gegenwart der Eucharistie kann diesem Ziel durchaus dienen. Man muss versuchen, die kultische Vorstellung zu verbreiten. Kultisch kommt von Kult. Es besteht die ernsthafte Gefahr, dass das, was unsere Originalität, unsere Exklusivität ausmacht, durch den kulturellen Stillstand verschlungen wird. Dies alles muss „eucharistiert" werden. Das sollte nicht wie ein utopisches Unterfangen klingen. Ja, es ist gigantisch, aber nicht unmöglich. Wenn es der Eucharistie gelingt, in diese Welt einzutreten, hervorzutreten, sich einen Weg zu bahnen, diese Welt mit sich selbst zu füllen, dann ist es schon geschehen. Sieg! Eine neue Luft! Eine Taste, eine Geste, ein Finger, und wir sind in Kontakt mit der Welt der kleinen und großen Industrie. Telefon, Radio, Fernseher, Computer, Internet sind 24 von 24 Stunden im Haus. Wenn wir „eucharistiert" sind, werden wir fliegen. Einen internetweiten, interkontinentalen, intergalaktischen Flug. Und alles zieht an uns vorbei. Wenn es uns gelingt, den Kosmos zu „eucharistieren", ist es geschafft. Wenn es uns gelingt? Dann bildet sich eine reißende Strömung, in der alles aufgenommen, gesammelt, angehäuft und zusammengebracht wird. Weil die Eucharistie existiert und wesentlich und lebenswichtig ist, muss sie mit dieser Strömung übermittelt werden. Es handelt sich um die Strömung namens Multimedia. Sie ist eine riesige Strömung. Sie hat enormen Zustrom. Sie ist ein Meer von Nachrichten, Ideen und Worten, von Ratschlägen, Vorschlägen und Anspielungen, von Versuchen, von Einmischung und dergleichen. Wir stecken bis zum Hals darin. Wir laufen Gefahr, von ihr mitgerissen zu werden. Sie ist ein Vielfraß-Strudel. Das ist die Gelegenheit, ich möchte nicht sagen die letzte, um die Eucharistie in den Strudel zu stellen. Das klingt fast schon gewalttätig, fast schon anmaßend. Man sollte darüber sprechen, darüber diskutieren. Da sie im Tabernakel eingeschlossen ist, riskiert sie, ‚lebenslänglich' dort zu bleiben. Eingeschlossen, verschlossen, gepanzert ... Der Allmächtige ... Drinnen, im Geheimen ... der Allwissende. Dort ist das Sein, das Wesentliche, der Einzige, der Eine, der Dreifaltige, das Paradies. Dort, 24 von 24 Stunden. Ohne Pause. Ohne Freilassung. Ohne Rast. Ohne irgendetwas: Der Unendliche in der Endlichkeit eines Gehäuses. Der Unendliche in der Endlichkeit eines Behälters. Der Unendliche in der Endlichkeit eines Innenraums."

Dina Bélanger, die 1993 von Johannes Paul II. seliggesprochen wurde, schrieb in ihrem Tagebuch: „Wenn die Seelen verstehen würden, welchen Schatz sie in der göttlichen Eucharistie besitzen, müsste man die Tabernakel mit uneinnehmbaren Mauern schützen, denn im Delirium eines heiligmäßigen und verzehrenden Hungers würden sie hingehen, und sich von dem Brot der Engel ernähren. Die Kirchen würden bei Tag und bei Nacht überfüllt sein von Anbetern, die von der Liebe zum göttlichen Gefangenen verzehrt werden."

Je unvollkommener wir uns fühlen, desto mehr sollten wir, sagt Carlo, die Eucharistie als eine Wegzehrung für die persönliche Errettung empfangen. Er selbst fühlte sich absolut nicht besser als irgendjemand sonst. Im Gegenteil. Er hielt sich für einen gewöhnlichen Jungen, der jedoch, im Gegensatz zu anderen, entdeckt hatte, dass das Geheimnis eines glücklichen Lebens in der Hingabe an Jesus lag, in der Begegnung mit ihm in der Eucharistie, und darin, dass man Gott den ersten Platz im eigenen Leben zugesteht.

Mein Sohn war überzeugt, dass jeder sein ganzes Wesen in die Begegnung mit dem Allerheiligsten Sakrament einbringen kann, das, was er wirklich ist, ohne Angst, verurteilt zu werden. In der Eucharistie schenkt sich uns Jesus als „reine Liebe". Carlo hatte diese Liebe entdeckt und beschlossen, sie nicht mehr zu verlassen. Er hatte in Assisi und im Heiligtum von La Verna gelernt, die eucharistische Anbetung zu pflegen. Wie oft sind wir schon zu diesen Orten hingefahren, insbesondere nach La Verna, wo der heilige Franziskus die Gabe der Stigmata von einem Seraph erhielt. Wir konnten dort ganz deutlich wahrnehmen, dass es ein Ort der Gnade war, an dem man die Anwesenheit Gottes stark spürte. Mein Sohn und ich nahmen dort an geistigen Einkehrtagen teil. In einem Jahr, während der Sommerferien, blieben Carlo und ich einen Monat lang dort. Es waren

Augenblicke des geistigen Wachstums. An diesem Ort erhielt Carlo die Gnade, die Passion Christi innerlich zu spüren.

Er hatte diese sehr starke Erfahrung gemacht, die ihn so sehr geprägt und ihm geholfen hat, das Messopfer besser zu verstehen. Ich erinnere mich, dass er lange brauchte, um sich wieder zu fangen, und ich sah, dass er sehr bewegt war. Infolge dieser starken Erfahrung fing er an, den Kreuzweg zu beten. Von diesem Zeitpunkt an begann er auch, Holzkreuze aus den Ästen zu bauen, die wir während unserer Spaziergänge in den Wäldern von La Verna auf der Straße fanden. Es gefiel ihm, sie auf den Waldwegen zu verteilen, als Geschenk für diejenigen, die sie finden würden, und als Hilfe, um über die Passion Christi zu meditieren. Auf einige schrieb er Sätze, darunter jenen vom heiligen Johannes Paul II. aus der Predigt in der Messe zu Beginn seines Pontifikats am 22. Oktober 1978: „Habt keine Angst! Öffnet, ja reißt die Tore weit auf für Christus!"

Carlo sagte: „Wenn wir uns der Sonne zuwenden, werden wir braun, aber wenn wir in der Eucharistie vor Jesus stehen, werden wir heilig." Er pflegte jeden Tag für eine Weile die eucharistische Anbetung, entweder vor oder nach der Messe. Vor der Eucharistie zu verweilen war für ihn wie vor einer strahlenden Sonne zu stehen. Um verständlich zu machen, was in der Seele vor sich geht, wenn man Gott im Allerheiligsten Sakrament anbetet, benutzte er folgende Metapher: „Wenn ein dünner Lichtstrahl in einen halbdunklen Raum eintritt, kann der Staub in der Luft mit bloßem Auge gesehen werden. Es sind nämlich gerade die Staubkörnchen, die sich in der Flugbahn des Lichtstrahls befinden, die das Licht in alle Richtungen verbreiten, ähnlich wie der Mond, der nachts am Himmel sichtbar ist. So wird es auch mit unserer Seele geschehen. Indem wir die eucharistische Anbetung pflegen, werden wir von dem Licht getroffen, das die Eucharistie ausstrahlt. Dadurch werden wir in der Lage sein, den ganzen ‚Staub' zu sehen, der unsere Seele verschmutzt und uns daran hindert, auf dem Pfad der Heiligkeit voranzukommen, und der normalerweise mit bloßem Auge nicht erkennbar ist." Die Anbetung befriedigt das tiefe Verlangen nach „Stillschweigen", um

„auf die Stimme Gottes zu hören", die so viele Menschen, oft unbewusst, hören. Indem wir Gott anbeten, der sich aus Liebe zu uns erniedrigt, und bei uns unter den bescheidenen Gestalten von Brot und Wein bleibt, werden auch wir lernen zu lieben. Und da die Liebe immer dazu neigt, sich zu demütigen, werden wir in der Schule von Jesus lernen, ihn nachzuahmen, und in der Demut wachsen. Jesus hilft uns durch die Anbetung, uns von uns selbst zu lösen und uns dem göttlichen Willen zu öffnen. So wie sich die Erde um die Sonne dreht, so dreht sich das gesamte Universum, mit all seinen unendlichen Galaxien, Sternen und Planeten, um die Eucharistie! Die heilige Therese von Lisieux schrieb dazu: „Denke doch daran, dass Jesus im Tabernakel eigens für dich da ist, für dich allein. Er brennt vom Verlangen, in dein Herz einzutreten ... Das Wesen der Liebe ist es, sich zu demütigen. Damit die Liebe voll befriedigt wird, ist es notwendig, dass sie sich zum Nichts herabbeugt und dieses Nichts in Feuer verwandelt. Ein geistiger Rat: Betrachte die dir zugewiesene Anbetungsstunde als eine Stunde im Paradies; geh dorthin, wie man in den Himmel zum göttlichen Festmahl geht, dann wird diese Stunde ersehnt und mit Freude erwartet werden. Halte das Verlangen in deinem Herzen lebendig. Sage zu dir selbst: In vier Stunden, in zwei Stunden, in einer Stunde werde ich zur Audienz der Gnade und der Liebe unseres Herrn hingehen; er hat mich eingeladen, erwartet mich und verlangt nach mir."

Eine Kapelle der ewigen eucharistischen Anbetung ist wie ein „Kernkraftwerk", welches das Licht Christi über die ganze Welt verbreitet und dabei über alle reichlich Gnaden und Segnungen ausgießt. In der Bibel werden zwei Wege aufgezeigt: ein schmaler Weg, der zum Heil und zur ewigen Seligkeit führt, und ein anderer, ein breiter Weg, der ins Verderben, ins ewige Elend führt. Gott und seinen Worten des Lebens, den Geboten, treu zu bleiben, wird uns göttlichen Segen bringen. Wenn der Mensch den entgegengesetzten Weg einschlägt, wird er sich selbst verurteilen und keinen Segen erhalten. Wer den Herrn ablehnt, beraubt sich selbst seiner Segnungen. Das Volk Israel wurde von der Sklaverei in Ägypten befreit und begann seinen „Exodus“ in das Gelobte Land, genau nachdem Moses die Gesetzestafeln erhielt. Eine Pflanze, die wachsen soll, unterliegt den Naturgesetzen, die sie beherrschen, und wird einen fruchtbaren Boden, Frischwasser und Licht brauchen. Wenn ich ihr anstelle von Wasser Öl gebe, wird sie sterben. So wird es auch mit uns geschehen, wenn wir nicht die Gebote, die Gott uns gegeben hat, befolgen: Wir werden wie die Pflanze sein, die unweigerlich abstirbt, wenn sie mit Öl gegossen wird. Wir wurden von Gott geschaffen, der für uns „Gesetze“ zu unserem eigenen Wohl angeordnet hat. Zum Verständnis: Wir sind frei, seine Hilfe und seine „Regeln“ abzulehnen, aber das wird uns unaufhaltsam in einen Abgrund führen, aus dem wir nie mehr zurückkehren werden. Jesus ist nicht gekommen, um die Gebote aufzuheben, sondern um sie zu erfüllen, indem er uns den Schlüssel zum Verständnis gab, nämlich die Liebe.

Der Deuteronomist spricht sogar von einem Fluch: Ohne Gott kann nichts Gutes kommen. Die eucharistische Anbetung ist für die Seelen der Vorgeschmack auf die seligmachende Schau, für die – nach dem Willen Gottes – alle Erlösten bestimmt sind. In der Gegenwart des Allerheiligsten Sakraments werden die Seelen, die ihre Herzen vorbereitet haben, über himmlische Dinge belehrt. Jesus, der in diesem wunderbaren Sakrament tatsächlich gegenwärtig ist, wird ihr Lehrer sein, wie er es für seine Jünger während der drei Jahre seines öffentlichen Wirkens war. Also werden die Anbeter sowohl von der Gnade durchdrungen als auch in den unermesslichen Ozean der Liebe des Herzens Jesu und seiner unendlichen Barmherzigkeit eingetaucht. In der Eucharistie finden wir den barmherzigen Samariter und den himmlischen Arzt, der die Wunden der gebrochenen Herzen verbindet, der Kraft und Stärke verleiht, indem er die Seelen der Sünder, die durch die Erbsünde verwundet sind, in echte Zeugen verwandelt, die bereit sind, ihr Leben für ihren Herrn und Erlöser und für ihre Brüder und Schwestern zu geben. Um von der Liebe zu leben, müssen die Seelen von der Liebe genährt werden. Diese geistige Nahrung erhalten wir, indem wir uns vom Brot des ewigen Lebens ernähren und in der Gegenwart desjenigen verweilen, der als Gefangener der Liebe für immer bei uns bleiben wollte, bis zum Ende der Welt. Die Eucharistie ist das sichtbare und greifbare Zeichen Gottes, der in der Person seines Sohnes gewollt hat, dass die Menschen aller Zeiten beständig in seiner Gegenwart leben, damit er der „Gott-mit-ihnen" sein kann, um alle Tränen von ihren Augen abzuwischen, wie es im prophetischen Buch der Offenbarung heißt. Carlo liebte das mutige Vorbild des Priesters Don Oreste Benzi, dessen Seligsprechungsprozess im Gange ist. Er war Gründer der „Gemeinschaft Papst Johannes XXIII." und hat sich um die Geringsten gekümmert, um Kranke, um den Kampf gegen den Frauenhandel, um Drogenabhängige. Mein Sohn nannte ihn einen „veritablen Lichteinfall auf einem dunklen, stürmischen Ozean". Über die Eucharistie schrieb er: „Wenn die Christen verstehen würden, was die Messe ist, würden sie wetteifern, um in die Kirche einzutreten, und sie niemals verlassen, denn die Messe ist wirklich ein schöpferischer Lebensakt in unserem Inneren, sie ist das Leben Jesu selbst. Die Messe ist keine Andacht: Die Messe ist ein Ereignis, etwas Großes, das in uns und in unserem Leben geschieht, in das wir zusammen mit Jesus einbezogen werden, als würden wir mit ihm aufgeopfert werden. Die Messe ist nichts anderes als das Kreuzesopfer, das eine und ewige Opfer, das sich immer wieder erneuert und uns in unsere Existenz als Glieder seines Leibes innig mit einbezieht. Christus ist ein kollektives Sein: wenn er geopfert wird, werden wir mit ihm geopfert; wenn er geopfert wird, sind auch wir mit ihm aufgeopfert. Das Paradies ist in uns, und wir sind bereits im Paradies. Solange wir auf Erden sind, ist diese Liebe jedoch gekreuzigt; nicht umsonst wollte Jesus in seiner geopferten Liebe, im Sakrament der Eucharistie bei uns bleiben. Zu sagen, dass man jemand anderen liebt, jedoch das Kreuz, das der andere mit sich bringt, nicht anzunehmen, ist ein schlechter Scherz. Das Kennzeichen der Liebe auf dieser Erde besteht immer darin, dass es eine gekreuzigte Liebe ist. Wenn wir mit Jesus vereint sind, werden wir von seiner gekreuzigten Liebe gezeugt, aber es ist ein Kreuz, das Leben gibt, nicht den Tod: Sein Kreuz schenkt die Auferstehung, deshalb bedeutet es weder Traurigkeit noch Verzweiflung. Es wäre Verzweiflung, wenn wir für etwas leiden würden, das kein Leben gibt. In der Eucharistie findet folgende Osmose statt: Die geopferte Liebe Christi nimmt mich auf und verwandelt meine Person, meine Gefühle, meinen Willen, mein ganzes Ich. Ich wiederum gehe in Jesus ein, in sein intimes Geheimnis, und verwandle mich in ihn, indem ich diese wesentliche und grundlegende Gemeinschaft mit meinem Herrn erlange, für die ich geschaffen wurde. Er kommt in mich und ich in ihn. Wenn Sie anfangen, jeden Tag in die Messe zu gehen, werden Sie nicht mehr aufhören können. Und ich versichere Ihnen, dass Ihnen das passieren wird: Wenn Sie vorher für Vieles keine Zeit finden konnten, werden Sie nach der Messe für alles andere Zeit finden. Machen Sie diese Erfahrung!"

Wollen wir wissen, wie die Ewigkeit aussieht? Wollen wir die Ewigkeit im Haus des Vaters erleben? Dann lasst uns vor den lebendigen, wahren und wirklichen Jesus in der heiligsten Eucharistie gehen. Denn jedes Mal, wenn wir dem Herrn Jesus, dem wahren Gott und wahren Menschen, persönlich begegnen, der in seinem Sakrament der Liebe wahrhaftig gegenwärtig und wirksam ist, steigen wir auf den Berg Sinai, befinden uns auf dem Berg Tabor, wo wir, wie Jesus, verklärt werden. Lasst uns also auf den heiligen Berg des Herrn steigen, um von nun an und für die Ewigkeit in seiner Gegenwart zu leben. Die Anbetung des einzigen Gottes befreit den Menschen von jeder Entfremdung, die ihn in sich selbst verschließt. Ein sehr wichtiger Moment der Messe war für Carlo die Wandlung: „Während der Wandlung", sagte er, „muss man von Gott, dem Vater, die Gnaden für die Verdienste seines eingeborenen Sohnes Jesus Christus erbitten, für seine heiligen Wunden, für sein Kostbares Blut und für die Tränen und Schmerzen der Jungfrau Maria, die als seine Mutter, mehr als alle anderen, für uns eintreten kann." Am Ende der Wandlung betete er immer dieses Gebet: „Durch das Heiligste Herz Jesu und durch das Unbefleckte Herz Marias bringe ich dir alle meine Bitten und bitte dich, erhöre mich." Sobald Carlo Jesus in der Eucharistie empfing, sagte er: „Jesus, mach es dir bequem! Fühl dich wie zuhause!" Er wiederholte oft: „Man kommt direkt in den Himmel, wenn man die Eucharistie täglich empfängt!" Sehr wichtig für Carlo war die Danksagung nach dem Empfang der Kommunion. Er sagte, es sei hilfreich, sich an das lateinische Wort „ardor" (Glut, Eifer, Leidenschaft) zu erinnern, das uns darauf hinweist, dass wir uns bemühen müssen, in uns Gefühle der Anbetung, der Dankbarkeit, des Verlangens, der Aufopferung und der Wiedergutmachung zu wecken. Die heilige Teresa von Avila sagte, dass der Moment direkt nach der Kommunion äußerst kostbar sei, denn in diesem Moment freut sich Jesus, uns zu belehren, und wir müssen versuchen, auf ihn zu hören. Auch die heilige Maria Magdalena de Pazzi erklärte, dass die Zeit nach der Kommunion die wertvollste Zeit ist, die wir in diesem Leben haben, und die beste Gelegenheit, mit Gott zu sprechen und das Feuer seiner göttlichen Liebe zu entfachen. In der Eucharistie brauchen wir keine Bücher, denn Jesus selbst ist der Lehrer. Er lehrt uns, wie wir ihn lieben sollen. Wenn wir zur Kommunion gehen, sollten wir die gleichen Gefühle haben wie die Emmausjünger, deren Herzen, als sie Jesus erkannten, vor Liebe brannten (vgl. Lk 24, 13-35).

Ein „wahrer Jünger Jesu zu sein" setzt für meinen Sohn voraus, dass man Gott über alles liebt und folglich auch den Nächsten wie sich selbst. In einem Liebesakt bis zum Äußersten hat Gott uns seinen eingeborenen Sohn übergeben, der uns durch seinen Tod am Kreuz den Zugang zum göttlichen Leben wieder ermöglicht und die Sakramente eingesetzt hat, in besonderer Weise die Eucharistie, das Sakrament, das am besten diese unermessliche Liebe Gottes für seine Geschöpfe ausdrückt. In ihr opfert er sich täglich auf dem Altar für unser Seelenheil. In jeder Sekunde wird überall auf der Welt, wo eine Messe zelebriert wird, dasselbe Opfer, das vor mehr als zweitausend Jahren am Kreuz stattfand, unblutig vergegenwärtigt. Denken Sie daran, was für eine außergewöhnliche Sache dort passiert! Es ist, wie Johannes, der geliebte Jünger, schrieb: „Jeder, der liebt, stammt von Gott und erkennt Gott. Wer nicht liebt, hat Gott nicht erkannt; denn Gott ist LIEBE" (vgl. 1. Joh 4, 7-8).

Bedenken wir, dass die verschiedenen Arten der Liebe, die wir aus Erfahrung kennen, alle von der uneigennützigen Selbsthingabe geprägt sein sollten, wenn auch in unterschiedlicher Form. Es ist sinnvoll, darauf hinzuweisen, dass es in der italienischen Sprache einen einzigen Begriff für „Liebe" gibt, während in der griechischen Sprache „Eros" der gefühlvollen, instinktiven Liebe entspricht, „Philía" die Liebe der Freundschaft, als Austausch von Gütern, bezeichnet, „Agape" sich auf die Liebe als Hingabe, die tiefste Liebesart, und Koinonia auf Gemeinschaft durch Teilhabe bezieht.

Berücksichtigen wir also alle diese Bedeutungen, wenn wir sagen, dass das Herz ein natürliches Symbol der Liebe ist. Die Erfahrung und das christliche Leben beinhalten all die verschiedenen Facetten der Liebe, die in diesen Worten anklingen, dennoch will die wahre Liebe, die ein Geschenk Gottes ist, uns dazu erziehen, das wahre Gut zu besitzen. Zum Beispiel ist die „Philía", die Liebe der Freundschaft, die das Teilen von Gütern bedeutet, dann im christlichen Leben wahrhaftig, wenn sie die Suche nach dem einzig Guten, d.h. nach Gott, begleitet. Doch unsere verschiedenen Ausdrucksformen der Liebe sind alle unvollkommen und helfen uns daher nur bis zu einem gewissen Grad, die Liebe zu verstehen, die das gesamte Werk Jesu Christi antreibt. Im Johannesevangelium wird sehr deutlich gemacht, was „lieben" für den Herrn bedeutet: „Als sie gegessen hatten, sagte Jesus zu Simon Petrus: ‚Simon, Sohn des Johannes, liebst du mich (agapao, uneigennützige Liebe) mehr als diese?' Er antwortete ihm: ‚Ja, Herr, du weißt, dass ich dich liebe (phileo, Freundschaftsliebe)'. Jesus sagte zu ihm: ‚Weide meine Lämmer!' Zum zweiten Mal fragte er ihn: ‚Simon, Sohn des Johannes, liebst du mich (agapao, uneigennützige Liebe)?' Er antwortete ihm: ‚Ja, Herr, du weißt, dass ich dich liebe (phileo, Freundschaftsliebe)'. Jesus sagte zu ihm: ‚Weide meine Schafe!' Zum dritten Mal fragte er ihn: ‚Simon, Sohn des Johannes, liebst du mich (phileo, Freundschaftsliebe)?' Da wurde Petrus traurig, weil Jesus ihn zum dritten Mal gefragt hatte: ‚Liebst du mich?' Er gab ihm zur Antwort: ‚Herr, du weißt alles; du weißt, dass ich dich liebe (phileo, Freundschaftsliebe)'. Jesus sagte zu ihm: ‚Weide meine Schafe!'" (Joh, 21, 14-17) Aus dieser Passage geht hervor, dass der Herr sich nicht mit einer einfachen Freundschaftsliebe begnügt, sondern um mehr bittet. Er merkt dann aber, dass Petrus noch immer nicht in der Lage ist, so zu lieben, wie Jesus möchte, und schwächt seine Bitte ab. Es braucht echten „Hunger und Durst" nach der Eucharistie, denn es ist wahr, dass jede Messe einen unendlichen Wert hat. Es ist jedoch ebenso wahr, dass die Gnade, die wir empfangen werden, unserem Wunsch nach Heiligkeit und unserer Liebe zu Gott entsprechen wird. So wie man Wasser aus einer Quelle schöpft: Die Menge des Wassers, die wir entnehmen können, hängt immer von der Größe des Gefäßes ab, das uns zur Verfügung steht. Wir können unser Herz mit diesem Gefäß vergleichen. Je mehr es fähig ist zu lieben, desto mehr „Gnade" wird es empfangen. Und wo können wir die Hilfe finden, die wir brauchen, um unsere Liebesfähigkeit zu steigern, wenn nicht, indem wir uns von der Eucharistie ernähren, dem Sakrament, das denselben Gott enthält, von dem der heilige Johannes sagt, dass er nichts anderes als Liebe ist? Derselbe Gott, der am Kreuz für die Menschheit gestorben ist! Jesus ist die Liebe, und je mehr wir uns von der Eucharistie ernähren, die wirklich seinen Leib enthält, umso mehr werden wir auch unsere Fähigkeit zu lieben steigern. Er selbst wird uns helfen, indem er sich mit unserer DNA verbindet und uns verwandelt. Die Eucharistie wird uns auf einzigartige Weise wie Gott gestalten. Wir werden erst dann heilig werden, wie Gott es von uns will, wenn wir ihn über alles lieben, und unseren Nächsten wie uns selbst. Wenn wir uns von der Eucharistie ernähren, die nichts anderes ist als das Sakrament der Liebe, mit der Gott uns liebt, werden wir uns mehr und mehr mit dem Herzen Christi vereinen und uns seine Gefühle und Neigungen aneignen, so dass wir mehr und mehr die Tugenden, deren Lehrer und Vorbild er ist, auf heroische Art und Weise praktizieren können, entsprechend der paulinischen Ermahnung: „Seid untereinander so gesinnt, wie es dem Leben in Christus Jesus entspricht" (Phil 2, 5).

Der heilige Apostel Johannes, der Lieblingsjünger Jesu, legt beim letzten Abendmahl sein Haupt auf die Brust Christi, an sein Herz. Diese Geste beinhaltet eine klare Botschaft und eine Einladung zur Eucharistie. Denn die Eucharistie enthält wirklich den Leib Jesu, der zugleich wahrer Mensch und wahrer Gott, und dessen Wesen und Substanz die Liebe ist. Die Eucharistie ist also der Wohnsitz der Liebe, und die Geste des Johannes, sich an die Brust Christi zu lehnen, an die Stelle, wo sich sein Herz befindet, das Symbol der Liebe, können wir eine eucharistische Geste nennen. Wollen Sie mit Jesus vertraut und Lieblingsjünger wie Johannes sein, der sogar seinen Kopf an sein Herz angelehnt hat? Machen Sie es wie er. Seien Sie Menschen, die die Eucharistie in den Mittelpunkt ihres Lebens stellen. Genau wie Carlo. Die Einladung, ebenfalls wahre Jünger Christi zu werden – man könnte sagen echte Sinnbilder des „Lieblingsjüngers" und der universellen Berufung von Gott, ihm zu folgen und enge Freunde zu werden –, richtet sich an alle Menschen aller Zeiten.

Um das Sinnbild der Berufung zum ‚Lieblingsjünger' zu erklären und zu zeigen, dass die ganze Heilige Schrift von Christus, unserem Erlöser, spricht, erzählte Carlo gerne jene Ereignisse aus der Bibel, die eindeutige Vorausbilder für Jesus, für die Sakramente und insbesondere für das wunderbare Geschenk der Eucharistie sind, das er uns hinterlassen hat. Die Kirche bestätigt, dass die ganze Geschichte des Volkes Israel das Kommen Jesu Christi – der Gott ist, Mensch wurde und beschloss, unter uns zu wohnen und sich selbst als Opfer zu unserer Rettung darzubringen – vorbereitet und vorwegnimmt. Denken wir beispielsweise an das Passahmahl der Hebräer (vgl. Ex 12, 1-11). Es erinnert an die Befreiung aus der Sklaverei in Ägypten und an den Einzug des Volkes Israel in das Gelobte Land. Bei diesem jüdischen Abendessen musste ein Lamm „ohne Makel" als Opfer dargebracht werden. Um vom vernichtenden Engel verschont zu bleiben, mussten die Juden mit dem gesammelten Blut die Türpfosten und den Türsturz des Hauses bestreichen, in dem sich die Familie für das Passahmahl versammelt hatte. Sie sollten auch ungesäuertes Brot essen und Wein trinken, klare Vorzeichen des eucharistischen Altars, auf dem Christus für unsere Errettung geopfert wird. Während dem Exodus-Weg tauchen andere eucharistische Bilder auf. Zum Beispiel das Manna (das hebräische Wort Man-hu bedeutet ‚was ist'), es ist ein Lebensmittel, das vom Himmel herabkam und wie Brot war. Dank diesem Manna konnte das Volk Israel sich in der Wüste ernähren und musste nicht verhungern (vgl. Ex 16, 11-15). Auch die Bundeslade war ein Zeichen für Gottes Gegenwart und seine Wohnstatt inmitten des Volkes Israel. Diese nimmt das Wohnen Jesu mit seinem Leib, seinem Blut, seiner Seele und seiner Gottheit in der Eucharistie vorweg, und seine Gegenwart in allen Tabernakeln der Welt: „Und siehe, ich bin bei euch alle Tage bis zum Ende der Welt." (Mt 28, 20) Eine weiteres Bild ist der Brotlaib (vgl. 1 Kön 19, 4-8), den der Engel dem Propheten Elia bringt, der inzwischen hungrig und entmutigt ist. Das Brot erlaubt ihm, seine beschwerliche Reise zum Berg Horeb fortzusetzen. Aber auch das Brot, das Gott dem Propheten Daniel zur Nahrung gibt, als er ein Gefangener in der Löwengrube war (vgl. Dan 14, 33-39). Dann der unschuldige Abel, der aus Neid von Kain getötet wurde, wie der unschuldige Jesus (vgl. Gen 4); der junge Isaak (vgl. Gen 22, 1-18), der von Gott verschont wird, als er von seinem Vater Abraham zur Ehre Gottes geopfert werden soll. Gott verschonte jedoch nicht das Leben seines Sohnes Jesus, sondern übergab ihn dem Tod, sogar dem Tod am Kreuz, durch welches er zu einem vollständigen und vollkommenen Opfer wurde. Auch die Schlange, die in der Wüste erhoben wurde, ist ein Symbol des am Kreuz erhobenen Christus, der durch sein Opfer die Menschheit von der Sünde rettet. Der Herr sagte zu Mose: „Mach dir eine Schlange und häng sie an einer Stange auf! Jeder, der gebissen wird, wird am Leben bleiben, wenn er sie ansieht" (Num 21, 8). Im Evangelium sagt Jesus: „Und wie Mose die Schlange in der Wüste erhöht hat, so muss der Menschensohn erhöht werden, damit jeder, der glaubt, in ihm ewiges Leben hat" (Joh 3, 14-15). Denken wir an den leidenden Knecht, der durch den Propheten Jesaja etwa siebenhundert Jahre vor der Ankunft Jesu mit folgenden Worten beschrieben wurde: „Er wurde bedrängt und misshandelt, aber er tat seinen Mund nicht auf. Wie ein Lamm, das man zum Schlachten führt, und wie ein Schaf vor seinen Scherern verstummt, so tat auch er seinen Mund nicht auf" (Jes 53, 7). Oder denken wir an das Wasser, das bei Massa und Meriba aus dem Felsen floss, nachdem Mose mit seinem Stab daran geschlagen hatte (vgl. Ex 17, 1-7). Der heilige Paulus sieht in der Wolke und im Durchgang durch das Rote Meer Ereignisse, die die Taufe vorwegnahmen (vgl.1 Kor 10, 1-2); im Manna und im Wasser, das aus dem Felsen sprudelt, sieht er eine Vorankündigung der Eucharistie: „Alle (Israeliten) aßen auch die gleiche geistgeschenkte Speise und alle tranken den gleichen geistgeschenkten Trank; denn sie tranken aus dem geistgeschenkten Felsen, der mit ihnen zog. Und dieser Fels war Christus“ (1 Kor 10, 3-4). Aber auch im Neuen Testament finden wir zahlreiche Vorausverweise auf die Eucharistie: die Vermehrung der Brote und der Fische (vgl. Joh 6, 11-13), das Hochzeitsmahl von Kana (vgl. Joh 2, 1-12), die Auferweckung des Lazarus (vgl. Joh 11, 1-44), der Teich von Bethesda (Haus der Barmherzigkeit), der fünf Säulenhallen hat, entsprechend den fünf Wunden Christi (vgl. Joh 5, 2), um nur einige zu nennen.

Wir kommen zurück auf unseren Diskurs über den Lieblingsjünger und jene Geste des heiligen Johannes, sein Haupt auf das Herz Christi zu legen. Der Apostel fordert uns auch heute noch auf, durch ein intensives eucharistisches Leben gleich ihm innige Herzensfreunde Jesu zu werden. Gott erschafft alle Menschen mit dem Potenzial, Heilige zu werden; es ist an uns, den einzigartigen und unwiederholbaren Plan, den der Herr für jeden von uns hat, Wirklichkeit werden zu lassen. Wir alle sind wie Johannes berufen, geliebte Jünger zu sein und uns mit dem eucharistischen Herzen Jesu zu vereinen.

Schon ganz früh galt das Heiligste Herz als Symbol für die unendliche Liebe Jesu zu den Menschen. Einige eucharistische Wunder erweisen sich als hilfreich zur Bestätigung, dass das vor Liebe glühende Herz Christi in der konsekrierten Hostie enthalten ist. So verwandelte sich beispielsweise beim eucharistischen Wunder von Lanciano (750 n. Chr.) die geweihte Hostie in Fleisch. Zahlreiche wissenschaftliche Untersuchungen haben bestätigt, dass es sich dabei um einen Abschnitt des Herzmuskels handelt, jenes besonderen Muskels, der die Wände des Herzens bildet und für die Übertragung des Impulses zur Kontraktion seiner verschiedenen Teile zuständig ist. Die Tatsache, dass das Fleisch aus dem Herzen sich als Herzmuskel erweist, hat eine theologische Bedeutung. Denn ohne diesen Muskel würde das Herz nicht schlagen. Dieser Muskel gibt unserem Organismus Leben, genau wie die Eucharistie der Kirche Leben gibt. Im Katechismus der Katholischen Kirche wird bei Nr. 1324 erklärt: „Die Eucharistie ist Quelle und Höhepunkt des ganzen christlichen Lebens." Mit der Eucharistie stehen die übrigen Sakramente im Zusammenhang; auf die Eucharistie sind sie hingeordnet; das gilt auch für die kirchlichen Dienste und für die Apostolatswerke. Die heiligste Eucharistie enthält ja das Heilsgut der Kirche in seiner ganzen Fülle, Christus selbst, unser Osterlamm."

Als Carlo noch am Leben war, gab es viele aufsehenerregende eucharistische Wunder in Buenos Aires, an deren Beurteilung Papst Franziskus selbst, damals als Kardinal (1992-1994-1996), beteiligt war. Auch hier verwandelte sich die konsekrierte Hostie in Fleisch, genauer in Herzmuskelfleisch. Die Stichprobe wurde von renommierten Wissenschaftlern untersucht, darunter einer der weltweit führenden Experten in der Rechtsmedizin des Herzens, Professor Frederick Zugibe, von der Columbia University in New York. Auch er bestätigte, dass die Probe dem Herzmuskel, dem Myokard, entsprach, genauer der linken Herzkammer, und dass der Patient sehr gelitten haben muss. Der Professor sagte, dass der Patient offenbar auf Brusthöhe geschlagen wurde. Darüber hinaus zeigte das Herz dynamische (lebendige) Aktivität zum Zeitpunkt, als es ins Labor gebracht wurde, da intakte weiße Blutkörperchen gefunden wurden. Diese werden nur vom Blut transportiert, was bestätigt, dass die Probe pulsierte. Hinzuzufügen ist, dass der Professor nicht wusste, dass die Probe eine in Fleisch verwandelte Hostie war. Sein Erstaunen war groß, als er die Wahrheit erfuhr.

Diese Berufung, durch die Begegnung mit dem Herrn in der Eucharistie vertraute Jünger Jesu zu werden, ist sogar noch deutlicher im Bericht über die Kreuzigung. Unter dem Kreuz, auf dem Berg Golgotha, neben der Gottesmutter und den frommen Frauen, finden wir den heiligen Johannes wieder, den geliebten Jünger, während alle anderen Jünger geflohen waren. Auch hier verweist er uns auf die Eucharistie als den bevorzugten Weg der Vereinigung mit Gott. Das Opfer des Kreuzes, das vor zweitausend Jahren auf blutige Weise stattgefunden hat, vergegenwärtigt sich auf unblutige Weise in allen Messen, die jeden Tag auf der ganzen Welt gefeiert werden. Wie Johannes können auch wir uns mit demselben Kreuzesopfer verbinden, das auf blutige Weise vor über zweitausend Jahren dargebracht wurde, und unsere Liebe zu Gott zeigen, indem wir jeden Tag an der Eucharistiefeier teilnehmen. Die Teilnahme an der Messe bedeutet, dass man sich wie Johannes unter das Kreuz stellt und sich mit dem Opfer Christi, das er dem Vater für unsere Rettung darbringt, verbindet. Wir können die Einladung Jesu, uns ihm anzuschließen, nicht ignorieren.

Bevor Carlo starb, sagte ich ihm immer, er solle Jesus bitten, weitere eucharistische Wunder zu wirken, ähnlich wie jenes in Lanciano, wo sich deutlich herausgestellt hat, dass in der konsekrierten Hostie seine Präsenz tatsächlich real ist. Ich denke, dass die Fürbitte meines Sohnes erhört wurde, denn nur zehn Tage nach seinem Tod, am 21. Oktober 2006, geschah ein eucharistisches Wunder in Tixtla, Mexiko, und kurz darauf zwei Wunder in Polen, in Sokolka im Jahr 2008, und in Legnicka 2013. Diese Wunder, die von bedeutenden Wissenschaftlern und von den kirchlichen Autoritäten untersucht wurden, sind ähnlich wie das eucharistische Wunder von Lanciano. Auch in diesen Fällen hat sich die konsekrierte Hostie in Fleisch verwandelt. Nach sorgfältigen wissenschaftlichen Untersuchungen stellte sich heraus, dass es sich um Herzgewebe, um den Myokard, handelt. Jesus vollbringt diese Wunder, um uns zu helfen, unseren Glauben, der oft ins Wanken gerät, neu zu beleben. Schon damals, als er noch auf Erden war, verhieß er uns die Gabe der Eucharistie, das erzählt Johannes im sechsten Kapitel seines Evangeliums. Um die Jünger auf die Tatsache vorzubereiten, dass er selbst in dem konsekrierten Brot und Wein gegenwärtig sein würde, wirkte er zwei Wunder, die deutlich zeigen, dass er die Macht hat, die Naturgesetze außer Kraft zu setzen. Er vermehrte die Brote und die Fische, und er überquerte, über das Wasser laufend, den See von Tiberias. Jesus zeigt damit, dass er auch die Macht hat, Brot und Wein in seinen Leib und sein Blut zu verwandeln. Und in den eucharistischen Wundern tut Jesus das auch weiterhin: Er belehrt uns über seine wirkliche Gegenwart in der Eucharistie durch die Aufhebung der Naturgesetze, was nur er tun kann.

In einem äußersten Liebesakt hat Gott uns seinen eingeborenen Sohn geschenkt, der uns durch seinen Tod am Kreuz den Zugang zum göttlichen Leben wieder ermöglicht, und der die Sakramente eingesetzt hat, insbesondere die Eucharistie, das Sakrament, welches die unermessliche Liebe Gottes zu seinen Geschöpfen am besten zum Ausdruck bringt. Was sonst wird die göttliche Barmherzigkeit sein, die Gott für alle Menschen empfindet, wenn nicht die Einsetzung der Sakramente, die aus seiner durchbohrten Seite hervorgingen, aus der „Ströme des lebendigen Wassers" geflossen sind?

Die Sakramente sind die Mittel, die die Heiligste Dreifaltigkeit gewählt hat, um uns zu retten und uns auf dem Weg unseres Lebens zu begleiten, der voller Dornen und Versuchungen ist. Sie helfen uns, unseren Willen auf Gott zu lenken, insbesondere die Eucharistie, die, wie bereits erwähnt, Christus selbst ist, der sich uns schenkt, und uns dabei unterstützt, auf dem Weg des Guten zu bleiben. Die Welt versucht – ähnlich einem Oktopus mit seinen Tentakeln –, unsere Heiligung zu verhindern und zieht uns zu sich, wie ein Magnet. Auch der Teufel, der Fürst dieser Welt, setzt alle seine Bemühungen daran, uns zu verführen und uns davon abzubringen, Gutes zu tun. Aber Jesus hat gesagt, dass er die Welt überwunden hat, und er hat versprochen, dass diejenigen, die ihm folgen, in diese Dynamik des ewigen Heils eintreten werden, die er ein für alle Mal durch sein Leiden, seinen Tod und seine Auferstehung gewirkt hat.

Carlo hat das Heiligtum der Barmherzigen Liebe in Collevalenza oft besucht. Er erzählte mir, dass er dort besondere innere Gnaden empfangen habe. Die selige Mutter Speranza, die Gründerin der Kongregationen der Dienerinnen der Barmherzigen Liebe und der Söhne der Barmherzigen Liebe, eine große Wundertäterin, hatte viele Erscheinungen von Jesus und von Unserer Lieben Frau. Gerade durch eine Vision, die die Selige von dem gekreuzigten Jesus mit der Eucharistie im Hintergrund hatte, haben wir die Bestätigung, dass Gott durch die Einsetzung des Sakramentes der Eucharistie den größten Liebesakt gewirkt hat, den er für uns tun konnte. Das Kreuzesopfer und die Eucharistie stimmen überein.

Der spanische Bildhauer Cullot Valera wurde 1930 beauftragt, einen Kruzifix zu schaffen, in dem nicht so sehr die Qualen des Kreuzes deutlich werden sollten, sondern vielmehr die Liebe, die Jesus ans Kreuz gebracht, um unsere Sünden mit seinem Blut auszulöschen. Um dies zum Ausdruck zu bringen, wurde Jesus noch lebendig dargestellt. Sein Körper ist nicht zerfetzt oder zusammengebrochen, sondern aufrecht, in der Haltung eines freiwilligen Opfers. Sein Gesicht vermittelt einen großen Frieden auch inmitten von Schmerz und Leid. Sein Blick geht zum Himmel, während er zum Vater spricht: „Vergib ihnen, denn sie wissen nicht, was sie tun." Auf der Brust ist sein Herz dargestellt und trägt die Inschrift Charitas (Liebe). Die Hostie hinter dem Kreuz steht für die Eucharistie auf unseren Altären, auf denen der Herr jeden Tag sein Kreuzesopfer erneuert und uns sich selbst gibt, als Ausdruck einer unfassbar großen Liebe. Die Weltkugel, auf der das Kreuz steht, weist auf die Universalität der rettenden Liebe Gottes, denn Christus starb, um die ganze Welt zu retten. Die Königskrone auf der Weltkugel erinnert uns daran, dass Christus ein König ist, der vom Kreuz aus regiert, denn er hat uns zum Volk der Kinder Gottes, zum Reich der Liebe und der Unsterblichkeit gemacht, indem er uns alle durch seinen Tod und seine Auferstehung an sich zog. Das Buch auf der linken Seite ist das Evangelium. Es ist aufgeschlagen bei der Seite, auf der es heißt: „Liebt einander, wie ich euch geliebt habe" (Joh 15, 12).

Das Heiligtum von Collevalenza in Umbrien, in dem die sterblichen Überreste der Ordensfrau aufbewahrt werden, ist ähnlich wie Lourdes ein Ort, an dem sehr viele Gnaden empfangen werden. Jesus gab Mutter Speranza den Befehl, zu graben und die Quelle zu finden, durch die er reichlich Segen spenden würde: „Ich wünsche, dass du das solange sagst, bis es sich in die Herzen und Köpfe all jener einprägt, die sich an dich wenden, dass sie dieses Wasser mit viel Glauben und Vertrauen nutzen sollen, und sie werden immer von schweren Krankheiten befreit werden; und dass sie alle zuerst in mein Heiligtum kommen sollen, um ihre armen Seelen von den Wunden zu heilen, die sie plagen, wo sie kein Richter erwartet, der sie verurteilt und ihnen sofort die Strafe auferlegt, sondern ein Vater, der sie liebt, ihnen vergibt, nicht anrechnet und die Beleidigungen vergisst. ... Diesem Wasser wird der Herr die Kraft geben, Seelen im Stand der Todsünde und der gewöhnlichen lässlichen Sünden, von Krebs, von bestimmten Arten von Leukämie und von Lähmungen zu heilen."

Jesus ist der Tempel, aus dem das lebendige Wasser des Heils fließt, er ist derjenige, der uns den Heiligen Geist schenkt. Wir sollten uns vor Augen halten, dass die Mutter Jesu und Johannes dabeistanden, als seine Seite durchbohrt wurde, und dass Jesus vom Kreuz herab den einen dem jeweils anderen anvertraut hat (vgl. Joh 19, 25-26). Hier können wir die Geburt der Kirche und die Gabe der Sakramente erfassen sowie eine deutliche Anspielung auf die Taufe (Wasser) und auf die Eucharistie (Blut).

Durch seine Ausstellungen verstand Carlo immer klarer das Geheimnis der Liebe, das sich in der Verehrung des Heiligsten Herzens Jesu verbirgt. Er hatte die Gelegenheit, die Offenbarungen des Herrn an die heilige Margareta Maria Alacoque zu lesen. In der Eucharistie sah er dieses Herz, das den Sinnen verborgen, aber durch den Glauben wahrnehmbar ist. Aus diesem Grund wollte er, dass seine ganze Familie sich dem Heiligsten Herzen Jesu weiht. Die Weihe erfolgte durch einen Jesuitenpater im Zentrum San Fedele in Mailand. Eingedenk der Worte Jesu an die heilige Margareta Maria pflegte Carlo die Kommunion an den ersten Freitagen des Monats zur Wiedergutmachung für die Sünden und Beleidigungen, die gegen Christus begangen werden, aufzuopfern. Er hat die Offenbarung abgeschrieben, die die Heilige in der Oktav des Fronleichnamsfestes, zwischen dem 13. und dem 20. Juni 1675, erhalten hat: „Sieh da, dieses Herz, das die Menschen so sehr geliebt hat, dass es nichts sparte, ja sogar sich erschöpfte und verzehrte, um ihnen seine Liebe zu bezeigen. Als Anerkennung erhalte ich von den meisten nur Undank durch ihre Unehrerbietigkeiten und ihre Sakrilegien, durch die Kälte und Verachtung, die sie mir in diesem Sakrament der Liebe entgegenbringen. Aber am schmerzlichsten ist es mir, dass auch Herzen, die mir geweiht sind, es so behandeln. Darum verlange ich von dir, dass am ersten Freitag nach der Oktav des Fronleichnamsfestes ein eigenes Fest zur Verehrung meines Herzens begangen werde. An diesem

Tage soll man die heilige Kommunion empfangen und ihm durch eine feierliche Abbitte Ehrenersatz leisten zur Sühne für die Unbilden, die es während der Aussetzung auf den Altären erfahren hat. Ich verspreche dir auch, dass mein Herz sich erweitern wird, um über jene, die ihm diese Ehre erweisen oder andere dazu anleiten, dass sie ihm erwiesen werde, die Wirkung seiner göttlichen Liebe im Überfluss zu ergießen."

Die große Verheißung Jesu aus der Offenbarung von 1686 an die heilige Margareta Maria über die Beharrlichkeit bis ans Ende für jeden, der an den ersten Freitagen des Monats die Kommunion empfängt, hatte sich ihm eingeprägt. Er verbreitete diese Andacht unter seinen Bekannten und versuchte, sie in die Wiedergutmachung mit einzubeziehen. Er fühlte zutiefst die Aufforderung, zu beten und Opfer zu bringen für die Sünder und für diejenigen, die weit weg von der göttlichen Gnade waren. Während der Passion wurde das Herz Christi mit einem Speer geöffnet, und zwar zu dem Zweck, Gewissheit über seinen Tod zu haben. Daher muss die Wunde des Heiligsten Herzens Jesu, als er bereits gestorben war, über Jahrhunderte das lebendige Bild des unermesslichen Geschenks bleiben, das Gott selbst der Menschheit gemacht hat, indem er seinen eingeborenen Sohn für die Erlösung der Welt hingab. Christus hat uns alle so sehr geliebt, dass er sich selbst als blutiges Opfer auf dem Kalvarienberg dargebracht hat: „Und führt euer Leben in Liebe, wie auch Christus uns geliebt und sich für uns hingegeben hat als Gabe und Opfer, das Gott gefällt!" (Eph 5, 2)

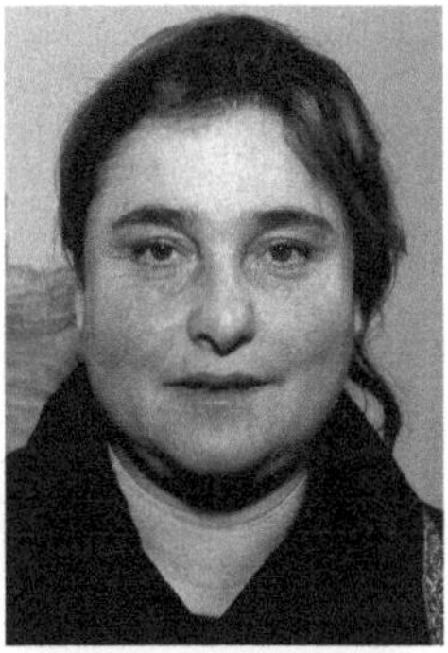

PICTURE ALLIANCE / MAURIZIO MAULE

PRIVAT

ANTONIA SALZANO ACUTIS ist die Mutter von Carlo Acutis, dem fünfzehnjährigen Mailänder, der am 12. Oktober 2006 an einer aggressiven Form von Leukämie starb und am 10. Oktober 2020 in Assisi seliggesprochen wurde. Mit ihrem Mann Andrea Acutis hat sie zwei Kinder, die nach Carlos Tod geboren wurden. Dank ihres Sohnes näherte sie sich dem Glauben wieder an, unter anderem, indem sie ein Studium der Theologie aufnahm.

PAOLO RODARI ist Journalist und Vatikankorrespondent für die italienische Zeitung „La Repubblica“. Im Piemme Verlag hat er bereits zusammen mit Pater Amorth den internationalen Bestseller „L’ultimo esorcista. La mia battaglia contro Satana“ veröffentlicht.

Ebenfalls im Fe-Medienverlag erschienen:

Thomas Alber

Carlo Acutis – Missionar im Internet

ISBN: 978-3-86357-289-1

144 Seiten, zahlreiche Farbbilder,
Klappenbroschur (Paperback)

9,95 €

Fe-Medienverlag
E-Mail: bestellung@fe-medien.de
Tel.: 07563 / 608 998 0
Onlineshop: www.fe-medien.de

„Was für ein beeindruckender Jugendlicher: Carlo Acutis lebte wie ein normaler junger Bursche mitten in der Welt von heute, mit völlig normalen Interessen: Freundschaften, Sport, Computer. Und zugleich liebte er Jesus, die Eucharistie und den Rosenkranz – und die Armen. Eines seiner Vorbilder war der Hl. Dominikus Savio, ein Schüler meines Ordensvaters Don Bosco. Auch er ist mit knapp 15 Jahren verstorben. Ich bin sicher: Die beiden sind im Himmel große Freunde."

Bischof Stefan Oster über Carlo Acutis

„Das Lebensopfer des jungen Carlo ist ein guter Wegweiser, sich Ziele zu setzen und das eine große Ziel am Ende des Lebens nicht aus den Augen zu verlieren. Die Eucharistie war für Carlo Acutis, wie er selbst es ausdrückte, die Autobahn in den Himmel" und er wunderte sich, dass es vor Rockkonzerten lange Warteschlangen gab, nicht aber vor den Tabernakeln der Kirchen."

Aus dem Vorwort von P. Hubertus Freyberg